다정가를 지은 이조년

이상록(李相錄)

전공 및 문화예술관련
국민대학교 경영학과 졸업(1973)
고려대학교 교육대학원 서예문화 최고위과정수료(2007~8)
한국학 대학원 부설 청계서당 한학(漢學)연수(3년차)
사단법인 한국서가협회(韓國書家協會) 초대작가

경력, 단체
국가유공자(월남참전)
서울 Radiator 공업주식회사 상무이사 역임
(주)유앤엘 대표이사 역임
성주이씨(문열공파)/안변공 성복문중 회장 역임

[개정판]
다정가를 지은 이조년

초 판 1쇄 발행 | 2023년 04월 22일
개정판 1쇄 발행 | 2025년 07월 31일

편　저 | 이상록
발행인 | 한정희
발행처 | 경인문화사
편집부 | 김지선 한주연 김한별 양은경
마케팅 | 하재일 유인순
출판번호 | 제406-1973-000003호
주소 | 경기도 파주시 회동길 445-1 경인빌딩 B동 4층
전화 | 031-955-9300　팩스 | 031-955-9310
홈페이지 | http://www.kyunginp.co.kr
이메일 | kyungin@kyunginp.co.kr

ISBN | 978-89-499-6873-5　03910
값 | 45,000원

* 저자와 출판사의 동의 없는 인용 또는 발췌를 금합니다.
* 파본 및 훼손된 책은 구입하신 서점에서 교환해 드립니다.

[개정판]

다정가多情歌를 지은 이조년
李兆年

李相錄 編著

景仁文化社

명가 성주이씨를 빛낸 별들의 역사

　시조공 신라 재상 이순유, 농서군공 장경, 고려 말 충신 이조년(李兆年)을 비롯 조선 기미 3·1독립 운동가 옥파 이종일에 이르기까지 성주이씨 일천 년 (900~1900)의 역사가 있다.

BC57 서라벌(徐羅伐)건국	
AD 676 신라 삼국통일	
AD 918 왕건 고려건국	태조(918~943)
AD 935 신라 멸망 경순왕 재위(927~935)	신라재상 이순유, 경순왕의 태자 김일(金鎰, 마의태자)과 천 년 사직 보전을 위한 구국방책을 기도했으나 뜻을 이루지 못하였다.
936	후삼국 통일
958	광종(949~975) 과거시험 제도 실시
1019	현종(1009~1031) 거란 3차 침입,
1126	인종(1122~1146) 이자겸의 난
1170	명종(1170~1197) 무신정변
	고종(1213~1259) 중시조 농서군공 이장경 출생 및 장년기
1252	고종 39년 밀직공 이백년 출생
1256	고종 43년 참지공 이천년 출생
1262	원종 3년 시중공 이만년 출생
1266	원종 7년 유수공 이억년 출생
1269	원종 10년 문열공 이조년 출생
1270	무신정권 붕괴 항복(80년간 원 복속)
1287	경원공 이포 출생
1308	충렬왕(1274~1308) 이인복 출생
1312	충선왕(1308~1313) 이인임 출생
1321	충숙왕(1313~1330) 이인립 출생
1330	충숙왕 17년 이인민 출생
1343	충혜왕(복위 1339~1344) 이조년 일등공신, 시호 문열, 벽상 도형

1347	충목왕(1344~1348) 이숭인 출생
1362	공민왕(1351~1374) 이직 출생
1388	우왕(1374~1388) 이성계 위화도 회군
조선건국 1392	태조(1392~1398) 태조 이성계
1398	제1차 왕자의 난
1400	제2차 왕자의 난
1446	세종(1418~1450) 훈민정음 반포
1453	계유정난
1468	남이옥사
1494	성종(1469~1494) 이문건 출생
1498	무오사화
1504	갑자사화
1506	중종반정
1519	기묘사화
1545	을사사화
1592	선조(1567~1608) 임진왜란
1623	인조(1623~1649) 인조 반정
1628	인조 5년 / 이광적 출생
1636-	병자호란
1858-	철종(1849~1863) 이종일 출생
1874-	고종(1863~1907) 이종일 과거급제
1919-	일제 강점기(1910~1945) 3·1독립선언문 서명(33인) 및 이종일 "기미 독립선언문" 인쇄 배포.

* 연표(年表)에 부(附)한 인명은 개략적(概略的) 표기임

| 서언 |

명가(名家) 성주이씨(星州李氏)를 빛낸 별[星]들의 역사

1. 시조공 신라 재상 순유(純由), 중흥조 장경(長庚)의 불사이군 정신과 충효 효친 사상을 전승하여 명문대가를 이룬 성주이씨의 중추, ―다정가를 지은 이조년(李兆年)―

우리는 역사상 뛰어난 인물을 일컬어 위인(偉人)이라 하고, 그런 사람이 국가의 안녕과 번영을 위해 헌신한 의기(義氣)를 자연히 추앙하며 오래도록 기억하게 된다. 또한 그 명성(名聲)은 장구한 역사기록을 통하여 지식인과 역사학자들의 철저한 검증을 거치므로 더욱 값진 평가를 받게 됨은 물론이다.

퇴계(退溪) 이황(李滉)은 조선 시대 대제학을 지낸 대학자로서 『이조년은 난세에 태어나서 수많은 변고와 험난함을 겪으면서도 혼미한 임금을 받들어 지조가 금석 같았고 충직한 기풍이 당시나 후세에 있어서도 우뚝하여 고려 500년 역사의 제 일인자다.』[1]라 평(評)하였다. 문열공 이조년은 고려 역사를 빛낸 위인이라는 명성에 맞게 여말부터 현재까지 많은 사람들로부터 존경을 받고 있다.

그는 시문(詩文)에도 뛰어나 고시조 "다정가(多情歌)"와 한시 "백화헌(百花

---

1 성주 안산서원 세진록(星州安山書院世眞錄) "退溪 李文純公 滉曰: 公生於亂世, 身事昏主, 歷變履險, 而志操如金石, 忠直之風動, 當時而聳後世矣."
 문열공 신도비: "退溪先生 謂之 以高麗伍百年 第一人."

軒)"등을 지었으며, 동양 최초로 매[鷹] 사육서인 "응골방(鷹鶻方)"을 저작(著作)하였다. 특히 "다정가"는 광활한 자연의 공간에서 시각적 청각적 이미지를 보조관념으로 취해 인간을 향한 무한한 정(情)을 펼치는 완벽한 조화를 구현한 시조로 유명하며, 표현기법과 정서면에서 고려시조 중 문학성이 가장 뛰어난 작품으로 평가받고 있다.

또한 세대를 이어 내려오면서 자손들 중에는 여말 선초의 과도기적 시대에 훌륭한 업적을 쌓고 위국충절로써 명성을 떨친 이들도 많아 그의 유지(遺志)가 헛되지 않았음을 증명하고 있다. 나라의 발전을 위한 선조들의 희생은, 오늘날의 후예들이 번성할 수 있는 정신적 지주가 되었으며 조상의 고귀한 명성 그리고 명문가의 전통을 이어받은 후손들은 크나큰 영예의 수혜자가 된 것이다.

2. 굴곡진 역사를 감당한 선조들의 지혜

역사란 "인류사회의 변천 과정과 발자취를 사실대로 기록한 것"이라고 정의(定義)한다. 서두에 '역사'를 인용한 이유는 단지 역사기록을 통해 선조들의 발자취가 새겨져 있는 진솔한 삶의 현장과 정치무대가 펼쳐졌던 특정한 시대를 고찰하기 위해서다. 특히 중세에서 근대로 이행된 시기, 또는 고려왕조와 조선왕조로 구분지어진 시대적 배경에 관점을 두는 것이며, 곧 성주이씨 시조공의 불사이군 정신과 중흥조의 충효 효친 사상을 전승한 문열공 이조년과 형제들을 비롯하여 자손들이 고려 역사에 커다란 족적을 남긴 중요한 시대이기 때문이다.

여말 선초의 정세(政勢)는 고려왕조 유지를 갈망하는 절의파와 신왕조 수립을 도모하는 개혁파로 나뉜 양상이었다. 열세(劣勢)에 놓인 절의파들은 감당하기 힘든 정치현실에 직면하였으며 그들은 고려를 부지(扶持)하기 위해 끝까지 충절을 지키며 힘겨운 정치일생을 마쳤다.

한편 신진 개혁세력에 동참한 분들은 시대 변화에 따른 정치적 난제들을 극복해 냄으로써 신왕조 건설에 기여했고 가문의 안정을 이룩할 수 있었던 것이다. 선조들은 사회개혁의 필요성으로 인한 정치적 결단이 불가피했음을 강조하고 이러한 소회를 시문에서 밝히고 있으며 혼돈과 불확실성의 시대를 겪으면서도 문학적 교육적으로 유용한 많은 명시를 저작하여 후세들에게는 교양 및 훈계 또는 경계하기를 바라는 특별한 메시지를 남겼다.

3. 명가(名家) 성주이씨(星州李氏)를 빛낸 별[星]들의 역사

고려사:열전은 고려왕들의 연대기인 세가(世家)와 구분하여 역사적으로 중요한 인물만 선정하여 기전체(紀傳體)로 쓴 고려 시대 역사서다.

이조년 고려사:열전은 「이조년은 정당문학 예문관대제학을 지낸 대학자이고 신망이 두텁고 학문이 뛰어난 유능한 문신이며 수차에 걸친 왕위 찬탈음모를 몸소 막아낸 충직한 신하로서, 임금의 실정(失政)에 대해서는 과감히 나서서 충간(忠諫)하는 유일한 직신(直臣)」이라 하였다. 고려사나 고려사절요 등 고려기(高麗紀)는 문열공을 충절의 대표적 인물로 기록하고 있다. 그러나 대중매체인 위인전과 교양문집 등에서는 아쉽게도 극히 단편적 인용에만 그치고 있어 외연(外延) 확장(擴張)을 위한 후손들의 지속적인 관심과 노력을 필요로 하고 있다.

이 책의 표제(標題)를 "다정가를 지은 이조년"으로 선정한 것은 고려 500년 역사에 빛나는 문장가이며 강직한 충신인 그의 위상을 제고(提高)하고 부제인 "명가 성주이씨를 빛낸 별들의 역사"를 통해 가계역사를 아우르는 중추적 인물로서의 명성을 선양(宣揚)하는데 있다. 이와 같이 형제 자손들의 발자취를 함께 조명함으로써 명문가의 전통은 더욱 빛나게 될 것으로 여겨진다. 나라의 발전과 가문의 안정 그리고 세대를 번성시키고 빛낸 선조님들의 공적은 마땅히 존중되어야 한다. 다만 우려하는 것은 책의 내용들이 고려 시대 역사서와 유집, 금석문 등에서 비롯된 자료들로 쓰인 만큼, 신세대들은 현재의 문명시대와 단순 비교하여 중세의 구시대적 관념의 산물이라는 선입견을 가지고 대하기 쉽다는 점이다. 또한 선초의 정변과 관련한 역사 사실에 대해서도 마찬가지다. 이에 역사학자의 예문을 인용했는 바 그들의 논거(論據)를 참고하고 이해를 돕기 바라며 숭조의 뜻을 우선하여 가계역사에 많은 관심과 애정을 가지고 접근할 것을 당부한다.

이스라엘 역사학 박사이자 예루살렘 히브리대학교 교수 유발하라리(Yuval Noah Harari)는 그의 책명 Sapiens사피엔스[2]에서 『역사의 과정 동안 수많은 경제적, 사회적, 정치적 혁명이 존재했지만, 인간 그 자체는 변하지 않았다. 우리는 신라 시대나 고대 이집트 시대의 선조들과 여전히 동일한 몸과 마음을 지니고 있다.』고 했다.

그리고 독일 철학자 헤겔[3]은 역사를 『과거의 사실은 객관적인 역사이

---

2 Sapiens(사피엔스: 후기 구석기시대 이후 현존하는 인류. 2018.8.16.김영사 간)
한국의 독자들에게 쓴 서문 중에서 인용이며, "그러나 앞으로 사회와 경제 뿐 아니라, 우리의 몸과 마음도 유전공학, 나노기술, 뇌기계 인터페이스에 의해 완전히 바뀔 것이다."라 했다.
3 헤겔(G.W.F Hegel. 독일 철학자)은 「역사는 과거의 사실이고, 또는 그 기록이다.」라 하고, 과거 역사의 사실(事實)을 객관적인 역사로, 역사의 기록(記錄)을 주관적 기록(또는 선택적 기록)으로 설명한다.

나, 기록은 주관적, 선택적인 역사기록』으로 구분하여 후자에 대해서는 구명(究明)의 필요성을 언급했다. 실제로 여말 당면했던 정치적 혼란기를 슬기롭게 대처하지 못해 고려가 멸망한 원인을 두고 고려왕들의 덕이 없음을 탓하며 역성혁명의 당위성만을 강조한 부분도 없지 않아 있다. 따라서 개혁 시대에 고려와 운명을 함께한 성주이씨 선조님들을 비롯하여 많은 유능한 문신과 충신들의 충절이 선택적 역사기록으로 인해 추호라도 폄훼(貶毁)됨이 없어야 함은 물론이다.

4. 결어

이 책의 편집은 시조공 및 중시조공, 직계 손들의 계보체계를 도식화한 세계도(世系圖)를 기준으로 삼아 선조의 약사(略史)와 금석문(金石文), 이조년 연대기 및 작품의 세계 순으로 이어진다. 시문의 경우는 중흥조 세계 제2세인 문열공 이조년 형제들과 후손들이 중심을 이룬 여말 선초라는 제한된 공간에서 당사자의 문학작품들을 위주로 유필이 있는 실체의 주인공을 각각 상정하고 사실에 근거해 편성하였다.

시문을 확보하지 못한 분들이 상대적으로 소외됨을 우려하며 경외하는 마음을 금치 못한다. 이 서적이 마중물의 기능을 발휘하고 향후 더욱 충실한 내용으로 증보되는데 기여하기 바라며, 정보화의 영향으로 개인주의를 추구하고 소통이 정체(停滯)되는 현실에서 전통까지 단절되어서는 안 된다는 사실을 일깨웠으면 한다. 이 책을 통해 선조님들의 업적선양에 공감하며 나의 뿌리를 찾고 가계역사를 보는 눈이 한층 더 밝아지길 기대할 뿐이다. 조상의 다양한 지혜가 담긴 유품과 문집 등을 발굴하여 공유하고, 교육 자료로 널리 활용함으로써 숭조돈목의 정신을 함양하는데 목적을 두고 있으며 좋은 사례가 되기 바란다.

　이 책이 발간되기까지 협조와 격려를 보내준 여러분이 있으나 모두 나열하지는 못한다. 성주이씨 대종회 이교찬 고문님을 비롯한 각 파종회 관계자님들께 존경의 말씀을 드린다. 특히 숭조와 예를 중시하고 서적편찬에 공감하며 현지취재를 도와주신 진주(晉州) 성주이씨 경무공종회 이문웅 고문님과 이병현 회장님께 감사의 말씀을 드리며, 성원해주신 성주이씨 효자정문 성복문중 이인열 회장과 흡(熻)자 문중 이상삼 회장께 고마운 말씀을 드린다. 안변공(安邊公) 성복문중 이성순 총무 및 평간공파 이석근 감사님의 현장취재 동행과 역사에 대한 조언에 심심한 사의를 표하며 출판사 관계자 여러분의 노고에 대해 깊은 감사의 말씀을 드린다.

2023년 3월
저자 이상록(李相錄)

| 추천의 글 |

송운(松雲) 이교찬(李敎燦)

『다정가(多情歌)를 지은 이조년(李兆年)』은 성주이씨를 빛낸 선조님들의 역사를 다룬 책의 표제(標題)로써 후손들로 하여금 가계역사에 대한 관심을 이끌어 숭조의식을 고취(鼓吹)시키고 업적선양(業績宣揚)을 위해 간행한 역사서(歷史書)로 평가(評價)한다.

2년여 전 대종회장으로 재임 시 봉산재(鳳山齋)와 오현재(梧峴齋) 등 향사(享祀)를 마치고 저자(著者)와 만나 대담하는 자리에서 우리종중의 역사관련 출판을 언급하며 추천의 글을 부탁받은 적이 있었다.

최근에 이르러 교정(校訂)을 마치고 출판이 임박하다며 원고를 가져와 글을 부탁하므로 책의 내용을 살펴 볼 기회가 있었다. 처음 표제를 보고 단순히 문열공(文烈公) 선조님의 시조와 한시를 엮은 시문집(詩文集)인가 하는 의구심을 가졌지만, 경상공 휘(諱) 순유(純由) 시조공부터 근대 3·1 독립선언서를 인쇄, 배포하신 옥파 선조님까지의 방대한 량을 수용한 저자의 서문과 본문 등을 보고서야 명문대가(名門大家)의 가계역사(家系歷史)임을 알 수 있었다. 일반적으로 세계도(世系圖)를 따라 일부 주요 인물만을 나열하여 공적을 적은 역사책은 IT시대에 익숙한 신세대들에게는 외면당하기 쉬우므로 변화된 모습과 내용의 다양성을 제공하여 관심을 갖도록 해야 한다. 이 책은 기성세대나 신세대가 필독할 수 있는 테마설정으로 역사적 사실에 근거하여 흥미를 유발함과 동시에 교육적(教育的)이어야 하는 여러 가지 문제점을 염두에 두고 한글과 한문을 병용(倂用)하여 문장을 이해하기 쉽도록 편집하였으며 시문(詩文)을 통해 예술적(藝術的) 감각을 향상시키려는 노력을 기울인 점이 돋보인다. 우리 성주이씨 선조님들은 유명하신 분이 많다. 성주군 대가면 소재 오현재(梧峴齋)에는 종중관련 주요문서와 선조님들의 영정을 유품전시관에 상설전시하고 있으며, 봉산재(鳳山齋)에는 성주이씨 가계를 빛낸 분들의 유시(遺詩)들을 모아 시비공원(詩碑公園)을 조성하여, 후손들은 물론 일반인들도 제한 없이 관람토록 하고 있다. 아직 빛을 보지 못하고 있는 유집(遺集)을 발굴하여 번역하고, 역사관련 자료 등의 정보를 수집하여 선조님들의 개인 평전(評傳)을 내는 것도 바람직한 일이다.

『다정가를 지은 이조년』 서적 출간을 진심으로 축하하며, 이러한 미래지향적인 사고를 간직하고 세대를 연결하는 실천의지를 공고히 한다면 명문가 성주이씨는 더욱 빛을 발하고 발전할 것임을 확신하며 이에 추천의 글로 갈음한다.

2023. 3. 25.

第十八代 星州李氏 大宗會 會長 松雲 李敎燦

| 祝 星州李氏 先祖史發刊 |

(성주이씨 선조사 발간을 축하하며)

월송 이상욱

多年盡力一篇刊 (다년진력일편간)
先祖功勳更見歡 (선조공훈갱견환)
香溢編修從簡易 (향일편수종간이)
汗流纂撰歷艱難 (한류찬찬역간난)
擴張綺畵傾心極 (확장기화경심극)
整理珍書運筆端 (정리진서운필단)
完璧馬遷蹤史記 (완벽마천유사기)
門中寶物與芝蘭 (문중보물여지란)

다년간 힘을 다해 책 한 권 발간하니,
선조의 위훈 다시 보게 되어 기쁘도다.
쉽도록 편수하니 향기가 넘치고,
땀 흘려 지으면서 어렵게 지냈도다.
사진 그림 확장하여 지극히 심신을 기울이고,
진서를 정리하여 단정히도 기록했네.
완벽하여 사마천의 사기를 능가하고,
지란(芝蘭)과 더불어 문중의 보물 되리로다.

2023년 3월 25일

星州李氏 大宗會 代議員 月松 李相郁

多年盡力一篇刊　先祖功勳更見歡
香溢編修詎易汗　纂撰歷難
擴張綺畵傾心極　整理珍書運筆端
完璧焉遷喩史記　門中寶物與芝蘭

(成均館 儒道會 水原支部 會長/
축시(祝詩)를 보내오다. 편집자 주)

| 차 례 |

서언 _ 명가(名家) 성주이씨(星州李氏)를 빛낸 별[星]들의 역사   6
추천의 글 | 송운(松雲) 이교찬(李敎燦)   12
祝 星州李氏 先祖史發刊 | 월송 이상욱   14

제1부 연원(淵源)

1. 성씨의 기원   27
2. 족보와 대동보의 정의   28
3. 친족집단의 유기체 종중과 족보간행   29
4. 이씨의 유래 및 성주이씨(星州李氏)의 연원   30
5. 성주이씨의 시조(始祖)와 본관(本貫)   31

제2부 금석문으로 보는 시조공, 선조의 역사

1. 묘비명(墓碑銘)과 묘지명(墓誌銘), 묘갈(墓碣), 신도비(神道碑)   35
2. 성주이씨 시조 경상공 휘 순유 제단비(祭壇碑) 설립   39
   -유실된 역사를 복원하다-
3. 중시조 농서군공 휘 장경(中始祖 隴西郡公 諱 長庚)   45
   3-1 농서군공의 약사(略史)   45
   3-2 농서군공(隴西郡公) 유허지(遺墟址)   49
   3-3 농서군공(隴西郡公) 묘비(墓碑)   50
   3-4 농서군공(隴西郡公) 신도비   55
   3-5 농서군공의 묘, 명당(明堂)의 수난사   55

3-6 성주이씨 간이 세계도(世系圖, 중시조 세계 1세~7세)　　　66
3-7 역사 기록으로 보는 2~5세들의 가계 약사(略史)　　　69
　　3-7-1 밀직공 이백년(密直公 李百年)　　　69
　　3-7-2 참지공 이천년(參知公 李千年)　　　71
　　3-7-3 시중공 이만년(侍中公 李萬年)　　　73
　　3-7-4 유수공 이억년(留守公 李億年)　　　74
　　3-7-5 문열공 이조년(文烈公 李兆年) 성산후　　　76

제3부 이조년 연대기(年代記)

1. 고려 말 역사의 중심에 선 이조년의 역사관(歷史觀)　　　91
　1-1 고려 초기 왕권 강화의 수단, 과거제도와 교육기관　　　92
　1-2 학문에 의한 관리 등용법, 과거제도의 성립 및 규정　　　93
　1-3 고려 중기의 국내 정치 및 무신정권의 탄생 배경　　　95
　1-4 고종 재위, 그리고 주변국(몽골)의 정치상황　　　96
　1-5 고려태자와 강화조약(講和條約)　　　98
2. 문열공 이조년 연보(年譜)　　　101
　2-1 고려 제24대 원종(무신정권 말기)　　　102
　2-2 고려 제25대 충렬왕　　　106
　2-3 고려 제26대 충선왕 복위　　　110
　2-4 고려 제27대 충숙왕 재위와 복위　　　112
　2-5 고려 제28대 충혜왕　　　117
　2-6 충혜왕 후원년, 이조년 정당문학. 예문관 대제학 제수　　　121
　2-7 문열공 이조년(李兆年)의 북경 육로 왕래길　　　124
　2-8 문열공 이조년이 모신 고려왕들의 계보도　　　131
3. 이조년, 고려 역사에 큰 발자취를 남기다.　　　134
　3-1 고려 시대의 정사 고려사:열전(高麗史.列傳) 이조년　　　137
　3-2 삼현기년(三賢紀年), 현조(賢祖)의 전적(傳蹟)을 기록　　　145

3-3 문열공(文烈公) 이조년(李兆年) 묘지명(墓誌銘)   153
    3-3-1 문열공 이조년 묘지명을 쓴 익재 이제현   163
       3-3-2 육군자(六君子)   164

제4부 작품의 세계

     고시조(古時調) 및 한시(漢詩) 감상   169
1. 매운당(梅雲堂) 이조년(李兆年)   176
   1-1 백화헌(百花軒) 한시   176
   1-2 백화헌 차운시(次韻詩)   181
   1-3 다정가(多情歌)   182
   1-4 자규제(다정가 한역시)子規啼(多情歌漢譯詩)   185
   1-5 영어(英語)로 번역한 다정가   186
   1-6 유필(遺筆) 병풍시(屛風詩)   187
   1-7 저서(著書) 매 사육서 응골방   192
      1-7-1 응색편(鷹色編: 매의 모양새)부터 제약법(劑藥法)을 논함   197
      1-7-2 응시(鷹詩)   198
2. 요산재(樂山齋) 이억년3(李億年)   208
   2-1 십년세월(十年歲月)   208
3. 초은(樵隱) 이인복(李仁復)   209
   3-1 진변술회(鎭邊述懷)   209
   3-2 기유 오월 십이일 입시원작(己酉五月 十二日 入試原作)   211
   3-3 익재 이문충공 만사(益齋李文忠公挽詞)   212
   3-4 차 가야사주노운(次 伽倻寺住老韻)   213
   3-5 제초계공관곡송 차운(題草溪公館曲松次韻)   214
   3-6 송 경상 정안렴(送慶尙鄭按廉)   214
   3-7 제 조계귀곡각운선사 어서화 시권(題曹溪龜谷覺雲禪師御書畵詩卷)   215
   3-8 증 곽검교(贈 郭檢校)   216
   3-9 기원조동년마언휘승지겸 간부자통학사   217
       (寄元朝同年馬彦翬承旨兼 柬博子通學士)

3-10 송유사암숙(送柳思庵淑)	217
3-11 송문생곽정언의출안강릉(送門生郭正言儀出按江陵)	220
3-12 송 양광안렴 한장령철충(送楊廣按廉韓掌令哲冲)	220
3-13 성재시 상유시중탁(誠齋詩上柳侍中濯)	224
3-14 제난파이어사수부권-거인(題蘭坡李御史壽父卷-居人)	225
3-15 정상국휘포도헌 차운(鄭相國暉蒲萄軒次韻)	226
4. 승암(勝巖) 이인임(李仁任)	228
4-1 노년우음(老年寓吟)	231
4-2 증 승암공(贈勝巖公)	232
5. 모은(慕隱) 이인립(李仁立)	234
5-1 星山君 大提學, 密直 李仁敏에게 보낸 시	235
6. 성산군 대제학 이인민(李仁敏)	238
6-1 작만 자안언 이밀직 인민 귀향 조기부차	239
(昨晚 子安言 李密直仁敏 歸鄕 早起賦此)	
7. 도은(陶隱) 이숭인(李崇仁)	241
7-1 제 승사(題僧舍)	244
7-2 촌거(村居)	246
7-3 신설(新雪)	246
7-4 의장(倚仗)	247
7-5 방동년 생녀희정(方同年生女戱呈)	248
7-6 억 삼봉(憶三峰)	249
7-7 신청(新晴)	251
7-8 안질(眼疾)	253
7-9 추회(秋回)	254
7-10 구일만성(九日謾成)	256
7-11 병인년 십이월 육일 부경사(丙寅十二月六日赴京使)	257
7-12 원일 봉천전 조조(元日奉天殿早朝)	258
7-13 등주 봉래각 감회(登州蓬萊閣感懷)	259
7-14 오호도(嗚呼島, 형식: 7언 고시)	260
7-15 정료위(定遼衛)	265
7-16 도요곡(渡遼曲)	266
7-17 사문도 회고(沙門島懷古)	267

7-18 서강즉사(西江卽事)	269
7-19 등 가야산(登伽倻山)	269
7-20 행로난(行路難) 용고인 운(用古人韻)	271
7-21 자송(自訟)	272
7-22 사유지군기다(謝兪知郡寄茶)	274
7-23 승(蠅)	275
8. 형재(亨齋) 이직(李稷)	278
8-1 고시조(古時調) 오로시(烏鷺詩)	281
8-2 공씨어촌 사시 공백공 별서(孔氏漁村四時孔伯恭別墅)	286
8-3 병송(病松)	289
8-4 계 자손시(戒子孫詩)	289
8-5 전가(田家)	296
8-6 상전가(傷田家)	297
8-7 제 천왕사 서루(題天王寺西樓)	297
8-8 침촌(砧村)	303
8-9 야좌(夜坐)	304
8-10 침촌즉사(砧村卽事)	304
8-11 구일향중제공요이도은등고 도은유시 봉차운 (九日鄕中諸公邀李陶隱登高 陶隱有詩 奉次韻)	305
8-11-1 도은 학사 시부(陶隱學士詩附)	306
8-12 자견(自遣)	307
8-13 촌거사절 용목은운(村居四節 用牧隱韻)	308
9. 경무공(景武公) 이제(李濟)	310
9-1 불사이군(不事二君)	313
10. 평간공(平簡公) 이발(李潑)	315
10-1 제영, 동부민거소(題詠, 洞府民居少)	315
10-2 전라도 김제군 제영	316
11. 나암(蘿菴) 이문홍(李文興)	320
11-1 계 구물사훈(誡九勿思訓)	320
12. 고은(孤隱) 이지활(李智活)	322
12-1 망월정 충절시(望月亭 忠節詩)	322

13. 대은(大隱) 이지원(李智源)   324
    13-1 연봉산 정야(延鳳山靜夜)   324
14. 자고(自固) 이자건   326
    14-1 판서공 전한시 이종사관 함양군루제영   326
    (判書公典翰時 以從事官 咸陽郡樓題詠)
15. 묵재(黙齋) 이문건(李文楗)   329
    15-1 영비(靈碑) 불인갈(不忍碣)   330
    15-2 손자의 출생을 자축하는 시   334
16. 일재(一齋) 이항(李恒)   335
    16-1 양전(良田)   336
    16-2 한거서사(閒居書事)   337
    16-3 제 시축(題詩軸)   338
    16-4 우음(偶吟)   339
17. 동곡(桐谷) 이조(李晁)   340
    17-1 정동(庭桐)/마당에 심은 오동나무   341
18. 앙성(仰城) 이여송(李如松)   342
    18-1 선시(扇詩). 부채에 쓴 시   343
    18-2 여제 임진강상(如題臨津江上)   345
19. 지강(芝江) 이욱(李稶)   346
    19-1 노다촌(老多村)   346
20. 은암(隱庵) 이광적(李光迪)   348
    20-1 어제시(御製詩)   349
    20-2 축시(祝詩)   351
    20-3 이광적(李光迪) 자필 차운시   352
21. 경산공(京山公) 이한진(李漢鎭)   354
    21-1 이한진이 이채의 초상화에 쓴 전서체 글씨   355
22. 옥파(沃波) 이종일(李種一) 독립운동가.   357
    22-1 3·1 독립선언 기념비/ 조선민족 대표 33인   359
23. 백년설 노래비. 이창민(李昌珉)   360
    23-1 번지(番地) 없는 주막   362

제5부 사(辭), 표문(表文), 상전사(上箋辭), 부(賦), 상소문(上疏文), 개국공신교서

1. 사(辭)의 형식 367
   - 1-1 이숭인의 사(辭)와 작품의 배경 368
   - 1-2 이숭인의 사(辭) -애추석사 369
   - 1-3 도은집(陶隱集) 서문(序文) 372
2. 표문(表文) 377
   - 2-1 하등극표(賀登極表) 379
   - 2-2 하책황태후표(賀册皇太后表) 380
   - 2-3 표문(表文), 이조판서 이견기 북경 사은사 382
   - 2-4 전문(箋文), 이조판서 이견기 북경 사은사 384
3. 상전사(上箋辭)와 불윤비답(不允批答) 385
   - 3-1 상전사(上箋辭) 386
   - 3-2 불윤비답 389
   - 3-3 호조판서 이견기 상장사직(上狀辭職) 391
4. 부(賦) 392
   - 4-1 설매헌부(雪梅軒賦) 393
5. 상소문(上疏文) 394
   - 5-1 공녀제도 폐지를 촉구하는 상소문 396
   - 5-2 고려에 대한 "입성책동"을 반대함 401
6. 경무공 이제(李濟)의 개국공신교서(開國功臣敎書) 405
   - 6-1 어제 태조대왕 개국공신교서 406
7. 임금이 내린 치제문(致祭文)과 졸기(卒記) 412
   - 7-1 세종대왕이 병조판서 이발에게 내린 치제문 전문 412
   - 7-2 전 병조판서 이발 졸기 414
   - 7-3 중추원사 이견기 졸기 415

제6부 유허비명, 신도비명, 고려사:열전

1. 농서군공(隴西郡公) 휘 장경 유허비명(遺墟碑銘) 420
2. 농서군공(隴西郡公) 휘 장경(長庚) 신도비명 422
3. 문열공(文烈公) 휘 조년(兆年) 신도비명(神道碑銘) 431
4. 문충공(文忠公) 이인복 고려사:열전 438

제7부 정난(靖難)과 사화(士禍)

1. 정난과 사화에 얽힌 선비들의 수난사 445
  1-1 계유정난(癸酉靖難) 447
  1-2 남이(南怡) 옥사사건 449
  1-3 무오사화(戊午士禍) 453
  1-4 갑자사화(甲子士禍) 454
  1-5 기묘사화(己卯士禍) 455
  1-6 을사사화(乙巳士禍) 459
2. 설화 및 효행, 탐방 462
  2-1 형제애(兄弟愛)에 관한 설화 462
  2-2 형재 이직의 효행과 태조 이성계의 감동실화 464
  2-3 부조묘(不祧廟) 탐방 466
    2-3-1 문경공 이직 부조묘 466
    2-3-2 경무공 이제 부조묘 468
  2-4 성주이씨 이빈(李斌), 효자정려(孝子旌閭)를 받다. 474
  2-5 효자 이윤현의 효심과 사효재(思孝齋) 477
  2-6 탐방 480
    2-6-1 입향조의 추모 역사비를 세우다. 480
    2-6-2 정조대왕의 어고(御考) 482
  2-7 탐방: 성주이씨 총제공과 여구(汝懼) 준(噂)공 용인 종중 485

글을 마치며 494
부록 _ 응골방 시(詩)부문 원문 499
참고문헌 512

제1부

연원(淵源)

1. 성씨의 기원

우리가 통용하고 있는 성씨의 칭호는 한국 고유의 전래적 총칭이 있었으나 시대의 발전에 따라, 중국으로부터 문화적 내지 정치적 사유로 수입이 되어 한자화(漢字化) 또는 한성화(漢姓化)되어 오늘날 불리어지고 있다. 따라서 한국 고유 전래의 씨족 명칭과 중국식 성의 칭호와는 구별하고 있다.

(1) 성(姓)자의 원의(原義)는 출자지(出自地)와 상호 통하고 가녀(家女)가 출가하여 출생한 남, 녀 및 손을 생(甥)이라고 부른다. 씨족 특질이 점차로 소멸함에 따라 출자를 표시한 명호(名號)를 의미하게 된 것이다. 즉 성의 본의를 부계적(父系的) 혈족의 표식이라고 한다. 중국의 성칭(姓稱)은 부계 씨족의 혈족을 표시하는 명호에서 시작된 것이다.

(2) 씨(氏)는 고염무(顧炎武)의 소설(所說)에 의하면 "씨(氏)"란 경대부(卿大夫)에서 생긴 것이요, 옹이나 제후에게는 씨가 없고 왕후(王侯)의 자손이나 공자(公子), 공손(公孫)까지도 씨가 없었다고 한다. 씨가 생긴 것은 봉건적 영토가 확립된 데서 비롯한 것이며 씨의 칭호는 대개 지명에서부터 유래한 것으로 보아 성은 혈족적 씨족제의 산물이고 씨는 영토적 씨족제의 산물로 보고 있다. 씨족(氏族)[1] 이란 조상이 같은 혈연 공동체를 뜻하며, 구성원들은

---

[1] 씨족이란 성과 본관이 같아서 동조의식(同祖意識)을 가진 남계친족(親族)을 말한다.

특별하고도 밀접한 권리 의무 관계를 가지고 있다.

역사적 배경에서 살펴보면 고려 광종 9년부터 우수한 인재등용을 위하여 실시한 과거시험제도는, 이후 고려 11대왕 문종(文, 1046~1083)에 이르러서는 과거 응시자에 대해 '성씨'를 가지고 있는 자를 한정하게 되어 성씨 발달에 결정적 계기가 되기도 했다. 이로써 어려운 과거시험을 통해 선발된 관료들은 당연히 광종의 친위세력이 되었으며, 권문세족의 권세(權勢)를 누르고 왕권을 확립하는데 기여했다.

2. 족보와 대동보의 정의

족보(族譜)란 한 씨족의 계통과 혈통관계를 기록한 책이며, 고려 시대의 묘지명(墓誌銘) 등 사료에 의하면 소규모의 필사된 계보는 이미 고려 시대 이래로 귀족 사이에서 작성되었음을 알 수 있다. 동족 또는 한 분파 전체를 포함하는 족보는 조선 중기에 이르러 출현했다. 족보는 서양에서도 있었다 하나 대체로 개인의 가계사를 기록한 것이고, 동양에서는 한나라 때부터 있었고 우리나라는 고려 때에 등장했다. 동성동본의 한 씨족을 시조부터 그 자손에 이르기까지 조상 순서대로 적고 파를 구별하여 기록하는 것을 세보 또는 대동보라고 부른다.

조상의 계통 이외의 자기의 파(派)만을 위주로 기재한 것을 파보, 또는 지보라 하며 기록방법은, 법적 제한규정이 없으므로 일반적으로 대동소이하다. 그 내용은 명(名), 자(字), 호(號)를 쓰고, 생졸(生卒)의 날짜와 배(配)의 이름과 묘의 위치 등을 기재한다. 예전에는 유명한 인물일 경우 상례의 내용 이외에 행적을 적고 주요관직과 대표적인 유필, 시문 등도 적었다.

3. 친족집단의 유기체 종중과 족보간행

  족보간행을 촉진한 이유는 ①동성불혼(同姓不婚), 계급 내혼제(階級內婚制)의 강화, ②존·비구별(尊卑區別), ③적·서구분(嫡庶區分), 친·소구분(親疏區分) 당파별(黨派別)의 명확화이다. 조선 중기에 족보를 시간한 동족은 대체로 외손 3대와 2대만 기재하다가 사위만 기재했다. 현존하는 최고의 족보는 1476년에 발간한 안동권씨 세보와, 1562년에 간행한 문화유씨 족보가 있다. 성주이씨 대종회의 역대 족보 기록을 보면 1464년 조선조 세조 10년 목사공(牧使公) 휘 윤손(諱尹孫)이 쓴 낱장본이 최초의 족보로 기재되어 있다. 종중이란 공동선조의 분묘수호와 제사 및 종원 상호간의 친목을 목적으로 하여 구성된 자연 발생적인 종족집단이다.

  종중은 전 종중원을 아우르는 최상위의 대종중과, 독자적인 하위의 친족조직을 구성하는 파종회가 있는데, 이는 시조 및 중시조를 조상으로 모시며 각기 다른 집단의 파벌(派閥) 세력과 지위를 나타내는 지표가 되므로 세분화가 이루어진다. 재정은 독립적으로 운영되며 각각 종파 간 유기적으로 교류를 함으로써 지파조직도 동반하여 발전하게 되는 것이다. 그러므로 종중 종회는 친족집단의 정체성을 확인하고 기능을 강화하게 되어 공동의 복리를 위해 재산을 보전, 관리하면서 협력체계를 유지한다. 경영의 일환으로 족보편찬은 물론 묘역과 재실을 중건하고 성씨의 역사서, 인물지, 평전 등을 발간하기도 한다. 또한 종중, 문중의 구성원들은 제사(祭祀)와 묘사(墓祀), 묘 관리를 비롯하여 중요한 의사 결정을 함에 있어, 이에 대한 의결권(議決權)을 부여 받으며 규정에 따른 책임과 의무도 지워진다. 또한 종원들의 친목 모임을 겸하는 봉제사(奉祭祀)를 위한 행사를 하는데, 이를 통하여 구성원들은 소속감과 친근감을 갖게 되므로 집단기능을 발휘하게 된다.

위에 언급한 종중의 세분화(細分化)는 사회적 위세를 과시하기 위해 문중의 중심인물로 높은 관직을 부여받은 조상을 자연히 내세우게 되지만, 재산관리와 봉제사의 관점에서는 직계선조의 유산형태에 따라서 인적 구성요소별로 축소 지향적인 종파가 발생하게 된다는 의미이다.

따라서 이러한 사업들이 신세대로 이관되는 과정에서, 단절 없이 전통을 이어 받아 유지 발전시키는 데 있어서는 조상에 대한 역사의 중요성과 숭조에 대한 반복교육이 중요하고 소속감과 관심 유발을 위한 자손록(족보) 등의 수정은 불가피한 것이다.

4. 이씨의 유래 및 성주이씨(星州李氏)의 연원

『이씨의 본관은 조선씨족통보(朝鮮氏族統譜)에는 546본으로, 증보문헌비고(增補文獻備考)에는 451본, 전고대방(典故大方)에는 109본, 국조방목(國朝榜目)에는 103본 등으로 기록되어 있으나, 그 중 시조(始祖)가 뚜렷하게 밝혀지고 현존하는 본관은 100여 본으로 추정된다.

이들 이씨의 연원(淵源)을 계통별로 분류하면, 신라의 육촌(六村)중 알천 양산촌의 촌장 알평(謁平)이 서기 32년(신라 유리왕 9)에 다른 다섯 촌장들과 함께 사성(賜姓)을 받을 때 이씨를 하사(下賜)받아 이씨로 계통을 이어오다가 합천, 가평, 평창, 원주, 아산, 재령, 우봉 등으로 분적(分籍)한 계통이 있고, 전주 이씨의 시조인 한(翰)의 계통과, 당나라 장군으로 소정방이 신라와 동맹하여 백제를 침공 할 때 함께 따라와 신라로 귀화한 무(茂, 연안이씨의 시조)의 계통과, 중국 한무제 때 사람인 반(槃)의 24

대 손인 황(璜, 고성이씨의 시조)과 김수로 왕의 둘째 아들 후예로 전하는 허겸(許謙, 인천이씨 시조), 원나라 출신으로 조선 개국에 공을 세워 청해군(靑海君)에 봉해진 이지란(청해이씨 시조)과, 중국 농서 출신으로 낙랑태수를 지낸 진(震, 안악이씨 시조)로 대별 된다.』(자료출전: 뿌리를 찾아서)

우계이씨와 성주이씨(星州李氏)의 일부도 경주이씨의 시조인 알평(謁平)에 연원을 두고 있다. 이러한 이씨는 오랜 역사의 흐름 속에서, 상당한 세력을 떨치며 명문의 지위를 굳혀온 씨족으로써 정치적으로나 사회적으로 훌륭한 인물들을 숱하게 배출 시켰다. 성주이씨 시조 이순유는 동생 돈유와 함께 경순왕조(敬順王朝, 927-935) 때 벼슬을 하여 재상(宰相)에 올랐으나 신라가 망하자 마의태자(麻衣太子, 경순왕의 왕자)와 함께 민심을 수습하고 나라를 구하려고 하였으나, 끝내 그 뜻을 이루지 못하였다. 고려 태조 왕건이 이순유의 재주와 기량을 흠모하여 벼슬을 할 것을 권유 하였으나 그는 "두 임금을 섬기지 않겠다"고 하며 거절하고 이름까지도 극신(克臣)이라고쳐 경산(지금의 성주)으로 옮겨 살았다. 그 절의에 감복한 고려 태조 왕건은, "나의 신하는 아니지만 나의 백성임에 틀림없다." 하며 향직(鄕職)의 우두머리인 호장(戶長)으로 삼았다.

5. 성주이씨의 시조(始祖)와 본관(本貫)

다음은 성주이씨 시조에 대한 인용부이다.

『시조 경상공(卿相公)의 이름은 순유(純由)이며 성주이씨의 시조이시다. 공은 소년 시절부터 관직에 나아가 아우인 돈유와 함께 신라 경순왕 조에서 관위가 경상(卿相)에 오르셨다. 경순왕이 고려에 항복을 하므로 망국의 한을 남기게 되자, 공은 마의태자와 함께 신라 천 년 사직을 보전하기 위한 구국의 방책을 기도하였으나, 끝내 그 뜻을 이루지 못하셨다. 고려 태조 왕건은 공의 재주와 기량을 흠모하여 벼슬할 것을 여러 번 권하였으나 공은 불사이군(不事二君)의 뜻을 굽히지 않았다.

고려조에 이르러 신라 때의 재신으로써 순종하지 않는 자는 각 주군(州郡)에 분처(分處)하는 지방정책을 썼는데, 공은 이때 경산에 분처 되어 호장(戶長)이 되셨다. 그 후 후손들이 여러 대로 살아오다가 농서군공 장경(隴西郡公長庚)의 대에 이르러 비로소 세상에 드러나게 되었으며, 본관(本貫)[2]을 성주(星州)로 하게 되었다.』

---

2 시조가 난 땅, 고향.(편집자 註)

제2부
금석문으로 보는 시조공, 선조의 역사

1. 묘비명(墓碑銘)과
묘지명(墓誌銘), 묘갈(墓碣), 신도비(神道碑)

 묘비란 어떤 인물이 숨진 후에 망자의 이름과 관직 등을 일정한 규격의 돌에 새겨 세운 것이다. 특히 묘비는 비 위에 개석(蓋石)이 있는 것을 말하며 이 밖에 묘지명, 묘표, 묘갈, 신도비라고도 하는데 이런 것들은 비석의 규모나 받침돌, 비석의 형태에 따라서 구분이 되며 모두 동일한 문체[1]의 글이다.

(1) 묘비명(墓碑銘)

 묘비는 지상의 묘 앞에 세우는데 고려 시대에는 묘비명 제작을 엄격히 제한하였으며 국왕의 허가를 받아야만 세울 수 있었다. 그러나 조선 중기 이후에는 조상 숭배의식의 발달과, 가문의 위세 과시 욕구의 확대로 인해 커다란 묘비명 제작이 보편화되었다.

(2) 묘지명(墓誌銘)

 한 인물이 죽으면 성명 및 생몰시기, 가계, 행적 장지 등을 돌에 새겨 무덤 속에 시신과 함께 매장하는 풍습이 있다.
 고려 시대에만 성행한 기록문화 유산의 하나이다. 덕과 공이 있어 세

---

[1] 문장의 종류로써 글쓴이에 따라 나타나는 문장의 개성적인 특색이 있다.(편집자 주)

상에 이름을 남길만한 사람이 사망 후 자손들이 그의 기록을 후대에 전하기 위해 쓴 것이 묘지명이다. 고려 백자, 청자, 팔만대장경 등이 고려인들의 혼과 정성이 깃든 산물의 유산이 되듯 묘지명도 역시 중요한 고려 시대의 명품으로 인정되고 있는 것이다. 고려의 묘지명은 중국 북위(北魏)의 묘지명과 형식면에서는 같다. 특히 묘지명 문화가 고려에서 발달한 것은, 당시 지배층의 장례 풍습인 화장 문화와 관련이 있다.

석관에 담은 유골함을 매장할 때 묘지명을 함께 매장하기에 적합했다. 후일에 무덤이 훼손 되더라도, 매장된 지석으로 인해 주인을 찾는 데는 묘지명이 이를 증명해준다. 고려의 경우는 묘지명이 현재 320점만 전해지고 있으나 실물은 200점뿐이고, 나머지 120점은 묘지명을 쓴 사람의 문집 등에 기록되어 있다.

(3) 묘갈(墓碣)

묘갈은 신도비에 비해 작은 규모의 비석이다. 비신(碑身, 몸체)위에 개석을 얹지 않고 비의 윗부분을 둥글게 마무리를 한 형태이다. 밑 부분에는 비 본체를 받치는 대좌(臺座)를 안치한다. 경원공 이포의 가족묘 앞 묘갈석이 그 예이다.

(4) 신도비(神道碑)

신도비는 관계(官階)가 정 2품(正二品) 이상의 관원 무덤 앞에 세우는 비석이다. 대좌는 거북 받침 형태가 주류이고, 비의 본체가 크며 개석의 규모도 웅장하다. 이는 비문의 내용이 많고 이로 인해 비대해진 몸체와 조화를 이루는 요소인 것이다. 종전에는 종 2품(從二品) 이상에게도 허락을 하였으며, 정 2품 증직(贈職)도 신도비를 세웠다. 재질은 주로 오석(烏石)을 본체로 사용하고 풍수설에 따라서 무덤의 동남쪽에 세운다.

(5) 비문·명문

이러한 묘비, 묘지, 묘갈, 신도비 등에 쓰는 비문은 주로 한자 해서체(楷書體)[2]이며 새기는 방향에 따라 앞면은 표기(表記)이고 뒷면에 새긴 것은 음기(陰記)이다. 명문(銘文)은 운문(韻文)의 형식으로 인물의 공적과 자취를 개괄하여 짓는 글이다. 서문과 함께 새기는 것이 일반적이다. 명문이 없이 비문으로만 된 글을 비기(碑記)라 하며 묘갈이나 신도비에 새긴 글에 명문이 있으면 묘갈명, 신도비명이라 하였는데, 묘지에도 명이 있으면 묘지명이다. 비문은 주로 죽은 자나 그의 후손에 가까운 사람 가운데 고인의 행적을 잘 이해하거나 학식이 가장 출중한 사람에게 찬술(撰述)을 의뢰한다. 신도비명은 정 3품 이상의 전·현직 관원이 짓는 것이 관례였다.

중국 북위 시대 묘지명과 조선(명종) 시대 묘지명의 예

묘지명(墓誌銘)은 보통 돌[石]이나 백자(白磁), 상감분청사기(象嵌粉靑沙器), 청화백자(靑華白磁) 등에 새겨 매장한다. 그림 [1]은 중국 남북조시대 북위 세종의무황제(世宗宜武皇帝)의 정창 3년(514) 11월에 매장된 원진(元珍)이라는 장수의 묘지명 일부이다. 하남(河南) 낙양에서 출토되었으며 서체는 해서체로 매우 침착(沈着)하여 잘 쓴 글씨로 평가받고 있다.

그림 [2]는 이문건[3]의 부인 숙부인 김씨의 묘지명(1장 전면)이다. 1567년

---

[2] 글자 모양이 가장 반듯한 정서체.
[3] 묵재 이문건은 성주이씨 중시조 세계(世系) 10세이며 부는 이윤탁이다. 현존 최고(最古)로 알려진 육아일기 "양아록(養兒錄)"을 썼으며, "이윤탁 한글영비"는 서울시 보물 1524호로 지정되었다.

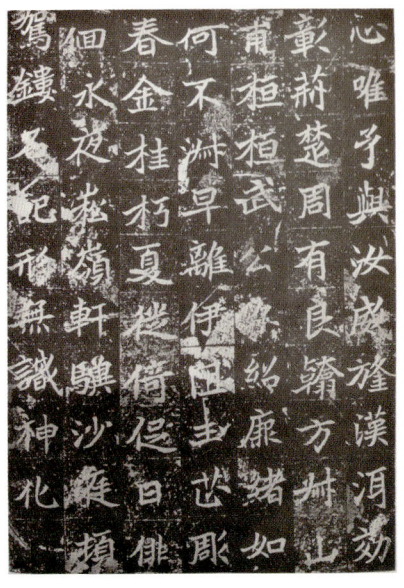 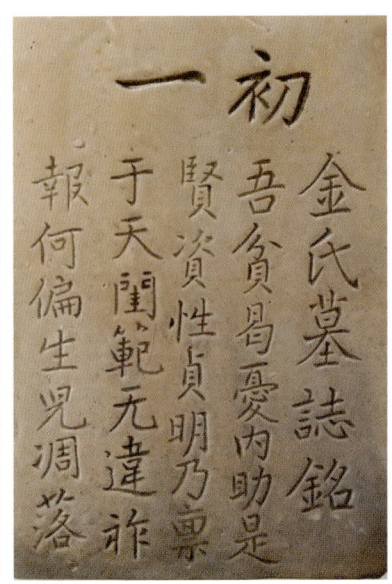

(1) 원진묘지명 일부   (2) 김씨 묘지명 일부

부장하였는데 2012년 이장시 출토한 것이다.

初一(초일) **金氏墓誌銘**(김씨묘지명)

吾貧曷憂오빈갈우　　內助是賢내조시현

資性貞明자성정명　　乃稟于天내품우천

閨範无違규범무위　　祚報何偏조보하편

生兒凋落생아조락…

내 어찌 빈궁함을 걱정하리, 내조가 이처럼 어진데.
어진 자질과 천성이 곧고 밝으니 이것은 하늘로부터 부여받은 것이다.
규방의 규범을 어기지 않았는데, 복을 받은 것이 어찌 편벽되었는가?
아이를 낳으면 어려서 죽었으며…로 이어진다.

2. 성주이씨 시조 경상공 휘 순유 제단비(祭壇碑) 설립
-유실된 역사를 복원하다-

성주이씨 시조공 휘 순유 제단과 제단비
(소재지: 경북 성주군 대가면 옥화리 오현재 경내)

「改諱克臣, 仕新羅與弟敦由 俱至卿相, 高麗初 廢新羅宰臣之不順命者, 分處州郡爲吏, 公之后徙居京山府世居龍山里, 敦由之后無聞.」

「이름을 극신으로 고친 분으로, 신라 때 아우 돈유와 더불어 신라에 출사하여 관이 경상에 이르렀으나, 고려 초 신라 재신으로 순응하지 않는 자들을 주군의 향리로 분처하게 되자, 후손들이 경산부 용산리로 옮겨 세거하게 되었다. 아우 돈유의 후손은 알 수 없다.」

_ 성주이씨 대동보

시조공 휘 순유 제단비는 1991년에 새로 세우고 단장을 하였다. 제단비를 세우게 된 동기와 내용을 읽어보면 회한과 안도가 교차함을 느끼지 않을 수가 없을 것이다. 제단비의 원문은 이어쓰기로 되어 있으나 신세대들도 읽기 쉽게 구두점(句讀點)을 표시하였다.

시조(始祖) 경상공(卿相公) 휘(諱) 순유(純由) 제단비 전문

_진성 이가원

李公諱純由, 星州氏之始祖也. 公改諱克臣, 嘗與其弟敦由仕於新羅
이공휘순유, 성주씨지시조야. 공개휘극신, 상여기제돈유사어신라
俱位至卿相, 洎王麗鼎革廢, 前朝宰臣之岡僕者, 分處州郡編爲吏役,
구위지경상, 계왕려정혁폐, 전조재신지강복자, 분처주군편위리역,
公之后乃流徒于京山 遂以爲貫焉. 子若孫曾三世,[4] 俱逸其名屢傳,
공지후내유도우경산 수이위관언. 자약손증삼세, 구일기명루전,
而至隴西郡公長庚, 而始顯于世矣. 隴西五子, 密直司事百年, 參知
이지농서군공장경, 이시현우세의, 농서오자, 밀직사사백년, 참지
政事千年, 星山君萬年 文科億年, 文烈公兆年, 洎后孫, 參知政事承
정사천년, 성산군만년, 문과억년, 문열공조년, 계후손, 참지정사승
慶, 門下侍中敬元公襃, 文忠公樵隱仁復, 廣評府院君仁任, 文忠公
경, 문하시중경원공포, 문충공초은인복, 광평부원군인임, 문충공
陶隱崇仁, 議政府領議政稷, 景武公濟, 贈吏曹判書孤隱智活, 文敬
도은숭인, 의정부영의정직, 경무공제, 증이조판서고은지활, 문경
公一齋恒, 靖憲公光迪, 皆顯於麗韓二代,
공일재항, 정헌공광적, 개현어려한이대,

---

4 휘 순유의 자와 손, 증손의 이름과 묘소 등이 실전(失傳)되어 5세손 휘 범(凡)에서 이어져 휘 장경으로 드러나는 세계(世系).

이공은 휘 순유 성주이씨 시조이시다. 뒤에 휘를 극신이라 개칭 일찍이 제 돈유와 함께 신라에 벼슬하니 경상에 이르셨다. 왕씨 고려가 바야흐로 혁명으로 신라를 폐한 후, 전조의 재신으로서 귀순하기를 불복한 자는 주군(州郡)에 분산 배치하여 이역으로 편적하니, 공도 후에 경산으로 유배되어, 결국 이 고을로 관향을 삼게 되었다. 자, 손자, 증손 3대는 그 이름마저 실전되고 여러 대를 내려와, 농서군공이신 장경에 이르러 비로소 세상에 드러나셨도다. 농서군공은 다섯 아들(五子)을 두었는데, 밀직사사 백년. 참지정사 천년. 성산군 만년. 문과 억년, 문열공 조년이시고, 후손으로는 참지정사 승경, 문하시중 경원공 포. 문충공 초은 인복, 광평부원군 인임과, 문충공 도은 숭인, 의정부 영의정 직, 경무공 제, 이조판서를 지낸 고은 지활, 문경공 일재 항이시고, 정헌공 광적이시니, 모두 고려와 조선조 양 대에 현달하시었고

其餘, 簪組忠節, 文章行誼之, 著于簡册者, 指不勝樓焉. 嗚呼, 此莫
기여, 잠조충절, 문장행의지, 저우간책자, 지불승루언, 오호, 차막
非公隱德, 不食之報[5]也. 欲後孫等, 憭念先德, 歷世不忘, 而史蹟遺佚,
비공은덕, 불식지보 야, 여후손등, 창념선덕, 역세불망, 이사적유일,
丘墓失傳, 香火曠闕, 乃刱設祭壇, 于梧峴, 隴西公之墓左, 行歲一之典.
구묘실전, 향화광궐, 내창설제단, 우오현, 농서공지묘좌, 행세일지전.
設壇之役, 供羞之貲, 璀淳獨擔. 其更矣, 謨竪一穹碑, 於其前事, 旣集
설단지역, 공수지자, 진순독담. 기경의, 모수일궁비, 어기전사, 기집
自李氏大宗會, 炳吉, 教亨, 龍澤, 與其奉祀孫, 琮永來碣余銘, 其辭 曰;
자이씨대종회, 병길, 교형, 용택, 여기봉사손, 종영래갈여명, 기사 왈;

---

5 조상의 음덕(陰德)으로 자손이 잘되는 보응(報應).

그 외에도 벼슬과 충절과 문장과 행의가 역사책에 드러난 분들은 손꼽아 셀 수 없다. 아! 아마도 공의 숨겨진 덕에 못다 누린 복이 흘러서 나타난 것이 아니겠는가? 후손들이 선조의 덕을 지극히 염려하여 대대로 잊지 못하면서도 사적이 유실되고 묘소도 실전되어, 향화를 오래도록 받들지 못해오다가 이제야 제단을 오현 농서군공의 좌측에 모시고, 매년 한 번씩 의전을 행하려 한다. 단(壇) 설치와 제수 비용은 진순(璡淳)이 독자 부담하기로 하였다. 아울러, 커다란 비를 그곳에 세우기로 도모하고, 사전에 성주이씨 종회에서 병길, 교형, 용택과 봉사손 종영을 보내어 비명을 청하므로, 그 사(辭)를 엮노니;

睠京山之高阜兮, 권경산지고부혜	경산의 높은 둔덕 못내 아쉬워 돌아보니,
蘙春草之芊眠. 예춘초지우면	춘초 우거진데 숨으시어 자노라.
設崇壇以奠香火兮, 설숭단이전향화혜	제단을 구축하고 향불을 올리니,
嗅芳馥於篆煙. 후방복어전연	꽃다운 향기 꼬불꼬불 솟구치는 향연에서 맡으리라.
是維星州氏之始祖兮. 시유성주씨지시조혜	이 분이 오직 성주이씨 시조로다.
仰遺德於千年, 앙유덕어천년	공이 끼치신 덕망 천 년이나 우러르고,
徐羅伐之名卿兮. 서라벌지명경혜	서라벌(신라)의 이름난 재상이라.
登雲路而翩翩, 등운로이편편	큰 벼슬에 오르시어 훨훨 날랐도다.
哀厥時之不祥兮, 애궐시지불상혜	슬픈지고! 그 시의가 좋지 못해,
聖骨委於荒墵, 성골위어황명	성골이 황막한 성 밖에 버려졌으나,

抱孤節以守岡僕兮, 포고절이수강복혜	홀로 충절을 안고 지키어 굽힘이 없는지라.
乃側陋於推遷, 내측누어추천	이에 유배지에서 미천하고 고루했네,
屛三世之逸名兮, 잔삼세지일명혜	쇠진한 삼대 이름마저 잃으시고,
與草木而顚連. 여초목이전연	초목과 어울리어 심히 곤궁했네.
維隴西之卓犖兮, 유농서지탁락혜	오직 농서군공이 탁월하고 명백하시어,
始崛起而高騫, 시굴기이고건	비로소 우뚝 일어나 높게도 날으셨네.
旣五子之淸髃兮, 기오자지청우혜	이미 다섯 아드님이 높고 좋은 자리 드날리시니,
亦衆孫之蟬聯. 역중손지선련	역시 여러 자손 연달아 이어졌네.
麗不億其繁衍兮, 여불억기번연혜	고려조가 불안토록 그처럼 번성 하니,
諒天道之無偏肆, 양천도지무편사	천도를 살피시어 치우침이 없었다네.
慈孫之耿鬱兮, 자손지경울혜	자애로운 자손들을 걱정하는 심정이라,
歲滋久而難宣, 세자구이난선	오랜 세월 지나도록 베풀기 어려워,
遵古法而樹神牌兮, 준고법이수신패혜	옛 법도를 받들어서 신패를 모시니,
近隴西之幽, 근농서지유	농서군공 묘소에 가까워라,
阡固神理之不謬兮, 천고신리지불류혜	진실 신의 섭리는 그르침 없으니,
雲物輝而淸姢, 운물휘이청연	영혼도 빛이 나서 맑고 고우련만,
嗟英靈之靡所不之兮, 차영령지미소부지혜	아! 영령은 못가는 곳이 없으시니,

駕風馬而降旂,　　풍마를 타고 강림하소서.
가풍마이강전

琢穹碑以記實事兮,　형통한 비를 쪼아[琢,탁] 사실을 기록하니,
탁궁비이기실사혜

字離奇而深鐫,　　글도 아름답고 기이해서 깊게도 새기도다.
자이기이심전

人神爲之胥悅兮,　사람과 신령들도 그를 위해 좋아하고,
인신위지서열혜

過而讀者慨然.　　와서 보고 읽는 이는 슬퍼지리라.
과이독자개연

辛未載之 淸明節 文學博士 眞城 李家源 謹撰.

신미년(1991) 청명절 문학박사 진성 이가원은 삼가 글을 짓다.

(壬申 秋 七月 下澣 后孫 晉洛 謹書)

(임신년(1992) 가을(7월) 하순에 후손 진락은 삼가 글씨를 쓰다)

성주이씨 상계 세계도(世系圖). 시조(始祖) 순유(純由)

1세	2세	3세	4세	5세	6세	7세	8세	9세	10세	11세	12세
純由 순유	실전	실전	실전	凡 범	廷居 정거	冲京 충경	瑩 형	孝參 효삼	敦文 돈문	得禧 득희	長庚 장경
											⊙

(중시조 농서군공 장경)

시조공 휘 순유 제단비   제단비 확대본

3. 중시조 농서군공 휘 장경(中始祖 隴西郡公 諱 長庚)

3-1 농서군공의 약사(略史)

성주이씨 중시조는 농서군공 장경이고 부친은 안일호장정위(安逸戶長正位) 득희(得禧)이다. 농서군공께서는 천품이 겸손하고 근엄하니, 모든 사람이 경외하며, 모든 일을 공께 먼저 알리며, 관원들도 공의 뜻에 어긋날까 조심하였다. 관원의 잘못이 있으면 반드시 글로써 준엄하게 타일렀다. 배(配)는 합주군부인(陜州郡夫人) 이씨(李氏)이며 부(父)는 강양군(江陽君) 이약(李若)이고 외조(外祖)는 국자직학(國子直學) 윤신지(尹莘摯)이다. 농서군공은 슬하에 오남 일녀(五男一女)를 두었으며 오형제(백년, 천년, 만년, 억년, 조년)가 모두 문과에 급제하였다. 딸은 벽진 이창간(李昌幹)에게 출가하여 2녀를 두었는데,

財 농서군공 휘 장경 존영
(경북 유형문화재 245호)

장녀는 이연(李延)에게 출가하고 차녀는 성주인(星州人) 여양유(呂良裕)에게 출가하였으며, 여양유는 신라 전서(典書) 여어모(呂禦侮)의 후예로 성산여씨(星山呂氏)[6] 중시조이다. 휘 장경에 봉작된 관직과 품계는 고려 벽상삼중대광, 좌시중, 흥안 부원군, 도첨의정승, 지전리사사, 상호군, 경산 부원군 등이며, 원조(元朝)에서는 공의 손자 승경(承慶)이 귀하게 되어 선칙(宣勅)으로 농서군공(隴西郡公)을 추봉하였다.

농서군공의 생몰년(生沒年)은 대동보에도 기록이 없어 사실 확인이 어렵다. 고려 제23대 고종(재위기간, 1213~1259) 때 출생한 것으로 전해지므로 공이 안일호장을 지냈다는 역사적 사실과 자녀들의 출생기록을 연계하여 생년을 추측할 뿐이다. 장남인 밀직공 백년(百年)이 1252년생이고 차남 참지공 천년(千年)은 1256년생이며 오남 문열공 조년은 1269년생이므로, 1214~1300년 사이에 출생 및 활동한 기간으로 가정하면 대략 70세 이상 장수하였을 것으로 추정할 수 있다.[7] 영정(影幀)은 안산서원을 비롯하여 흥양 성산사, 단성 안곡사, 성주 봉산재 상덕사(尙德祠)에 주벽(主壁)으로 다섯 아들[五子]과 함께 배향한다. 공의 신도비명은 매산 홍직필이 찬(撰)하였고, 봉두산 유허비명(遺墟碑銘)은 후손 교인(敎寅)이 찬하고, 응와(凝窩) 이원조(李源朝)가 유허비 각기문을 지었으며, 승선(承宣)

---

6 성산여씨 근원에 "휘 양유의 배(配)는 벽진 이씨인데 동정(同正) 이창간(李昌幹)의 딸이요 농서군공 장경의 외손녀이다"라 기록하고 있다.
7 성주이씨의 뿌리 "위대한 조상" 책자에도 1230년 이전을 출생일로 보고 있다.

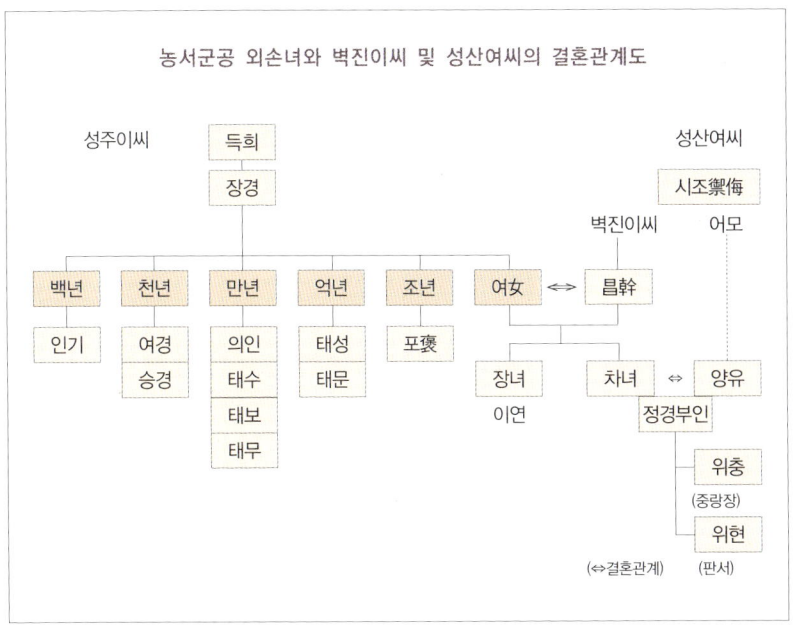

장석신(張錫藎)이 봉산재 상량문을 찬(撰)한 글이 성주이씨 대동보 세덕편(歲德編)에 기록되어 있다. 묘는 성주군 대가면 옥화리 산 2번지 능골에 뫼시니, 오현 임좌(梧峴壬坐)요, 제실(祭室) 오현재(梧峴齋)는 성주군 대가면 옥화리 21번지 외이고, 봉산재는 성주 경산리 109번지이며, 안산영당은 성주 벽진면 자산리 38번지 외이다.

배(配)의 묘는 공의 묘 아래에 모셨으며, 구영(舊塋. 무덤)은 선석산에 계셨는데 광릉 태봉(光陵胎封)을 조성하기 위하여, 왕명으로 옥화동 능골로 이장을 하게 되니 공의 칠세 손(孫)인 의(誼)가 본도 관찰사로 부임하여, 비로소 묘갈(墓碣)을 하고 14세 손 지선(祗先)이 밀양 태수 시기에 묘비를 세우고 비문을 지었다. 광복 후인 1959년 기해에 후손이 협력하여 묘정과 석물을 개수하였고 구비(舊碑)는 묘 아래에 묻었다. 주손(胄孫)이 옥과에서 살며 사

  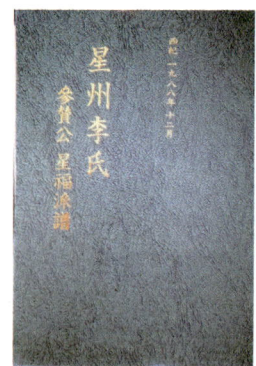

성주이씨 대동보 세덕편   성주이씨 참찬공 문중

성주 봉산재 농서군공 사당   상덕사(尙德祠) 단오제 향사(2021.6.14.)

당을 세우고 다례를 올렸으나, 가운으로 궐향(闕享)하게 되자, 1919년 후손 병희(炳熺)가 종의를 모아 봉훈을 봉사손(奉祀孫)으로 세웠다. 보본사를 율곡으로 이건하여 옥과에서 행사(行祀)하는 동지다례(冬至茶禮)를 다시 예전과 같이 한다.

3-2 농서군공(隴西郡公) 유허지(遺墟址)

성주이씨 중시조인 농서군공이 생전에 기거했던 유허지(遺墟址)이다.

성주군 성주읍 경산리에 봉두산(鳳頭山)이란 작은 산이 있으며, 그 산 아래에는 농서군공 장경(長庚)의 고택이 있었다. 현손인 문충공 이숭인(李崇仁)의 대에 이르기까지 생활한 기록들이 경산지(京山誌)에 수록되어 있어 성주이씨 선대의 역사가 어린 곳으로 알려져 있다. 경산지는, 「城南岭頭 有南訛館遺址 其前 李崇仁別業 李崇仁 詩」 "옛 자성안 성 남쪽산 위는 남와관(南訛館) 유적지이고, 그 앞이 이숭인이 공부하던 곳이며 이숭인의 시"가 있다고 했다.

―도은 이숭인

身世飄然水上萍	신세는 부평초 같이 떠돌아다니다가,
신세표연수상평	
歸來幸此有柴荊	돌아오니 다행히 초가집이 있구나.
귀래행차유시형	
却將萬里乾坤眼	앞으로는 멀리 우주를 보는 눈을 가지고,
각장만리건곤안	
坐對星山一點靑	오직 하나 푸르른 성산을 대하고 앉으리.
좌대성산일점청	

고택이 있던 자리, 봉두산 아래에 지은 봉산재(鳳山齋)(상)
상덕사(尙德祠)뒤 언덕 봉두산 표지석(하)

농서군공 묘 전경　　　　　　　　　　농서군공 묘(상), 합주군부인 묘(하)

3-3 농서군공(隴西郡公) 묘비(墓碑)

세종 26년(1444), 세종왕자태실이 선석산에 들어옴으로써, 이전부터 선석산에 있던 농서군공 묘는 왕명에 의하여 이곳 성주읍 옥화리로 이전하게 되었고, 인근 선석사(禪石寺)에 봉안했던 영정도 안산영당으로 옮겼다. 1496년(홍치 9) 7대손 의(誼)[8]가 경상도 관찰사로 부임하면서 처음으로 묘표와 묘비를 세웠다. 그 후 비석이 오래되어 풍상에 비문이 마모되고 부식이 되었으므로 후손들이 힘을 모아 새 비를 세우고 부인의 상석도 설치하기로 하였다. 14세손 지선(祗先)[9]이 밀성 군수가 된바, 여러 사람의 중의로 지선이 비문을 찬한 것이다.

그러나 1600년대에 세운 비는 또다시 비석이 마모되어 글씨를 판독하

8　1439년생. 성주이씨 중시조 세계 8세로 시호는 순정(純貞)이며 1469년 사마양시에 급제하고, 우승지, 경상도 및 충청도 양도(兩道)의 관찰사, 사헌부 대사헌 등을 역임하였다. 문경공 직(稷)의 증손이다.
9　1584년생. 성주이씨 중시조 세계 14세손, 1606년 22세에 진사, 을묘년(1615)에 문과급제, 형조참의(刑曹參議)를 역임하였다.

기가 어렵게 되었으므로 비문에 적힌 단기 4293년(서기 1960)에 새로운 비를 세우게 된 것이며, 글을 찬한 자가 말미에 후기(後記)를 추가로 넣었다. 사진에 보이는 것처럼 개석(蓋石, 비석위에 얹는 돌)은 원래의 것이고 몸체만 바꾼 것이다. 비문 사진이 명암조정의 미숙으로 탁본처럼 선명하지 않다.

농서군공 묘비문

(1)

高麗 追封壁上三重大匡, 左侍中 興安府院君, 都僉議政丞, 知典
고려 추봉벽상삼중대광, 좌시중 흥안부원군, 도첨의정승, 지전

理司事, 上護軍, 京山府院君, 元帝宣勅追封, 隴西郡公李先生, 諱
리사사, 상호군, 경산부원군, 원제선칙추봉, 농서군공이선생, 휘

長庚墓碣文. 我李顯于羅代, 有諱純由改 諱 克臣, 當王氏統合之始
장경묘갈문. 아이현우라대, 유휘순유개 휘 극신, 당왕씨통합지시

不肯仕松都坐.
불긍사송도좌.

    고려 추봉 벽상삼중대광, 좌시중 흥안부원군, 도첨의정승, 지전리사사, 상호군, 경산부원군, 원제 선칙 추봉 농서군공, 이선생 휘 장경 묘갈문이다. 우리 이씨는 신라 시대에 현달하였고, 휘 순유 개명 극신께서 계셨으니, 왕씨가 통합하던 초기를 당하여, 송도에서 벼슬하기를 좋아하지 아니하여(벼슬을 그만두고서) 연좌되었다.

(2)

廢爲京山府吏, 累世綿綿 至我隴西郡公始大, 公有五子, 曰: 百年
폐위경산부리. 누세면면 지아농서군공시대, 공유오자, 왈: 백년
千年 萬年 億年 兆年 俱立揚于麗, 孫承慶入元朝 仕至參知政事, 公
천년 만년 억년 조년 구립양우려, 손승경입원조, 사지참지정사, 공
之封贈以是. 公舊葬于州北禪石山, 其後, 禪石入光陵胎封, 自上特命
지봉증이시, 공구장우주북선석산, 기후, 선석입광릉태봉, 자상특명
擇賜吉地 移厝公墓. 弘治九年七代孫誼, 觀察本道始竪表碣, 而歲久
택사길지, 이조공묘, 홍치구년칠대손의, 관찰본도시수표갈, 이세구
剝落 幾乎沒字 於是公之後 在本州及近邑者, 鳩集財力改立他石, 又
박락 기호몰자 어시공지후, 재본주급근읍자, 구집재력개립타석, 우
設床石于夫人墓前. 十四代孫祗先, 時倅[10]密城旣贊僉議, 而敢爲之識.
설상석우부인묘전, 십사대손지선, 시쉬 밀성기찬첨의, 이감위지지.

    폐위(廢位)되어 경산부리가 되었고 여러 세대를 면면히 이어 내려오다가 우리 농서군공에 이르러 비로소 대현 하였으며 농서군공께서 다섯 아들을 두시니, 백년. 천년. 만년. 억년. 조년이며, 모두 함께 고려조에 입신양명하였다. 손자인 승경은 원나라의 조정에 들어가서 벼슬이 참지정사에까지 이르렀으며, 공이 농서군공으로 봉하여 추증받게 된 이유도 이 때문이었다. 공의 옛 장지가 주의 북쪽 선석산에 있었으나, 그 후에 선석산이 광릉의 태봉(세종왕자태실)자리로 들어가자 상(王)의 특명에 의하여 길지를 골라 하사하여 공의 묘소를 이장하게 하였으며, 홍치 9년에 7대손인

---

10 倅(버금 쉬: 원, 수령). 원 혹은 수령(守令)으로 여기서는 밀성군수. 1644년 밀성군수 지선(祗先)이 쓴 농서군공 묘비문은 일본 경도대학이 소장하고 있다. 현재의 묘비문은 지선이 찬한 구본을 근거로 하여 종필이 다시 쓰면서 "군(郡)"자만 삽입하여 썼으므로 내용은 동일할 것으로 믿는다. (1)(2)번은 지선이 찬(撰)한 비문 내용이고, 전면의 "농서군공지묘"와 (3)번의 "후기"는 최근 1960년에 비를 세울 때 종필이 추가로 쓴 것이다.

의가 본도에 관찰사가 되어 비로소 묘표와 묘갈을 세운 것인데, 세월이 오래되어 비 표면이 깨지고 떨어져 나가 거의 글자가 없어지게 됨으로써. 그제야 공의 후손이 본주에 있는 자와 인근의 읍에 있는 자들이 재력을 모아 개량하여 새로 비석을 세웠고, 또한 부인의 묘 앞에도 상석을 설치하였다. 14대손인 지선(祗先)이 밀성군수로 부임하여 근무 할 때 여러 사람들이 이미 중의를 모아 찬성하였기에 감히 (비문을) 기록하도다.

(3)

(後記) 大碑之竪, 距今爲三百餘年之久, 爲風磨苔纈 殆不可記字,
 후기 대비지수, 거금위삼백여년지구, 위풍마태힐 태불가기자,
且宣勅 追封隴西郡公, 而舊無郡字考事理, 未免滋惑矣. 吾宗君鳳勳,
차선칙 추봉농서군공, 이구무군자고사리, 미면자혹의. 오종군봉훈,
特此 憚誠謀合衆力, 而改竪之補修外道, 幽堂典儼有光, 先靈如在豈
특차 탄성모합중력, 이개수지보수외도, 유당전엄유광, 선령여재기
不日, 吾有後孫矣乎. 文則仍本 孫祗先所撰舊本也, 書以隴西郡公,
불왈, 오유후손의호! 문칙잉본 손지선소찬구본야, 서이농서군공,
李先生之墓, 後孫鍾弼, 不揆僭越略叙, 書顚末于後. 檀紀 四二九三
이선생지묘, 후손종필, 불규참월락서, 서전말우후. 단기 4 2 9 3
年 庚子 十月 十日 改竪.
년 경자 10월 10일 개수.

(후기): 본 비석은 세운지가 지금부터 300여 년이나 경과하여 바람에 깎이고 이끼로 인해 변색이 되어 글자를 거의 읽을 수가 없고, 또한 선칙으로 "농서군공"을 추봉 받으셨는데도 구비에 "군"자를 쓰지 않아 일의 도리를 헤아려보니 심히 미혹함을 면할 길이 없도다. 우리 종손 봉훈이 특별히 이 차에 큰 정성으로 함께 역량을 규합하기로 도모하여 유당과 외도를 보정 개선하여 비를 다시 세웠다. 묘역은 단아하고 근엄한 빛이 있나니.

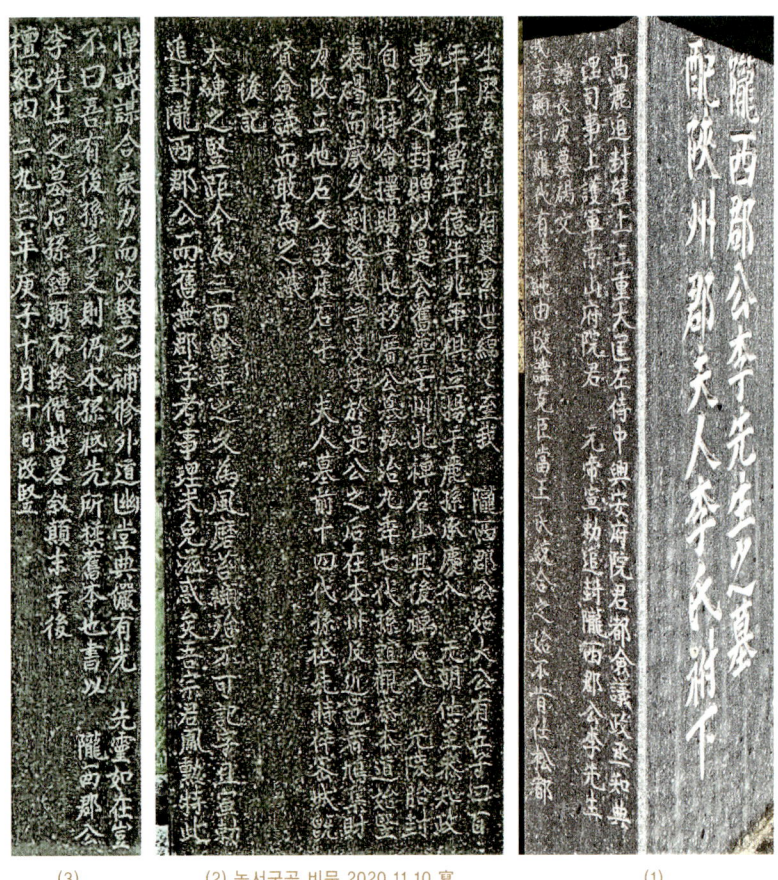

(3)　　　　　(2) 농서군공 비문 2020.11.10.寫　　　　　(1)

선조의 혼령이 여기 계시다면, 우리 후손들과 함께하는 이 감격을 어찌 말하지 않으리오! 글은 곧 후손 지선이 찬한 바 있는 구본(舊本)을 근거하여 그대로 따랐으며, '농서군공 이선생지묘'는 종필이 쓰고, 주제 넘는 마음을 헤아리지 못하고 간략한 글로써 자초지종을 후기(後記)로 쓴다. 단기 4293년 경자 10월 10일 비를 다시 세우다.

성주군 벽진면 안산서원(안산영당) 전경   중시조공 장경 신도비

3-4 농서군공(隴西郡公) 신도비

농서군공의 신도비는 성주군 벽진면 자산리 38번지 안산서원[11] 앞에 세웠다. 신도비명(神道碑銘)은 일반적으로 고인의 행적을 가장 잘 알고, 또한 학식이 뛰어난 사람으로서 전, 현직 정 3품 이상의 관원이 짓는다고 했다. 공의 신도비문은 먼 생질인 경영관 당성 홍직필(洪直弼)이 찬(撰)하였다. 유허비명과 신도비명의 한역문은 제5부에 있다.

3-5 농서군공의 묘, 명당(明堂)의 수난사

- 세종왕자태실을 설치하기 위해 농서군공의 묘를 옮기다.

농서군공의 묘는 처음에 명당으로 알려진 성주군 월항면 인촌리 선석사 입구 왼쪽 산록에 있었다. 그러나 선석사 인근에 세종 왕자들의 태(胎)

---

[11] 서원은 고려 시대 때 새로운 형태의 사학(私學)으로 등장한 교육기관이다. 안산서원 내에는 안산영당이 있으며 농서군공을 비롯한 현조 22위를 배향하고 있다. 그 외에 운산정사, 외삼문, 내삼문이 있으며, 중시조공 신도비는 도로 아래에 있다.

를 안치할 태봉이 들어옴으로써, 태실이 설치되는 위치로부터 주변 반경(半徑) 약 300보(약400m)이내에 있는 고총(古塚)이나 사사(寺社)는 철거하거나 이전해야 하는 규정(태실도국)이 있어 공의 묘는 왕명에 의하여 현 위치인 옥화리 능골로 이전하게 된 것이다. 일설에는 훗날 공의 후손들[家門]이 날로 번창하자 조정의 간신(奸臣)들이 시기하여, 세종의 적서(嫡庶) 왕자들의 태를 봉안한다는 구실을 삼아 명당을 빼앗았다는 기록도 있으나 분명하지는 않다.(1자=20.81cm, 6자=1보. 세종1430년 표준척)

세종 26년(1444년 1월 5일)의 기록에,『임금은 지중추원사 민의생과 동지중추원사(同知中樞院事) 이진을 불러 이르기를 "성주 태실이 장경(長庚)의 무덤과 얼마나 되는가?" 하니, 이진이 이르기를, "그 거리가 겨우 1리(400m)로 초목이 무성하지 않으면 통하여 바라볼 수 있는 지역입니다." 하므로 임금이 말하기를, "태실도국(胎室圖局)안에 고총이 있으면 길흉은 어떠한고?" 하니 의생이 아뢰기를, "안태서(安胎書)에 이르되, 태실은 마땅히 높고 청결한 곳이라야 한즉, 장경의 묘는 속히 철거함이 마땅합니다." 라고 하자, 왕은 이장경의 묘를 옮기도록 명한다.』이때 영의정 이직(李稷)의 손자인 정녕(正寧)은 숙혜옹주와 결혼한 부마의 신분으로서 당시 풍수학제조(風水學提調)로 있었다. 세종왕자의 태실을 조성하고 난간(欄干)을 설치하면서 원국(圓局)내에 시조의 무덤이 인접하여 파묘를 해야 하는 실정에 대해 정녕은 갈등이 많았을 것이다. 부마 이정녕은 조상 묘의 이장을 피해가며, 태실을 조성케 함으로써 숭조의 뜻을 지키려 했다. 그러나, 결국은 허사가 되어 오히려 고신의 벌을 받게 되었다.

기록을 통하여 농서군공의 묘를 이장하게 된 연유와 과정을 알아보기로 한다. 이 장에서는 정확한 역사 기록과 함께, 차후에 세워진 후손의 묘비문 등을 참고하여 묘 이장 연대를 추정해 볼 것이다. 농서군공이 덕이 많아, 비록 세력에 밀려 다른 자리로 이장(성주 옥화리)을 했지만 결코 뒤지지 않는 좋은 곳이라는 평도 있다. 다만 기록상에 표기된 연대의 연결이 불충분함은 오래된 역사로써 자료의 미비에 기인한 것이므로 우려가 될 뿐이다. 즉 성주군청의 자료도, "세종왕자 태실은 세종 20년에서 세종 24년 사이에 조성이 되었고. 성주이씨 장경의 묘는 세종 26년(1444)에 옮겼을 것이다. 세종왕자 태실 난간에서 장경 묘까지의 거리는 세종실록에 기록된 거리인 1리(400m)가 맞는다."이다.

다음은 국사편찬위원회(조선왕조실록)의 기록이다.

原文/ 世宗 25年 12月 11日 辛卯 4番記事(1443年)

初安元孫胎于慶尙道星州, 其圖局內有長庚墓, 乃星原君李正寧始祖也. 時正寧爲風水學提調, 成均直講尹統, 司正鄭秧爲訓導, 及將造胎室石欄干, 例遣風水學官, 監督其役, 禮曹擬遣統. 統問造欄干之規於秧, 秧曰: "欄干自有前規, 但聞長庚之墓在胎室圓局之內, 甚爲不利. 識者見之, 必將移其墓矣." 統答曰: "雖提調祖上之墓, 若不利於胎室, 則豈得不啓?" 時秧母在慶尙道, 秧欲因事歸覲, 洩統言於正寧之間之. 正寧沮統以不知風水學, 乃擧秧以遣. 統謂禮曹正郞鄭廣元曰: "提調欲遣秧者, 必恃我移祖上墳墓之言也." 廣元曰: "如此大事, 何不啓達?" 統曰: "秧亦終必啓之." 秧旣還, 德正寧謂曰: "長庚之墓, 與胎室隔遠, 無害也." 卒不以聞. 後統言於大護軍趙由禮, 因而事覺, 乃下秧義禁府鞫之.

세종 25년(1443년 12월 11일 신묘 4번째 기사)

처음에 원손(元孫)의 태를 경상도 성주에 안치하였는데 그 도국 안에 장경의 묘가 있었으니 바로 성원군 이정녕(李正寧)의 시조(始祖)이었다. 이때에 정녕이 풍수학 제조가 되고, 성균직강 윤통(尹統)과 사정 정앙(鄭秧)이

훈도(訓導)가 되어 장차 태실의 돌난간을 만드는데 풍수학관을 보내어 그 역사(役事)를 감독하게 되었으므로 예조에서 윤통을 보내려 하므로, 윤통이 난간 만드는 규칙을 정앙에게 물으니, 정앙이 말하기를 "난간은 전 규칙이 있다. 그러나 이장경의 묘가 태실원국(원형의 반경)안에 있다하니 대단히 불리하다. 아는 사람이 보면 반드시 그 묘를 옮길 것이다." 하였다. 윤통이 대답하기를 "아무리 제조(이정녕)의 조상의 묘라도 만일 태실에 불리하다면 어찌 아뢰지 않을 수 있는가?" 하였다. 이때에 정앙의 어미가 경상도에 있었는데 정앙이 일 때문에 돌아가 근친하고자 하여 윤통의 말을 정녕에게 누설하여 이간하였다. 이정녕은 윤통이 풍수학을 알지 못한다고 저지시키고 정앙을 천거(薦擧, 인재를 쓰도록 추천함)하여 보냈다. 이렇게 되자 윤통이 예조정랑 정광원에게 말하기를, "제조(提調.정녕)가 정앙을 내려 보내려고 한 것은, 내가 자기 조상의 묘를 옮길 것이라는 말을 허물한 것이다." 하니, 정광원이 말하기를, "이런 큰일을 어찌 계달(啓達)하지 않았는가?" 하였다. 윤통이 말하기를, "정앙도 결국은 반드시 아뢸 것이다." 라 하였다. 정앙이 이미 돌아오매 이정녕을 고맙게 여겨 말하기를, "이장경의 묘는 태실과 멀리 떨어져서 해로울 것이 없다." 하고 마침내 아뢰지 않았다. 뒤에 윤통이 대호군(大護軍)에게 말하였기 때문에 일이 발각되니 이에 정앙을 의금부에 내려 국문하게 하였다.

- 장절공(章節公) 이정녕(1411~1455년)

세종 7년(1425) 15세에 태종의 딸 숙혜옹주와 결혼하여 부마가 되어 자헌대부 성원위(星原尉)에 제수되었다. 이듬해 정헌대부로 승직하고. 세종 24년 산릉수리도감이 설치되어 풍수학제조가 되었다. 고금의 서사(書史)에 해박하고 천문, 지리, 장술, 복서(卜筮)[12]에 능하였다.

성주이씨 중시조 세계 7세 이정녕

1세	2세	3세	4세	5세	6세	7세	8세
장경 長庚	조년 兆年	포 褒	인민 仁敏	직 稷	사후 師厚	정녕 正寧	집의/ 의의/ 전전

原文/ 世宗 25年 12月 29日 己酉 2番記事(1443年)

義禁府啓:"鄭秧納招云: 我嘗謂提調鄭麟趾曰,「長庚之墓, 近於胎室, 宜當移葬.」麟趾答曰:「距胎室遙隔, 何害之有?」"上命義禁府都事崔沖謙, 往按麟趾仍諭麟趾曰:"毋引嫌行公." 後秧服其誣.

세종 25년(1443년 12월 29일 기유)

　의금부에서 아뢰기를, "정앙(鄭秧)이 공초(供招, 범죄사실을 죄인이 진술한 말) 바치기를, '내가 일찍이 정인지에게 이르기를,「장경의 묘가 태실에 가까우니 마땅히 옮겨 장사하여야 한다.」하였더니, 정인지가 대답하기를, 태실에서 멀리 떨어졌으면 무슨 해가 있겠는가?」하였다.' 하였습니다." 하니, 임금이 의금부도사 최중겸에게 명하여 가서 정인지에게 안문(按問)하고, 인하여 인지에게 이르기를, "인혐(引嫌, 책임을 지고 사퇴함)하지 말고 행공(行公: 공무집행)하라." 하매 뒤에 정앙이 무고한 것을 승복하였다.

原文/ 世宗 26年 1月 3日 癸丑 3番記事(1444年)

上又謂申槪等曰:"鄭秧供招云: '予與鄭麟趾議長庚墓移置與否, 麟趾云:「相距遙遠, 無害也.」又遣崔沖謙于洪州, 問麟趾, 麟趾不承. 二人所供不一, 然麟趾, 識理穎悟者也. 雖與秧置對, 豈服其罪乎? 況麟趾, 委任大臣, 繫獄置對, 吾必不爲也. 李正寧, 至親也. 今以遣端, 敢行拷掠, 雖服其辜, 是亦不愜

12　복서(卜筮): 길흉을 점침.

於心矣. 宜以前所鞫案斷罪, 其餘以次論決何如?"僉曰:"假如甲犯盜而乙告之, 推問於甲而甲不服, 則終以甲之言爲實, 而謂甲不犯盜乎? 鄭秧之言明白如此, 豈可以麟趾窺免之辭爲實, 置而不問乎? 事干死罪, 麟趾必皆計料, 不加拷問, 何以得情? 且正寧之罪, 衆證明白, 大事豈可以片言折之乎? 累次拷訊, 以至壓膝, 而後得情者頗多. 正寧雖至親, 然事有輕重, 不可以是貸之也. 王孫, 國本也, 而正寧之事如此, 宜當拷問得情, 麟趾亦宜捕來, 與秧對問料罪." 左參贊 權踶又曰:"長庚之墓, 少有不利於胎室, 雖一日不可不遷, 令其子孫遷之爲便."

세종 26년(1444년 1월 3일 계축)

- 신개 등과 정앙과 정인지를 대질시킬 것인지를 의논하다.

임금이 신개 등에게 이르기를, "정앙(鄭秧)이 공초하기를, '내가 정인지와 더불어 장경 묘를 이장할 것인가 아닌가를 의논하니, 정인지의 말이 「거리가 대단히 머니 해될 것이 없다.」고 하였습니다.' 하기에, 또 최중겸을 홍주에 보내서 인지에게 물었으나, 인지가 승복하지 않으니 두 사람의 공술(供述)이 같지 않다. 그런데 인지는 도리를 아는 영오(穎悟, 남보다 뛰어나고 영리)한 사람이니, 비록 정앙과 대질시킨들 어찌 그 죄를 자복하겠는가? 하물며 인지는 위임대신(委任大臣)이니 옥에 가두고 대질시키는 것은 내가 반드시 하지 않을 것이고, 이정녕은 지친(至親)인데 이제 조그만 잘못을 가지고 고략(拷掠: 피의자를 고문하여 때림)을 감행하면, 비록 그 죄를 자복하더라도 이 또한 마음이 유쾌하지 못할 것이니, 마땅히 이전 국안(鞫案: 죄인들을 국문한 사실을 기록한 문서)대로 죄를 결단하고 그 나머지는 차례대로 의논하여 판결하는 것이 어떻겠는가?" 하니 모두 말하기를, "가령 갑이 도둑질한 것을 을이 고발하였는데, 갑에게 추문해서 갑이 불복하면 마침내 갑이 말한 것을 사실이라 하여 갑이 도둑질을 하지 않았다고 말할 수 있습니까? 정앙의 말이 이같이 명백하온데, 어찌 인지(麟趾)의 죄를 면하려고 하는 말을 사실이라 하여 놓아두고 묻지 않을 수 있겠습니까? 일이 죽을죄에 관계되는 것을 인지가 반드시 모두 헤아렸을 것이오니, 고문하지 않고서 어찌 실정을 얻을 것입니까? 또 정녕의 죄는 모든 증거가 명백하온데, 큰일을 어찌 한 마디의 말로써 결정할 수 있습니까? 여러 번 고문하여 압슬까지 한 후에 실정을 얻게 되는 것이 자못 많사오니, 정녕이 비록 지친이라 하더라도 일에 경중함이 있사온데 이것으로 죄를 갚을 수는 없습니다. 왕손은 나라의 근본임에도 정녕의 일이 이와 같사오니, 고문하여 실정을 얻어냄이 의당하옵고, 인지도 역시 잡아와서 앙과 대질 심문하여 과죄함이 마땅합니다."고 하였으며, 좌참찬 권제는 또 말하기를, "장경(長庚)의 무덤이 조금이라도 태실에 불리함이 있다면 비록 하루라도 옮기지 않을 수 없사오니, 그 자손으로 하여금 옮기게 함이 편할까 합니다." 하였다.

原文/ 世宗 26年 2月 27日 丁未 4番記事(1444年)

義禁府啓: "李正寧上言曰: '提調承旨等畏上意不信臣之訴冤, 不備細啓達.' 其意以謂: '上若備覽情由, 則必加寬貸.' 以人臣逆探至尊之意, 請比詐僞制書律罪當斬. 尹統職掌風水學, 知長庚墓近在胎室之不可而不啓. 依有災祥之類 而欽天監不以實對律, 當杖八十, 徒二年. 鄭廣元聞尹統 長庚之墓不宜近在胎室之言, 而不卽啓達, 亦當杖八十, 徒二年. 鄭秧嘗言長庚之塚在胎室圖局, 甚不利, 後親往見之, 而阿正寧之意, 略 不啓達, 依六典, 人有亂言情理切害者, 罪當斬. 且尹統嘗謂鄭秧曰: '雖提調始祖之墓, 固當啓達,' 正寧不悅其言, 嘗厭統行大護軍, 庾順道以 正寧惡統之言傳說於統, 罪當不應爲杖八十." 上命正寧只奪告身, 秧贖杖六十 徒一年, 廣元減三等, 順道, 統皆赦不罪.

세종 26년(1444년 2월 27일)

-정녕의 직첩(職牒)을 빼앗다-

의금부에서 아뢰기를, "이정녕(李正寧)이 상언(上言)하기를, '제조와 승지들이 임금님의 뜻을 두려워하여 신의 소원(訴冤)을 믿지 않고 자세하게 그 뜻을 계달하지 않았습니다.' 하고 또 이르기를 '임금께서 만일 그 정유(情由)를 갖추어 보신다면 반드시 너그럽게 용서하여 주실 것입니다.'고 하여 인신으로서 지존의 뜻을 역탐(逆探)하였사오니, 청하옵건대 사위제서율(詐僞制書律)에 준하면, 죄가 참형(斬刑)에 해당하옵고, 윤통은 직책이 풍수학을 맡았으므로 장경의 묘가 태실의 근처에 있는 것이 불가한 줄 알면서도 아뢰지 않았으니 재상(災祥)같은 것이 있었음에도 홍천감이 사실대로 대답하지 않았다는 율에 의하면, 곤장 80대와 도형 2년에 해당되오며 정광원은 윤통에게서 장경의 묘가 태[13]실 근처에 있음이 마땅하지 않다 는 말을 듣고도 즉시 계달하지 않았으므로 역시 곤장 80대와 도형 2년에 해당되옵고 정앙은 일찍이 말하기를, '장경의 무덤은 태실도국 안에 있으므로 심히 이롭지 않다.' 고 하였다가 뒤에 친히 가보고 정녕의 뜻에 아부하여 생략하고 계달하지 않았사오니, 육전의 사람이 난언하여 정리가 심히 해하려고 한 것에 의하면 죄가 참형에 해당되며, 또 윤통은 일찍이 정암에게 이르기를, '아무리 제조의 시조의 묘라 할지라도 마땅히 계달하여야

---

13 태(胎)란 태아(胎兒)에게 생명을 이어주는 태반과 탯줄을 말하며 탄생한 아기의 장생과 입신양명을 기원하기 위해 태를 신성히 여겨 소중하게 다루게 되었다. 왕손의 태는 나라의 흥망성쇠와 장래는 물론, 건강과 가문의 안녕을 바라는 의미에서 더욱 중요시 하였다. 태를 쓴 왕자 중에서, 그 태의 주인이 왕으로 즉위하면 태실을 봉하는 제도를 태봉(胎封)이라고 한다.

선석산에서 내려다 본
세종왕자 태실

농서군공 장경묘 추정지
(세종대왕자태실로부터 300보 이내에 있는 무덤은 파묘가 원칙)

한다.' 하니 정녕이 그 말을 달갑게 여기지 않고 통을 싫어하였는데, 행대 호군 유순도는 정녕이 통을 미워한다는 말로 통에게 전하였으니 죄가 불응위(不應爲)로 곤장 80대에 해당되옵니다." 하니, 임금이 명하여 정녕은 고신(告身)[14]만 빼앗게 하고, 앙은 장(杖) 60대에 도(徒) 1년을 속(贖)바치게 하며, 광원은 3등을 감하고, 순도와 통은 모두 용서하여 죄주지 않게 하였다.

-야사(野史) 농서군공 장경 묘와 관련한 전설-
농서군공 묘 이장에 관련한 전설은 경산지(京山誌)와 성주이씨의 교육자

---

14 고신(告身), 직첩(職牒): 조정에서 내리는 벼슬아치의 임명.

료인 '위대한 조상'에 소개된 내용이 있으므로 역사적 사실의 부합 여부를 떠나 구전의 성격이므로 참고삼아 간략하게 재편집하였다.

　농서군공이 돌아가셨을 때 효성이 지극한 다섯 아들들이 명당자리를 찾고 있었는데, 마침 선석사 도승이 지나가다가 상호장(上戶長)댁 상주에게 다가가, 커다란 나무를 가리키면서 "저 나무를 베어내고 그 자리에 묘를 쓰면 제일의 길지가 될 것이다. 단, 내가 절에 들어가기를 기다려 나무를 베고, 또 나무를 캐고 광중(壙中)을 만들 때 진관위에 11장의 비관을 써야하며, 치묘는 물론 묘각은 짓지 말아야 한다. 그렇게 하지 않으면 이씨의 소유가 되지 못할까 두려우니 꼭 지키라" 하는 당부와 함께 자리를 떠

선석산 태봉. 성주군 관광안내도

났다. 도승이 가고 얼마 후에 인부들이 나무를 베어내기 시작을 하자 고목 나무는 금세 큰 구멍이 생겼고 도끼날을 따라 왕벌이 나오면서 도승이 간 방향으로 날아갔다. 산역을 마치고 절에 들러보니 도승은 누대에 쓰러져 죽어 있었다. 큰 나무 제거작업이 오래 걸릴 것을 예상한 인부들이 작업을 서둘러 한 탓에 도승이 절 안으로 들어가기 전에 왕벌이 나와 쏘여 죽은 것이다. 또한 인부들은 진관 위에 헛 관 11장이 아닌 10장을 묻었다. 그 뒤 오형제가 모두 등과(登科)를 하였으며 벼슬도 높아지고, 공의 현손에 이르기까지도 가문이 번창하였는데, 이는 시조공의 음덕 덕분이요, 그 묘 자리의 효험 때문이라고 생각했다. 세대가 점점 멀어지자 그 승려의 당부를 잊고 후손들은 성묘를 위해 재실을 짓고 묘각을 세웠다. 조선조 초에는 왕자가 출생하면 태실도감(胎室都監)을 설치하고 길일과 길지를 택해 안태사(安胎使)를 보내어 태를 묻게 했다. 땅을 보는 자가 선석사 근처에 태를 묻을 만한 길지가 있다는 말을 듣고, 산 밑에 와서 보았으나 산들이 층층으로 겹쳐있고 안개가 껴 눈을 돌릴만한 곳이 없으므로 헛걸음만 쳤다. 그 후 세종의 어태를 묻을 곳을 선택할 즈음 지관이 이곳에 이르렀다. 운무가 짙게 끼어 역시 안 되겠다는 생각을 하고 돌아가려다 풍령소리를 듣고 잠시 쉬고 있었다. 안개가 걷힌 뒤 살펴보니 분묘가 보이고 여러 산세들이 드러난 것을 보고는 비로소 여기가 길지임을 확인하고 감탄해 마지않았다. 명당임을 직접 확인하고 어태를 봉안하게 되었으며 장경 묘는 태실도국의 범위 내에 속하므로 이장을 위해 파묘를 하게 된다. 파묘를 하는데 빈 관만 10장이 계속 나와 단념하려 하였는데, 하나를 더 제치니 진관이 나와 결국 이장하게 되었다고 한다. 모두 도승의 당부를 잊은 때문이라 여겼다.

3-6 성주이씨 간이 세계도(世系圖, 중시조 세계 1세~7세)

시조 순유純由 ②~④실전 ⑤凡 ⑥廷居 ⑦冲京 ⑧瑩 ⑨孝參 ⑩敦文 ⑪得禧

중시조1	2세	3세	4세	5세	6세	7세
장경長庚 농서군공	백년百年 밀직공	인기麟起 태재공	원구元具 가정공	숭인崇仁 문충공	차약次若	선근仙根
						선간仙幹
					차점次點	
					차개次開	
					차헌次騫	
					차삼次參	사효思孝
					차괄次适	
					숭문崇文	차궁次弓	철주鐵柱
	천년千年 참지공	여경餘慶 동지원사	홍(洪) 충열공	문재文載	자개自開	운하芸夏
					자분自芬	세걸世傑
						영걸英傑
			경(擎)	문도文道	자방自芳	순만純萬
		승경承慶 참지정사	영(英)	문빈文彬	춘미春美	영걸英傑
				문점文漸	종실從實	계공季恭
			백(白)	유(裕)	장(萇)	신(紳)
	만년萬年 시중공	의인宜仁 문과文科	덕봉德逢 이조판서	도분道芬	女(柳開)	
				사분思芬	춘영春英	우문遇文
						각문角文
				승분勝芬		순문順文
		태수台秀 낭장	대방大芳	성(晟)	유인有仁	백손伯孫
				장(獎)	승유承幼	증효曾孝
					존유存幼	민효閔孝
			원봉元鳳	고(皐)	성밀成密	
		태보台寶 성산군	득방得芳 예조판서	비(棐) 이조판서	지활智活 (고은)	문현文賢
						문수文粹
						문미文美
						문통文通
					지원智源 (대은)	인경仁敬
						의경義敬
						예경禮敬

(1)

중시조1	2세	3세	4세	5세	6세	7세
장경長庚	만년萬年	태무台茂	치생穉生	존지存智	맹강孟剛	
		판서			맹의孟毅	선문先文
					전충全忠	
				존례存禮		
			계생季生	영모令謨		
				군모君謨		
			연생衍生	설(洩)	女(羅洪培)	
	억년億年	태성台成	일방日芳	거(渠)	지용智勇	치의致義
	유수공	(밀직사사)	(평양윤)			
		태문台文	함방涵芳	준(準)		
	조년兆年	포(褒)	인복仁復	향(嚮)	존성存性	극명克明
	문열공	경원공	문충공		승복承福	순년舜年
					손성孫性	극윤克胤
						극기克己
				용(容)	익번益蕃	형(珩)
						공(珙)
						완(玩)
						임(琳)
			인임仁任	환(瓛)	승조承祖	윤(胤)
			문숙공	대호군		
						필(泌)
					승종承宗	윤(倫)
				민(珉)	순(淳)	
				문과/佐郞	백흥伯興	승양承量
					백무伯茂	귀손貴孫
					백림伯林	석손碩孫
			인미仁美	일(鎰)	종귀從貴	처중處中
			판서判書	한성부윤		처온處溫
						처화處和
						처공處恭
					종생從生	창(昌)
						성(晟)
			(2)		종흡從洽	계신繼信

중시조1	2세	3세	4세	5세	6세	7세
장경長庚 龍西郡公	조년兆年 文烈公	포(褒) 敬元公	인미仁美 판서判書	일(鎰) 한성부윤	종림從林	효명孝明 孝重/孝山
					종근從根	명손明孫/明山
					종연從連	의상義祥
				은(誾). 한성윤	운적云迪	귀은貴殷
				검(儉), 부윤		근안根安
				해(諧)	지성之誠	근녕根寧
						안식安息
			인립仁立 밀직사사	제(濟) (경무공)	윤(潤) 현감	맹순孟淳
						중순仲淳
						숙순叔淳
						계순季淳
						의순義淳
				발(潑) (평간공)	유(洧) 이조참판	징(澄)
						혼(混)
						주(湊)
		(주부)	인달仁達	女(具成祐)		순(淳)
			인민仁敏 대제학	직(稷) (문경공)	사후師厚 한성판윤	함녕咸寧
						정녕正寧
						계녕繼寧
					사원師元 이조참의	경전敬全
						계현繼賢
						계화繼和
						계분繼芬
						계창繼昌
						윤창胤昌
						맹창孟昌
					사순師純 참판공	세영世英
						영유永蕤
						영번永蕃
						영진永秦
						영분永蕡
						영명永蓂
				수(穗) 동지총제	견기堅基 (호조판서)	면(綿)
						주(紬)
					계기啓基	종보種甫
				이(移)	양복養福	종(宗)
				갈(秸)	약보若保	희영希榮
			(3)	아(莪)	연욱延旭	범성範成

3-7 역사 기록으로 보는 2~5세들의 가계 약사(略史)

3-7-1 밀직공 이백년(密直公 李百年, 1252~13xx년)

봉익대부. 밀직사사/자: 신여(信汝) 호: 묵옹(默翁) 시호: 정절(貞節)

밀직공 백년은 농서군공 장남이다. 1252년(고려 고종 39) 경북 성주군 용산리에서 출생하였으며, 고려 충렬왕 11년(1285)에 문과에 급제하였다. 성품이 너그럽고 언행이 근직(謹直)하여 효와 가풍을 중시하고, 문장이 뛰어나 5형제가 모두 과거에 급제하는 큰 영광을 얻어 국가발전에 기여했다. 아울러 밀직공 백년은 회헌 안향(安珦)이 원나라에서 주자학을 들여와 보급함으로서 공맹의 도를 강론하여 유교 발전에도 많은 공을 세웠다. 벼슬은 봉익대부(奉翊大夫)로 밀직사사(密直司使)를 역임하고 선정을 베풀었다. 밀직공 백년의 영정(影幀)은 왜란 때 분실되어 안산영당과 봉산재 상덕사에 위패를 모시고 배향한다. 배(配)는 정부인(貞夫人) 송씨(宋氏)이며, 부(父)는 재신(宰臣) 화(和)이다. 슬하에 1남 6녀를 두었다.

아들은 인기(麟起, 1272생)이며, 1297년 문과에 급제하고 평양부윤을 지내며 많은 치적을 쌓고, 향리에 와서도 안향(安珦)의 도를 받들었다.

6녀 중 장녀는 판서 최영(崔英)에게, 차녀는 판추 오세흥(吳世興)에게, 3녀는 낭장 이개인(李開仁)

(財)가정 이원구 영정
(영정은 경북 유형문화재 245호로 안산영당에 보존)

에게, 4녀는 낭장 배득인(裵得仁), 5녀는 시중 윤석(尹碩)에게, 6녀는 판서 김세구(金世丘)에게 출가하였다.

백년의 손자는 가정(稼亭) 원구(元具)이고 충렬왕 19년(1293)에 출생하였고 문과에 급제, 벼슬은 대호군(大護軍)에 올랐다. 무관으로서 지대한 공적들이 인정되어 공민왕으로부터 추성좌명공신(推誠佐命功臣)의 호를 받고 성산군에 봉작되었다. 배는 정부인 언양김씨(彦陽金氏)이다.

밀직공 백년의 현손은 도은(陶隱) 숭인(崇仁)과 흥위위대호군(興威衛大護軍)을 지낸 숭문(崇文)이다.

도은 이숭인은 이색의 성리학을 정통으로 이어받았으며, 문장(文章)실력이 우수하여, 명나라 태조는 그의 글을 보고 탄복하였다고 한다.

이숭인의 시문집인 도은집(陶隱集)은 여말 선초의 저명한 다수의 문집들과 함께 매우 뛰어난 작품성을 인정받아 고전국역총서 "동문선"에도 많은 시와 사(辭) 표전(表箋) 등이 소개되고 있으며, 학계에서도 시를 통해 그

이숭인 영정

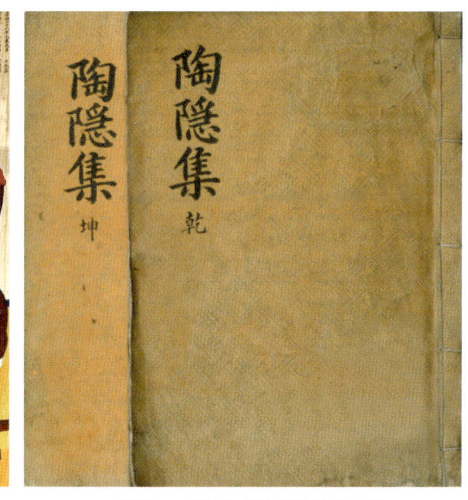
도은집 표지(출처: 한국학중앙연구원)

의 높은 문학성을 고찰하고 정치활동 및 도은의 사상을 연구하는 논문들이 발표되고 있다. 정치적으로는 고려 왕조를 부지하기 위해 절의를 지킨 대표적인 인물이기 때문이다.

또한 현대에는 그의 고려 시대 작품인 5언 율시에 작곡을 하여 가수들에 의해 가곡(歌曲)명 "그대가 보낸 차"로 불리어지고 있다. 원제는 謝兪知郡寄茶(사유지군기다)이며 유지군이 차를 부쳐준 것에 감사하는 마음을 표현한 시다. 도은에 관한 기사는 제3부 작품의 세계 「한시 감상편」과 제4부 「사(辭)와 표문(表文)」편에도 다수의 시문들과 함께 실려 있다.

3-7-2 참지공 이천년(參知公 李千年, 1256년~13xx년?)

자(字)는 중여(仲汝) 호: 낙재(樂齋)   시호: 원효(元孝). 정승(政丞)추증

- 중시조 농서군공의 2남

참지공 천년은 고려 고종 43년(1256)에 성주군 용산리에서 출생하였으며 1285년 문과에 급제하였다. 봉선대부(奉善大夫). 전객부령(典客副令, 정 4품)을 지냈다. 고려조에서는 정승에 추봉하고 원효(元孝)의 시호(諡號)를 내려 그의 공덕을 찬양하였다. 슬하에는 2남 3녀를 두었다.

장남은 여경(餘慶)으로 공민왕 5년 평안도 순문사(巡問使), 7년 동지추밀원사(同知樞密院事). 지추밀원사 등을 역임했다. 공민왕 10년 홍건적이 침입하자 이듬해 최영(崔瑩) 등과 함께 20만 군사를 거느리고 홍건적이 점령했던 경성(京城)을 탈환하는 공로를 세웠다. 시호는 충렬(忠烈)이다.

둘째 아들 승경(承慶)은 학문이 뛰어나 원(元)에 들어가서 을과로 등과(登科)하여 원나라 조정에서 관태자첨사(官太子詹事)가 되었다.

승경은 원 조정의 평판이 좋아 승진을 거듭해 요양성 참지정사(遼陽省參知政事) 및 감찰어사(監察御史)를 역임하여 농서군공에 봉해졌다. 이와 같이

참지정사 이승경 영정
((財)이승경 영정은 경북유형문화재 245호)

원나라에서 벼슬을 하고 공적을 많이 쌓으니 귀한 신분이 되었으므로, 특별히 선칙(宣勅)하여, 원제(元帝)는 부친(父親, 천년)에게 중서성참지정사(中書省參知政事) 및 농서군공을, 조부(祖父) 장경(長庚)께는 농서군공을 각각 추봉(追封)하였다. 1359년 도원수가 되어 홍건적을 물리치고 서경을 회복한 공로로 충근경절협모위원공신(忠勤勁節協謨威遠功臣)의 호를 받았다.

성주이씨 교재용 "위대한 조상"에는 『공(승경)은 원나라에서 태자첨사. 요양성참지정사. 감찰어사 등 주요 벼슬을 역임하면서 항시 결단성 있게 일을 처리하여 많은 공적을 쌓았다. 그래서 되도록 고려로 돌아가지 않고 원나라에서 일해주기를 원하여 황제는 공의 초상화를 그리게 하고 파양(鄱陽)사람 주백기(周伯寄)로 하여금 초상화를 찬양하는 글을 짓게 하였다.』라고 기록되어 있다.

입상(立像)으로 그린 근엄한 자세의 초상화이며 경북 유형문화재 제245호로 등재되었다. 참지공 천년의 장녀는 이당(李棠)에게, 차녀는 서용(徐勇), 3녀는 성주인 배현보(裵賢輔)에게 출가하였다.

성량(1526~1618)은 천년의 6대손이다. 그는 요동총병관(遼東摠兵官) 에 오르고 태자태보(太子太保) 및 봉천익위선력무신(奉天翊衛宣力武臣) 영원백(寧遠伯) 이 되었다. (생, 졸년은 대동보를 참조하였음)

앙성 이여송(李如松)은 성량(成樑)의 아들이며, 임진왜란 때 조선의 구원 요청을 받은 명(明)나라에서는 원병(援兵)을 보내면서 이여송을 동정제독으로 삼아 4만 3천여 명의 병력을 파견하였다. 1593년 1월 명군은 조선군과 연합하여 먼저 평양성을 점령한 일본군 일만여 명을 살상하고 성을 탈환하는데 크게 공헌하였다.(이여송 관련은 시 부문에 있다.)

참지공 천년의 영정은 임란 때 도난(왜적이 훔쳐가서 없다함)을 당했으며, 위패로 안산영당과, 봉산재 상덕사, 옥천 보덕사 등에 모시고 배향(配享)한다.

배(配)는 군부인(郡夫人)[15] 이씨이며 부는 재신(宰臣) 이안(李安)이다.

3-7-3 시중공 이만년(侍中公 李萬年, 1262년 壬戌~13xx년?)

자(字)는 여진(汝眞), 호: 창고(蒼皐) 시호: 숙헌(肅憲)

-중시조 농서군공의 3남

시중공 만년은 고려 원종 4년(1262) 성주군 용산리에서 출생하였다. 부형의 엄격한 가르침을 받아 문장에 뛰어났으며 충렬왕 10년(1284)에 문과에 급제하였고, 그 후 견룡(牽龍, 고려의 군관직)을 거쳐 낭장 겸 중군지후(郎將兼中軍祗候)를 지내며 선정을 베풀어 많은 치적을 남겼다. 시중(侍中)에 추봉되고 삼중대광(三重大匡) 도첨의정승(都僉議政丞). 전리사사(典理司事) 상호군(上護軍)을 역임하고, 성산부원군(星山府院君)에 봉작되었다. 슬하에는 4남 5녀를 두었으며, 장남 의인(宜仁)은 문과 급제, 이조정랑(吏曹正郎, 정 5품)을 지냈다. 차남은 태수(台秀)이고 낭장(郎將)을 지냈으며, 3남은 태보(台寶)이며, 1294년 문과 제2로 급제하고, 대녕(大寧). 금주판관(錦州判官), 봉의대부(奉議大夫), 정동

---

15 고려 공양왕 때 대군(大君)과 군의 처를 옹주라 칭하였다가 조선 초기에 대군의 처와 구별하였다. 외명부인 종친 처에게 내린 정. 종 1품의 작위를 말한다.

(財)시중공 만년 영정

행중서성, 좌삼중대광 도좌사사를 제수받았으며 충정왕 1350년 성산군(星山君)에 봉작되었다. 4남은 태무(台茂)이며 판서를 역임하였다. 손자인 덕봉(德逢)은 이조판서를 지냈다. 시중공의 5녀 중 장녀는 심계장(沈桂長)에게, 차녀는 윤희관(尹希瓘), 3녀는 유권(柳權)에게, 4녀는 김지반(金之頒), 5녀는 조우희(曺遇禧)[16]에게 출가하였다.

시중공 만년의 영정(影幀)은 안산사(安山祠)에 봉안되었으며, 안산사와 김천 상친사(金泉尙親祠)에서 향사(享祀)한다. 배(配) 정부인(貞夫人)은 의성 김씨(義城金氏)로 재신(宰臣, 정승) 김현(金賢)의 따님이다.

3-7-4 유수공 이억년(留守公 李億年, 1266년~13xx년?)

자는 인여(仁汝). 호: 요산재(樂山齋) 개성유수.

- 중시조 농서군공의 4남

유수공 억년은 고려 원종 7년(1266) 성주군 용산리에서 출생하였으며 용모가 수려하고 도량이 넓고 신중한 성격이었다. 회헌(晦軒) 안향(安珦)의 문하에서 수학하여 충렬왕 11년(1285)에 문과에 급제하여 개성유수(開城留

---

16 조우희: 고려 말 명신.

守)로 봉직하며 많은 공적을 이룩하였다. 당시 원(元)나라의 내정간섭으로 인하여 국정이 문란해지자 칠언절구 "십재홍진몽외사(十載紅塵夢外事) 청산하처독엄비(靑山何處獨掩扉)"라는 시를 짓고 벼슬을 사양하였으며, 귀향 후 후학 양성에 주력하기 위해 경남 함양에 도정정사(道正精舍)를 짓고 공맹(孔孟)의 도를 강론하며 여생을 보냈다. 슬하에 2남 1녀를 두었다.

장남은 태성(台成)이고 밀직사사(密直司使)를 지냈으며,

차남은 태문(台文)이고 중랑장(中郎將)을 지냈다.

딸은 성산이씨 광평군 이릉(李陵)에게 출가하였다.

유수공 억년은 형제애에 관한 설화의 주인공이다. 동생 조년과 길을 가다가 황금 두 덩어리를 주워서 나누어 가졌으나, 금덩이로 인해 형제애와 신뢰가 깨질 것을 염려하여 양천강(陽川江)에 이르러 형제가 배를 타고 건너가다가 금덩어리를 강물에 던졌다는 일화다. 고려사와 신증동국여지승람에도 기록이 있으며, 제6부에 원문과 함께 실었다.

유수공 억년의 위패는 안산영당과, 봉산재 상덕사에 모시고 배향하며 묘는 경남 함양군 휴천면(전 엄천면) 문정촌 장항내에 배위(配位)와 쌍분(雙墳)으로 모셨다. 유수공 배(配)는 경주이씨 이용간(李龍幹)의 따님이다.

「벽진이씨 대동보(卷之首上12)에 이용간의 여(女)는 이억년(李億年)에게 출가했으며, "이억년은 농서인(隴西人)이며 문과에 급제하고, 부는 농서군공 장경(長庚)이다."라 하였다. 이용간은 경주이씨가 아닌 벽진이씨이므로 성주이씨 대동보 수정을 검토해야 한다.」

3-7-5 문열공 이조년(文烈公 李兆年, 1269~1343년) 성산후
자: 원로(元老)　호: 매운당(梅雲堂). 백화헌(百花軒)　시호: 문열(文烈)
- 중시조 농서군공의 5남

(財) 문열공 이조년 초상

문열공 이조년은 고려 원종 10년(1269) 경북 성주군 용산리에서 출생하였다. 일찍이 회헌(晦軒) 안향(安珦)의 문하에서 수학하였으며 문장이 뛰어났다. 충렬왕 11년(1285)에 향공진사(鄕貢進士)로 과거에 급제하여 안남서기가 되었다. 이어서 진주 목사록, 통문서록사, 강릉부전첨, 통례문지후, 예빈내급사, 지합주사를 두루 역임하고 비서승(祕書丞)이 되어 충렬왕을 따라 원에 입조하였다. 1306년 왕유소, 송방영 등이 충렬왕 부자를 이간시키고 서흥후 전(琠)으로 하여금 후계를 삼으려 획책하였으나 원나라에서 머문 10년 동안 세력을 규합한 충선왕파에 의해 충렬왕파의 주모자인 왕유소, 송방영 등은 목숨을 잃고 충렬왕은 왕위를 잃게 된다. 비서승 이조년은 충렬왕을 모신 죄로 예에 따라 유배를 당했다. 유배 후 은둔의 시간을 보내고 충숙왕 9년(1322) 중서성 헌서 제출을 계기로 정치에 참여, 충숙왕 12년(1325) 감찰장령을 지냈으며, 1327년 판전교시사 등을 거쳐 충혜왕 3년에 일등공신에 책봉되고 성근익찬경절공신의 호를 받아 충혜왕 공신각에 초상을 걸었다. (이하 고려사 및 묘지명 참조)

- 문열공의 시조, 한시, 문학 작품

문열공 이조년은 고려 시대의 정형시조(定型時調)인 다정가(多情歌)와 한시(漢詩)로는 칠언절구인 백화헌(百花軒)시를 창작했으며, 유품은 당시(唐詩) 6편(120자)으로 구성된 광초유묵판각(狂草遺墨板刻) 서예작품 한 질이 전해지고 있다. 저서는 매 사육서인 응골방(鷹鶻方)이 있으며 이 책은 인쇄본이 아닌 육필 붓글씨(행서체)로 써서 엮은 책이다. 매 사육에 필요한 사항들을 분류하여 매의 모양새와 먹이, 길들이기, 교습법, 치료법, 제약법 등을 체계적으로 썼다. 시의 장르로는 6언 및 4언으로 쓴 응부시(鷹賦詩)와 오언율시 형식의 응체작시(鷹體作詩)와 7언율시로 쓴 영응시(詠鷹詩), 칠언절구의 가상응절구(架上鷹絶句) 등이 있다. 매의 특성을 관찰하여 외형과 행동 발병징후 등을 시의 형식으로 표현한 것이 특징이다. 매 사육에 관한 기술서적으로는 동양에서 가장 오래된 기술서다.(제4부 시문 편 참조)

- 문열공의 배(配) 및 외손들의 활약상

문열공 이조년의 배(配)는 본관이 초계(草溪)인 고려문신 정윤의(鄭允宜, 밀직제학, 동지공거, 봉익대부)의 딸이다. 팔계군부인(八溪郡夫人) 작위에 봉해졌으며 슬하에 1남 1녀를 두었다. 아들은 포(褒)이고 딸은 본관이 고성(固城)인 판밀직사사 감찰대부(監察大夫) 이존비(李尊庇)의 손자 이교(李嶠)[17]에게 출가하였다. 시중 이림(李琳), 좌윤 이희여(李希汝), 부원군 이선(李瑄) 등은 문열공의 외손들이다.

---

[17] 부는 철원군(鐵原君) 이우(李瑀)이고 이교는 충숙왕 때 과거에 급제하였고, 1357년 형부상서로써 천추사(千秋使)가 되어 원나라를 다녀왔으며, 1360년 어사대부로 인사행정을 담당하였다. 그의 가문도 조선의 명족인 누대공신재상지종(累代功臣宰相之種, 왕실과 결혼할 수 있는 문벌세가)이다.

이존비(李尊庇, 1233~1287)는 어려서 부친을 여의고 그의 외삼촌 백문절(白文節)에게 글을 배워 문장과 예서(隸書)글씨에 능했으며 유학에 밝은 문신이다. 1260년 과거에 급제하고 내시(內侍)에 입적 후 비서교서랑, 권지합문지후, 병부, 이부의 시랑을 역임하고 1275년 충렬왕 1년 좌승지에 오르고 지공거를 지냈다. 충렬왕 13년 동판밀직사사로 졸하자 세자가 울면서 심히 애석해했다고 한다. 이존비의 시 회당화상(晦堂和尙)에게 보낸 칠언율시가 있다.

기조계 회당화상(寄曹溪晦堂和尙)   - 이존비

物無美惡終歸用 물무미오종귀용	좋건 궂건 물건은 다 쓸데가 있는 법,
苦李誰嫌着子多 고이수염착자다	쓴 오얏 열매[18] 많음 누가 탓하리.
長息久朝天子所 장식구조천자소	맏 놈은 오래 천자의 처소에 가 있고,
次兒新付法王家 차아신부법왕가	둘째 놈은 새로 부처님 집에 부쳤구나.
移忠固是爲臣分 이충고시위신분	충성을 옮김은 워낙 신하의 분수라,
割愛其如出世何 할애기여출세하	사랑을 베어서 출가함을 어찌리.
還笑老翁猶滯念 환소노옹유체념	우스워라 늙은이가 오히려 마음에 걸려,
有時魂夢杳天涯 유시혼몽묘천애	이따금 몽혼이 숫제 하늘가에 헤매누나.

---

18 진나라 왕융(王戎)이 여러 사람과 함께 길을 가다가 오얏 열매가 많이 열린 것을 보고, 사람들은 땄으나 왕융은 손을 대지 않으며 "길 가의 오얏나무에 많은 열매가 그대로 있는 것을 보니 반드시 먹을 수 없는 쓴 오얏일 것이다."하더니 과연 쓴 열매였다. 작자의 성이 이씨이므로 이 말을 인용한 것이다.(참고문헌 동문선)

(그때 그의 장남은 궐정에 숙위(宿衛)로 들어가 있고 차남은 새로 회당에게 나아가 머리를 깎았다.)

- 문열공 직계자손들의 활약상

경원공 이포(敬元公李褒, 1287~1373)

경원공 포(褒)는 충렬왕 13년(1287) 경북 성주군 용산리에서 출생하였으며 성주이씨 중시조공 장경(長庚)의 손자이고 문열공의 1남 1녀 중 장남이다. 성품이 순박하고 예의가 바른 사람이어서 비록 천한 사람이라도 모두 반겼다고 한다. 1323년 문과에 급제하여 벽상삼중대광(壁上三重大匡), 검교문하시중(檢校門下侍中), 판선부사(判選部事), 광정대부(匡靖大夫), 도첨의평리(都僉議評理)를 역임하였다.

공민왕 21년 왕은 손수 경원공의 초상화를 그려서 공의 둘째 아들 수문하시중(守門下侍中) 인임에게 오래 간직하라는 당부와 함께 하사하였다.

경원공은 왕으로부터 유례없는 성은(聖恩)을 입고 큰 영예를 얻은 것이다. 1373년에 졸(卒)하였으므로 향년 87세이다.

공의 배(配)는 경주군부인(慶州郡夫人), 설씨(薛氏)인 대사성(大司成) 문우(文遇)의 딸이다. 공보다 12년 전에 졸하였고 6남 3녀를 두었다.

장남은 문충 인복(仁復)이고, 차남

(財)경원공 이포 초상

그림은 묵재 이문건이 그린 인민의 초상화

은 광해군 문숙 인임(仁任)이며, 3남은 예의판서 인미(仁美)이고, 4남은 대제학 인립(仁立)이다. 5남은 주부(主簿) 인달(仁達)이고, 6남은 성산부원군 인민(仁敏)이다.

3녀 중 장녀는 취성군(鷲城君) 신예(辛裔)와, 2녀는 평양군(平陽君) 박천상(朴天祥)과, 3녀는 호군(護軍) 박문실(朴文實)과 혼인하였다.

3남 인미(仁美)의 큰아들 일(鎰)과 차남 은(誾)은 두 형제가 한성판윤(漢城判尹)을 역임하였다. 삼남 검(儉)은 부윤(府尹)을 지냈으며, 넷째 아들은 해(該)이다. 맏딸은 진주인 하륜(河崙, 여말 학자, 정치가 영의정)에게 출가하였고, 둘째는 두원인 판추(判樞) 오사종에게 출가하였으며, 셋째는 대흥(大興)인 한호(韓灝)에게 출가하였다.

4남 인립(仁立)의 장남은 경무공 제(濟)이고 차남은 평간공 발(潑)이다. 5남 인달은 주부(主簿, 관아의 낭장벼슬)를 지냈으며, 슬하에 2녀를 두었다. 장녀는 판추(判樞)를 지낸 구성우에게, 차녀는 판서(判書) 신경원에게 출가하였다.

6남 성산부원군 인민(仁敏)은 근사록을 복간하여 학문발전에 많은 기여를 하였다. 이인민에 대한 기사는 제4부 시문 편에 경북문화재로 지정된 초상화와 함께 따로 기록이 있다

성산부원군 인민의 장남은 형재 직(稷)이고 차남은 동지총제 수(穗)이며, 3남은 이(移)이고 4남은 갈(秸)이며 5남은 아(莪)이다. 형재 직의 장남은 판윤 사후(師厚)이고 차남은 사원(師元)이고, 삼남은 사순(師純)이다.

부윤공 이사후(우왕 14년, 1388~세종 17년, 1435)

부윤 이사후는 형재 직의 장남으로 성주 송곡(松谷)에서 출생하여 태종 3년(1403) 성균관진사에 합격하여 궁궐직성기사관을 거쳐 태종 5년 예문관봉교, 춘추관기주관, 공조지부사, 이조좌랑, 사헌부헌사의목 등을 지냈다. 태종 7년 한성도성공역정사, 한성판관, 공조정랑 등을 역임하고, 태종 8년 한성부서윤, 소윤을 지냈다. 세종(世宗) 4년(1422)에 의정부 우대언첨사가 되었고, 세종 8년 정월 황희(黃喜) 정승을 따라 명나라 사은사로 다녀왔으며 그해 인순부윤(仁順府尹)이 되었다. 세종 12년 동지총제, 지신사, 한성부윤을 역임하고 세종 17년(1435) 48세에 졸하였으며 자헌대부(資憲大夫)를 추증받았다. 배(配)는 정부인 개성왕씨이며, 부는 정강군(定康君) 조(珇)이며, 외조부는 영의정을 지낸 성석린(成石隣)이다.

부윤공 이사후는 태종 15년(1415) 6월에 선친(이직)이 유배로 임시 거처하고 있는 성주(천왕사)에 부모를 시봉(侍奉)하기위해 다녀왔다.

인민의 차남 수(穗)는 호가 정재(貞齋)이고 포은 정몽주(鄭夢周)문하에서 수학하였으며 학문과 경술에 뛰어났다. 태종 15년(1415)에 판내자시사(判內資寺事), 태종 16년 김해부사를 역임하고 세종 12년(1430) 동지총제(同知摠制, 재상급)에 올랐다. 세종 21년(1439)에 졸(卒)하니 조정은 부의를 사하고 정헌대부(正憲大夫, 정 2품), 의

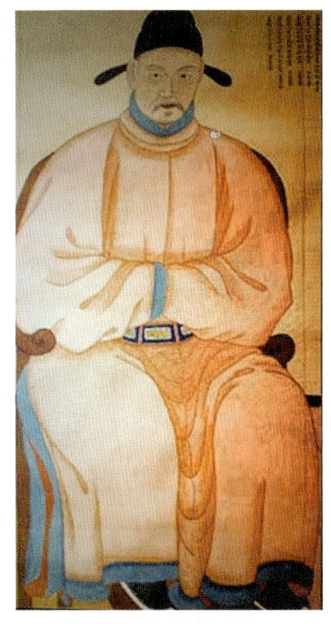

(財)부윤공 이사후 초상
이사후의 초상은 경북 유형문화재 제245호,
안산영당 배향.

정부좌찬성(議政府左贊成, 종1품)을 추증하였다. 배(配)는 정부인 남양홍씨이며 슬하에 2남 2녀를 두었다.

동지총제 수(穟)의 장남은 호조판서 견기이고, 차남은 호조참의 계기이다. 장녀는 청주한씨 감사(監司) 한혜(韓惠)에게 출가했고 차녀는 전의이씨 정랑(正朗) 이직간(李直幹)에게 출가했다.

호조판서 이견기(우왕 10년, 1384~단종 3년 1455)는 1419년(세종 1) 동진사(同進士)로 급제하고 우정언, 장령을 역임하는 등 많은 관직을 성실히 수행하여 나라에 헌신한 관료이다. 그가 졸하자 단종 임금은 2일 동안 나라의 조회를 정지하였다.

- 경원공 이포의 가족묘 탐방

正統三年戊午三月日, 政堂文學追封, 左議
정통삼년무오삼월일, 정당문학추봉, 좌의
政李仁敏, 移葬于曾祖, 大元隴西郡公追封,
정이인민, 이장우증조, 대원농서군공추봉,
左議政長庚墳前.
좌의정장경분전.

정통 3년(1438) 3월, 정당문학을 추봉받고, 좌의정을 역임한 이인민의 묘를, 원나라에서 농서군공과 좌의정을 추봉받은 증조부 장경 묘 앞으로 이장하였다.

정통 3년(1438) 묘갈

앞 사진은 1438년 경원공 이포의 가족묘에 세운 갈석(碣石)으로 전형적인 조선 초기의 묘비 형식을 띤 것으로써 좌우 상단 모서리의 각을 경사지게 깎았다. 설립 기점부터 584년이 경과했으나 비문 판독이 가능하다. 하나의 갈석을 전면과 후면에서 각각 찍은 사진으로 왼쪽(서향)은 정통 3년이고 뒷면인 오른쪽(동향)은 정통 9년에 썼다.

正統九年二月日, 政堂李仁敏, 又移葬,
정통구년이월일, 정당이인민, 우이장,

于先考 敬元公 李褒 墳前.
우선고 경원공 이포 분전.

정통 9년(1444) 2월에 정당문학 이인민의 묘를 선고(先考) 경원공 이포의 묘 앞[墳前]으로 또 이장하였다.

사진은 1444년 묘갈 후면에 이인민의 묘를 두 번째로 이장한 경위를 적은 묘갈문이다. 세종대왕자 태실의 공사로 인하여 인접한 중시조공 장경의 묘역을 옮기게 됨으로

정통 9년(1444) 묘갈

경원공/경주군부인 합장 묘. 경북 고령군 다산면 벌지리 산 62번지(골프장 경내)

대제학 이인민 묘 및 묘갈석 위치. 화살표

써 증조부(장경) 앞에 있던 이인민의 묘를 이번에는 부친 경원공의 묘 앞으로 이전한 것이다. 이는 같은 해(1444) 농서군공의 묘를 성주군 대가면 옥화리로 이전한 사건과 밀접한 관계가 있다.

-기록의 오류, 의구심을 해소하는 페이지-

(1) 문열공 이조년의 과거 급제에 대한 기록연도의 오류.

문열공에 관한 기사를 검토하다 보면 고려사 열전에 쓰인 이조년의 과거 급제일과, 묘지명 또는 족보에 기록된 등제일(登第日)이 상이함을 발견하게 된다. 고려사에는 "충렬왕 20년(1294)에 향공진사로서 과거에 급제하여 안남서기가 되었다."라고 기록되어 있으며, 성주이씨 대동보는 충렬왕 11년(1285)으로 적고 있다. 무려 9년의 차이가 있다. 익재 이제현은 1344년에 찬(撰)한 문열공 묘지명에 충렬왕 11년(1285)에 이조년이 급제했음을 적었고, 대동보의 기록과 일치한다.

고려 시대의 정사인 고려사를 불신해서는 안 되지만 기록상의 오류가 발생했을 경우에는 신중한 검토가 따라야 할 것이다. 고려사도 역시 후대(1450)에 쓰인 역사서이므로 그 이전의 자료로는 금석문(묘지명)과, 발간 시기는 늦더라도 종중자료(족보) 등을 참고해야 한다.

특히 문열공 묘지명은 손자인 인복(仁復)이 조부의 이명으로 익재 이제현에게 조부의 행장기(行狀記)를 적어 건네준 문서를 근거로 삼았다. 익재는 인복의 서신을 받고서 "삼가 그 행장을 보고 적는다"고 하였다. 고려사보다 100여 년이나 앞선 자료(금석문)인 셈이다. 조부의 이력을 가장 잘 알고 있는 친손 인복의 자필서와 성주이씨 족보, 여말의 대학자 이제현이 쓴 묘지명이 한층 더 신뢰성이 높다. 이러한 사료(史料)들로 미루어 보면 문열공 이조년이 17세인 1285년에 등제(登第)한 사실은 확실하다.

참고로 성주이씨 농서군공 장경 후손들 중에서도 20세 미만에 과거시험에 등제한 영재들이 다수 있다. 형재 이직은 16세에 등제하였고, 초은 이인복은 18세, 도은 이숭인은 16세(공민왕 11년 1362)에 등제했다.

(2) 문열공 이조년 초상화 이모본(移模本)의 변화

1559년 묵재 이문건(李文楗, 이조년 8대손)과 성주목사 노경린은 생전에 학덕이 많은 인물인 이조년, 이인복, 김굉필(金宏弼) 등을 배향(配享)하기 위해 성주에 영봉서원(迎鳳書院)을 건립했다. 조선 초의 억불숭유의 시대적 상황에서 유학사상이 팽배하던 시기다. 원나라 복장에 염주(念珠)를 왼손에 쥐고 있는 문열공 초상화를 본 율곡 이이(李珥) 등 유학자들이 "호불(好佛)한 인물을 유학하는 후학의 모범으로 삼을 수 없다"며 서원 배향에 반대하여 무산되었다. 퇴계는 이르기를 "한 시대의 습속은 비록 어진 자로서도 면할 수 없으니 그 화상을 없애버리고 자그마한 결점을 가리는 것이 좋지 않겠는가?"라고 하였다.

문열공 이조년 초상화 이모본이 변화한 모습

    1744년경에 초상화를 이모(移模)할 때 손에 쥔 염주만 지우고 원나라 양식인 발립모(鉢笠帽)는 수정하지 않았다. 고려 시대 모본의 중요성과 역사적 의의가 큰 만큼 선초의 억불정책으로 인한 교리의 충돌을 피하고 후손들의 필요에 따라 적절히 변화시킨 것이다. 현재 영정 이모본의 손 모양이 어색하게 보이는 것은 이런 연유가 있기 때문이다.

    (3) 이조년 형제-고려 시대 과거시험 급제와 관련한 구전문학
    고려 시대에 3형제가 과거에 모두 합격한 예는 많으나, 이조년을 비롯한 5형제가 모두 과거에 합격한 예는 흔치가 않다. 성현(成俔)이 쓴 '용재총화'에 조선 시대 때는 5형제가 급제한 경우는 이예장(李禮長) 5형제와 안중후(安重厚) 5형제가 있으며, 고려 시대에는 우홍수(禹洪壽) 5형제가 급제했다고 썼다. 이조년 5형제가 급제한 사실은 누락되었다.

이조년 5형제가 모두 등과한 이야기가 구전문학으로 전해진다.

제 목: 이조년 5형제가 모두 등과한 이야기
제보자: 도상철
채록지: 경북 고령군 덕곡면 예리 도상철 자택
제작자: 한국학 중앙연구원
출 처: 한국구비문학대계

시간대 별 음성 내용 (*원음 육성 녹취록)

0' 00"   성주 여 가마, 조년이 운수면에 가마 이조년이.
0' 03"   거도 거 이화에 월백하고 원안삼경인데 카는 시.
0' 08"   거기 백일장도 하고 응 여서 하기는 동 공학당에서 하는가? 어디서 하는지 모르겠어.
0' 15"   그리 거서 인자 거 성산이씨 중에 에 오형제 등과 그덩.
0' 22"   백년이, 천년이, 만년이, 억년이, 조년이 오형제가 다 벼슬했어.
0' 30"   그래서 성주 이씨네들이 장 큰 소리치지.
0' 35"   오형제가 등과를 했으니.
0' 38"   오형제 등과카마 저 성주이씨 밖에 없어.
0' 41"   [빈 칸]

*국립 중앙디지털도서관 접속 음성청취 가능
글이 아닌 대화체 말(현지 방언)을 녹음된 음성 그대로 옮겨 적은 것임.
(사진출처: 국립 중앙디지털도서관)

제3부

이조년 연대기(年代記)

1. 고려 말 역사의 중심에 선 이조년의 역사관(歷史觀)

 문신 이조년은 고려 말 원종 10년, 국·내외적으로 혼미한 시대에 태어나 유독 굴곡이 많은 정치적 소용돌이 속에서 충신의 도리를 다하고자 헌신한 정치인이다. 그는 오직 군신(君臣)들이 정도를 지켜 고려왕실의 기강이 바로잡히기를 원했고 나라를 위해서라면 서슴없이 간언하는 유일한 문신이기도 하다. 동국통감(동통 44-23)에, 신 등이 살펴보건대, "충혜왕의 광포 황망에 대해 재신(宰臣)과 대간(臺諫)들이 침묵을 지키며 말을 하지 않았으나 유독 이조년 만이 임금의 잘못을 지적하고 배척하며 거리낌 없이 과감히 말하여 임금의 뜻을 돌리려고 기대하였다."라고 썼다. 그는 왕실 내부의 불안정한 정치여건과 원나라 섭정으로 인한 복잡한 관계를 극복하기 위해 왕의 실정에 대해서는 신변의 위험을 무릅쓰고 홀로 나서 간언을 했다. 비서승으로 충렬왕을 모시고 입조한 1306년, 간신배들이 충선왕을 모함하여 충렬왕 부자를 이간시키고 서흥후 왕전을 후계로 삼으려 획책한 사건으로 인해 억울한 누명을 쓰고 그는 유배의 길에 나섰다. 지방의 여러 직급을 두루 거치면서 실무를 익히고 경험을 쌓았다지만 30대의 젊은 이조년은 중앙의 참신한 관료생활의 출발점부터 어긋나 생사의 갈림길에서 겨우 벗어났다. 그의 고난한 정치 일생의 다큐멘터리는 이렇게 시작된 것이다. 그는 단신으로 원나라 중서성으로 달려가 몇 번씩이나 상서를 올리는 기개를 보여주었다. 그의 나이 71세 때이니 대단한 신념과 충성심이 없었다면 불가능한 일인 것이다. 우선 고려 초의 왕권 강화를 위한 제도개선과 선비들의 중요한 삶의 목표가 된 과거시험제도, 고려 후반 무신정권의 등장과 여말 몽골 부족이 통일하면서 막강한 세력으로 마주친 몽골의 역사를 비롯, 친원 정책을 실시하게 된 동기를 알면 "이조년의 역사관"을 이해하는데 많은 도움이 될 것이다.

1-1 고려 초기 왕권 강화의 수단, 과거제도와 교육기관

고려는 광종(949~975)집권 때 인재등용의 관문인 과거시험(科擧試驗)제도를 처음 실시하였다. 이는 호족세력을 누르고 중앙 집권적 관료체계를 확립하여 왕권을 강화하려는 정치적인 목적에서 실시한 제도라는 점이 특징이다. 고려 시대에는 관리가 되기 위해서는 과거라는 관문을 통과해야만 했다. 그러나 부, 조부가 고위 관리이거나 국가에 공훈을 세운 공신들의 자손은 음서(蔭敍)를 통해서 관리가 될 수 있었으며, 음서로 관직에 임용된 자라 할지라도 정작 과거시험에 합격하는 것을 더욱 영광으로 생각하였다.

고려는 개경에 국자감(성균관)을 설치하고 인재양성을 위한 유학교육을 실시했고 지방에는 향교를 설치하여 문과에 관련한 학문을 가르쳤다. 과거에 응시할 수 있는 자격은 양민 이상이면 가능했으나, 일반적으로 농민이 많은 시간을 내어 공부를 한다는 것은 쉽지가 않았다.

국자감이나 향교는 귀족 자제들의 교육의 장이 될 수밖에 없었으므로 국자감에서 교육을 받지 못하는 개경의 학도들을 위한 교육기관으로 학당을 설치하여 운영을 했다.

사학은 은퇴한 학자나 지방은거 선비들이 세운 사설 교육기관(예, 최충의 문헌공도를 포함한 12도와 서당)으로써 학당이 설립되기 전에는 과거를 보려는 학동들은 관학보다 사학인 12도를 선호했다고 한다.

그리고 서당은 지방 일반의 서민들의 자제들을 상대로 하는 교육기관으로 학문발전에 많은 기여를 했다. 과거시험제도는 인재등용을 위한 하나의 중요한 등용문으로 인식되었는데, 과거에 급제를 함으로써 당당히 출세를 할 수가 있기 때문이다..

학문에 의한 관리등용법(官吏登用法) 즉 출세의 상징인 과거제도는 왜 만들어졌으며, 시행 시기와 과목, 절차 등은 무엇인지 알아보기로 한다.

1-2 학문에 의한 관리 등용법, 과거제도의 성립 및 규정

왕건은 후고구려를 세운 궁예의 장수였다. 그는 궁예를 제거한 후 고려를 건국하고 고려 태조가 되었으나 호족들은 왕건의 명령을 무시하거나 제멋대로 행동을 하므로, 왕건도 호족출신이므로 호족들의 생리를 너무나도 잘 알고 있어 불안한 마음을 떨치지 못했다. 또한 호족들은 상당한 토지와 군사, 또는 노비들을 거느리고 있으므로 왕건을 대단한 존재로 여기지 않았다. 왕건이 나라를 안정적으로 발전시키기 위해 취한 것은, 호족들 중에서도 세력이 강한 호족을 선택하여 그들의 딸을 아내로 맞이하여 사돈 관계를 맺고 세력을 확장하는 정책이었다.

이와 같이 왕건과 혼인을 매개로 하여 사돈 관계가 형성된 호족들은 자연히 왕건을 따르게 됨으로서 중앙집권적 왕권(王權)을 강화시키는 좋은 계기가 되었다. 그러나 좋은 점만 있는 것은 아니었다. 그 후 고려 제4대 임금 광종(光宗)은 지방 호족들의 힘에 눌려 정사를 제대로 볼 수가 없었으므로 커다란 고민에 빠지게 되었다. 광종은 중국 후주(后周)의 귀화인(歸化人)인 쌍기(雙冀)를 만나 "고려의 호족들로 인해 왕권(王權)이 위협을 받고 있으니 도와 달라"고 요청하기에 이르렀고 수차에 걸친 요구를 뿌리치지 못한 쌍기는 허락을 했다.

광종 7년(956)에는 호족들은 노비들을 풀어주도록 하는 이른바 노비안검법(奴婢按檢法)을 실시하였다. 그리고 2년 후인 광종 9년(958)에는 "이제부터 나라의 중요한 일을 맡을 인재는 과거(科擧)를 실시해서 선발할 것이다. 누구라도 과거를 통해서 벼슬을 할 수 있으며 호족이라도 과거를 통해서만 벼슬을 하게 된다." 실력이 있되 충성심이 높은 관리를 뽑는 과거제도의 선포다. 노비안검법은 호족들의 힘을 약화시키기도 할뿐더러 그들의 군사 수는 축소되고 그만큼 양민이 되는 사람이 늘어나므로 세수(稅收)는 자연 증가하게 되는 것이다. 과거를 통하여 인재를 뽑으면 호족 자신들이 독점하던 높은 벼슬자리는, 과거로 등용된 실력이 있는 자에게 돌아가게 되는 것이다. 호족들의 반발이 많았지만 광종은 왕권 강화에 진념하는 것이 나라의 살길이라고 생각하고 이러한 노력으로 안정을 찾았음은 물론이다.

과거시험은 매년 실시했고, 과목은 제술과(製述科)인 시(詩), 부(賦), 송(頌), 시무책(時務策)이 있고, 명경과(明經科)는 상서(尙書/書經), 주역(周易), 모시(毛詩), 춘추(春秋), 예기(禮記) 등이다. 과거시험 절차는 전국적으로 행하는 예비시험을 거쳐 국자감에서 실시하는 국자감시에 합격하여야 본 시험인 동당감시(東堂監試)에 응할 수가 있었다.

현종(顯宗, 1009~1031)때 마련된 주현공거법(州縣貢擧法)은 지방에서 베푸는 예비시험 합격자의 수를 규정하여 천정(千丁)[1] 이상의 주현(州縣)은 2인, 그 이하의 주현(州縣)은 1인을 뽑아 올려 국자감시에 응시하도록 했다. 이를 향공(鄕貢)이라 하고, 제술과(製述科)에 합격한 자를 진사(進士)라 하여, 향공진

---

1 고려 시대에 국가건설에 필요한 노동을 제공하는 요역(徭役)으로 국가방위를 책임지는 군역의 연령을 16세부터 59세까지 포함시켰다. 이들의 단위를 정이라 하고, 천정은 16~59세에 해당하는 남자 일천 명이다.

사로 과거에 급제했음을 뜻한다. 성적에 따라 갑(甲), 을(乙), 병(丙)과로 구분 지었다.

1-3 고려 중기의 국내 정치 및 무신정권의 탄생 배경

고려조정은 중기에 접어들어 무신정권이 차지하게 되었다. 문벌 귀족사회의 폐단은 무신정권이 들어서는 빌미를 제공하였으나, 무신정권은 국력을 키우지 못해 몽골의 침략에 굴복하여 결국 원의 속국으로 전락하게 된다. 고려 태조 왕건이 나라를 세운 해는 AD 918년이다. 고려왕조 설립 후 1,100년을 기점으로 하여 고려의 문벌귀족은 보수화 되면서 주요관직을 이용하여 권력을 장악하였다.

경원이씨 가문인 이자겸은 왕실과 혼인관계를 맺고 세력을 키웠으며 외손자인 인종(제17대)이 즉위하고 나서 자신을 견제하는 왕족이나 관리들을 제거하며 권력을 독점하기에 이르렀다. 인종은 위협을 느끼고 측근을 시켜 이자겸을 제거하려 했으나, 이에 반격을 가함으로써 궁궐이 불타고 왕실이 위기에 처하기도 했던 사건이 있었다. 고려 역사에서 빼놓을 수 없는 "이자겸의 난"이다. 그 후에도 문벌 귀족사회의 분열로 인하여 왕권이 약화되어 왕실의 권위와 정세안정의 기미가 보이지 않자 의종(제18대, 1146~1170)은 정치를 멀리하게 된다. 따라서 문벌귀족은 권력을 독점하고 임금은 사치와 향락을 누리는데 반해 무신은 차별을 받으므로 불만이 상당히 고조되었다.

당시 의종은 정사를 돌보지 않고 놀러 다녔는데 경치가 좋은 곳에 이르면, 수레를 멈추고 경치를 감상하며 풍월을 읊었다. 어느 날 왕이 보현원(지금 春川)으로 가서 술을 마시고 있었는데, 대장군 이소응으로 하여금 "오병수박희(五兵手搏戲)²"를 시켰다. 이소응이 무신이기는 하지만 얼굴이 수척하고 힘도 약하여 이기지 못했다. 이때 문신 한뢰가 갑자기 앞으로 나서며 이소응의 뺨을 때리니 섬돌 아래로 넘어졌다. 이런 모습을 보고 왕과 모든 신하들이 손뼉을 치면서 웃었다.³

 마침내 보현원의 외유를 기화로 정중부와 이의방 등의 무신들이 정변을 일으켜 문신들을 제거한 후에 의종을 폐위시키고 명종(明宗)을 새 국왕으로 모셨다. 고려 19대 왕이며, 이로써 문벌 귀족사회는 붕괴되고 무신정권(최씨 정권 60년)의 서막이 오른 것이다. 정권을 장악한 무신은 중방이라는 회의기구를 두어 그들만의 권력을 행사했으므로 자연히 왕은 상징적인 존재가 되었다.

1-4 고종 재위, 그리고 주변국(몽골)의 정치상황

 고종(高宗)은 고려 제23대 임금이며 1213년부터 1259년까지 재위했으며 고려의 왕들 중 가장 오랜 기간을 왕위에 있었다. 또한 성주이씨 중시조공 장경이 출생하고 청년기를 보낸 시대이기도 하다.

 1200년대에 들어서 중국 대륙은 전환기를 맞게 되었는데, 몽골의 칭기즈 칸(成吉思汗)이 세력을 키워 몽골제국을 건설하고 금(金)나라를 공격하여 세력을 확장하기에 이른 것이었다. 이때 금에 복속 되었던 거란(契丹)이 몽골군에 쫓겨서 고려로 침입해 오자 몽골군은 고려군과 연합하여 거란을 물리쳤다. 이를 기회로 하여 고려와 몽골은 외교관계를 맺었으나 몽골은

---

2 다섯 명의 병사가 겨루는 무예.
3 고려사 1170년 8월 기사.

고려를 복속국으로 취급하며 엄청난 공물을 요구하기에 이르렀다.

> 몽골사신은 고려가 보낸 공물이 마음에 안 든다는 핑계로 도를 넘는 명령을 전달하고 전(殿)을 내려가면서 제각기 품속에 넣었던 물건을 꺼내 왕에게 내던졌는데 모두 일 년 전에 주었던 질 나쁜 주단이었다.[4]

공교롭게도 공물을 요구하는 몽골의 사신이 압록강 부근에서 살해되자 1231년 몽골은 고려인의 소행이라는 핑계를 내세워 고려를 침략하였다. 무신 최우는 대규모 방어군을 보냈으나 많은 성들이 함락하자 고려는 몽골의 요구를 받아들였다. 몽골군은 점령지 북방지역과 개경(開京)에 "다루가치(점령지 행정감독청)"를 두고 철수하였다. 최우는 수도를 개경에서 강화도로 옮기고 항전준비를 강화하여 고려 군대와 백성들은 용감하게 싸웠지만 오랜 전쟁의 여파로 인해 힘이 약화되었다. 중요한 성이 함락됨으로써 백성들의 삶은 더욱 궁핍해졌지만 무신정권은 백성들을 살피지 못했다. 최우는 전쟁을 계속할 것을 주장했지만 이를 반대한 무신들에 의해 결국은 제거되었다. 몽골은 고려정부에 수도를 다시 개경으로 옮길 것을 요구하고, 일본침공에 필요한 물자의 제공을 강요했다. 이후 무신 집권자인 임유무가 피살되면서 무신 정권은 무너지고 고려정부는 개경으로 환도하였다.

---

4 고려사 고종 8년 1221년 8월 일기.

1-5 고려태자와 강화조약(講和條約)

고려태자(식禃, 후에 원종)는 몽골의 쿠빌라이와 1259년 강화조약(講和條約)[5]을 맺었다. 몽골의 침략이 지속된 가운데 견디다 못한 함경남도 일대의 백성들이 몽골에 항복함으로써, 고려조정은 몽골과의 강화를 택하게 되어 태자를 몽골의 후계자인 장남 뭉케 칸에게 보냈다. 태자 일행은 후계자인 장남 뭉케 칸을 만나러 가던 중 뭉케가 갑자기 죽었다는 소식을 접한다. 차남인 쿠빌라이는 장남과 셋째 동생과는 경쟁 중이었고 장남이 급서(急逝)한 상황에서 셋째인 아릭부케와 일전을 치루는 중이었다. 태자는 고민 끝에 쿠빌라이를 만나기로 하고 발길을 돌려 개봉 쪽으로 북상하던 그를 만났다. 쿠빌라이는 몽골의 후계자 경쟁에서 불리한 입장에 놓여있었으나, 마침 자기를 만나러 온 고려의 태자를 극진히 맞이했으며 환영의 뜻을 표했다. 당태종이 고려를 원정하고도 굴복시키지 못한 강한 나라임을 강조하며, 이는 하늘의 뜻이라 하며 좋아했다. 그는 고려태자와의 만남을 오히려 정치적인 호기로 삼았다. 이 만남에서 고려태자는 쿠빌라이(당시 황제 자리를 놓고 다툼 중)에게 몽골에 대해 사대의 예를 갖추겠으니, 고려에 대해서는 주권과 풍속 등에는 간섭하지 말 것을 약속받았다. 이것이 곧 강화조약이다.

쿠빌라이를 만나고 돌아온 고려태자는 1259년에 왕위(王位, 원종)에 올랐다. 한편 쿠빌라이는 1260년에 몽골 제5대 황제에 올라 연호(年號, 중통, 지원)를 사용했으며, 그 후 수도를 북경으로 옮기면서 국호를 대원(大元, 1271)으로 바꾸었다.

칭기즈 칸(汗)이 1206년 여러 부족으로 나뉘어 있던 몽골족을 통일하

---

5 교전(交戰) 당사국이 전쟁을 종결하기 위해 맺는 일종의 평화조약이다.

여, 몽골제국을 수립하고 55년 후에 그의 손자 쿠빌라이가 남송을 정복함으로서 중국을 통일한 것이다. 그러나 몽골제국이라는 국호가 존재함에도 불구하고 중국의 역사에서는 몽골의 역사를 별도로 분리하고, 원나라로 표현하면서 중요하게 다루지 않는 경향이 있어 몽골의 존재가 약화되면서 혼용을 하게 되는 것이다. 이 책에서도 몽골의 명칭과 원나라의 국호를 혼용해서 쓴 부분이 있다.

강화조약

(1) 고려의 풍속을 바꾸지 않는다.
(2) 몽골인의 고려 출입을 금하고 칸이 파견하는 사람만 가능하다.
(3) 옛 서울(개경)로 천도는 적절한 시기에 한다.
(4) 국경의 몽골군은 가을을 기한으로 압록강 밖으로 철군한다.
(5) 몽골의 사신은 임무완수 후 즉시 귀환하고, 몽골에 살던 고려인은 계속 거주하되 차후에는 일체 입국을 금지한다.

우리 민족이 강인한 정신력으로 투지(鬪志)를 보여준 예가 있다. 고려태자가 만난 쿠빌라이의 '당태종 고려 원정'대화는 고구려 시대를 언급한 것이다.

당태종(唐太宗) 이세민은 중국 당나라(唐, 618~907)의 실질적인 창건자이며 제2대 황제로서 626년부터 649년까지 재위했다. 당태종 이세민은 645년, 고구려 영토인 요동지역 "안시성"을 공격하기 위해 대군을 이끌고 직접 공격해왔다. 그의 목표는 안시성을 점령한 후 평양성을 함락시킬 계획이었다. 고구려군의 저항을 뚫지 못한 그들은 안시성 옆에 흙산을 높이 쌓아 산 위에서 안시성으로 화살 공격을 할 작전이었다. 그러나 마침 큰 비가 내려 흙산 일부가 안시성을 덮치는 바람에 고구려 병사들이 재빨리 움직여 흙산을 차지해버렸다. 고구려 병사는 여러 번의 위기 순간마다 태종을 물리쳐 한반도를 중국 세력으로부터 지켜낼 수 있었다. 그 후 당 태종은 숨을 거두기 전에 "나의 자식들은 고구려를 공격하지 마라, 이길 수 있는 나라가 아니다. 고구려를 공격하다가 오히려 당나라가 위태로울 수 있다."라는 경고의 유언을 남겼다고 한다.

2. 문열공 이조년 연보(年譜)

고종부터 공민왕까지 재위순

고려왕(23대~31대) 재위・복위			이조년 관직 및 약력
대	시호	재위・복위기간	
23대	고종	1213.8~1259.6	(무신정권. 몽골의 침입)
24대	원종	1259.6~1274.6	원종 10년(1269) 이조년 출생
25대	충렬	1274.6~1298.1	충렬왕 11년 향공진사로 문과급제
			안남부서기(安南府書記)
			진주목사록(晉州牧司錄)
			통문서녹사(通文署錄事)
			강릉부전첨(江陵府典籤)
			통례문지후(通禮門祗侯)
			예빈내급사(禮賓內給事)
			지합주사(知陜州事)-다양한 업무경험
26대	충선	1298.1~1298.8	
	충렬복위	1298.8~1308.7	(1301년) 성균관조제(成均館條制) 감수
		1305.11	충렬왕 비서승(秘書丞)으로 원 입조
	충선복위	1308.7	이조년 유배, 충렬왕 고종(考終)
	충선2년	1310.5	한종유와 왕감. 왕도세자책봉 주청
27대	충숙7년	1320.12.	(충선왕 토번 유배, 충숙왕 원 억류)
	충숙9년	1322.10	북경행, 충숙왕 억류 부당성 주장(한림원 16명 서명 중서성에 헌서 제출)
	충숙14년	1327.11	판전교시사(判典校寺事). 2등공신 작록
	충숙17년	1330.12	사헌장령,전리총랑. 관동존무사로 위무
28대	충혜	1332.1	원 입조(왕 부자 이간 모함 변론목적) 원 승상 엘테무르 이조년 환대.
	충혜	1339.8	군부판서(軍簿判書, 71세)로 충혜왕과 입조. (조적 토벌에 모함을 받는 왕에 대해 복위 청원서 제출.)
	충혜 복1	1340.4	3월 충혜왕 구속. 백안에 호소하여 왕 석방. 4월 왕을 모시고 귀국. 정당문학. 예문대제학. 성산군봉작(72세)
	충혜 복2	1341.12	벼슬 사임(73세)
	충혜 복3	1342.6	성근익찬경절공신. 일등공신 작록(74세)
	충혜 복4	1343.5	향년 75세. 시호 문열. 벽상도형
29대	충목	1344.2~1348.12	이인복, 이제현에게 조부 묘지명 앙청
30대	충정	1349.7~1351.10	이태보(만년萬年의 3남) 성산군 봉작
31대	공민 2년	1351.10~1374.9	이조년 성산후 추증. 충혜왕 묘정배향

2-1 고려 제24대 원종(무신정권 말기)

-이조년 탄생

고려 제24대 원종(1219~1274)은 고종과 안혜왕후 유씨 소생으로 맏아들이며 초명은 전(倎)이고, 이름은 식(禃)이다. 1259년 6월부터 1274년 6월까지 15년 동안 재위했다. 원종이 왕위에 오르자 고려는 국왕을 중심으로 문신의 정치를 하게 된다. 쿠빌라이 황제는 자신의 딸을 고려태자(후에 충렬왕)에게 시집을 보내 고려에 대한 영향력을 행사하고자했다. 이후에도 고려의 왕들은 원의 공주와 혼인을 하였는데, 그것은 왕의 지위강화라는 정책에서는 유리한 입장이었지만, 고려의 자주성에 있어서는 상당한 저해요인으로 작용한 것도 사실이다.

몽고는 고려의 도읍을 강화도로 옮긴 것에 불만이 있었으므로, 원종은 몽고 측의 출륙환도 요구와 무신들의 강화도 고수주장 사이에서 독자적인 영역을 확보하고자 했다. 쿠빌라이의 호의적인 태도에 원종은 친몽적(親蒙的)이었으나 고려 집권세력인 무신은 반원적(反元的)이었다. 원종은 몽고의 힘을 빌려 무신들에게 빼앗긴 정권을 되찾고 왕실의 권위를 회복한 다음, 독자적인 힘을 키워 원의 간섭을 피하려 했다. 최의를 제거한 후 새로운 무신정권을 이끌고 있던 사람은 김준이었다. 형식적으로는 정권을 찾았으나 실질적으로는 힘이 없었다.

강화 궁궐에 도착한 원종은 정사는 뒷전으로 미루고 궁녀들과 방탕한 생활을 일삼는다. 그러면서 한편으로는 몽고와의 유대관계를 공고히 했다. 원의 친조 요구에 따라 9월에 입조하여 10월까지 머물다 돌아옴으로써, 원의 고려에 대한 경계심을 완화시켰다. 그러던 중 원에 머물고 있던 홍다구, 조이 등이 "고려가 일본과 손잡고 원에 대항하려 한다"고 참소(譖

訴)를 하는 바람에 다시 관계가 악화되었다. 고려가 일본을 설득하여 조공할 것을 요구한 상태에서 일본은 조공을 거부했기 때문에, 원 내부에서는 일본 정벌론이 대두되었고 반면에 원은 1268년 고려에 송(宋)나라 정벌을 위한 원군을 요청하기에 이르렀다. 원은 무신 김준 부자 및 아우 김충으로 하여금 원병을 이끌고 연도로 올 것을 요구했는데, 김준은 몽고에 가면 권좌에서 밀려날 것으로 알고 원나라 사신을 죽이고 섬으로 들어가 항전할 생각을 가졌다. 그러나 원종은 김준의 의견에 반대했다.

원종의 강한 반대로 인해 원나라 사신을 제거하지 못하고 고민을 하던 중, 장군 차송우는 오히려 원종을 폐할 것을 권고한다. 이에 김준도 원종을 폐립시킬 생각을 가지고, 도병마녹사 엄수안을 아우 김충에게 보내 동의를 구한다. 그러나 엄수안은 김준의 생각에 반대하고 있었기 때문에 역으로 김충을 설득하여 원종 폐립 계획을 저지시킨다. 그 후에 김준 부자와 김충은 결국 몽고를 다녀왔으나, 이 사건이 있은 후에는 김준과 원종의 관계는 매우 악화되었다. 김준은 몽고의 사신을 영접하지도 않고 몽고의 요구에는 아예 들은 척도 하지 않았으며 사신을 죽이겠다고 협박했다. 이로 인해 원종은 김준을 극도로 미워하고 급기야 1268년 12월 임연을 시켜 김준과 김충을 살해케 했으며, 김창세, 허인세 등의 도당들도 함께 제거되었다.

이렇게 김준 세력을 제거한 원종은 개경환도를 서두르며 친몽 정책을 촉진했다. 그러나 무신정권을 이끌고 있던 임연은 원종의 이 같은 행동을 못마땅해 했으며, 재상들을 모아 원종을 폐하기로 하고 왕의 친서형식을 모방하여 "원종이 병이 위독하여 안경공 창에게 선위한다."는 내용의 서신을 원나라에 보냈다. 그리고 1269년 6월 22일 원종을 폐위한 후 안경공 창(고종의 2남)을 왕으로 세웠다. 이때 태자인 심(초명諶, 이름은 거旺, 후에 충렬왕)은 수개월 전에 몽고로 떠나 그 곳에 머무르고 있었다. 태자 심은 원종이 물러났다는 소문을 듣고 급히 귀국길에 올랐다. 그런데 그가 개성 근처에 도달했을 무렵에 정주의 관노 정오부가 임연이 왕을 폐립한 사실을 고해바쳤다. 이에 태자는 몽고에 선위서신을 가지고 갔던 곽여필을 붙잡아 사실 여부를 확인한 뒤 연경으로 되돌아가 쿠빌라이 캔(忽必烈汗)에게 구원을 요청하였다. 왕심(王諶, 충렬)의 요청을 받자 즉시 알탈아불화를 보내 국왕 폐립사건에 대해 추궁하였다. 이에 임연은 왕이 병으로 스스로 물러났다고 대답한다. 몽고 측은 병부시랑 흑적을 파견하여 원종과 안경공 창, 임연 등을 연경으로 호출한다.

그러자 임연은 그해 11월 재추(宰樞)들과 의논을 한 뒤 안경공을 폐위하고 원종의 왕위를 회복시켰다. 이렇게 원종은 몽고의 도움으로 쫓겨난 지 5개월 만에 왕위를 되찾았다. 며칠 뒤 원종은 왕창과 함께 쿠빌라이의 호출에 호응하여 몽고로 떠났고 임연은 몽고의 추궁을 두려워하여 병을 핑계로 아들 임유간과 심복들을 보냈다. 쿠빌라이의 원종 폐위문제를 추궁받은 임유간은 이장용과 신사전, 원부 등의 탓으로 돌렸고 이에 격분한 쿠빌라이는 임유간을 옥에 가두고 임연을 다시 호출했다. 그러나 임연은 몽고 입조를 거부하고 야별초로 하여금 백성들을 섬으로 이주토록 하고 몽고와의 일전을 준비했다. 하지만 임연은 근심과 울화증을 이기지 못하고 1270년 2월에 등창으로 죽고 말았다.

원종은 몽고에서 돌아오면서 곧바로 개경환도를 시행하였다. 이에 임유부는 방호사 및 산성별감들을 각지에 파견하여 백성들을 육지로 나오지 못하게 하면서 원종의 개경환도를 강력히 저지하였다. 이에 원종은 어사중승 홍문계와 직문하성사 송송례를 시켜 임유부를 제거하였다. 이로써 무신정권 1백 년의 역사는 종식되었고 40년 가까이 머물던 강화도의 궁궐 시대도 끝이 났다. 원종이 개경에 환도 후 친몽 정권이 들어서자 배중손이 이끄는 삼별초가 난을 일으켰다. 배중손은 승화후 왕온을 왕으로 세우고 관청부처를 설치하여 대장군 유존혁, 상서좌승 이신손 등을 좌우 승선으로 삼았다. 삼별초가 난을 일으켰다는 보고를 받은 원종은 우선. 유경 등을 강화도로 보내어 삼별초를 달랬다.

그러나 삼별초의 지휘부는 새로운 왕을 옹립하고 반란 의지를 확고히 하는 등 물러설 기미가 없었다. 원종은 추밀원사 김방경을 전라도 추토사로 삼아 토벌 작전을 감행했다. 이 때 몽고의 원수 아해(阿海)도 군사를 이끌고 와 연합군을 형성했다. 삼별초는 연합군에 대항하기 위해 제주도와 남해안 섬에 거점을 세워 남해안의 제해권을 장악하고 위세를 떨쳤으나, 1273년 2월 여몽 연합군에 의해 토벌되었다. 마지막 반몽 세력인 삼별초가 몰락하자 고려의 조정은 거의 원에 복속되었고, 오히려 몽고군의 입지를 강화시킴으로써 내정 간섭을 가속화시키는 결과를 낳고 이 후에 고려는 백여 년 동안 원나라의 지배를 받게 될 것이다.

삼별초의 난은 단순히 무신정권을 수호하려는 군사적 반란이 아닌 몽고(원)에 대한 고려국의 백성으로서, 국가의 독립적, 영속적 자주성을 확보하기 위한 저항으로도 볼 수 있다.[6]

이조년은 원종 10년 1269년에 출생하였다. 국내 정치적인 면에서는 무신정권이 종식될 즈음이며, 국제관계에서는 복속국으로 원의 지배를 받는 배경을 안고 태어났다. 그는 소년기부터 성리학을 도입한 고려 문신 회헌(晦軒) 안향(安珦, 1243~1306)의 문하에서 수학하였으며 학문에 힘써 문장이 아름다웠다고 한다. 강한 체력을 가졌으며 의지가 굳어 뜻한 바는 반드시

---

6 원종은 1274년 6월 태자 심에게 왕위를 넘겨주고 56세를 일기로 생을 마감하였다.

이루는 성격이었다.

2-2 고려 제25대 충렬왕

-이조년 문과 급제

이조년은 1285년 향공진사(鄕貢進士)로 과거(科擧)에 급제하였으며 안남부서기를 시작으로 진주목사록, 통문서록사, 강릉부전첨, 통례문지후, 예빈내급사, 지합주사를 두루 역임하면서 경력을 쌓았다.

고려 제25대 충렬왕(1236~1308)은 원종의 맏아들이며 정순왕후 김씨 소생으로 1236년 2월생이다. 초명은 심(諶)이고 이름은 거(昛)다. 그는 1259년 6월 고종의 사후 몽고에 입조해 있던 원종을 대신해 임시로 국사를 대리하였으며 1267년에 태자로 책봉되었다. 5년 후인 1272년에 원나라에 입조해 연경에 머물렀으며, 1274년 39세 때 원세조의 딸 제국대장공주(齊國大長公主) 홀도로계리미실에게 장가들어 원(元)나라의 부마가 되었다. 1274년 원종이 죽자 귀국하여 고려 제25대 왕에 올랐다.

원나라는 고려를 통하여 일본에 조공을 요구했으나 응하지 않았다. 충렬왕은 원의 요구로 즉위 4개월 만에 일본정벌을 단행한다. 무력으로 일본정벌을 하고자 했으며 이를 위해 고려군을 동원했던 것이다.

왕은 일본정벌을 위해 김방경, 임개, 손세정 등에게 군사 8천 명을 출정시키고, 원은 도원수 홀돈, 우부원수 홍다구 등이 이끄는 몽고군과 한족 연합군 2만 5천 명을 동원하였다. 여기에 뱃길 안내자 및 수군 6천 7백 명이 가세하여 4만 군사가 9백여 척의 배를 타고 일본정벌에 나서 대마도를 장악했다. 그러나 심한 태풍으로 인해 일본 본토로의 진출은 포기하고 회군을 하였다. 1281년 5월, 15만 명의 여. 원 연합군을 조직하여 동로군과 강남군으로 나누어 일본으로 떠났으나 역시 태풍으로 인해 본토 진입을 하지 못하고 실패로 끝났다. 원세조의 고려조정에 대한 일본 정벌 강요는 민간에 피해를 주었다. 일본은 이때 자신들을 지켜준 태풍을 신불의 가호라 믿으며 이를 가미카제[神風]라고 불렀다. 고려에 대한 원의 복속정책은 점점 강화되었는데, 원은 고려의 행정관제가 자신들과 다름이 없다고 비판하여 격하시킬 것을 주장하였다. 그 결과 1275년 중서문하성과 성서성을 합쳐 첨의부로, 추밀원을 밀직사로, 어사대는 감찰사로 격하되고 6부도 통 · 폐합되어 전리사, 군부사, 판도사, 전법사로 바뀌었다. 묘호도 조(祖)나 종(宗)대신에 왕(王)을 붙이도록 했으며 왕의 시호 앞에는 충(忠) 자를 붙이도록 강요했다. 또한 선지(宣旨)는 왕지(王旨)로, 짐(朕)은 고(孤)로, 폐하(陛下)는 전하(殿下)로, 태자(太子)는 세자(世子)로 격하시켰다. 몽고식 기병이 야간순찰을 돌게 하는 순마소, 매 잡는 일을 임무로 하는 응방, 귀족의 자제로 일찍이 왕을 쫓아 원나라에 질자(質子, 볼모시종)로 되었다가 순번제로 숙위를 맡는 홀치(忽赤), 몽고어를 배우게 하는 통문관 등이 있었다. 세조의 딸 제국대장공주가 고려에 온 후에도 줄곧 몽고인 시중을 부리며 몽고어를 쓰고 몽고 풍속을 그대로 따르는 바람에 고려 왕실에 몽고 언어와 풍속이 만연했다. 이런 상황에서도 민족성 고취와 자주성 회복을 위해, 승려 일연은 1281년 삼국유사를 저술하여 고려민족의 역사적 전통을 일깨우는 데 기여했다. 또한 당대의 대학자인 안향(安珦)은 민족주의와 춘추대의(春秋大義)에 의한 명분주의 정신의 특성을 지닌 주자학을 적극 수용하는데 힘썼다.

한편 충렬왕은 몽고에서 배운 사냥에 빠져 정사는 뒷전으로 미루고 국고는 탕진하고, 그의 총애를 믿고 안하무인으로 행동하던 궁인 무비의 횡포가 심해짐으로 인해 제국대장공주와 세자 장(璋, 후에 충선왕)의 반발이 심화되었다. 잦은 사냥과 폐행은 일부 측근 신하들로 하여금 권력을 독식하는데 구실을 주었다. 충렬왕과 세자간의 알력이 생기는 가운데 세자는 1296년에 원에 가서 진왕 김마라의 딸 계국대장공주(薊國大長公主)에게 장가들어 부왕에 이어 원의 부마가 되었다. 그런데 그 이듬해 5월 세자 장의 모후(어머니)인 제국대장공주가 사망하자 충렬왕과 세자간의 알력은 더욱 심해진다. 모후의 사망소식을 들은 세자는 그해 7월에 귀국하여 궁인 무비와 환관 도성기 및 최세연, 전숙, 방종저와 중랑장 김근을 죽이고 그들의 도당 40여 명을 귀양 보낸 후 원으로 돌아감으로써 원 왕실은 세자 장(璋, 후에 충선왕)을 지지하게 되고, 충렬왕은 스스로 왕위를 내놓고 물러나겠다는 뜻을 원에 전한다. 충렬왕이 물러남에 따라 1298년 1월 세자 장(璋)이 왕위에 올랐으나 왕비인 계국대장공주가 무고를 하는 바람에 즉위 7개월 만에 국새를 빼앗기고 원으로 압송되었다.

충선왕(忠宣王, 장璋 또는 원源)이 물러나자 왕위를 회복한 충렬왕은 아들 충선을 제거하기 위해 왕위를 10촌 종제인 서흥후 왕전(王琠, 원종의 손자)에게 계승시키고 계국대장공주를 왕전에게 개가시키려는 계획을 세운다.

충렬왕은 이 일을 성사시키기 위해 1305년 12월 원을 방문하여 1년 반여를 머물게 되었는데, 이때 이조년은 비서승(祕書丞, 종 6품계)으로 왕과 함께 입조했다. 그러나 1307년 정월 원나라 성종이 죽고 충선왕이 무종의 옹립에 공을 세워 막강해진 권한으로 인해 충렬왕의 계획은 무산되었다.

아직은 태자의 신분인 무종의 신망을 얻은 충선왕은 실권을 장악하고, 그 동안 자신과 부왕 사이를 이간질 했던 왕유소, 송방영, 송린, 한신, 송균, 김충의, 최연 및 일당들을 제거하고 정권을 장악하게 된다. 이 때부터 충렬왕은 허수아비로 전락하고 말았으며, 아들 충선왕을 제거하기 위해 원나라 행을 택했던 왕은 비참한 모습으로 1307년 4월 귀국길에 올랐으

고려기(동국통감 41-26) 출처:세종대왕 기념사업회(1996.11)

나 다음해인 1308년 7월에 세상을 떠나니 향년 73세다.

비서승 이조년은 오직 충렬왕만을 믿고 모든 행동을 신중히 하고 왕을 보좌했으므로 정권야욕을 가진 부도덕한 자들과는 아무런 관계가 없었다. 39세의 젊은 이조년은 충렬왕과 충선왕 부자를 이간한 당권파들의 다툼으로 인해 아무런 죄도 없이 유배의 길을 떠나게 된 것이다.

다음은 고려기 충렬왕 32년(1306) 동국통감(41-26) 기사다.

公主 聞惟紹等被訴, 怒甚, 召文衍杖之, 又使人守戶, 凡署名告狀者,
공주 문유소등피소 노심 소문연장지 우사인수호 범서명고장자
禁其出入王所, 於是, 諸從臣皆離散, 曹頔最先去, 唯秘書丞李兆年,
금기출입왕소 어시 제종신개이산 조적최선거 유비서승이조년
內竪崔晉侍
내수최진시

제3부 이조년 연대기 · 109

공주는 왕유소 등이 피소(被訴)되었다는 사실을 듣고 매우 노하여 김문연을 불러들여 매를 치고 또 사람을 시켜 문을 지키게 하며, 무릇 고장(告狀)에 서명한 자들은 왕의 처소에 출입을 금하게 하였다. 이에 여러 종신들은 모두 뿔뿔이 흩어졌는데, 조적(曹頔)이 가장 먼저 떠났고 오직 비서승 이조년(李兆年)과 내시[內竪, 내수] 최진(崔晉)만이 왕을 모시고 있었다.

2-3 고려 제26대 충선왕 복위

-이조년 유배와 은둔의 기간 1308년~1322년, 정치 불참여.

충렬왕 폐위와 함께, 멀리 유배를 떠난 이조년은 충선왕의 복위와 관련한 기록은 없다. 유배 중에도 이조년은 잘못이 없음에도 한 번도 무죄를 요구하거나 항변하지도 않아 주위에서는 대범한 군자라고 칭송하였다.

다만 1310년(충선왕 2) 5월, 이조년은 한종유와 더불어 세자책봉은 충선왕 비 몽고녀 의비소생인 장남 왕감(王鑑)이나 차남 왕도(王燾. 충숙)로 할 것을 주청한 바가 있다.(삼현기년) 충선왕은 큰아들 왕감을 죽이고 왕위는 왕도에게 물려주고 이복형 강양공의 아들인 조카 왕고(王暠)를 세자로 세웠다. 충선왕(忠宣王)은 충렬왕의 셋째 아들이자 제국대장공주(齊國大長公主)인 장목왕후의 소생으로 1275년 9월에 출생했다. 초명은 원(謜), 이름은 장(璋)이고 몽고식 이름은 '이지리부카다.

1277년 1월. 3세의 나이로 세자에 책봉되었다. 1296년 11월에 원나라 진왕의 딸 보다시리(김마라 딸 계국대장공주)와 결혼하여 부왕 충렬왕에 이어 두 번째로 왕실의 부마가 되었다. 충선왕은 즉위하자마자 사회 전반에 걸친 대대적인 개혁을 단행했는데 즉위교서에 담긴 30여 항의 개혁안은 정치, 경제, 문화 등 사회 전반에 걸친 광범위하고도 과감한 내용으로 되어 있었다. 부왕 충렬왕 즉위년에 원의 강압에 의해 격하되었던 관청명은 사라지고 광정원, 자정원, 사림원 등의 새로운 관청 등이 새로 생겨나면서 이 관제 개혁은 다소 반원적인 성향을 드러냈다. 고려의 왕은 원의 수도 연경에 머무는 경우가 많았으며 왕자들은 원에서 성장하며 교육을 받고 귀국하여 왕위에 오르기도 했다.

충선왕은 재위기간 5년 3개월 동안 고려 왕실에 머문 기간은 불과 2개월뿐인데 조정 중신들은 원에 왕의 환국을 청원했지만 소용이 없었다.

연경에서 자라나면서 생활에 익숙했던 그는 고려 왕궁에서의 생활이 오히려 불편하게 느껴졌던지 숙부인 왕숙에게 정권을 대행케 하고 다시 원으로 들어갔다. 이로 인해 조정은 연경에 있는 충선왕의 전지(傳旨)정치[7]를 감수해야만 했다. 조정의 각료와 신하들은 개경과 연경을 왕래하며 국정을 수행했으므로 조정을 불안하게 하였다. 충선왕은 원 왕실이 부여한 지위를 누리기 위해, 연경의 저택에 만권당[8]을 세워 그 곳에서 고금의 진서를 많이 수집하여 고려에서 이제현, 박충좌 등을 부르고 원나라의 유명한 학자인 조맹부, 염복 등과 교류하면서 중국의 성리학을 연구함으로써 고려의 학문 발전에 지대한 영향을 주었다. 충선왕은 원(元)의 무종, 인종

---

[7] 전지(傳旨)정치: 왕의 뜻을 담아 적어서 관청에 전하는 방식의 정치행위로써 충선왕 재임 시에 주로 행해졌다. 개경과 연경의 거리는 약 890여Km이고, 육로 이동 수단인 말[馬]이 꾸준히 갈 수 있는 거리로 통상적으로 하루에 80~90Km를 이동한다 해도 편도로는 십여 일을 가야만 한다. 상당히 비효율적인 정치를 지속했다는 뜻이다. 역사서의 기록(동국통감 고려 충렬왕 34년 8월)도 "충렬왕 상사에 원에 있던 아들 충선왕은 분상(奔喪)을 위해 빨리 달려 10여 일만에 도착했다."라고 적고 있다.

[8] 충선왕이 연경에 세운 독서당(讀書堂)이며 백이정(白頤正)은 충선왕을 섬기면서 만권당에서 성리학을 연구하여, 그 보다 늦게 출입하게 된 이제현(李齊賢), 박충좌 등에게 이 학문을 전수하였다. 이것은 다시 이색(李穡), 이숭인(李崇仁), 정몽주(鄭夢周) 등 여말의 삼은(三隱)에게 전수되었다.

대에 걸쳐 왕실의 후한 대접을 받으면서 권력과 부를 누렸다. 1320년 원(元)의 인종이 죽고 영종이 즉위하자 충선왕은 입지가 약화되기 시작하였으며 결국 왕실로부터 심한 환국압박을 받았다. 더구나 고려출신 환관인 임빠이엔토쿠스의 모략에 말려들어 토번으로 유배되는 처지가 되었는데, 1316년 심양왕의 자리는 왕고에게 물려준 상태이다. 그 후 충선왕은 1325년 연경에서 51세를 일기로 생을 마쳤다.

2-4 고려 제27대 충숙왕 재위와 복위

-이조년 16명의 확인서명 받아 북경 중서성에 헌서제출

충숙왕(忠肅王, 1294~1339)은 충선왕의 차남이자 몽고녀의 의비 소생으로, 초명은 도(燾)이고 이름은 만(卍)이다. 충숙왕은 1313년 3월~1330년 2월까지 재위하고, 2년 후에 복위하여 1332년 2월~1339년 3월까지 24년간 재위했다. 그는 부왕인 충선왕이 갑작스레 왕위를 넘겨주는 바람에 고려왕이 되었다. 원래 충숙왕에게는 왕감(王鑑)이라는 형(兄)이 있었는데, 충선왕이 왕위(王位)에 오르자 세자에 책봉되었으나, 1310년 부왕(충선)에 의해 목숨을 잃었다. 충숙왕은 냉혹한 정치적 결단의 희생자가 된 동복형 왕감을 대신하여 고려왕에 오른 것이다. 그러나 상왕인 충선왕이 건재한 상태이기 때문에 왕권을 완전히 잡을 수가 없었다. 더군다나 충선왕은 이복형 왕자(王滋)의 아들인 왕고(王暠)를 총애 하여 그를 세자로 세운 상태였는데, 이로 인해 왕고는 지속적으로 왕위 찬탈 음모를 꾸며 충숙왕을 곤경에 빠뜨리곤 했다. 충숙왕 재위 초에는 부왕 충선왕이 일시 귀국하여 개경에 머무르게 되는데, 이 때는 각 도에서 올라오는 결재서류는 모두 충선왕에게 먼저 올라갔다. 또한 일백 팔만 승려에게 음식을 주고 일백 팔만 개의 등

불을 켜게 하겠다고 공언을 하면서, 만승회를 개최하는 등의 행사로 국고를 탕진하였다. 그리고 자신의 공덕을 십여 개의 종목으로 작성하여 식목도감에 보내, 백관들로 하여금 찬양문을 올리게 하여 공명심을 드러냈는데, 이는 원 황실로부터 인정받기 위한 목적이었다. 충선왕이 원나라로 돌아간 뒤에도 속국에 처한 고려의 왕은 독자적인 영역을 형성하기 힘든 상황이었는데 1316년에는 충선왕은 자신이 가지고 있던 심양왕의 자리마저 조카인 왕고에게 넘겨줌으로서 왕위를 더욱 위협받게 하였다. 한편 심양왕에 오른 왕고는 원 황실의 신뢰를 얻게 되자. 그 힘을 바탕으로 고려 국왕의 자리를 탐하게 되었던 것이다.

 1316년 7월 충숙왕은 원 영왕의 딸 복국장공주와 결혼하여 원 황실의 부마가 되었다. 그러나 복국장공주는 고려에 온지 3년 만인 1319년 9월에 의문을 남기고 죽는다. 원에서는 복국장공주의 부음이 전해지자 중서성은 공주의 사인을 밝히기 위해 선사 이상지를 개경으로 보내 수사하게 하였으며 궁녀와 요리사를 심문하여, 왕이 연경궁에서 덕비 홍씨와 노는 것을 목격한 공주가 질투를 하다가 왕에게 얻어맞아 코피가 난 일과, 다음 달에도 유련사에서 왕으로부터 심한 구타를 당한 일들을 실토했다. 이렇게 되자 이상지는 호라적 출신 궁녀 한명과 한만복을 원나라로 압송해 갔고, 충숙왕은 다급한 마음에 백원항, 박효수 등으로 하여금 중서성에 공문을 보내게 하여 한만복이 거짓 진술을 하였다고 변명을 하였다. 그러나 충숙왕은 원 황실로부터 불신을 받게 되었다. 1320년 원에서는 영종이 새로 즉위하였고 심양왕 왕고(王暠)는 영종의 신임을 얻으며, 충숙왕에 대한 강한 거부감을 표출했다. 그 무렵 충숙왕은 밤마다 연회를 열어 술에 젖어 살았으며 기생들에게 과한 돈을 주는 바람에 국고가 탕진되고 있었다. 대신들의 불만은 자연 고조되었지만, 왕은 불만 섞인 상소를 하는 대신들을 마구잡이로 구타하여, 조정은 엉망이 되었다. 충숙왕의 이런 행태는 왕고를 통하여 원의 황실에 보고가 되었고 그러던 중에 백응구 사건이 발생하여 1321년 3월에 원나라의 입조 명령을 받은 충숙왕은 왕유에게 서무를 대리하게 하고 연경으로 떠났다.

한편 상왕인 충선왕은 본국으로 돌아가라는 영종의 명령을 거부했다는 이유로 유배(1320년 12월)되었으며, 충숙왕은 왕위가 거의 폐위된 상태였다. 1322년 경사만 등의 대신들이 충숙왕을 복위시켜 본국으로 돌려보내 줄 것을 원 황실에 요구했지만 왕고 세력의 방해로 인해 무산되었다. 이에 더하여 그 해 8월 전찬성사 권한공은 심양왕 왕고를 고려 국왕으로 세울 것을 원나라에 요청하기 위해 자운사에 백관들을 모아놓고 서명을 강요했지만, 윤선좌 등의 강력한 반대로 무산되었다.

심양왕 왕고(王暠)파가 또다시 왕위 찬탈음모를 꾸미며 원나라 거주 고려인 2천 명의 서명을 받아 충숙왕 불신임 촉구 호소문을 접수했다.

이때 이조년은 한림원 16명의 확인 서명을 받아 원 중서성에 헌서를 제출하고 불신임의 부당함을 주장하며 충숙왕의 복위를 강력히 주장하였다. 연금상태에 놓인 충숙왕이 고려로 돌아와 북위하기까지 많은 노력과 정성을 들였다. 이에 더하여 왕고파인 유청신, 오잠 등은 원에 고려의 국호를 폐하고 고려를 원에 편입시켜 성(省)을 설치해 달라고 요청하였다. 이에 대하여 이제현(李齊賢) 등이 입성책동을 반대하는 소를 올림으로서, 원은 고려의 국호가 송두리째 없어질 번한 "입성책동"의 음모와 청원을 결국은 받아들이지 않았다. 고려왕실이 이러한 난관을 겪고 있을 때 원나라의 영종이 죽고 태정제가 왕위에 오르자 상황은 급변한다. 태정제는 유배 중이던 충선왕을 다시 호경으로 불러들이고 충숙왕을 풀어준다.

5년 가까이 왕위를 상실하고 호경에 머물렀던 충숙왕은 1325년 5월에 개경으로 돌아왔다. 그러나 왕고파의 왕위 찬탈 위협이 계속되자 충숙왕은 원의 지원을 받기 위해 원나라 위왕 아목가의 딸 금동공주(조국장공주)와 혼인하였다. 그리고 충선왕도 충숙왕의 입지를 강화시키기 위해 태정제에게 충숙왕의 무고함을 간언한다. 이렇게 하여 충숙왕은 가까스로 왕권 회복의 기틀을 마련하는 듯 했지만 1325년 10월 조국장공주가 용산 원자를 낳고 산고로 인해 18세의 나이로 죽었다.

이로 인해 충숙왕은 또 궁지에 몰리게 되었는데 왕고의 왕위 찬탈 음모가 다시 진행된 것이다. 몸이 약해진 왕은 1330년 2월에 세자(世子) 정(禎, 충혜왕)에게 선위하고 상왕으로 물러나 원나라에 가서 머물렀다. 그러나 아들 충혜왕은 정사는 뒷전으로 하고 주색에 빠져 음탕한 짓만을 일삼다가 결국은 원나라에 의해 왕위를 폐위당했다.

따라서 1332년 2월에 다시 복위한 충숙왕은 원에 머물면서 민상정과 조염휘를 개경에 파견하여 정승 윤석을 비롯, 손기와 김지경, 배전, 오자군, 강서 등 수십 명에 대해 왕(충혜왕)을 잘못 받든 죄로 삭직(削職)하고 멀리 유배시켰다.

1333년 3월 몽고 녀(女) 경화공주를 데리고 귀국한 후 그는 원나라가 지나치게 많은 요구를 했던 세공을 삭감케 하고 공녀와 환관의 징발을 중지하는 청원을 하는 등 상당한 업적을 세웠다.

충숙왕은 다음과 같은 교서를 내렸다.(요약)

왕은 이조년을 감찰장령(監察掌令)을 임명했다가, 전리총랑(典理摠郎)으로 전임을 시키고, 관동존무사(關東存撫使)로 보직을 부여했다가 다시 불러들여 군부판서(軍簿判書, 정3품) 등의 벼슬을 제수(除授)하다.

충숙왕 14년 정묘년

(충숙왕 교서) 충숙왕 14년(1327정묘) 11월 무자일. 왕이 다음과 같은 교서를 내렸다.

"과인이 원나라 수도에 다섯 해 동안 머물 때 간신배들이 다른 자에게 왕위를 넘기려는 음모를 꾸몄으나, 시종한 신하들이 충성을 다해 시종일관 한 마음으로 잘 보좌 했으니, 그 공적을 기려야 마땅하다.

이에 첨의정승 윤석(尹碩) 화평군 김심(金深), 상당군 한악(韓渥),서하군 임자송, 찬성사 원충, 밀직사 손기, 박중인[9]… 등을 일등공신으로 책봉한다. 또, 찬성사 정방길, 밀직부사 정손영, 내부시사 나영수, 순창군 임중연, 통화군 김천보, 정당문학 박원, 밀직부사 이규, 판전의시사 조석견, 검교평리 김부, 민부전서 권겸. 정순, 판전교시사(判典校寺事) 이조년(李兆年)[10], 봉익치사 배영지. 이련, 검교판서 한영, 나주목사 장항, 상호군 최덕부. 유방세, 검교상호군 박련, 윤길보, 집의 정호,…등을 이등공신으로 책봉해 토지와 노비를 하사하며, 그 부모와 처자에게도 차등을 두어 작위를 내리노라."

간신에게 휘둘려 오판 할 뻔한 충숙왕, 이를 막아낸 이조년

- 고려 충숙왕 14(정묘년) 1327년 5월 기사

「王 謂左副大言 韓宗愈曰, 吾欲表請 于元禪位瀋王 遂密以表授宗愈
  왕 위좌부대언   한종유왈 오욕표청 우원선위심왕 수밀이표수종유

---

9 박중인은 심왕 왕고파에 협조를 한 인물인데, 후에 충숙왕이 억류시에 시종한 인물들의 포상대상에 들어 1등공신에 책봉되었다.
10 충숙왕 14년(1327) 11월에 판전교시사(判典校寺事)로써 이등공신에 책봉되었고, 충숙왕 17년(1330)에는 감찰장령 제수. 군부판서를 지냈다.

趣令印之, 宗愈曰, 國家傳之祖宗 豈宜廢嫡 以與旁支乎, 固諫不得命
촉령인지, 종유왈, 국가전지조종 기의폐적 이여방지호, 고간부득명
旣退托 以墜馬不起, 與李兆年 謀諸大臣 執姦臣斥之 事竟不行 時王爲
기퇴탁 이추마불기, 여이조년 모제대신 집간신척지 사경불행 시왕위
姦臣所誤 有是言.」
간신소오 유시언

『충숙왕이 좌부대언 한종유(韓宗愈)에게 이르기를 "내가 원나라에 표문(表文)을 올려 심왕(瀋王)에게 선위(禪位)할 것을 청하려고 한다." 하고 드디어 은밀히 표문을 한종유에게 주면서 빨리 인(印)을 찍게 하니, 한종유가 말하기를, "국가가 조종(祖宗)에서 전하여 왔는데, 어찌 적통(嫡統)을 폐하고 방계(傍系)에게 주어서야 되겠습니까?." 하며 굳이 간(諫)하였으나 왕의 허락을 얻지 못하자, 물러 나와서는 말에서 떨어져 기동하지 못한다고 핑계를 대고 이조년(李兆年)과 더불어 여러 대신들과 모의하여 간신(姦臣)을 찾아내어 물리치니 일이 마침내 시행되지 못하였다. 그 때에 왕은 간신에게 오도되어 이런 일이 있었던 것이다.』

그 후 충숙왕은 이전부터 지닌 대인 기피증의 악화로 인해 신하들을 멀리하고 정사를 제대로 보지 못했다. 복위 8년인 1339년 3월 지병을 이기지 못하고 46세의 나이로 생을 마쳤다.

2-5 고려 제28대 충혜왕

- 이조년은 충혜왕에게 아첨하는 자를 멀리하고 유학하는 선비를 가까이하기를 희망하며 진심어린 충언을 한다.

이조년은 왕이 충언을 받아들이지 않자 사직을 청했다.
충혜왕(忠惠王)은 충숙왕의 장남이자 공원왕후 홍씨 소생으로, 1315년

1월생이다. 이름은 정(禎)이며 1328년 정월에 원나라의 승인을 받아 세자로 책봉되었고 1330년 2월, 16세의 어린 나이에 고려 제28대 왕에 올랐다. 충혜왕의 재위 기간은, 1330년 2월~1332년 2월과, 복위 1339년 3월 ~1344년 1월을 포함하여 6년 10개월 동안이다. 약해진 부왕 충숙왕이 정치에 회의를 느낀 나머지 왕위를 세자에게 물려준 것이다. 그러나 어린 충혜왕은 한 나라를 통치할 만한 인격과 소양을 갖추지 못하여 정사는 뒷전이고 성격도 포악하고 향락과 여색에만 젖어 지냈다. 즉위 후 6일 동안이나 정사를 보지 않고 사냥을 즐기는가 하면 배전(裵佺),[11] 주주 등에게 중책을 일임하여 일부 관료들로 하여금 권력 남용을 유발시켰다. 자신의 행적을 기록한다는 이유로 사관들을 몹시 싫어하여 근처에 오지도 못하게 하였다.

이같은 폐정이 2년 동안이나 지속되자 원 왕실은 충혜왕을 연경으로 소환하여 근신 명령을 내리고 충숙왕을 복위시켰다. 하지만 연경에서도 충혜왕은 뉘우침도 없고 행실이 고쳐지지 않자 1336년 12월에 고려로 되돌려 보냈다. 충숙왕은 아들을 못마땅하게 생각하고 있었으나 1339년 죽음이 임박하자 그에게 왕위를 다시 물려주었다. 고려 조정의 통보를 받은 원나라 승상 백안(伯顏) 등은 충혜왕이 왕으로서의 자질이 부족하다 하여 심양왕 왕고를 고려국왕으로 삼아야 한다고 상소를 했다.

충혜왕은 왕위에 다시 오르자 또 음탕한 행위를 저질렀는데, 1339년 5월에는 부왕의 후비인 수비 권씨를, 8월에는 후비인 숙공휘녕공주를 강간하였다. 이런 나열할 수 없는 많은 패륜적인 행위는 삽시간에 전국으로 퍼져 의주 정주 고을 사람들은 중국으로 이주하는 사태가 벌어졌는데 그런

---

11 군부판서, 행성이문 등을 역임한 문신·간신.

와중에 원나라 조정은 중서성 다린 등을 개경에 파견하여 그해 11월 충혜왕에게 국새를 내려 복위를 인정하였다. 중서성 두린 일행은 숙공휘녕공주(시호, 경화공주, 몽고 귀족출신, 부왕 후비)를 찾아 왕이 보낸 술을 전했는데, 이때 공주는 충혜왕이 자신을 강간한 사실을 고하였다. 그러자 두린 일행은 수하들을 시켜 충혜왕을 비롯하여 홍빈, 한첩목아불화, 조윤경, 황겸, 백문거, 왕백, 주주 등을 포박하여 연경으로 압송하였다. 충혜왕이 압송되자 정권은 숙공휘녕 공주에게 넘어가므로 자기를 강간하도록 방조한 찬성사 정천기를 정동성에 가두고 관리들을 대폭 교체했다. 원나라로 압송된 충혜왕은 1340년 3월에 형부에 갇혔고, 이때 김인, 김륜, 한종유, 홍빈, 이몽가, 이엄, 노영서, 안천길, 손수경, 윤원우 등도 함께 갇혀 심문을 받았다.

그러나 충혜왕은 탈탈대부의 도움으로 그해 3월에 풀려나 4월에 개경으로 돌아왔다. 원나라에서 돌아온 충혜왕은 이 전과 다름없이 음행을 일삼음으로 정사를 어지럽혔다. 충혜왕의 행동은 실정(失政)뿐 아니라 단순히 이러한 음탕한 행위에만 그치지 않았는데, 매일 연회를 베풀고 사냥을 가고 수박희를 즐기며 민가의 재물을 갈취하고 새로운 궁궐을 짓기 위해 백성을 강제 부역에 동원시키므로 원성이 자자했다. 충혜왕의 학정이 계속되자 기철(奇轍, 권신, 간신)은 원나라 조정에 고하여 충혜왕을 소환하여 폐위시킬 것을 건의하였다.

충신 이조년은 1341년 12월, 물러나기를 청하며 충혜왕께 "아첨하는 자들을 멀리하고 유학(儒學)하는 선비들을 등용하여, 행동을 고치시어 스스로 경계를 할 것이며, 그렇지 않고서야 지척에 있는 천자의 진노를 어찌 감당하시겠습니까?" 하고 충심으로 진언한다. 이조년은 충혜왕에 대한 원 조정의 불신과 국내여론의 악화를 심히 우려하고 있었다. 왕의 행실 변화에 실낱같은 희망을 걸고 공직을 물러나면서까지 충심으로 간청을 한 것이다.

  그러나 왕은 이조년의 충언을 귀담아 듣지 않았다. 충신의 간절한 마지막 당부를 수용하지 않은 왕은 결국 되돌릴 수 없는 큰 화를 당하는 결과를 가져오고야 말았다.

  이와 같은 때에 충혜왕은 1343년 10월 백성들의 고혈로 신축한 신궁으로 옮겨갔다. 그러나 그의 신궁생활은 한 달도 가지 못했다. 충혜왕의 악행을 보고받은 원나라 조정은, 협의 끝에 왕을 소환하기로 결정하고 대경 타적과 낭중 별실가 등 여섯 명의 사신을 보냈다. 이들은 하늘에 제사할 것과 대사령을 반포하라는 원 순제의 조서를 가지고 왔다는 핑계를 대고, 충혜왕이 정동성으로 마중을 나오도록 했다. 충혜왕은 그들을 마중하기 위해 정동성으로 갔다. 이때 타적이 발로 왕을 발로 걸어차 포박하여 원으로 압송하였으며 함께 있던 백관들은 대부분 도주하였고, 왕을 호위하고 있던 좌우사 낭장 김영후, 만호 강호례 밀직부사 최안우, 응양군 김선장 등은 창에 맞았으며, 지평 노준경과 용사 두 명이 피살되었다. 충혜왕이 압송된 뒤 기철, 홍빈, 채하중 등이 정사를 결정하고 조처를 했으며, 은천옹주를 비롯하여 애첩과 궁인 126명을 궁궐에서 추방하였다

  원으로 압송된 충혜왕은 원나라 조정의 결정에 따라 연경으로부터 2만여 리나 떨어진 게양현(현 광둥성지역)으로 유배된다. 충혜왕은 이곳을 향해 유배를 가던 중 악양현에서 죽었는데 독살된 것으로 보인다.

  1344년 정월, 30세를 일기로 생을 마쳤으며 시신은 그 해 6월 개경에 도착하였고, 8월에 영릉에 장사지냈다.

  이제현은 "공이 떠난 뒤에도 계속하여 말을 할 수 있는 강직한 선비가 4~5명만 있었어도 게양(揭陽)으로의 유배(죽임 당한 일)는 면할 수 있었을 것이다."라고 한탄했다. 충혜왕이 1343년 원(元)으로 포박당하여 압송되고 유

배를 가게 된 사건에 대해 이조년의 사임 후 왕에게 진언하는 충신이 없었음을 개탄하고, 이듬해에 게양현으로의 유배(流配)길에서 횡사(橫死)한 충혜왕에 대한 안타까움을 표현한 것이다.

2-6 충혜왕 후원년, 이조년 정당문학, 예문관 대제학 제수

문열공 이조년의 충혜왕 후 원년(1340)~후 3년(1342) 발췌기사.

충혜왕 후원년 경진년 4월 일기
○ 왕이 원나라에서 귀국했다.
○ 원나라에서 기씨(奇氏)를 둘째 왕후로 책봉했다.
○ 이조년(李兆年)을 정당문학(政堂文學)으로 임명했다.
○ 신해일 원나라 황제가 다음과 같은 조서를 내렸다.
"태조황제(太祖皇帝)께서는 천명에 순응하여 나라를 세우셨고, 세조황제(世祖皇帝)께서는 천하를 통일하고 법을 세웠으며 그 뒤로 여러 성군들께서 황위를 이어 황실의 세계(世系)가 안정되었다……"(생략)
○ 원나라에서 전왕을 복위시켰다. 이때 백안이 오랜 감정을 품고 왕으로 하여금 조적의 무리와 더불어 잘 잘못을 따지게 하였는데 이조년이 강개발분하여 이제현에게 말 하기를 "내가 승상앞에 직접 호소하여 그의 뜻을 돌리려 하였으나 창을 든 병사들이 줄지어 그 집을 지키고 있으니, 그 집 앞에서 부르짖을 수도 없소. 요행 그가 성남으로 사냥을 나가게 된다면 내가 길가에서 글을 올리며 말발굽아래 머리를 깨뜨리고 죽음으로써 우리 임금의 일을 밝힐 것이니 그대는 내가 올릴 글을 써 주시오."
○ 충혜왕 후원년 2년(1341) 12월 성산군 이조년이 물러나기를 청했다.

이때 왕이 북궁으로부터 걸어와 송강에서 참새 사냥을 하였는데 이 조년이 지름길로 나아가 무릎을 꿇고 말하기를

"전하께서는 어찌 원나라에 가 계셨던 어려운 일 명이(明夷) 현인(賢人)[12]이 암군을 만나 화를 당하는 상(象)의 때를 잊으셨습니까? 지금 불량배들이 왕의 위엄을 빌어 부녀자들을 약탈하고 재화를 빼앗아 백성들이 생활에 즐거움을 갖지 못하고 있으니, 신은 화가 조석에 있을까 두렵습니다. 이러한 상황인데도 걱정하지 않고 도리어 하찮은 오락을 즐기실 수가 있겠습니까? 전하께서는 이 노신의 말을 들으시어 아첨하는 자들을 버리시고, 어진 사람들을 등용하여 정신을 가다듬고 다스림을 도모하시어 다시는 부질없이 노니지 않으신다면, 노신은 비록 죽더라도 지하에서 눈을 감을 수 있겠습니다."

동국통감 44-23 신등안(臣等按). 성산군 이조년 걸퇴(乞退), 1341년

○ (臣等按) 신 등은 살펴보건대…….

"충혜왕은 광포 황망하며 음탕 방종하여 덕을 잃음이 점점 더 심하여 다시는 잘못을 바로잡을 도리가 없으므로, 재신(宰臣)과 대간(臺諫)들이 침묵을 지키며 말을 하지 않았습니다. 그런데 유독 이조년(李兆年)만이 임금의 잘못을 지적하고 배척하며 거리낌 없이 과감히 말하여 임금의 뜻을 돌리려고 기대하여 거의 고쳐질 것이라는 희망을 가졌으므로, 그 충의와 강개한 마음이 속에서 격동하여 말로 표현함이 이와 같았으

---

12 충혜왕이 원에서 풀려나 1330년 2월 즉위하였지만 이듬해 충숙왕이 복위하자 다시 원(元)으로 불려갔다가 1339년에 복위한 사실을 뜻함. 원 뜻은 현자가 뜻을 얻지 못하고 참소와 비난을 두려워하며 밝은 지혜를 나타내지 못하고 숨기는 상(像)을 말한다.

니 참으로 옛날의 유직(遺直)[13]이었습니다. 이미 말을 하여도 능히 행해지지 않으므로 왕과는 결국 훌륭한 정사를 함께 할 수 없음을 알고는 단호하게 용감히 물러나기를 하루도 기다리지 않았으니, 이 어찌 대아(大雅)[14]의 이른바 '이미 명석하고 또 현철하여 그 자신을 보전한다'는 것이 아니겠습니까?"

- 충혜왕 후 3년(1342) 임오년

○ 6월 초하루 경자일 왕이 다음과 같은 교서를 내렸다.

"역적 조적(曹頔)이 반란을 일으켜 과인이 상국의 수도로 가게 되었을 때, 온 나라가 근심에 쌓여 뒤숭숭했으며 간신의 잔당들은 부당한 말을 날조해 끊임없이 환란을 부채질했다. 그러나 시종하는 신하들이 끝까지 절의를 지켜 과인을 옆에서 보좌했으니, 그 큰 공로는 영원히 잊을 수가 없다. 이에 해평부원군 윤석(尹碩), 정승 채하중(蔡河中), 화평부원군 김석견(金石堅), 정승 이능간(李凌幹), 이문 홍빈(洪彬), 상락부원군 김영돈(金永旽), 서하군 임자송(任子松), 찬성사 김인연(金仁沇), 언양군 김륜(金倫), 김해군 이제현(李齊賢), 성산군 이조년(李兆年), 첨의평리 한종유(韓宗愈), 삼사우사 김영후(金永煦), 삼사좌사 이몽가(李蒙哥), 판밀직사사 이운(李雲), 개성윤

---

13 나라에 이로운 여섯 가지 유형의 신하를 뜻하는 육정신(六正臣)이 있으며 성신(聖臣). 양신(良臣). 충신(忠臣). 지신(智臣). 정신(貞臣). 직신(直臣)이다. 직신은 마음이 강직한 신하를 뜻한다.

14 시경(詩經) 중에 있는 육의(六義)의 하나로 훌륭한 정치를 노래한 정악(正樂)으로 연향(宴饗)의 노래 가사로 쓰였다. 시경 중에서 가장 전아(典雅)한 글이며 주(周)나라가 천명(天命)을 받아 은(殷)나라를 치고 훌륭한 정사를 펴 덕화를 이룸을 뜻하는 노래다. 육의는 풍(風), 아(雅), 송(頌), 부(賦), 비(比), 흥(興)을 말한다. 신(臣)들은 문열공 이조년이 충혜왕에 대한 충언이 받아들여지지 않자 관직을 물러나면서 한 말을 이에 비유한 것이다.

윤신계(尹莘係) … 등을 일등공신으로 임명해 공신각에 초상을 걸게 한다. 또한 그 부모와 처는 세 단계를 뛰어 넘어 작위를 주며 아들 하나에게 7품 관직을 줄 것이며, 아들이 없으면 조카나 사위에게 대신 8품 관직을 주고 아울러 토지 1백결과 노비 열 명을 지급할 것이다."

2-7 문열공 이조년(李兆年)의 북경 육로 왕래길

문열공 이조년은 충숙왕이 원에 억류되어 돌아오지 못하고 있었으므로 1322년 가을 편도 약 1,500km인 북경으로 달려가 왕의 죄 없음을 주장하는 글을 중서성에 올렸고, 1339년에는 71세의 고령으로 충혜왕의 복위 청원을 위해 또다시 북경을 다녀온 바 있다.

한양에서 북경은 3,100여리(里)이나, 유배 후 고향에 머물던 곳인 성주에서 출발하면 약 3,800리가 넘는다.[15]

이조년의 북경행은 성절사나 사은사 같은 공적인 단체 사행단이 아닌 경우로써 수행원이나 경호인력 등의 지원도 없이 종자 몇 명과 필마로 목숨을 건 위험한 길을 두 번씩이나 다녀온 것이다. 이 경로는 고려 말 북경 사행경로의 여러 사료들를 참작하여 그림으로 표현한 것이다.

동팔참(東八站)은 고려와 원나라간의 사행로(使行路)의 일부 경로 중 험준한 지역이 많은 코스로 고려의 국경 압록강을 넘어 중국 구련성(九連城)부터 요동(遼東)사이에 설치된 여덟 군데의 역참(驛站)을 지칭한 것이다. 참과 참 사이에 역참이 있어 하루에 두 참씩을 이동하면 대략 팔(八)참이면 요동에 이를 수 있어 부쳐진 이름이다.

---

15 익재 이제현은 이조년 묘지명에서 4,000리 길이라 했다.

(고려 말)문열공 이조년 북경 왕래길

의주~동팔참, 요동 코스 약 448리

의주~구련성(20리)~금석산(35리)~총수산(32리)~책문(28리)~봉황성(35리)~건자포(20리)~송참(10리)~팔도하(30리)~통원보(30리)~초하구(30리)~연산관(30리)~회령령(15리)~첨수참(25리)~청석령(20리)~낭자산(20리)~냉정(38리)~요동(30리)

문열공 이조년은 고려 말에는 동팔참을 지나 요동에서 아래로 향하는 우가장 코스(빨간색 경로 요동~산해관 코스 참조)를 이용할 수 있었다. 그러나 조선 초기 이후에 원, 명, 청은 바다의 방어를 위한 군사시설 구축을 이유로 요양에서 우가장을 거치는 가까운 육로는 통제하고 심양에서 백기보, 이도정으로 돌아가도록 강제하였다. 조선의 사행은 그야말로 원(元)이나 망해

가는 명(明), 청(靑)을 사대하기 위해 육로, 해로를 포함해 5,660리의 멀고도 위험한 사행길을 눈물겹게 왕래한 것이다. 원나라 때는 압록강을 건너면 선천(宣川) 선사포(宣沙浦)에서 바다로 이동하여 등주를 경유하여 북경으로 가는 해로가 있었으나, 해상으로 이동하는 것이 육로보다 위험성이 높다. 그리고 연행길은 반드시 중국에서 정한 노정을 이용해야 했다.

요동~산해관 코스

요동~안산 60리~해주위 50리~우가장 40리~사령 60리~고평역 60리~반산역 40리~광녕 50리~여양역 30리~십삼산역 40리~대릉하 26리~소릉하(금주) 34리~행산보역 36리~고교보 18리~연산역 32리~영원위 31리~조장역 7리~사하소 26리~동관역 30리~중후소 18리~사하점 20리~양수하 19리~중전소 46리~산해관 35리 약 808리

중국의 수도를 가기 위해서는 반드시 산해관을 거쳐야 한다. 만리장성의 동쪽의 기점(起點)이 되는 곳이고 안쪽을 관내라 하고 밖은 관외라 했다. 이 관문을 들어서면 중화의 세계가 된다. 산해관 성(城)[16]에서 북경까지의 거리는 약 300km이다.

–문열공 이조년의 고난(苦難)한 행군

고려 말 선초에는 명의 수도인 남경으로 오간 해로사행이 있었으나 명의 북경천도 이후 육로 노정을 이용했다. 고려 의주에서 압록강을 건너 원으로 향하는 육로사행의 첫 국경지역은 구련성이며 동팔참의 시작이다.

---

16 산해관~북경: 약 760리. 경산부(성주)~북경: 약 3,800리.

(고려 말) 북경 육로 1단계 의주-요동(요양성)
사행로 제1단계로 의주에서 압록강을 건너 원나라 땅인 구련성을 거쳐
동팔참 종착지 요동으로 가는 경로

산은 높고 험하며 새벽엔 안개, 낮엔 먼지, 저녁엔 바람이 일어, 이질적 풍토에 행역삼고(行役三苦)를 겪으며 가야만 한다. 또한 구련성과 총수참에는 그들이 사람이 살지 않는 봉금지대로 설정을 하여 인가가 없어 들판에서 천막을 치고 노숙을 해야 하고 책문(柵門)에 이르러서야 관문을 통과(입국)하게 되는 구조였다. 길가의 풀이 타버려 말먹이가 부족하여 애를 먹는 경우가 있고 맹수의 출현 등의 위험이 상존했다. 고려 충신 이조년은 임금을 구하고 나라를 살리기 위해 그토록 고난한 행군을 강행했던 것이다.

동팔참 코스의 일부는 지형이 험준하여 왕래에 어려움이 있었음을 세종실록의 기사와 봉림대군(후에 효종)의 시에서도 볼 수 있다.

差通事金玉振 移咨遼東日; 在先本國使臣, 來往東八站一路,
차 통 사 김 옥 진 이 자 요 동 왈 　재 선 본 국 사 신 　내 왕 동 팔 참 일 로
自來山高水, 一水彎曲, 凡八九渡, 夏潦泛漲, 本無舟楫, 冬月氷滑
자 래 산 고 수, 일 수 만 곡, 범 팔 구 도, 하 료 범 창, 본 무 주 즙, 동 월 빙 활

제3부 이조년 연대기 · 127

북경 육로 2단계 요동~산해관

雪深, 人馬多有倒損. 又有開州, 龍鳳等站, 絶無人烟, 草樹茂密,
설심, 인마다유도손, 우유개주, 용봉등참, 절무인연, 초수무밀
近年以來, 猛虎頻出作惡, 往來人馬, 實爲艱苦, 遼東所管連山把截
근년이래, 맹호빈출작오, 왕래인마, 실위간고, 요동소관연산파절
南有一路, 經由剌楡寨把截至都司, 人民散住, 又無山水之險, 冀蒙
남유일로, 경유자유채파절지도사, 인민산주, 우무산수지험, 기몽
轉達, 許令剌楡寨一路往還相應.
전달, 허령자유채일로왕환상응.

_ 세종실록(세종 18년,1436) 12월 8일 4번째기사

통사 김옥진을 보내어 요동에 자문을 전달하기를,

"이보다 앞서 본국의 사신이 동팔참(東八站)의 한 길을 내왕했는데 예전부터 산은 높고 물은 깊었으며, 물줄기 하나는 활처럼 굽었으므로 무릇 8,9차례나 건너게 되었습니다. 여름철 장마에는 물이 창일하는데 본래부터 배가 없으며, 겨울철에는 얼음이 미끄럽고 눈이 깊어서 사람과 말이 넘어져 죽는 경우가 많이 있습니다. 또 개주 용봉참등은 전연 인연(人烟)이 없고 풀과 나무만 무성하고 빽빽하였는데 근년 이후에는 사나운 범이 자주 나와서 나쁜 짓을 하므로, 왕래하는 사람과 말이 실로 고생이 많습니다.

북경 육로 3단계 산해관-북경

요동이 관할하는 연산파절의 남쪽에 길 하나가 있어서 자유채 파절을 경유하여 도사(都司)에 이르게 되는데 인민이 흩어져 살고 또 산과 물의 험준함이 없으니 이 사실을 전달하여 자유채 한 길로 왕래하여 서로 응하기를 바랍니다." 하였다.

자문을 구하는 글로써, 일부 왕래하기 쉬운 길이 있지만 원의 승인이 없으면 불가하므로 몇 차례에 걸쳐 보낸 내용이다. 세종 19년과 20년에도 이 같은 기사가 있고, 문종 즉위년 8월 4일자를 비롯하여 8월19일, 세조 6년 3월 10일 등 자유채로 가는 길을 신설해달라고 계속 요청했음은 쉽게 개선이 되지 않았기 때문이다. 그 외에도 사행단이나 문열공 이조년이 북경을 왕래할 때 거치게 되는 팔도하(강물이 이리저리 돌아 8번을 건너야 한다는 명칭)와 험준한 청석령(靑石嶺)을 통과하는데 특히 어려움이 있었다. 청석령에 대하여 조선 후기 사신단의 일원으로 이곳을 지나던 박세당(朴世堂)은 "조선에서 연경에 이르는 길은 3,000리에 달하는데 그중 높고 험준하여 위험하기가 청석령 만한 곳은 어디에도 없다."고 하였다.

병자호란에 굴복한 조선왕조는 볼모로 봉림대군(효종)과 소현세자를 청나라 심양으로 보냈다. 봉림대군이 이때 끌려가면서 비참한 심정을 읊은 시가 있다.[17] 봉림대군이 왕위에 오른 후 지은 어필시도 소개한다.

(1) 陰雨胡風歌 (음우호풍가)　　　　　　ー봉림대군(효종)ー

過靑石嶺 (과청석령-청석령을 지나면서)

靑石嶺已過兮　　草河溝何處是
청석령이과혜　　초하구하처시
胡風凄復冷兮　　陰雨亦何事
호풍처부냉혜　　음우역하사
誰畵此形像兮　　獻之金殿裡
수화차형상혜　　헌지금전리

청석령을 이미 지남이여, 초하구는 어느 곳인가?

호풍(胡風)[18]이 차고도 찬데, 궂은 비는 또 웬일인고?

누가 나의 이 초라한 행색을 그려서, 임금님계신 전에 바치리요!

(2) 효종어필 칠언시

世上浮名[19]摠是空
세상부명총시공

臨流豪興一杯中
임류호흥일배중

17　소현세자는 귀국 후 2달여 만에 의문을 남기고 죽었다.
18　오랑캐 땅에 부는 바람.
19　'세상의 헛된 이름'은 효종 자신을 의미.

高車局束²⁰誠還慚
고 차 국 속 성 환 참
泉響滔滔²¹恨不窮
천 향 도 도 한 불 궁
題於屋後小泉
제 어 옥 후 소 천

세상의 헛된 이름 모두 부질없고,
냇가에서 술 마시니 호방한 흥이 이네.
높은 지위에 구속되니, 참으로 한스럽고.
흘러가는 샘물 소리에 한탄이 끝이 없네.〈집 뒤 작은 샘에서 짓다.〉

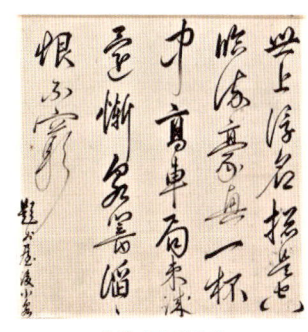
효종어필 칠언시

2-8 문열공 이조년이 모신 고려왕들의 계보도

---

20 '높은 지위에 구속'은 세자의 자리에 오른 자신을 의미.
21 '흘러가는 샘물소리'는 풍류의 삶을 즐기는 인평대군을 의미하는 것으로 보인다는 설명이 있다.

- 문열공 이조년의 재임 중 발생한 고려 왕실과 관련한 사건 요약

(1) 1305년 겨울 이조년은 충렬왕 비서승으로 연경에 도착했다. 충렬왕 부자간의 다툼은 원종 사후, 서흥후 왕전(王璵)을 옹립하려는 충렬왕파와 충선왕파간의 왕권 쟁취를 위한 치열한 파벌 싸움이었다. 충선왕은 원 무종의 신망을 얻은 터라 원의 배경으로 승기를 잡고 왕전 관련자들인 왕유소 송방영 등을 처형시키고 실권을 장악했다. 이조년은 충렬왕을 모신 죄로 멀리 유배를 갔고, 충렬왕은 1307년 비참한 모습으로 귀국하여 1308년 7월 73세로 생을 마쳤다.

(2) 충선왕은 전지정치를 단행하고 원나라 체류를 고집하였다. 고려에서는 조정의 불안정을 이유로 충선왕의 귀국을 간청했으나 그는 원 왕실의 후한 대접을 잃을 것을 염려하여 귀국하지 않았다. 고려 조정은 세자 감을 왕으로 옹립하려했으나 충선왕의 측근이 이를 알리자 그는 1310년 세자인 큰아들 감을 죽이고 1313년 둘째 아들 왕도(충숙)에게 왕위를 물려주고 강양공의 둘째 아들 왕고를 세자로 세우는 비정상적인 조치를 강행하였다. 충선왕의 기행(奇行)은 고려조정과 왕고 간의 왕위 쟁탈전을 유발시킨 주된 원인으로 작용하여 충신 이조년을 비롯하여 많은 조신들로 하여금 충숙왕과 충혜왕에 이르기까지 상당한 어려움을 겪게 하였다.

(3) 충숙왕은 20세에 충선왕으로부터 갑자기 왕위를 넘겨받았다. 충숙왕에게는 형이 있었으나 부왕에 의해 목숨을 잃었기 때문이다. 충숙왕도 원나라 영왕의 딸(복국장공주)과 결혼하여 원의 부마가 되었으나 공주가 고려에 온 지 3년 만에 죽음으로서 다른 사유 등을 엮어 처벌을 요하는 상소로 충숙왕은 원으로부터 불신을 받는다. 원으로 불려 들어간 충숙왕은 원나라에 억류된 반면 심양왕에 오른 왕고는 영종의 신임을 받게 되어 왕고파는 충숙왕을 폐위시키고 심양왕 왕고를 고려왕으로 옹립하려는 세력과

의 마찰이 더욱 심해졌다. 1321년 이조년, 경사만 등이 충숙왕의 환국을 주장하는 헌서를 제출하였다. 충숙왕을 불러들였던 영종이 죽고 태정제가 즉위하자 폐위직전의 충숙왕은 풀려나 5년 만인 1324년 개경으로 돌아왔다. 그 후 또 다시 왕고는 유청신과 오잠을 시켜 충숙왕이 세자인(世子印)을 훔쳐갔다고 참소를 올렸다.

⑷ 1339년 충숙왕이 죽고 충혜왕이 복위하자 왕고는 원으로 돌아가던 중 평양에 머무르며 조적과 더불어 다시 왕위찬탈 음모를 꾸민다. 왕고는 수하 박진을 개경에 보내 "원 왕실에서 이미 심양왕을 고려국왕에 봉했다"고 거짓말을 하게했다. 당시에도 충혜왕은 병약한 부왕(충숙왕)과 재위와 복위를 번갈아 하던 차에 원 왕실의 불신을 받고 있었다. 사태의 심각성을 깨달은 충혜왕은 홀치 60여명의 기병을 출동시켜 왕고의 무리들을 쫓았으나 왕고 행렬을 잡지 못해 개경으로 호송하지 못했다. 왕의 자질이 부족하다는 이유로 원나라 승상 백안 등은 충혜왕 대신 왕고를 고려국왕에 봉해야 한다고 상소를 올려 원왕실의 책봉이 이뤄지지 않고 있었다. 긴박한 시국의 국면전환을 위해 이조년은 충혜왕의 실정과 부도덕성을 지적하며 고쳐지기를 간절히 바라며 마지막 충언을 하였으나 왕은 받아들이지 않았다. 이조년이 떠난 후 왕의 안위를 걱정하고 그를 대신하여 충간하는 문신은 아무도 없었다. 이조년은 고향에 당도하였지만 왕에 대한 애정과 안타깝고 불안한 마음은 이루 말할 수가 없었을 것이다. 제어할 길 없는 그의 마음을 시조로 표현한 "다정가"가 그의 충정(衷情)을 대변할 뿐이다. 결국 충혜왕은 원 왕실의 소환령을 받고 끌려가는 수모를 겪으며 유배길에서 죽임을 당했다. 한편 왕고는 원에 머물다 1345년 고려에 귀국 후 탐하던 고려국왕에 오르지 못하고 죽었다. 무려 26년간을 지속한 왕위쟁탈전이었다.

3. 이조년, 고려 역사에 큰 발자취를 남기다.

"고려사:열전"에서 보는 정치인 이조년.

이조년의 역사는 고려사:열전(高麗史: 列傳)이나 동국통감(東國通鑑) 등에도 쓰여져 있다. 역사서는 부친 장경(長庚, 중시조)의 공검한 인물평부터 이조년이 초년에 학문에 힘써 향공진사로 과거에 급제하여 공직수행을 시작하면서 고려 제25대 충렬왕 31년, 조정에 들어가 왕을 모시는 비서승이 된 후, 원나라에 동행하며 겪은 사건과, 유배 후 13년의 세월 동안 고향에 은거하며 지낸 사실을 적었다. 그 후 정치에 다시 나서서 공적을 이루고, 공을 인정받아 이등공신에 봉작되고, 충혜왕 후 3년에 성근익찬경절공신으로 일등공신의 작위를 받고, 성산후로 추증되어 충혜왕 묘정에 배향된 전 과정을 기록하고 있다.

고려사. 열전 말미에 後兆年弟延慶見王 王曰 "爾兄辱我" 延慶以耄狂對……. 라는 기록이 나오는데 위의 도(圖. 3-6)에서 보듯이 성주이씨 대동보(大同譜)에는 이조년의 제(弟)는 없으며 연경(延慶)이라는 인물도 없다. 대동보 세덕편(P587)에는 "後公侄延慶見王…으로 조카 연경으로 기록되어 있으나 조카의 이름도 다르다. 당시 신하 중에 문열공을 존경하며 따르는 조카 벌되는 신하가 있어 왕이 친제(親弟)로 착각했을 수도 있고 사관(史官)의 기록 오류일 수도 있으므로 참고하기를 바라는 의미에서 미리 지적해 두는 바이다. 일부 논문에서는 조카 승경(承慶)이라고 한다.

고려사를 쓴 학자와 발간 경위

고려사를 쓴 사람은 정인지. 김종서 등이며 조선 초기인 1392년부터 1451년 까지 약 59년 동안 조선 태조, 태종, 세종, 문종에 이르기까지 만들고 수정한 고려 시대에 대한 역사서로써 기전체(紀傳體)로 된 고려왕조의 정사(正史)이다. 고려사 편찬 연원은 고려 말 이제현, 이인복, 안축 등이 편찬하고자 했던 "국사"가 있었는데, 이제현이 태조부터 숙종까지의 본기(本紀)를 편찬했으나 완성하지 못했고, 그 본기 마져 현전하지 않고 다만 각 왕의 본기 말미에 써 붙였던 사찬(史贊)이 "익재난고"와 "고려사" "고려사절요"에 전하고 있다.

조선 건국 후 태조 이성계는 1392년 10월 조준, 정도전, 정총 등에게 고려사 편찬을 명했는데, 3년 후 정도전, 정총에 의해 37권에 달하는 고려국사가 편찬되었지만 소실되어 전하지 않는다. 고려사 편찬은 여러가지 이유로 인하여 중지되거나 반포되지 못하고 폐기되는 곡절을 겪기도 한다. 처음 것은 단기간에 편찬되어 누락된 부분이 발생했고, 찬자인 개국 공신들의 주관이 개입되었다 하여 비판을 받았다.

태종 즉위 후에는 조선 건국 과정에 대한 기록이 부실하다는 문제점이 제기되어, 하륜, 남재, 이숙번, 변계량 등에게 개수 명령을 내려 보완을 하던 중 1416년 개수 책임자인 하륜(河崙)의 사망으로 완성하지 못했다.

그 후 4차의 개수로 편찬된 고려사는 1438년(세종 20)부터 1442년(세종 24) 사이에 신개(申槩)와 권제(權踶)에 의해 고려사전문(高麗史全文)이 완성되어 왕께 바쳐졌다. 세종이 교정과정에서 역사기술(歷史記述)이 공정하지 못하다는 문제점을 제기하여 또 반포가 중지되었다.

반포중지 이유는 권제가 남의 청탁을 받고 고쳐 쓴 점과, 자신의 조상에 관한 기술이 사실과 다르게 기록된 부분이었다. 내용은 크게 보완, 수정을 거쳤으나 공정하지 못한 점으로 인해 반포하지 못하고 폐기되었다.

고려사:열전 권 109-10 이조년(李兆年)

 이러한 연유로 하여 문종 원년(1451) 8월에 김종서 등에 의해 태조부터 공양왕에 이르는 32명의 왕들의 연대기인 세가 46권, 천문지(天文志)부터 형법지(刑法志)까지 10조목의 지(志) 36권과 연표 2권, 그리고 1,008명의 열전 50권과 목록 2권 등을 모두 합하여 139권의 고려사가 편찬 되었다. 고려사를 편찬한 이유는 고려왕조의 지난 역사를 정리하기 위함도 있겠으나 역사를 통하여 고려 군신들의 자취를 참고로 하여 조선왕조의 통치에 적극적으로 이용하려는 목적이 있었기 때문일 것이다. 단종 2년(1454) 10월에 정인지의 이름으로 인쇄하고 반포하였다.

 고려사는 왕들의 연대기를 기록한 종합편이고, 열전은 왕과 왕비 외에 역사적으로 중요한 고려 시대의 인물(정치가, 학자, 장군 등) 들을 다룬 내용이다. 그리고 동국통감(東國通鑑)은 서거정(徐居正)이 쓴 고대부터 고려 말까지의 역사서이며 성종 16년(1485)에 완성되었다.

3-1 고려 시대의 정사 고려사:열전(高麗史:列傳) 이조년

고려사: 열전. 이조년

① 李兆年 字元老, 京山府人, 父長庚 本府吏, 恭儉有威, 鄕人嚴憚之. 老而家居府官出入, 聞喝道聲, 必下床伏地, 俟其聲不聞, 然後復坐. 兆年少懷志節, 有器局力學能文. 年未冠, 神彩秀發, 草溪鄭允宜使其府, 一見知爲異人, 以其子妻之. 忠烈二十年, 以鄕貢進士登第, 調安南書記. 累轉爲禮賓內給事, 出知陜州, 入爲秘書郞.

① 이조년(李兆年)은 자(字)가 원로(元老)이며 경산부 사람이다. 그의 부친 이장경(李長庚)은 경산부의 부리로 공손. 검소하며 위엄이 있어서 고을 사람들이 경외했다. 나이가 많아 집에 있을 때에도 부의 관리의 출입을 알리는 갈도²²소리가 들리면, 반드시 자리에서 내려와 땅에 엎드렸다가 소리가 사라진 다음에야 앉곤 했다. 이조년은 젊어서 지조와 절개를

매운당 이조년의 영정.경북 유형문화재 245호

---

22 갈도(喝道, 辟除)소리: 지체 높은 사람이 행차할 때 구종이 소리를 질러 일반인의 통행을 금하는 일.

가슴에 품었고 재간과 도량이 있었으며 학문에 힘쓰고 문장에 능했다. 나이 스물이 안 되었을 때부터 신수가 빼어났으므로 초계(합천 초계) 사람 정윤의가 부사로 왔을 때, 한번 보고 뛰어난 사람으로 여겨 자기의 딸을 시집보냈다. 충렬왕 20년(1294)에 향공진사로서 과거에 급제하여 안남서기가 되었다. 그 후 여러 번 옮겨 예빈내급사를 지낸 뒤 합주의 수령을 지냈고 조정에 들어와 비서랑이 되었다.

> ② (忠烈王)三十二年, 從王朝元, 王惟紹, 宋邦英, 離間王父子, 諸從臣皆懷疑, 縮縮走匿, 曹頔最先去, 惟兆年恃無他. 進退惟謹, 例遠竄, 歸而居鄉者十三年, 未嘗一出言訟其非罪. 忠肅見留于元五年, 瀋王暠內懷覬覦, 左右多反覆. 兆年發憤獨如元, 獻書中書省, 訟王之直, 朝廷美之. 忠肅還國, 授監察掌令, 轉典理摠郎, 存撫關東, 召拜判典校事, 加軍簿判書. 忠惠王以世子入朝, 丞相燕帖木兒, 見之大悅, 視猶子.

② (충렬왕) 32년(1306)에 왕을 따라 원(元)나라에 갔을 때 왕유소와 송방영이 왕 부자를 이간질을 하자, 호종했던 신하들이 모두 의심을 품고 두려운 나머지 달아나 버렸는데, 그 중 조적이 가장 먼저 달아났다. 이조년만은 한마음으로 왕을 믿고 모든 행동을 신중히 했으나, 예에 따라서 먼 지방으로 유배되었다. 돌아와서 고향에서 13년 동안 지내면서도 한 번도 자신의 무죄를 항변한 적이 없었다. 충숙왕이 원나라에 억류된 지 5년이 되자 심왕 왕고가 내심 왕위를 노리게 되었고 왕의 측근 가운데도 배반하는 자들이 많아졌다. 이조년이 분개한 나머지 단신으로 원나라에 가서 중서성에 글을 올려 왕의 무죄를 호소하니 원나라 조정에서는 그의 행동을 좋게 보았

다. 충숙왕이 귀국하자 그를 감찰장령으로 임명했다가 전리총랑으로 전임시켜 관동존무사로 보냈으며, 곧 다시 불러들여 판전교사로 임명하고 군부판서로 승진시켰다. 충혜왕이 세자 자격으로 원나라에 갔을 때 승상 엘테무르(燕帖木兒)가 이조년을 보고 자식을 만난 듯이 크게 기뻐했다.

③ 因忠肅辭位, 秦帝錫王命, 時太保伯顏, 惡燕帖木兒專權, 待忠惠不禮, 忠肅復位, 忠惠宿衛于元, 時燕帖木兒已死, 伯顏待忠惠益簿, 忠惠與燕帖木兒子弟及回骨少年輩, 飮酒爲譁, 因愛一回骨女, 或不上宿衛, 伯顏益惡之, 目曰撥皮, 俗謂豪俠者爲撥皮, 從臣皆觖望, 不敢言, 兆年進戒曰, "殿下事天子, 宜日愼一日, 何乃棄禮縱情, 以速累乎? 然此非殿下之過, 殿下長於阿保之家, 所共遊者, 多無賴子, 其後朴仲仁·李仁吉, 實左右之, 殿下孰從而聞正言見正事乎? 儒者雖朴拙, 皆能習經史識廉恥, 殿下目之爲沙簡里, 此何等語耶. 殿下能遠佞倖親儒雅, 改行自飭則可, 不然天威咫尺, 其嚴乎?" 王不能堪其言, 踰墉而走.

③ 충숙왕이 왕위를 양보 하였으므로 충혜왕은 황제에게 자신을 왕으로 임명해 달라고 주청했는데, 당시 태보 바얀은 엘테무르가 정권을 독담하고 있는 것을 미워한 나머지 충혜왕을 대할 때도 예를 갖추지 않았다. 충숙왕이 복위하고, 충혜왕이 원 나라에서 숙위할 때 엘테무르는 이미 죽었으므로 바얀은 충혜왕을 더욱 야박하게 대했다. 충혜왕이 엘테무르의 자제 및 위크르 청년들과 술을 마시면서 장난질이나 치다가 어떤 위쿠르 여자와 정이 들어 이따금 숙위에 빠지자 바얀이 그를 더욱 미워해 발피라고 했는데, 속칭 호방한 협객을 발피라고 했기 때문이다. 따르던 신하들은

모두 실망하면서도 감히 말을 꺼내지 못했는데 이조년이 나아가 이렇게 경계했다.

"전하께서 천자를 섬기면서 날마다 하루하루를 조심하셔야 할 것인데, 어찌하여 예의를 버리고 마음을 방종하게 하여 허물을 불러들이십니까? 그러나 이것은 전하의 허물이 아니라 전하께서 보모의 집에서 성장하시어 함께 노는 자들 가운데 교활하고 거짓말 잘하는 자들이 많았기 때문입니다. 그리고 그 뒤에서 박중인과 이인길이 실제로 그들을 좌우지하고 있었으니 전하께서 누구를 따라 바른 말을 듣고 바른 일을 볼 수 있었겠습니까? 유학하는 사람들이 비록 순박하고 옹졸하지만 모두 경서와 사서를 익혔고 염치를 알고 있는데도, 전하께서 그들을 사개라 하시니 이 무슨 말씀이십니까? 전하께서는 아첨하는 자들을 멀리하고 유학하는 선비를 가까이 하시어 행동을 고치고 스스로를 경계하면 아무 일이 없겠지만 그렇지 않으면 지척에 있는 천자의 진노를 어찌 감당하시럽니까?"

왕은 그의 말을 듣다못해 담을 넘어 달아났다.

④ 曹頔之亂, 忠惠被徵至燕, 兆年從之. 伯顏蓄宿憾, 使王與頔黨辨, 兆年慷慨發憤, 謂李齊賢曰, "吾欲面訴丞相前, 其意可回, 列戟守門, 莫叫其閽, 幸其出田城南, 吾當上書道左, 碎首馬蹄下, 死明吾君, 吾子其把筆書吾書" 夜起沐浴, 鷄鳴將行, 伯顏適以是日敗, 書不果上. 然聞者莫不悚然曰, "膽大於身, 李公是已"

④ 조적(曹頔)의 난[23]이 일어나 충혜왕이 연경(燕京/북경)으로 불려가자 이조년이 수행하였다. 묵은 원한을 가진 바얀이 왕에게 조적의 무리들과 대

질을 하도록 하자 이조년이 비분강개하여 이제현에게 일렀다.

"내가 승상 앞에서 얼굴을 맞대고 호소하면 그의 마음이 되돌려질 수 있겠으나 창을 든 병사들이 줄을 지어 그 집을 지키고 있으니, 그 문 앞에서 부르짖을 수도 없소. 요행 그가 성남으로 사냥을 나가게 된다면, 내가 길가에서 글을 올리며, 말발굽 아래 머리를 깨뜨리고 죽음으로써 우리 임금의 일을 밝힐 것이니 그대는 붓을 잡고 내가 올릴 글을 써 주시오."

이어 밤에 일어나 목욕하고 닭이 울면 가려고 했는데, 바얀이 마침 그날 패망했으므로 글은 끝내 올리지 못했다. 그러나 그 말을 들은 자들은 모두 "담이 몸보다 큰 사람은 이공뿐이다." 라고 송연해 했다.

⑤ 忠惠襲位還國, 錄功當得樞密, 王曰, "兆年老矣, 其志可嘉." 乃授政堂文學藝文大提學, 封星山君. 王嘗步自北宮, 彈雀于松岡, 兆年徑進跪曰, "殿下寧忘明夷之時乎? 今惡少假威, 略婦女攘財貨, 民不樂其生, 臣恐禍在朝夕, 此而不恤, 顧玩細娛乎? 殿下聽老臣言, 去便佞用賢良, 厲精圖治, 不復慢遊, 則老臣雖死, 瞑目於地下矣."

⑤ 충혜왕이 왕위를 이어 받고 환국해 공을 평할 때 그는 당연히 추밀(樞密)이 될 만 했으나 왕은 "이조년은 늙었으나 그 뜻이 가상하다." 며 정당

---

23 충숙왕 사후 충혜왕과 심양왕 고(暠)가 왕위를 다투었는데 정승인 조적은 심왕 고를 왕위에 추대하려고 했으며, 홍빈, 신백 등과 정동행성의 관리들과 조염휘, 이휴, 이영부 등이 일천 여 명의 군사를 이끌고 반란을 일으켰다. 이들은 왕궁 습격 과정에서 충혜왕의 친군 지휘의 반격으로 패하였으며 조적은 잡혀 죽음으로써 진압은 되었으나, 잔당들이 원나라에 이 사실을 호소해 충혜왕이 원나라로 잡혀가고 이듬해에 형부(刑部)에 갇히게 된 것이다.(편집자 註)

문학. 예문관대제학으로 임명하고 성산군으로 봉하였다.

왕이 북궁으로부터 도보로 송강에 가서 참새를 잡은 적이 있었는데, 이조년이 지름길로 가서 무릎을 꿇고 말했다. "전하께서는 어찌 원나라에서 고생하시던 일을 잊었습니까? 지금 간악한 소인배들이 전하의 위엄을 빌려 부녀자들을 겁탈하고 재물을 빼앗으니 백성들이 삶을 즐기지 못하고 있습니다. 재앙이 조만간에 생길까 두려운데도 백성들을 구휼하지 않고 하잘 것 없는 장난질을 즐기려고만 생각하시나이까? 전하께서 늙은 신하의 말을 들으시어 아첨꾼들을 물리치고 현명하고 훌륭한 신하들을 등용해 정치에 힘쓰시면서, 다시 부질없는 놀음을 하지 않으신다면 이 늙은 신하는 죽더라도 지하에서 눈을 감겠나이다."

⑥ 初商人林信女, 丹陽大君之婢也. 賣沙器爲業. 王見而幸之有寵, 授信大護軍. 一日, 信歐奇輪, 王右信, 親往毁輪家. 至是幷諫之. 且曰, "臣過蒙國恩 位至政堂, 於臣足矣, 惟上所裁." 王盛怒不納, 旣而溫言謝遣之. 兆年旣歸第, 嘆曰, "王年方强而肆欲, 吾旣老矣, 又無助, 不去必及於禍. 且數諫而不納, 責有所歸, 今兆年旣不能順其美, 適足以增其惡, 非臣所以愛主也, 不如去." 明日 匹馬還鄕, 不交人間事.

⑥ 장사치 임신(林信)의 딸이 단양대군의 노비로 사기그릇 장사를 하고 있었는데 왕이 보고 총애한 나머지 임신을 대호군으로 임명하였다. 하루는 임신이 기륜(奇輪)을 구타했는데, 왕이 임신 편을 들어 직접 가서 기륜의 집을 부숴버렸다. 이렇게 되자 이조년이 그 사실까지 합해 간언을 올리면서, "나라의 은혜를 입고, 지위가 정당에 이른 것만도 저에게는 과분하니 전

하의 결정만 기다릴 뿐입니다."라고 했다. 왕이 대노(大怒)해 간언을 물리쳤으나 얼마 후 부드러운 말로 사과한 후 돌려보내니 이조년이 집으로 돌아와서 탄식했다.

"주상의 나이가 지금 한창때라 제 하고 싶은 대로 하는 판에, 이미 늙었고 도울 것도 없는 내가 지금 떠나지 않으면 반드시 화가 미칠 것이다. 또한 여러 차례 간하여도 받아들이지 않았으니 책임이 결국 나에게 돌아올 것이다. 지금 내가 그 장점을 북돋을 수 없고 그 악행만 늘리는 것 밖에 되지 않으니 이는 신하가 임금을 아끼는 도리가 아니다. 차라리 떠나는 것만 못하다."

이튿날 한 필 말을 타고 고향으로 돌아가 세상일에 관계하지 않았다.

⑦ 後兆年弟延慶見王, 王曰, "爾兄辱我." 延慶以耄狂對, 王喜賜米豆五十石, 布五百匹, 三年, 策侍從功爲一等, 賜誠勤翊贊勁節功臣號, 圖形壁上, 爵其父母妻子, 賜田及臧獲, 明年卒, 年七十五, 諡文烈, 爲人短小精悍, 志堅確敢言.

⑦ 뒤에 이조년의 아우 이연경(李延慶)이 왕을 알현하자 왕은 "너의 형이 나를 욕보였다."고 불쾌해했다. 이연경이 자기 형은 늙어 노망이 들었다고 사과하자 왕은 기뻐하며 쌀과 콩 50석, 베 5백 필을 하사하였다. 3년(1342)에 시종했던 공을 기려 일등공신에 책봉하고 성근익찬경절공신의 호를 하사한 후 공신각에 그의 초상을 걸었으며, 그의 부모와 처자에게도 작위를 주고 밭과 노비를 하사하였다. 이듬해에 죽으니 나이 일흔 다섯이었으며 시호(諡號)를 문열(文烈)이라 하였다. 체구가 작았으나 날래고 굳

세웠으며 의지가 굳어 거리낌 없이 직언(直言)했다.

⑧ 以嚴見憚, 每入見, 王聞履聲曰, "兆年來矣," 屛左右, 整容以俟. 所歷多有聲績, 恭愍朝議功, 贈星山侯, 配享忠惠王廟庭. 子褒, 官至檢校侍中, 性淳厚, 循循蹈禮. 褒子仁復·仁任·仁美·仁立·仁達·仁敏·仁復·仁任·自有傳, 仁美判書, 仁立同知密直司事, 仁達注簿, 仁敏門下評理. 兆年姪承慶.

⑧ 그 엄격한 성격이 남에게 두려움을 주었기 때문에 대궐에 들어가서 알현할 때마다 왕이 그의 신발 소리를 들으면 "이조년이 온다."고 하면서 주변 사람들을 물리치고 몸가짐을 단정히 한 채 기다리곤 했다. 여러 벼슬을 거치면서 빼어난 공적을 많이 남겼으므로 공민왕 때 그 공을 기려 성산후(星山侯)를 추증하고 충혜왕의 묘정[24]에 배향하였다. 아들 이포(李褒)는 관직이 검교시중(檢校侍中)에 이르렀는데 성품이 순박하고 후덕했으며 언제나 예의 바르게 행동했다. 이포의 아들은 이인복(李仁復), 이인임(李仁任), 이인미(李仁美), 이인립(李仁立), 이인달(李仁達), 이인민(李仁敏)이다. 이인복과 이인임은 따로 전기가 있다. 이인미는 판서(判書), 이인립은 동지밀직사사(同知密直司事), 이인달은 주부(注簿), 이인민은 문하평리(門下評理)까지 올랐다. 이조년의 조카는 이승경(李承慶)이다.

---

24 충혜왕 묘정에 배향: 배향공신, 임금이 죽어서 위패를 종묘에 모신 뒤, 생전에 그 임금에게 특별한 공로가 있는 신하의 신주도 함께 모시는 것으로써, 신하들은 공적을 세워 신주가 종묘에 배향되는 것을 최상의 명예로 생각하였다.

3-2 삼현기년(三賢紀年), 현조(賢祖)의 전적(傳蹟)을 기록

— 후손들이 쓴 선조들의 역사서/ 성주이씨 삼현기년(三賢紀年)

삼현기년이란 매운당 이조년, 초은 이인복, 도은 이숭인 등 세 분 현조의 전적을 수집하여 기록한 책자이며 저자는 성주이씨 후산공(厚山公) 도복(道復)이다. 수차례에 걸친 외세의 침공으로 인한 전화(戰禍) 또는 내란 등의 사유로 일천여 년 동안의 고려 시대의 문중역사가 불분명하여 여말 선초에 이르는 동안 현조의 전적도 소실 될 것을 우려해 우선적으로 매운당 이조년 선조를 비롯하여 세 분의 전적만을 수집하여 기년체로 편집한 기록서이다. 역사적 사실을 기반으로 하여 활자로 인쇄된 이 저작물은 표지를 포함하여 175페이지이고, 대정(大正)[25] 9년 11월 20일 성주이씨 안산 세덕사 발행이며, 원본은 국립 중앙도서관이 소장하고 있다.

선조의 역사서가 예기치 못한 국내·외의 정세변화의 영향을 받아 훼손 또는 소실될 소지는 얼마든지 있다. 이러한 경우에 미리 대처한 선조들

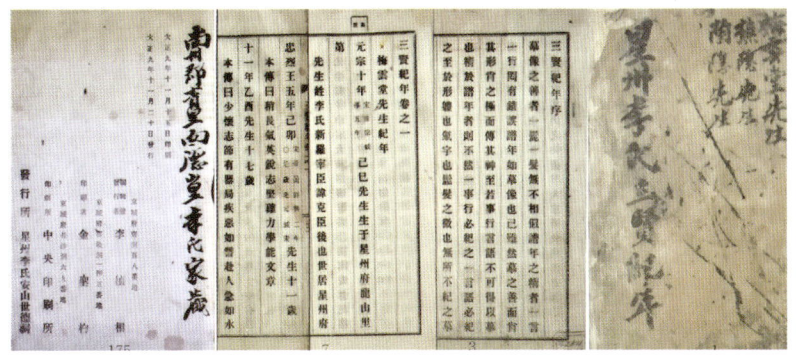

삼현기년 표지와 원문 일부(5/175p). 발행소: 성주이씨 안산 세덕사(국립 중앙도서관)

---

[25] 일제강점기의 연호이며 대정 9년은 서기 1920년이다.

의 지혜가 돋보이는 귀중한 자료라 할 수 있다.

　삼현기년에 쓰여 있는 이조년 묘지명은 익재 이제현이 찬한 묘지명을 그대로 옮겨 적은 것이어서 이 란에서는 이조년 연보만 발췌하여 실었다.

이조년 선생 삼현기년 발췌

○원종 10년 기사(1269) 선생 출생, 성주부 용산리 자택.

　선생의 성은 이씨니 신라 재신이신 휘 극신(克臣)의 후예다. 성주부에서 대대로 살며 11대를 전(傳)하여 농서군공 휘 장경에 이르니, 농서군공은 덕이 많고 행실이 순박하여 고을 사람들이 공경하고 사랑하기를 부모같이 하였다. 강양군 이약(李若)이 지사로 부임하였는데, 사람됨을 보고 사위로 삼았다. 5남을 두었으며, 장(長)은 밀직사사 백년이요, 차(次)는 참지정사 천년이요, 차(次)는 문하시중 만년이요, 차(次)는 문과에 급제한 억년이요, 막내[季]는 조년이니 곧 선생이다.

○고려사에는 "선생은 작고 정한(精悍)하고 빼어난 풍채를 지녔다."고 하였다.

○충렬왕 5년(1279) 11세. 성장하면서 영특하고 의지가 확고하고, 학문에 힘을 기울여 문장에 능했다.

○충렬왕 11년(1285) 17세. 젊은 사람이 지조를 품고 절도가 있어 해악한 일에는 원수처럼 대하고, 위급한 사람에게는 흐르는 물처럼 달려가 도우니 재능을 가진 큰 그릇이 될 사람이라. 감찰대부 정윤의가 한번 보고는 사람의 다름을 알고 그에게 딸을 시집보냈다.

○향공진사로 병과에 등제, 중경(中京) 태묘동(太廟洞)에 가서 회헌 안향(安珦)선생을 알현하고 가르침을 청하다.

○안남서기, 진주목사록, 통문서록사, 강릉부전첨으로 옮기고 통례문지후

에 천임(遷任)되고 예빈내급사에 전임, 그 후 합주군수가 되어 두루 경력을 쌓다.

○충렬왕 13년(1287) 19세. 아들 포 출생함. 예의 바르며 순후, 후에 문하시중 겸 예문관대제학을 역임하고, 광정대부 도첨의평리를 끝으로 벼슬을 사임하였다. 포(褒)의 시호는 경원공이다.

○충렬왕 17년(1291) 23세. 합단병(哈丹兵)[26]의 침입으로 수성(守城)에 실패한 충렬왕은 도성을 떠나 강화도로 대가파천(大駕播遷)하니, 조정이나 백성들은 크게 동요하였다. 조년 선생은 춘 2월 8일 성산부윤 이진(李瑱)에게 편지를 보냈는데 서찰에 쓰기를:

『일전에 보낸 글월과 귀한 약재를 잘 받았으며 감사함을 능히 잊지 못하겠습니다. 기로(岐路)에 어긋나니 또한 만나기 어려워 한스럽고, 유유(悠悠)히 의논할 이야기가 비록 수레에 충만해도 군자의 맺은 바 의리를 어찌 의심하고 달리할 수가 있겠습니까? 다만 성주(城主)와 제가 만약 듣고 시행함에 과오가 있다면 모두 응당 스스로 경계하여 결국 허물이 없도록 해야 하니, 이는 서로가 아끼는 길이 될 것입니다. 또한 종묘(宗廟)의 변(變)이 이런 극한상황에 이르렀음을 들으니 신민(臣民)의 비통함을 어찌 가히 적을 수가 있겠습니까? 백씨(伯氏)와 중씨(仲氏)가 이 재앙에 걸린 것이 또한 가히 측은히 여길 만하나 백씨, 중씨의 일은 비록 뒤를 염려할 것이 없더라도 근심 가운데 명(命)을 입음은 지극히 딱한 일입니다. 다른 것은 그만하고 오직 벼슬 길이 진복(珍福)하여 타일에 영화롭게 뵙게 되어 함께 꽃 아래에서 모임 갖기를 바랍니다.』

---

26 충렬왕 때 원나라에 반란을 일으켰던 내안(乃顔)의 잔당.

○충렬왕 20년(1294) 26세. 추(秋) 7월, 안향 선생이 당시 합포에 출진(出鎭)하였으나 조정에서 시관(試官)으로 불러 가는 길에 성산부를 들렀는데, 당시 동암 이진이 이 고을에 부임하였고, 안향 선생 댁이 부내에 있어 뵐 수가 있었다. 안향 선생의 시가 있다.

○충렬왕 27년(1301) 33세. 성균관조제(成均館條制)를 감수(監修)하였다. 국자감 자리인 서부의 대암상(大巖上)에서 회헌 안향 선생은 문하생인 권부, 우탁, 이진, 백이정, 이조년, 신천 등을 위한 강론을 하였으니, 그 때 사람들이 이르기를 "사원(士園)의 육군자(六君子)"라 하였다.

○충렬왕 31년(1305) 37세, 동(冬) 11월 비서랑이 되어 왕을 따라 원나라에 입조(入朝)하였다. 이에 앞서 원나라가 사신을 보내 왕을 일수왕(逸壽王, 충렬왕에게 내린 원나라의 작위명)으로 봉하고 세자 양(諒)을 왕으로 책봉하였다.

○충렬왕 33년(1307) 39세, 하(夏) 4월 왕을 받들고 환국하였다. 왕이 귀국하니 전왕이 원태자(元太子)의 뜻을 받들어 왕유소, 송방영, 송린, 송균, 한진 등을 죽이고, 서흥후 왕전도 죽였으며, 왕을 경수사(慶壽寺)로 내쫓고 왕을 좌우에서 모시던 자들을 모두 파면시켰다. 선생(이조년)이 부왕을 따라 귀국하였기에 멀리 귀양 보내고자 하였으나 그 바름과 흔들리지 아니함을 꺼려하여 마침내 향리에 내쫓았다. 선생이 이미 집에 돌아와서는 13년 동안을 은거하며 그의 죄 아님을 송사하지 않았다.

○매운당(梅雲堂)이 이루어지다. 선생이 한번 고향에 돌아와 스스로 경계하고 삼가하였지만 소인배들은 잔악, 방자하여 곧은 말이 세상에 용납되지 않으니, 더욱 만년의 절개를 지킬 뜻으로 거처하는 저택 곁에 매운당을 짓고 손수 많은 꽃을 심어 스스로 글을 짓고 이르기를:

「爲報栽花更莫加, 數盈於百不須過, 雪梅霜菊淸標外, 浪紫浮紅也謾多」 하였다. 당 마루에 백화헌(百花軒)이라 현판을 달았는데, 뒤에 이 마루는 본주 객사의 동헌이 되어 액자(額字)와 제영(題詠)이 문 위에 남아있으니 고려의 명사들이 이곳을 지나면서 이어 읊은 것이다. [모두 매운당 백화헌 시에서 차운(次韻)했으며 그 중 가정 이곡의 시는 제4부에 있다. 편집자 註]

- 왕공(王公) 강(康)의 시:
「世故紛紛日漸加, 菁華冉冉眼中過, 一軒花事渾無賴, 猶喜淸吟歲暮多.」
「세상사 분분하여 날로 더 해도, 아름다운 꽃망울 향기로워 눈 속을 스치며, 한 마루 피고 지는 꽃은 뒤섞여 믿을 수 없지만, 오히려 맑게 읊는 시가 저문 해에 많구나.」

- 남공(南公) 재(在)의 시:
「萬事年年鬢雪加, 韶華正似隙駒過, 百花軒上重遊日, 金井秋棟意緖多.」
「세상일에 해마다 흰머리만 더하고, 젊은 시절은 틈을 달리는 말과도 같구나. 백화헌 거듭 노는 날에, 금정에 가을 오동나무 마음 가닥이 많구나.」

- 이용헌(李容軒)의 시:
「暑氣南方特地加, 那堪病客遠相過, 名軒幸此憑風逈, 簷外陰陰綠樹多.」
「더운 기운이 남쪽에 특별히 더하니, 어찌 병든 손[客]이 멀리 이별함을 견디랴, 이름난 곳에서 다행히도 바람을 기대어 멀리 보니, 처마 밖에는 그늘마다 푸른 나무가 많구나.」

○충선왕 2년(1310) 42세. 하(夏) 5월 한종유(韓宗愈)와 더불어 세자책봉

은 충선왕 비 몽고녀 의비의 소생 장남 왕감(王鑑)이나 차남 왕도(王燾)로 해야 한다고 하였으나, 종신 가운데 감(鑑)을 참소하는 자가 있어 왕이 이에 그만두었다.

○충숙왕 9년(1322) 54세. 동(冬) 시월 한림원 16명의 확인 서명을 받아 원 중서성에 헌서를 제출하여 충숙왕 무고의 사실을 변명하였다.(간신들의 무고로 충숙왕 원 억류)

○충숙왕 14년(1327) 59세. 동(冬) 11월 왕은 2등 공신호를 사(賜)함.

○충숙왕 17년(1330) 62세. 동(冬) 12월 사헌장령 겸 전리총랑을 임명받고 관동존무사(關東存撫使)로 지방에 임시 존무하는 길에 함창 쾌재정(快哉亭)에 올라 시를 지어 이르기를:

「老我年今六十二, 因思往事意茫然, 少年才藝期無敵, 皓首功名亦獨賢, 光陰滾滾繩難繫, 雲路悠悠馬不前, 往事盡抛塵世事, 蓬萊頂上伴群仙.」
「내 나이 이제 예순 둘이니, 지난 일 생각하면 아득하여라. 어린 시절 재예(才藝)는 무적을 기약했고, 늘그막의 공명 또한 홀로 뛰어났어라.
광음은 곤곤히 흘러 끈으로 맬 수 없고, 구름길 유유한데 말은 앞으로 나가지 않는구나. 지난 일 티끌 세상에 일을 모두 다 던져버리고, 봉래산 마루위에 신선들과 벗하리라.」하였다.

○충숙왕 후원년(1332) 64세. 정월. 전왕을 따라 원에 갔다. 원에서 세자를 왕으로 책봉하고 왕을 높여 상왕을 삼았다. 승상 엘테무르[燕帖木兒]가 이조년을 보고 자식을 만난 듯 기뻐했다. 세자(충혜)가 이미 왕위에 오르자 소인배를 가까이하고 법도가 없으니 또다시 왕 부자를 이간시키고 원에 유언을 퍼뜨려 전왕을 불러 입조하게 하였으므로 선생이 이에 따

라간 것이다.

○충숙왕 후 5년(1336) 68세. 동(冬) 12월 전왕을 모시고 귀국하였다. 충숙왕이 복위하고 충혜왕은 원나라에서 숙위할 때, 충혜왕이 엘테무르 자제 및 위그르[回鶻] 청년들과 술을 마시며 장난을 치자, 바얀[伯顏]이 충혜왕을 발피(潑皮)라고 했다. 따르던 신하들은 감히 말을 꺼내지 못했으나, 이조년은 "전하께서는 천자를 섬기면서 날마다 하루하루를 조심하셔야 할 것인데 어찌하여 예의를 버리시고…(이하 고려사:열전기록에 있어 생략함. 편집자 註)

○충숙왕 후8년(1339) 3월. 충숙왕 사망.(삼현기년에는 없는 내용. 편집자 註)

○충혜왕 복위(1339) 71세, 가을 8월 군부판서 임명. 조적의 무리를 토벌하였으나 그 무리의 모함을 입은 충혜왕이 원으로부터 소환을 당하게 되었으므로 선생이 또 따라갔다.

○충혜왕 후원년(1340) 72세, 춘 2월 원 승상 백안에게 호소하듯 왕의 원통함을 송사하니 원이 왕을 석방하여 복위시켰다. 그 이전에 선생이 이제현에게 말하길 내가 승상 앞에 나아가 그 뜻을 전하려 하나 문지기가 창을 벌려 문을 지키어…(이하 고려사:열전기록에 있어 생략함. 편집자 註)

여름 4월 왕을 모시고 귀국하였다. 왕이 위(位)를 잇고 귀국하자 공(功)을 기록 할 때 마땅히 추밀(樞密)에 두려고 하였으나 왕이 말하길:「矣는 늙었어도 그 뜻이 가상하도다.」하고 정당문학과 예문관대제학을 제수하고 성산군으로 봉하였다.

○충혜왕 후2년(1341) 73세, 12월 이조년 물러나기를 청하다.

○충혜왕 후3년(1342) 74세, 여름 6월 일등공신에 책명. 성근익찬.경절공신의 호를 하사하고, 그 부모와 처자에게 벼슬을 주고 토전과 노비를 내렸다.

문열공 이조년 선생 묘

문열공부인정씨지구[27] 팔계군부인(八溪郡夫人)묘

○충혜왕 후4년(1343) 75세, 하(夏) 5월 기사(己巳)에 선생이 정침(正寢)에서 운명하였다. 임금이 부음을 듣고 조회를 철폐하며 전교를 내리니 "역적 조적(曺頔)이 반란을 일으킨 뒤 간신과 잔당이 허황한 말을 날조하여 국

---

27 "文烈公李兆年夫人鄭氏之丘"라 쓰인 이 비석(碑石)은 실전된 줄 알았던 팔계군 부인의 묘를 찾는데 크게 기여했다. 후손이 땅속에 묻혀있는 것을 찾아 세웠다.

정을 어지럽혔으나 시종하는 신하들이 시종(始終) 한결같은 절개로 과인을 도우니 그 공이 막대하여 영원히 잊지 못하리로다."하고 성산군에 봉하고 문열(文烈)의 시호를 내렸다. 추(秋) 7월 신묘에 성산부 남부동 남향언덕에 장례하였다. 사손 초은 문충공은 익재 선생께 조부의 묘지명을 청하다.

3-3 문열공(文烈公) 이조년(李兆年) 묘지명(墓誌銘)

- 망자의 덕과 공로를 후세에 전하는 묘지명.

문열공 이조년 묘지명은 익재(益齋) 이제현(李齊賢, 1287~1367)이 1344년에 썼으며 고려사 발간일보다 앞선 자료다. 고려사는 조선 초기 태조 이성계의 명에 따라 1392년부터 1451년까지 59년 동안 조선 태조부터 문종에 이르기까지 4대에 걸쳐 만들고 수정한 고려 시대에 대한 역사서로써 고려왕조의 정사였으나 전해지지 않고 있다.

1452년(문종 2) 김종서가 고려사를 요약하여 만든 "고려사절요"를 완성하여 1454년(단종 2) 10월 정인지의 이름으로 인쇄 반포했다.

따라서 이조년 묘지명은 역사서의 공식발행일을 기준으로 비교하면 고려사보다 108년이나 앞선 금석문 자료로 평가된다. 고려사에 기록된 내용과는 대부분 일치하지만 일부 새로운 사실은, 두 문신들이 원나라 연경에 머물며 국정을 수행할 때 당시의 혼란한 정세를 지혜롭게 대처하면서 여담으로 남긴 말이 있다. 훗날 공의 유당(幽堂)의 명(銘)을 짓겠다는 18세 연하인 익재의 제언과 이를 승낙한 문열공의 약속이 있었음을 말하며, 두 문신들 간의 신뢰가 돈후했음을 짐작할 수가 있다. 이제현은 복제를 마친 손자 이인복으로부터 할아버지의 이명(理命)[28]을 전해 받은 뒤 4년여 전에 말씀한 약속을 지키기 위해 1,032자(字)에 달하는 장문의 묘지명(墓誌銘)을 완성한 것이다. 이 금석문은 고려 역사의 가장 중요한 시대를 조명하는 보물 같은 존재로써 상당한 역사적 가치를 지니고 있다.

내용면에서는 간언이나 충언 등은 묘지명이나 고려사.열전, 동국통감에도 동일한 문구로 쓰여 있어 중복됨을 알 수 있으나 이는 앞서 찬한 이제현의 묘지명 등 사료들을 공유하기 때문이다.

有元 高麗國 誠勤翊贊勁節功臣 重大匡星山君

贈諡 文烈公 李公墓誌銘　　　　　　　　　－ 益齋 李齊賢 －

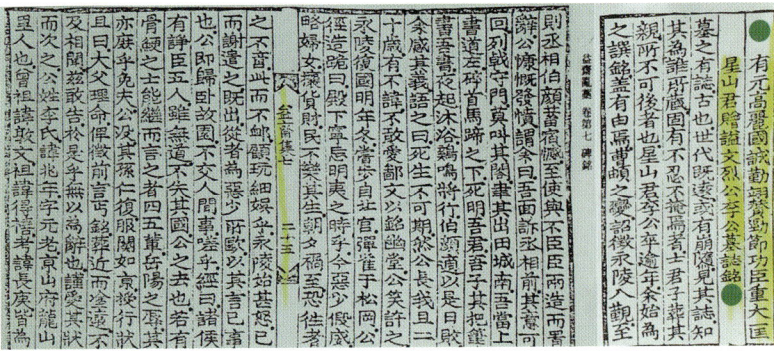

익재집 7권 24~25(이조년 묘지명)

---

28 부모가 평상시 정신이 맑을 때 자손에게 명령한 말은 이치에 맞는 말이라 하여 이명이라 한다.

유원 고려국[29] 성근익찬 경절공신 중대광 성산군
증시 문열공 이공묘지명

—익재 이제현

> 墓之有誌 古也. 世代旣遠, 或有崩隳, 見基誌, 知其爲誰所藏, 固有
> 묘지유지 고야. 세대기원, 혹유붕휴, 견기지, 지기위수소장, 고유
> 不忍不掩焉者, 士君子不葬其親, 所不可後者也. 星山君李公卒逾年,
> 불인불엄언자, 사군자부장기친, 소불가후자야. 성산군이공졸유년,
> 余始爲之譔銘, 盖有由焉.
> 여시위지찬명, 개유유언.

예로부터 묘소에는 지석이 있어 왔다. 세대가 이미 멀어지면 혹시라도 묘소가 무너질 수는 있어도 그 지석을 보면 누구를 위하여 간직해 둔 것인 줄을 알게 되니, 진실로 차마 폐할 수 없는 것이며, 사군자(士君子)가 그 어버이를 장사 할 적에 뒤로 미룰 수 없는 것이다.

성산군 이공이 졸한 지 1년이 넘어서 내가 비로소 공을 위하여 묘지명을 찬술하는 것은, 대개 연유가 있기 때문이다.

> 曹頔之變, 詔徵永陵入覲, 至則丞相伯顔蓄宿憾, 至使與不臣臣兩造
> 조적지변, 조징영릉입근, 지즉승상백안축숙감, 지사여부신신양조
> 而置辭, 公慷慨發憤, 謂余曰, 吾面訴丞相前, 其意可回, 列戟守門,
> 이치사, 공강개발분, 위여왈, 오면소승상전, 기의가회, 열극수문,
> 莫叫其閽, 幸其出田城南, 吾當上書道左, 碎首馬蹄之下, 死明吾君,
> 막규기각, 행기출전성남, 오당상서도좌, 쇄수마제지하, 사명오군,

---

[29] 원나라가 있던 시대의 고려국으로 구분하기 위함이나, 역사적으로 원나라와의 사대 교린 정책상 속국의 표현으로 보는 이도 있다.

> 吾子其把筆書吾書, 夜起沐浴, 鷄鳴將行, 伯顏適以是日敗, 余感其
> 오자기파필서오서, 야기목욕, 계명장행, 백안적이시일패, 여감기
> 義, 語之曰, 死生不可期, 然公長我且二十世, 有不諱, 不敢愛鄙文以
> 의, 어지왈, 사생불가기, 연공장아차이십세, 유불휘, 불감애비문이
> 銘幽堂. 公笑許之.
> 명유당, 공소허지.

조적의 변란 때에 원제가 영릉(고려 충혜왕)을 불러들여 연경에 함께 들어가게 되었는데 승상인 백안이 그동안 쌓인 감정을 품고 충혜왕으로 하여금 조적의 무리와 마주 대하여 서로 변명을 하게까지 하자, 공이 분한 마음에 복 바쳐 나에게 말하기를,

"내가 승상과 대면하여 하소하면 그 뜻을 돌릴 수 있지마는 문지기들이 창을 벌리고 서서 문을 지키니 궁전 아래에 나가 호소하지 못하겠도다. 다행히 백안이 성남으로 나아가 사냥을 한다고 하니, 내가 마땅히 그 길가에서 상서를 하고 그의 말발굽 아래 밟혀 죽더라도 주상의 입장을 밝히려 한다. 그대는 붓을 잡아 나의 상서를 써주게." 하므로 밤에 일어나 목욕을 하고 닭이 울기를 기다려 출발하려 하였는데 백안이 마침 이날 패배하였다.

내가 공의 의에 감격하여 말하기를, "죽고 사는 일은 미리 기약할 수는 없으나 공은 나보다 20년 위의 어른이니 돌아가시면 감히 졸문을 아끼지 않고 유당의 명을 짓겠습니다." 하니, 공이 웃으면서 허락하였다.

永陵復國明年冬, 嘗步自北宮, 彈雀于松岡, 公徑造跪曰, "殿下寧忘
영릉복국명년동, 상보자북궁, 탄작우송강, 공경조궤왈, "전하녕망
明夷之時乎, 今惡少假威略婦女, 攘貨財, 民不樂其生, 朝夕禍至, 恐往
명이지시호, 금악소가위약부녀, 양화재, 민불락기생, 조석화지, 공왕
者之不啻, 此而不卹, 顧玩細娛乎" 永陵始甚怒, 已而謝遣之, 既出,
자지불시, 차이불휼, 고완세오호?" 영릉시심로, 이이사견지, 기출,
從者爲惡少所敺, 以其言已事也. 公即歸臥故園, 不交人間事.
종자위악소소구, 이기언이사야. 공즉귀와고원, 불교인간사.

    영릉[30]이 환국한 명년 겨울에, 왕(충혜왕)이 북궁으로부터 걸어서 송강에 이르러 참새를 잡으니, 공이 지름길로 나아가서 무릎을 꿇고 아뢰기를, "전하께서 어찌 명이의 때를 잊으셨습니까? 이제 포악한 소년들이 위엄을 빌어 부녀자를 겁탈하며 재물을 빼앗으므로 백성들이 삶을 즐기지 못하여 곧 화가 이르러 지난날보다 더할까 두렵습니다. 이를 걱정하지 않고 도리어 사소한 오락을 즐기실 수 있겠습니까?" 하니, 영릉이 처음에는 심히 노하였다가 이윽고 사례하여 보냈다. 나가다가 종자(從者)[31]가 악인배들에게 구타를 당하였는데 그들의 사건을 주상에게 말하였기 때문이었다. 공은 곧 고향으로 돌아가 휴식[臥]하면서 인간관계를 단절했다.

---

30 여기서는 고려 제28대 충혜왕(忠惠王)을 일컬음.
31 이조년을 수행하는 관리가, 왕의 주변에서 오락과 악행을 부추기는 불량배들에게 폭행을 당하였는데, 이 사실이 왕에게 보고가 되자, 충혜왕은 간언에 대한 노여움을 풀고 이조년에게 사과를 한 것이며, 이조년은 종자가 자신을 대신하여 화풀이를 당한 바 되어 심기가 매우 불편했던 것이다.(편집자 註)

嗟乎, 經曰, 諸侯有諍臣五人, 雖無道不失其國. 公之去也. 若有骨鯁
차호, 경왈, 제후유쟁신오인, 수무도불실기국. 공지거야. 약유골경
之士能繼而言, 之者四五輩, 岳陽之辱, 其亦庶乎免夫. 公沒, 其孫
지사능계이언, 지자사오배, 악양지욕, 기역서호면부, 공몰, 기손
仁復, 服闋如京, 授行狀且曰, 大父理命, 卑徵前言丐銘, 葬近而塗遠,
인복, 복결여경, 수행장차왈, 대부이명, 비징전언개명, 장근이도원,
不及相聞, 玆敢告, 於是乎無以爲辭也. 謹受其狀而次之.
불급상문, 자감고, 어시호무이위사야. 근수기상이차지.

아! 경(經)에 이르기를, "제후께서 간쟁하는 신하 5인이 있으면 비록 무도(無道)하여도 나라를 잃지 않는다." 하였는데 공이 떠난 뒤에도 계속하여 말을 할 수 있는 강직한 선비가 4~5명 만 있었더라면 악양의 욕을 거의 면할 수 있었을 것이다. 공이 졸하니 그의 손자 인복(仁復)이 복제를 마치고 서울에 와서 행장을 나에게 주면서 말하기를, "할아버지께서 이명(理命)으로 저에게 전의 말을 증거하면서 명을 빌라 하였으나, 장사할 날짜는 가깝고 길은 멀어서 아뢰지 못하였다가 이제 감히 여쭙니다." 하므로 이에 사양을 할 수가 없어 삼가 그 행장을 보고서 짓는다.

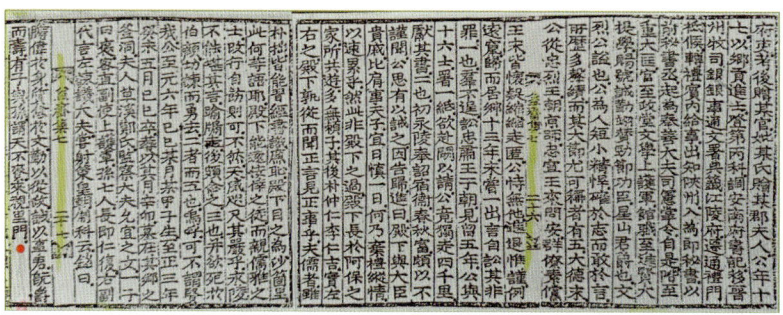

익재집 권7-26~27. 이조년 묘지명

公姓李氏, 諱兆年, 字元老, 京山府龍山理人也. 曾祖諱敦文, 祖諱得
공성이씨, 휘조년, 자원로, 경산부용산리인야. 증조휘돈문, 조휘득
喜, 考諱長庚, 皆爲府吏. 考後贈某官, 妣某氏贈某郡夫人. 公年十七,
희, 고휘장경, 개위부리. 고후증모관, 비모씨증모군부인, 공년십칠
以鄕貢進士, 登第丙科, 調安南府書記, 移晉州牧司錄錄事, 通文署典
이향공진사, 등제병과, 조안남부서기, 이진주목사록 록사, 통문서전
籤江陵府, 遷通禮門祗候, 轉禮賓內給事, 出知陝州, 入爲郞秘書,
첨강릉부, 천통례문지후, 전예빈내급사, 출지합주, 입위랑비서,
以前秘書丞. 起爲奉善大夫司憲掌令.
이전비서승, 기위봉선대부사헌장령.

공의 성은 이씨요 휘는 조년이며, 자는 원로이니 경산부 용산리 사람이다. 증조(曾祖)의 휘는 돈문이요 조(祖)의 휘는 득희요 고(考)의 휘는 장경인데 모두 부리를 지냈다. 고는 뒤에 모관으로 추증하였고 비(妣) 모씨는 모 군부인으로 추증하였다. 공은 나이 17세에 향공진사로서 병과에 급제하여 안남부 서기에 임용되었다가, 진주목사록 녹사, 통문서전첨 강릉부를 거쳐, 통례문지후로 옮겼고 예빈내급사에 전보되었으며, 이어 합천군수로 나가셨다가, 들어와서는 비서랑이 되었다. 전 비서승으로서 기용되어 봉선대부 사헌장령이 되었다.

自是, 階至重大匡, 官至政堂文學上護軍, 館職至進賢大提學, 賜號誠
자시, 계지중대광, 관지정당문학상호군, 관직지진현대제학, 사호성
勤翊贊勁節功臣, 星山君爵也, 文烈公諡也. 公爲人短小精悍, 確於志
근익찬경절공신, 성산군작야. 문열공시야. 공위인단소정한, 확어지
而敢於言, 所歷多聲績, 其大節尤可稱者有五,
이감어언, 소역다성적, 이기대절우가칭자유오.

이로부터 품계는 중대광에 이르고 벼슬은 정당문학 상호군에 올랐으며, 관직은 진현대제학에 이르렀는데, 성근익찬경절공신의 호를 하사하였으며, 성산군은 봉호요 문열공(文烈公)은 시호다. 공의 위인이 키는 작지만 재기가 정한하여 뜻이 확실하고 과감히 말하였으므로 가는 곳마다 명성과 공적이 많았으며 그의 대절로 더욱 칭찬할 만한 일 다섯 가지가 있다.

大德末, 公從忠烈王, 朝京師, 忠宣王來問安, 群僚素儻王宋, 皆懷疑
대덕말, 공종충렬왕, 조경사, 충선왕래문안, 군료소당왕송, 개회의
縮縮走匿, 公恃無他, 進退惟謹. 例遠竄, 歸而居鄕十三年, 未嘗一出
축축주닉, 공시무타, 진퇴유근, 예원찬, 귀이거향십삼년, 미상일출
言自訟其非罪, 一也. 群不逞, 訟忠肅王于朝, 見留五年, 公與十六士,
언자송기비죄, 일야. 군부령, 송충숙왕우조, 견유오년, 공여십육사,
署一紙, 欲赴闕以請, 公竟獨走四千里, 獻其書, 二也.
서일지, 욕부궐이청, 공경독주사천리, 헌기서, 이야.

대덕(元, 成宗의 연호)말년에 공이 충렬왕을 따라 원에 입조하였을 때에 충선왕이 와서 문안을 하니, 여러 신하가 실의를 하고 왕유소와 송방영도 모두 의심을 품고 외축(畏縮)되어 달아나 숨었으나 공은 신실하게 다른 생각 없이 오직 행동을 삼가하였다.

예(例)에 의하여 먼 곳으로 귀양을 갔다가 돌아와서 향리에 거처한지 13년이 되도록 일찍이 한 번도 자기의 죄가 아님을 호소하지 아니한 것이 그 하나요, 여러 불령(不逞)한 무리들이 충숙왕을 참소하여 5년간 원에 억류되자 16명의 선비와 더불어 한 장 종이에 연서하여 대궐에 나아가 청하였고 공이 마침내 원나라 4천리 길을 단신으로 달려가 그 글을 바친 것이 둘이다.

初永陵奉詔宿衛, 春秋富, 頗以不謹聞, 公思有以諴之, 因告歸 進曰,
초영릉봉조숙위, 춘추부, 파이불근문, 공사유이계지, 인고귀 진왈,
殿下與大臣貴戚, 比肩事天子, 宜日愼一日, 何乃棄禮縱情, 以速累
전하여대신귀척, 비견사천자, 의일신일일, 하내기례종정, 이속누
乎. 然此非殿下之過, 殿下長於阿保之家, 所共遊, 多無賴子, 其後朴
호. 연차비전하지과, 전하장어아보지가, 소공유, 다무뢰자, 기후박
仲仁 李仁吉, 實左右之, 殿下孰從 而聞正言見正事乎, 夫儒者, 雖朴
중인 이인길, 실좌우지, 전하숙종 이문정언견정사호, 부유자, 수박
拙, 皆能習經書識廉恥, 殿下目之爲沙箇里, 此何等語耶, 殿下能遠侫
졸, 개능습경서식염치, 전하목지위사개리, 차하등어야, 전하능원녕
倖之徒, 而親儒雅之士, 改行自飭則可, 不然, 天威咫尺其嚴乎. 永陵
행지도, 이친유아지사, 개행자칙즉가, 불연, 천위지척기엄호, 영릉
不能堪其言, 踰 牖走[32], 後頗念之, 三也.
불능감기언, 유 유주,   후파염지, 삼야.

처음에 영릉이 조칙을 받들고 원에 가서 숙위할 때에 춘추가 젊으셔서 자못 삼가지 않는다는 소문이 있자, 공이 경계할 것을 생각하였다. 본국으로 돌아오게 됨으로 인해 나아가 아뢰기를,

"전하께서 대신, 귀척들과 어깨를 나란히 하여 천자를 섬기시니, 마땅히 날마다 더욱 삼가야 할 것이거늘, 어찌하여 예의를 버리고 정욕을 방종(放縱)히 하여 누를 부릅니까? 그러나 이것은 전하의 과실이 아니오라, 전하께서 아보(보모)의 집에서 성장을 하셨으므로 함께 노는 사람 중에 무뢰한 자가 많았고, 그 뒤에 박중인, 이인길 등이 실로 좌우에 있었으니 전하께서는 누구에게 바른 말을 듣고 바른 일을 보았겠습니까? 대개 유자는 비

---

[32] 묘지명 원전은 牖(들창 유, Window)이나, 고려사와 삼현기년에는 墉(담장 용, High wall)으로 썼다. 들창은 들어서 여는 창문이나, 담장은 옥외에 설치한 구축물이므로 차이는 있다.(편집자 주)

록 박졸하나 모두 경서를 익히고 염치를 알거늘, 전하께서는 그들을 지목하여 사개리라고 하시니 이 무슨 말씀입니까? 전하께서 간사한 무리를 멀리하시고 유아(儒雅)한 선비와 친하시어, 행실을 고치고 스스로 신칙하시면 가하거니와, 그렇지 않으면 천자의 위엄이 지척에 있으니 엄하지 않겠습니까?" 하니 영릉이 그의 말에 건디지 못하고 담을 넘어 달아났으나, 그 뒤에 (영릉이)상당히 뉘우쳤으니, 그 것이 셋이요,

> 幷欲死於伯顔, 切諫而勇去, 二者而五也.
> 병욕사어백안, 절간이용거, 이자이오야.
> 嗚呼, 可不謂賢哉. 公至元六年 己巳某月某甲子生, 至正三年 癸未五
> 오호! 가불위현재, 공지원육년, 기사모월모갑자생, 지정삼년 계미오
> 月己巳卒. 葬以其月辛卯, 墓在其鄕之釜洞, 夫人草溪鄭氏, 監察大夫
> 월기사졸, 장이기월신묘, 묘재기향지부동, 부인초계정씨, 감찰대부
> 允宜之女, 一子曰褒, 密直副使上護軍, 孫七人. 長卽仁復, 右副代言
> 윤의지녀, 일자왈포, 밀직부사상호군, 손칠인, 장즉인복, 우부대언
> 左諫議大夫, 嘗射策皇朝制科云, 銘曰,
> 좌간의대부, 상사책황조제과운, 명왈,

　　백안에게 죽음으로 간절히 간하려 한 것과 용맹스럽게 가버린 것 등 두 가지를 합하여 모두 다섯이니, 아! 어질다고 이르지 않을 수가 있겠는가? 공은 지원(至元) 6년(1269) 모월 모일에 낳았고 지정 3년(1343) 기사 일에 졸하였다.

　　5월 신묘 일에 장사 지냈는데 묘지는 그 고을의 부동에 있다. 부인은 초계 정씨로 감찰대부 윤의의 따님이며, 아들은 하나인데 밀직부사 상호군인 포(褒)이고 손자는 7인이다. 큰 손자는 곧 인복으로 우부대언 좌간의대부이니, 일찍이 원나라의 제과에 급제하였다.

명(銘)은 다음과 같다.

膽偉於身담위어신	담력은 몸보다도 위대하시고,
質愈於文질유어문	질[稟性 품성]은 문보다 뛰어났도다.
勤以從政근이종정	근면으로 정사에 임하였고,
誠以事君성이사군	지성으로 임금을 섬겼도다.
旣爵而壽기작이수	이미 봉작되고 천수를 누렸으며,
有子與孫유자여손	아들과 손자들을 두었도다.
謂天不賚위천불뢰	하늘이 복주지 않았다 이를진대,
來視里門내시리문	와서 이 마을을 바라보라.

3-3-1 문열공 이조년 묘지명을 쓴 익재 이제현

익재(益齋) 이제현(李齊賢, 1287~1367) 시호 문충. 본관 경주.

익재 이제현은 1314년 충선왕의 부름으로 원의 연경에 머무르며, 충선왕이 지은 만권당(萬卷堂, 서재)에서 조맹부(趙孟頫), 원명선(元明善), 장양호(張養浩), 우집(虞集), 탕병룡(湯炳龍), 주덕윤(朱德潤) 등과 자주 만나 학문과 식견을 넓혔다. 고려와 원의 교류가 만권당을 중심으로 이루어지는 가운데 주자성리학 보급 및 조맹부의 송설체(宋雪體) 등 서화의 기풍이 유입되는 계기가 되었다. 1320년에는 만권당에서 활동을 하면서 고려 관리로 발탁되어 판전교시사, 선부전서(選部典書) 등을 역임하였다. 그는 지밀직사사(知密直司事)가 되면서 단성익찬공신의 호를 받았고, 지공거(知貢擧)가 되어 과거를 주관하였다.

강진 구곡사 소장 이제현 초상

또한 고려의 국가적 독립성을 부여하지 않는 원나라의 한 성(省: 행중서성)으로 바꾸려는 부원배들의 입성책동에 반대하여 1323년 "입성책동반대상소"를 올려 저지한 사실은 역사에 길이 남을 일이다.

1339년 조적의 난이 일어나 충혜왕이 원에 붙잡혀 갔을 때 이조년과 함께 왕의 죄 없음을 주장하고 충혜왕 복위를 위해 숙고한 사실은 역사나 묘지명에 기술된 바와 같다. 이제현은 1367년 81세로 졸하였으며, 문충(文忠) 시호를 추증받고, 공민왕 사후 공민왕 묘정에 배향되었다. 아버지는 검교시중(檢校侍中)을 지낸 동암(東菴) 이진(李瑱)이다. 이진은 이조년과 같은 안향 문하의 육군자(六君子) 중 한 사람으로 존경받는 문신이다. 저서로는 익재난고(益齋亂藁)와 역옹패설(櫟翁稗說)이 있으며 이 두 가지를 합한 것이 익재집(益齋集)이다.

3-3-2 육군자(六君子)

회헌 안향(安珦)선생 문하에서 수학한 권부(權溥) 우탁(禹倬), 이진(李瑱), 이조년(李兆年), 백이정(白頤正), 신천(辛蕆) 등 여섯 학자들을 육군자라 칭한다. 진주 도통사(道統祠)는 경상남도의 문화재 자료 제63호로 지정된 사당으로 공자(孔子)를 중심으로 주자(朱子)와 안자(安子) 등의 영정을 모시고 있다. 충북 음성군 생극면 방축리에 있는 도통사는 공자를 주 위패로 주자와 안향 및 9현을 봉안하고 있다. 청주, 충주, 음성지역 유림들이 주축을 이뤄 매년 9월10일(음) 추향 봉행하고 있다. 음성 도통사에는 9현 위패 외에 회헌 안향과 문열공 이조년 영정이 있다.

음성 도통사 추향제

안향 초상

이조년 초상.위패

제4부

작품의 세계

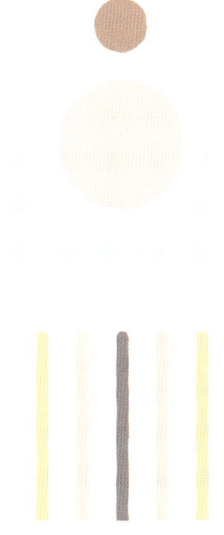

고시조(古時調) 및 한시(漢詩) 감상

매운당 이조년과 그 형제들의 유품들은 고려 말엽부터 조선 초에 이르기까지, 분실 또는 전란 중에 소실(燒失)되었거나 훼손되어 전해지는 것은 매우 적다. 반면 3~4세대 후인 직계손 초은 이인복(이조년의 손자)을 비롯하여 도은 이숭인(이백년의 증손), 형재 이직(이조년의 증손) 등은 여말 선초의 문신, 정치인으로서 특히 예악(禮樂)과 문장에 뛰어나 문학적, 교육적으로 유용한 시들을 많이 남겼다.

이인복의 초은집(樵隱集), 이숭인의 도은집(陶隱集), 이직의 형재시집(亨齋詩集) 등이 대표적이며, 1968년 정부의 지원으로 발간된 우리나라 역대 시문을 모은 "고전국역총서 동문선(東文選)"에도 그들의 작품들이 수록되어 역대의 빛나는 문인들의 시문학 작품들과 함께 속속 세상에 널리 알려지게 되었다.

그 중 형재 시집의 경우는 성주이씨 문경공파 종회가 1998년에 이어 2014년에 국역 "형재 이직선생 시집"을 증간하여 한시 애호가들은 물론 일반인들도 널리 볼 수 있도록 하였다. 그의 높은 덕성과 인품을 이해하는 데 있어서는 유용한 기회가 될 것이며, 바람직한 일로 평가가 될 것이다.

고려 광종 9년부터 과거제도를 도입하여 시행을 함으로써 우수한 인재 등용의 기회가 주어졌음을 제3부에서 적은 바 있다. 선비들은 등용의 꽃인 과거시험 문과에 응시하기 위해 반드시 사서삼경은 물론 시(詩)와 부(賦)[1], 송(頌)[2], 시무책(時務策)[3] 등을 포함하여 다양하고 깊이 있는 학문을 연마해야 했다. 문장력이 뛰어나 공히 재능을 인정받은 선조들의 숨결이 고

스란히 담겨져 전해 내려오는 주옥같은 유작(遺作)들을 감상하는 계기가 될 것이다.

제4부에서는 세계(世系) 2~5세 선조들의 시문(詩文)들 중에서 일부를 선정하여 소개하고, 경북 성주군 성주읍 경산리 소재 성주이씨 중시조 농서군공 장경(長庚) 유허지에 조성한 시비 작품들은 모두 적용하였다.

이어서 제5부에서는 사(辭), 부(賦), 표문(表文), 상전사(上箋辭), 개국공신교서(開國功臣敎書) 등을 싣고, 제6~7부에는 전 장에서 게재하지 못한 신도비명과, 효행으로 은전을 입은 사례와 각종 사화(士禍)에 연루되어 어두운 역사로 점철된 선조님들의 안타까운 사연들도 재조명하였다. 특별히 외부자료로써 역사의식을 고취(鼓吹)시키는데 반드시 필요한 명문장들인, 고려시대에 당면한 문제였던, "입성책동을 반대"하는 이제현의 상소문(上疏文)과, 가정 이곡의 "황제시여! 제발 고려에서 어린 소녀들을 빼앗아 오지 마십시오" 제목의 상소문을 인용했다.

유필이 있으면 누락됨 없이 적용할 것이나, 작품의 수가 많은 분들의 한시는 각 25수 내외로 조정하였다. 작품들이 모두 역사적, 교육적으로 가치가 있는 예술성이 뛰어난 명시들이다. 그들은 시(詩)로써 애환(哀歡)을 노래했고 혼란한 역사와 더불어 우국충절(憂國忠節)의 의지를 품었으며, 때로는 응당한 표현도 신변의 위기(危機)를 모면하기 위해 자구(字句)를 바꾸기도 했다. 우리에게 넘겨진 귀중한 물적, 정신적 유산을 잘 간직하고 후세에 적극 전수시키는데 인색함이 없어야 할 것이다.

---

1 내용의 형식이 산문적인 것.
2 대상 인물의 성덕을 칭송하는 내용의 작시.
3 급히 해결하기 위한 사안을 논하여 국왕에게 건의 하는 글.

우선 시를 감상하는데 도움이 되는 내용이 있어 여기에 시 한 수[율곡 시]를 소개하고 주석(註釋)을 일부 인용한다. 선조님들의 시를 감상할 때 참고하면 좋을 것이다.

예로부터 그림과 시는 아주 가까운 사이였다. 시는 "모양이 없는 그림"이고 그림은 "소리가 없는 시"라는 말도 있다. 시인은 자기가 하고 싶은 말을 직접 하지 않는다. 사물을 데려와서 사물이 대신 말하게 한다. 한편의 시를 읽는 것은 시인이 말하고 싶지만 말하지 않고 시 속에 숨겨둔 말을 찾아내는 일이다. 이점은 화가도 마찬가지다.

山中(산중)   율곡[4] 이이
採藥忽迷路 千峰秋葉裏 채약홀미로 천봉추엽리
山僧汲水歸 林末茶煙起 산승급수귀 임말차연기

약초 캐다 어느새 길을 잃었지, 천 봉우리 가을 잎 덮인 속에서.
산(山)스님이 물을 길어 돌아가더니,
숲 끝에서 차 달이는 연기가 일어난다.

- 간결하나 깊은 뜻이 있는, 평범한 약초 마니아의 일상을 본다.
「단풍이 물들고 나더니 어느새 낙엽이 수북이 쌓였다. 어떤 사람이 망태기를 들고 낙엽 쌓인 산속에서 약초를 캔다. 여름에는 잘 보이지 않던 약초가 낙엽을 들추자 여기저기서 제 모습을 드러낸다. 약초를 캐다보니 어느새 깊은 산속으로 들어와 버렸다. 정신을 차려보니 길에서 한참이나 들

---

4 이이(栗谷 李珥. 1536~1584):조선 중기의 대학자, 본관 덕수.

어온 가을 산속이다. 낙엽은 어느새 무릎까지 쌓여 오고 조금 전 내가 올라온 길이 어딘지 조차 알 수가 없다.

약초꾼은 빨리 집으로 가야 하는데 방향을 알 수 없으니 길을 잘 못 들어 엉뚱한 방향으로 가면 어쩌나, 산 짐승의 위험도 있고 이러지도 저러지도 못 할 때였다. 저 건너편 숲 사이로 희끗 사람의 그림자가 보인다. 하도 반가워 자세히 살펴보니 스님 한 분이 물동이에 물을 길어가고 있다. 그런데 스님의 모습은 금세 숲 사이로 사라지고 말았다. 저리로 가면 스님이 계신 암자가 나올까? 혹시 나오지 않으면 어떡하지? 바로 그 때다. 스님이 사라진 숲 저편 너머로 연기가 모락모락 피어오른다. 조금 전에 물을 길어 간 스님이 낙엽을 태워 찻물을 끓이고 있는 모양이다. 약초꾼은 피어오르는 연기가 구세주라도 만난 듯이 반가웠겠다. 갑자기 목이 마르다. 어서 가서 스님에게 차 한 잔을 얻어 마셔야지. 하루 종일 캔 약초 망태기는 묵직하지만 이젠 발걸음이 가벼워져서 무거운 줄도 모른다.」

이번에는 그림 이야기다.

중국 송나라 휘종 황제는 그림을 좋아하는 훌륭한 화가이다. 궁중에 화가들을 모아놓고 대회를 열어 시의 한 구절로 그림을 그리는 제목을 정했다.
"어지러운 산(山)이 옛 절[寺]을 감추었다."
절을 그려야 하지만 감춰져 있다고 했으니 화가들은 고민에 빠졌다. 대부분의 화가들은 산을 그려놓고 그 숲속 나무사이로 절 집의 지붕이 희미하게 비치거나 숲 위로 절의 탑이 삐죽 솟아있는 풍경을 그려냈다. 황제는 불만스러웠다. 그때 한 화가가 그림을 제출했는데, 그가 그린 그림은 다른 화가의 것과는 달랐다. 우선 어디에도 절을 그리지 않았다. 대신 깊은 산속 작은 오솔길에 웬 스님 한 분이 물동이를 이고서 올라가는 모습을 그려놓았을 뿐이었다. 황제는 흡족한 표정을 짓고 "내가 그리라고 한 것은 산속에 감춰져 보이지 않는 절이었다. 그런데도 다른 화가들은 모두 눈에 보이는 절의 지붕이나 탑을 그렸다. 그러나 이 사람은 절을 그리는 대신에 물을 길으러 나온 스님을 그렸구나. 스님이 물을 길으러 나온 것은 근처에 절이 있다는 것을 알 수가 있다. 그런데 산이 너무나 깊어 절이 보이지 않는 게로구나. 내가 이 그림에 일등을 주는 이유다."

_경민선생의 한시 이야기 중에서. 2009 부림출판사

－시(詩)와 관련한 일화(逸話)－

일화는 정사(正史)와는 다르므로 단지 시 감상의 필요에 의해 소개하는 것이므로 참고용임을 밝힌다. 시로 인해 왕에게 미칠 파장(波長)을 염려한 충신은 거짓으로 보고를 한다.

충선왕 5년[5] 때의 일로 지봉(芝峰) 이수광이 편찬한 '지봉유설(1614년 광해군 6)에 출처를 두고 있는 일화다. 시와 관련한 인물 중에는 당시에 시종신(侍從臣)[6]인 문신 익재(益齋) 이제현(李齊賢, 1287~1367)이 있었다. 그는 충선왕이 원(元)에 설치한 만권당(萬卷堂)에서 원의 명사와 교우하며 학문과 식견을 넓힌 유능한 학자다. 후에 조적(曺頔)이 반란을 일으켜 충혜왕을 내치고 심양왕 왕고(王暠)를 고려왕에 옹립하려 할 때 이조년이 반대의 소(왕의 죄 없음)

---

5 재위 1298. 1~1298. 8/복위 1308. 8~1313. 3.
6 임금을 가까이에서 모시며 국사를 처리하는 신하.

를 올리기 위해 연경에 갔을 때에도 함께 했었다.

충선왕에게는 사랑하는 중국 여인이 있었지만 고려로 귀국할 때, 그 정인을 함께 데리고 올 수가 없었다. 왕은 이별의 정표로 여인에게 연꽃 한 송이를 꺾어 주고 걸음을 옮겼지만 도저히 그 여인을 잊지 못했다. 임금은 밤낮으로 그리움을 견디지 못하다가 시종신 이제현을 보내어 그녀를 살펴보라 일렀다. 이제현이 연경으로 가서 만나보니 그녀는 누각에 누워있었는데, 왕과 작별 후 곡기를 끊은 지 며칠 째라 말도 분명하게 잘하지 못하는 지경이었다. 그녀는 울면서 가까스로 붓을 들어 시 한 수를 써 주며 왕께 전해줄 것을 청했다.

<적어 보낸 시>
贈送蓮花片 初來的的紅
증송련화편 초래적적홍

辭枝今幾日 憔悴與人同
사지금기일 초췌여인동

떠나며 보내주신 연꽃 한 송이,
처음엔 너무나도 붉었는데,
줄기를 떠난 지 며칠도 못 되어,
초췌함이 제 모습과 똑같습니다.

처음 받을 때는 붉고 고왔던 연꽃송이가 줄기가 끊겨 떨어지자 며칠 못 가서 시들어버렸다. 사랑하는 당신이 떠나자 나도 시들어버린 연꽃처럼 초췌하기 이를 데 없다는 애달픈 사연이었다.

왕명을 받들어 일을 마치고 원나라에서 고려로 돌아온 이제현은 받아온 이 시를 왕에게 건네주지 아니하고 거짓말로 아뢴다.

"전하! 여인이 술집에 들어가 젊은 사람들과 어울린다는 소문을 듣고 찾아보았으나 끝내 찾지 못했습니다." 충선왕은 분노(憤怒)하여 더러운 여자라는 뜻으로 땅에 침을 뱉었다.

홍련(紅蓮) 현재(玄齋) 심사정(沈師正) 그림(국립중앙박물관 소장)

다음 해 임금의 생일에 이제현이 왕께 축하의 잔을 드리고 뜰 아래로 물러나 엎드려 "죽을죄를 지었습니다." 하며 대죄하였다. 충선왕이 그 연유를 물었다. 이제현은 이날 그 여인의 시를 올리며 그 때의 일을 소상히 아뢰었다. 시를 받아 본 충선왕은 눈물을 흘리며 말했다. "그날 내가 이 시를 보았더라면 나는 무슨 일이 있더라도 돌아갔을 터인데 그대가 나를 사랑해 일부러 다르게 말하였으니 참으로 충성스러운 일이다."

1. 매운당(梅雲堂) 이조년[7](李兆年, 1269~1343)

1-1 百花軒(백화헌) 한시

주섬 주섬 이꽃 저꽃 심을 것 없다,
백화헌엔 백가지 꽃이 차야 멋인가.
매화꽃 국화꽃이 맑고 좋은데,
울긋 불긋 다른 꽃 부질없구나.

　매운당 이조년의 시조와 한시는 몇 수에 지나지 않지만 그 중에서 이 시를 먼저 싣는 이유는 그가 정치 초년기에 당면했던 사건으로 인해 커다란 마음의 상처를 입은 후에 쓴 시이기 때문이다. 역사적인 배경에서 보듯 이 당시의 고려에 대한 몽골의 지배관계는 국제정치 측면에서는 왕권을 불완전하게 만든 것이고, 고려 조정 내부에서 비롯된 당권파들의 대립은 부자간의 파벌싸움으로 번지게 하였다. 이러한 정치여건 속에서 당시 이조년은 불안한 정세를 가늠해볼 겨를도 없이 충렬왕 비서승 직을 맡게 된 것이다. 시대적 정치적인 상황을 고려하면 그 고충을 이해하는 데 도움이 되고, 시가 지닌 참 뜻을 공감하게 될 것이므로 당시 고려왕실의 파벌정치 투쟁사의 내면을 간략히 정리해 본다.
　충렬왕(忠烈王)은 고려 제25대 왕으로 원의 내정간섭이 극렬했던 시기에 33년 6개월(복위 10년 포함)동안 재위했으며, 몽골의 공주와 통혼한 최초

---

[7] 성근익찬경절공신 녹권(1등 공신). 성산후 추증. 충혜왕 묘정 배향. 고려 문신. 시호: 문열(文烈) 대표관직: 정당문학. 예문관대제학 -호(號)는 매운당.

시비공원. 매운당 이조년 백화헌 시 (寫)

의 왕이다. 이조년은 정치 초년기부터 충렬왕과 관계가 깊다. 그는 충렬왕 1285년 을유(乙酉)에 향공진사(鄕貢進士)로 과거에 급제, 안남서기, 예빈내급사, 지합주사 등 실무경험을 쌓고 조정에 들어와 비서승(祕書丞)이 되어 충렬왕을 모시게 되었다. 공교롭게도 그때는 충렬왕과 충선왕이 부자간에 재위와 복위를 번갈아 하면서 왕권을 차지하려는 충렬왕파와 충선왕파간의 세력들과 마찰을 빚고 있었던 시기였다.

1298년 정월에 충렬왕은 태상왕으로 물러나고, 아들 장(璋)에게 왕위를 넘긴다. 그가 고려 제26대 충선왕이다.

충선왕의 제1비인 원나라 계국대장공주는 제5비인 조비(趙妃)가 자기를 저주하고 "조비의 모친은 무당을 불러 공주를 사랑하지 못하게 빌었다"는 익명의 투서를 받고 무뢰배(無賴輩)들과 짜고서 원의 황태후에게 편지를 보냈다. 왕후(계국대장공주)는 무고(誣告) 내용만 믿고 조비의 부모와 그들의 사위 내외 등 10여 명을 잡아 가두었다. 그 후 조비와 부모들은 원으로 압송되고 원 황제는 충선왕과 왕후(공주)의 입조를 요구했다. 이에 태상왕(충렬왕)은 원으로 가는 충선왕과 황후에게 전별연을 베풀어 주었으며 이때 원나라 관리가 황제의 명을 핑계로 충선왕의 국왕인(國王印)을 빼앗아 태상왕에게 주었다. 이와 같이 태상왕이었던 충렬왕은 왕위를 넘긴지 7개월 만에 다시 복위(1298)를 한 반면, 충선왕은 왕위를 빼앗기고 계국대장공주(제1비)와 함께 원나라로 불려가는 신세가 되었다. 충선왕이 연경(燕京, 북경의 별칭)에 머무르는 10년 동안 충렬왕은 충선왕파를 제거하는 한편 측근인 송린, 왕유소 등을 앞세워 충선왕을 폐위시킬 계획을 세우니 부자간의 갈등은 깊어만 갔고, 목숨을 건 위정자들의 파벌싸움은 더욱 심화되고 있었다.

이 때 이조년은 호위 비서승(종 5품관)의 자격으로 충렬왕을 모시고 원에 입조하게 되었고 1305년 겨울(11월) 연경에 도착했다.

그러나 충선왕은 연경에 머무는 10여 년 동안 이미 왕권을 되찾기 위해 그곳에서 세력을 규합하고 있었으므로 1307년 원의 황제 티무르가 죽고, 충선왕이 지지하던 무종이 차기 원의 왕으로 유력시 되자 사태는 반전되었다. 따라서 충선왕을 폐(廢)하기 위하여 연경으로 갔던 충렬왕은 오히려 충선왕에 의해 왕유소, 송방영 등의 측근들을 모두 잃고 왕권도 상실하고 말았다.

이때 이조년은 어느 편에도 서지 않고 충렬왕을 끝까지 보필하였다.

충렬왕의 측근들은 모두 도망가고, 비서승 이조년과 내수 최진(崔晉)만 남아 이름만 왕일 뿐 아무런 권한도 없는 늙은 왕의 곁을 정성껏 지킨 것이다. 1308년 7월에 충렬왕이 죽자 충선왕은 왕위에 복위하였고, 이조년은 부자간의 권력투쟁 사건에 연루되어 결국 유배(流配)형을 받게 됨으로써 아무런 죄도 없는 충직한 비서승은 홀로 외지로 떠나가야만 했다. 이때가 그의 나이 39세였다.

유배를 마친 후에도 권력에 회의를 느낀 나머지 모든 벼슬을 하지 않고 13여 년 동안 고향 성주에서 학문을 연마하며 은둔생활을 했다. 성주부 집 후원에는 여러가지 나무와 꽃들을 가꾸고 정자를 지어 '백화헌(百花軒)'이라 이름 짓고 현판을 달아 놓았다. 현판 이름 백화헌은 후에 매운당과 함께 이조년 선생의 호로 쓰기도 한다.[8]

백화헌(百花軒)[9]　　　　　　　　　　　　　　　　　　　　- 매운당 이조년

爲報栽花更莫加위보재화갱막가　數盈於百不須過수영어백불수과
雪梅霜菊淸標外설매상국청표외　浪紫浮紅也謾多낭자부홍야만다

알리노니 꽃을 더 이상 보태어 심지말고, 그 수가 백에 차거든 부디 거기서 지나치지 말라. 눈 속 매화와 서리맞은 국화의 맑은 운치 외에는, 진한 자주 빛 경박한 붉은 빛은 실없음이 많으니라.

백화헌에는 수많은 색의 꽃이 있어 아름답기는 하나 지난날의 회한이 서린다. 그는 숭상하는 꽃과 배척하는 꽃을 엄격히 가려 심기를 바란 것이다. 백화헌에는 백가지 꽃만 심고, 더 보태지 말 것을 당부하는데, 당부의 취지는 부귀(富貴)

백화헌 현판

---

[8] 삼현기년에도 이 때 매운당을 축성(築成)하고 시를 지었다고 기록하였다.
[9] 한자 뜻: 위보(爲報): ~을 위해 알린다. 수영(數盈): 숫자가 넘치다. 불수과(不須過): 모름지기 과함이 없어야 함. 청표(淸標): 풍채가 청초, 고상함. 낭자부홍(浪紫浮紅): 허랑한 자주 빛과 부화한 붉은 빛. 만다(謾多): 부질없이 많은 것.

나 명예(名譽)도 욕심이 지나치면 반드시 화(禍)가 미친다는 경계의 뜻이기도 하다.(백가지 꽃은 많은 수의 꽃을 뜻함)

자신이 숭상하는 꽃은 고결의 상징인 매화와, 서리를 맞아도 기품을 잃지 않는 국화이고, 배척하는 것은, 소인배를 상징하는 울긋불긋 철따라 빛깔이 변하는 꽃들이니 모두 부질없다는 것이다. 권력을 따라 기웃거리며 변신하는 기회주의자들은 나라를 바로잡지 못한다고 생각하고 있었다. 강직한 성격을 지니고 직언을 할 수 있는 유일한 충신 이조년은 관직에 있을 때에도 소인배들의 어리석은 행위를 경멸해왔는데, 그 이유는 악행을 부추기는 소인배[붉은색]들에게 휘둘리는 젊은 왕이 안타까웠기 때문이었다.

백화헌 시/사진: 2020 서가협 국전도록

이조년의 백화헌(百花軒)을 차운한 시는 여러 수가 있으나 가정(稼亭) 이곡(李穀)[10]이 이조년 '백화헌'시에서 운자(韻字)를 따서 지은 차운시(次韻詩) 한 수를 소개한다.

---

10 1298~1351, 한산 이씨이며 고려 후기의 학자, 문인이다. 가정은 원나라의 제과에 급제하였으며, 문장실력이 뛰어나 원나라에서도 그 실력을 인정하였다. 밀직부사, 정당문학을 지냈다.

1-2 백화헌 차운시(次韻詩)

―가정 이곡(李穀)

花開花落鬢絲加 화개화락빈사가 꽃피고 질 때마다 더 늘어나는 흰머리,
百歲春光一鳥過 백세춘광일조과 백년의 봄빛도 한번 새가 지나가는 것.
此日此軒還寂寞 차일차헌환적막 오늘따라 이 누대 왜 이리도 적막한지,
滿園疎木夕陽多 만원소목석양다 뜰 가득 소목위에 저녁 햇빛만 쏟아지네.

이조년 한시 백화헌(百花軒)
爲報栽花更莫加 위보재화갱막가
數盈於百不須過 수영어백불수과
雪梅霜菊淸標外 설매상국청표외
浪紫浮紅也謾多 낭자부홍야만다

가정 이곡은 이조년의 백화헌 한시에서 운(加, 過, 多)을 썼다.

역주에, 진나라 장협(張協)의 시에 "인생영해내 홀여조과목(人生瀛海內 忽如鳥過目). 인생이 큰 세계 안에서 사는 것이 새가 눈앞을 스쳐가는 것처럼 잠깐이다."라고 하였다.

그는 원의 황제에게 건의[상소문]하여 고려에서의 처녀 징발행위를 중지시켰으며, 익재 이제현과 함께 편년강목(編年綱目)을 증수(增修)하였다. 이곡의 작품으로는 죽부인전(竹夫人傳)이 있고 문집 가정집(稼亭集)이 있다. 고려에 충절을 지킨 목은(牧隱) 이색(李穡)의 아버지이다.

1-3 多情歌(다정가)[11]

- 매운당 이조년

현대어

이화에 월백하고 은한이 삼경인제

일지춘심을 자규야 알랴마는

다정도 병인 양하여 잠 못 들어 하노라.

시조원문

梨花에 月白ᄒ고 銀漢이 三更인직

一枝春心을 子規ㅣ야 아랴마ᄂᆞᆫ

多情도 病인 양ᄒ여 ᄌᆞᆷ 못일워 ᄒ노라.

_청구영언[12] 병와가곡집

---

11 이 시제는 후세에 붙여진 이름이다.
12 조선 영조 4년, 김천택(金天澤)이 고려 말엽부터 여러 사람의 시조를 모아 펴낸 최초의 시집.

환한 달빛이 배꽃에 비춰 한층 더 밝고, 은하수는 돌아와 자정을 넘어 가는데, 나뭇가지에 깃든 따뜻한 봄날의 정서를 자규[13]는 알기나 하고 우는 것일까마는, 그를 생각하는 정이 넘치는 내 마음이 병이 될까 잠조차 이루지 못하겠구나.

이 시조는 평시조 정형시로써 청초(淸楚)하고 결백(潔白)하며 냉담(冷淡)의 상징인 이화(梨花, 배꽃)를 제재로, 우리민족의 전통적 한의 정서를 봄밤의 애상적인 어조로 노래한 서정시(抒情詩)이다.

충신 이조년은 충혜왕(1315~1344)의 실정과 도를 넘는 음행에 대한 잘못을 지적하며 바로잡힐 것을 기대하고 여러 번 충간하였으나 왕은 끝내 받아들이지 않았

도자기에 쓴 다정가(서예가 무송 김광양)

다. 그는 자신의 부족함으로 돌리고 탄식하며 사직을 고했다.[14]

시조의 초장은, 자연. 사물을 드러내어 드넓은 은하의 우주공간에서 발하는 밝은 달빛을 청초하고 결백한 이화에 조명하여 은백의 세계로 이끌고 있다. 중장은, 일지춘심- 미풍에도 흔들리는 여린 나뭇가지에서 봄밤의 애정이 움트는 예민한 심정을 비유하여, 왕을 생각하는 애상과 고독감

---

13 두견새. 자규에 관하여는 여러 가지 설이 있으나, 그 중 하나는 중국의 촉국 망제(望帝)가 죽어서 된 새라고 한다. 망제는 신하를 믿었다가 나라를 빼앗기고 쫓겨 났는데, 자신의 신세를 한탄하며 울다 죽었다고 한다. 문학 작품에서 두견은 억울, 슬픈 사정에 처한 인물을 대변한다.

14 이조년 고려사:열전.

으로 동요하는데, 이런 충정을 망제의 한을 품은 자규는 내 마음을 알기나하고 피를 토하는 듯 슬피 우는 것일까? 종장은, 지금 나는 임금을 향한 인간의 무한한 깊은 정이 넘치는 심정을 펼 길이 없는데, 자규(子規)가 내 감정을 한층 돋우니 다정 다감한 나는 왕을 생각하면 병이 될까 더욱 뒤척이며 잠을 이룰 수가 없구나! 하고 끝을 맺는다. 임금에 대한 충정과 안타까운 심정을 표현한 다정가(多情歌)는 표현 기법과 정서면에서 고려 시조 가운데 문학성이 가장 뛰어나다고 한다.

자하 신위탄생 250주년 기념 전시 브로슈어
(Brochure) 2019.11.5 국립중앙박물관

조선 후기의 시인. 문신인 신위(申緯)[15]는 이조년의 시조를 악부에 곡자(曲子)를 붙여 칠언절구 한역시(漢譯詩)로 바꾸어 전통가요의 자규제 전강[16]으로 불리게 하였다. 신위는 이 시를 그의 저서 경수당전고(警修堂全藁) 소악부(小樂府)에 전하고 있다. 경수당전고는 신위의 시문 20책으로 구성된 필사본으로 4,000여 수의 시를 싣고 있으며, 소악부는 작자가 평소 기억하고 있던 시조(時調) 40수를 한역하여 시조가 일시적으로 가창되다 인

---

15 신위(申緯, 1769~1845): 호는 자하(紫霞). 경수당(警修堂)이며 조선후기의 문신, 시인, 서화가로서 시, 서, 화의 삼절로 꼽힌다. 조선 후기 이조판서를 지낸 문신 풍고(楓皐) 김조순(金祖淳, 1765~1832)은 신위의 시가 한국 역사상 최고의 경지이며, 그림 또한 중국을 대표하는 예찬(倪瓚, 1301~1374). 심주(沈周, 1427~1509)와 어깨를 나란히 한다고 평가하였다.

16 한국 전통 음악의 형식에서 첫 가락이 되는 마디를 말한다.

멸될 것을 우려해 후대에 보존의 목적으로 만든 시집이다. 수록작품 중 작자를 알 수 있는 것은 24수이다. 명옥(明玉), 매화(梅花), 이조년(李兆年), 이개(李塏), 윤선도(尹善道), 기대승(奇大升), 한호(韓濩), 황진이(黃眞伊) 등을 포함한 20인이며 조선 후기 우리나라 악부 연구에 중요한 자료가 된다.

1-4 子規啼(多情歌漢譯詩) 자규제(이조년 다정가 한역시)

자규제 전강(子規啼前腔)
梨花月白三更天이화월백삼경천
啼血聲聲怨杜鵑제혈성성원두견
儘覺多情原是病진각다정원시병
不關人事不成眠불관인사불성면

하얀 배꽃에 달이 밝게 비치고
자정 넘어 깊은 밤,
피를 토하는 듯 울부짖는 두견이
원망스럽다.
다정 다감이 병이 되는 줄 이제야 깨달으니,
세상일에 무관심해도 잠은 오지 않는구나.

- 한역시: 자하 신위

배꽃

1-5 영어(英語)로 번역한 다정가

2가지의 영역을 통해 시조의 묘미를 감상.

다정가/이화조(梨花操) 영역시(1)

Mae woon dang/ Lee Jo-Nyeon

The Tune of Pear blossoms

The moon falls on white pear blossom
as Galaxy announces midnight,
the chirping cuckoo wouldn't fathom
my spring sentiment about the single pear tree branch,
my sentimentality like an illness making me sleepless.

Pear blossom(배꽃).Galaxy(은하수).Cuckoo(두견새). Fathom(헤아리다) 편집자註
(참고문헌:고려대 72학번 동기회 블로그)

이조년 시비, 다정가

Location   Gyeongsan-ri, Seongju-eup Seongju-gun, Gyeongsang buk-do, Korea

다정가/이화조(梨花操) 영역시(2)

Lee, Jo-nyeon(1269~1343)

The Tune of Pear blossoms

The moon shines bright and white on the pear blossoms.
With the Milky Way declining toward midnight,
how can a cuckoo know my sincerity,
like a sap-rising twig in spring?
Feeling an irresistible yearning for you,
I toss and turn sleepless in bed.

Translated by Ahn, Jin-soo
Emeritus Professor, Dept. of English, Dankook Univ. (안진수 박사)

Milky Way:은하(銀河). a sap-rising twig:지맥에 수액이 솟는 형상.
Feeling an irresistible yearning: 그리움을 못 이기다. (편집자 註.)
(참고문헌:위대한 조상.성주이씨 농서장학회 교재)

1-6 유필(遺筆) 병풍시(屛風詩)

- 매운당 이조년

매운당 선생이 쓴 친필(親筆)시는 당대(唐代, 618~907)의 유명한 시인, 정치가인 두보, 한굉, 왕지환, 위응물, 장적 등이 작시한 오언절구(五言絶句)의 당시(唐詩)들이다. 그들의 저작 시 여섯 수(首)를 인용하여 붓글씨 초서체(草書體)로 썼으며 병풍용도로 쓰인 이 작품은 광초유묵판각(狂草遺墨板刻)으로 나무에 글씨를 새겨 만든 작품이다. 고려 말의 서예사(書藝史) 연구에도 유용하고 예술성이 상당히 높은 유작으로 평가되고 있다. 운필이 과감, 원만할

문열공 이조년 광초유묵판각 병풍시/유품전시관

뿐만 아니라, 굳세고 엄격하며 글자마다 자획(字劃)이 상호 조화를 이루며 미적 예술적 가치를 한층 높인 작품이다. 여섯 수의 시는 서로 연결된 시는 아니지만 당대(唐代)의 유명한 시인들이 풍류를 즐기며 대자연을 주제로 삼아 지은 시를 각각 선택하여 자연친화적 조화를 추구했다. 시대를 초월한 작가의 원숙(圓熟)한 필세(筆勢)와 운치(韻致)로 인해 생동하는 듯한 착각을 일으키게 하고 기이함에 눈길을 끌게 한다. 아래에는 매운당 선생의 유필인 여섯 폭의 병풍을 각 편(片)으로 나누어 뜻풀이를 하였으며 장기간 보관 중 훼손된 것으로 보이는 세 글자[풍(風), 석(石), 계(溪)]의 결자(缺字)들은 필자가 문맥의 연결과 해석상의 편의를 위해 가필하였다.

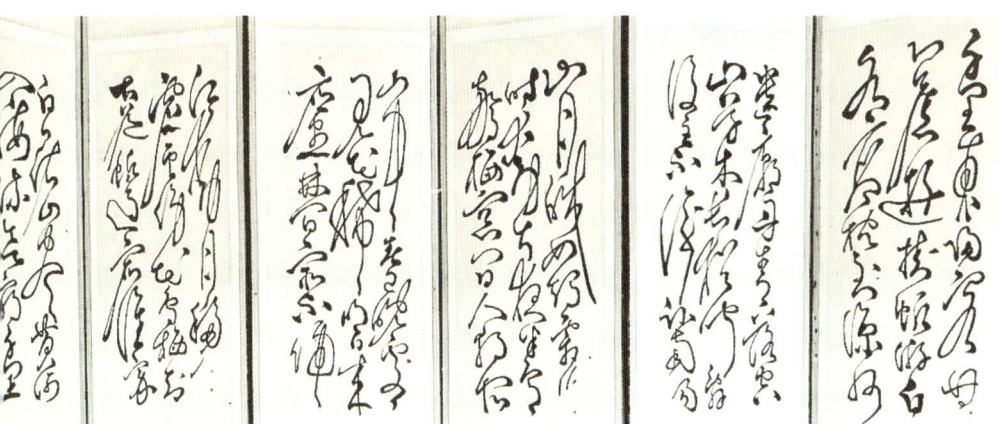

현재의 상태에서 유필을 펼친 사진 왼쪽부터 (6), (5), (4), (3), (2), (1)

병풍 초서체 시

千里東歸客	無心思舊遊	掛帆遊白水	高枕到涼州
천리동귀객	무심사구유	괘범유백수	고침도량주
遺廟丹靑落	空山草木長	猶聞辭後主	不復臥南陽
유묘단청락	공산초목장	유문사후주	불부와남양
山月皎如燭	霜風時動竹	夜半鳥驚捿	窓間人獨宿
산월교여촉	상풍시동죽	야반조경서	창간인독숙
山中春已晚	處處見花稀	明日來應盡	林間宿不歸
산중춘이만	처처견화희	명일래응진	임간숙불귀
江動月移石	溪虛雲傍花	鳥栖知古道	帆過宿誰家
강동월이석	계허운방화	조서지고도	범과숙유가
白日依山盡	黃河入海流	欲窮千里目	更上一層樓
백일의산진	황하입해류	욕궁천리목	갱상일층루

-병풍 유필시의 원문 출처와 훈(訓)

(1) 千里東歸客 無心思舊遊 掛帆遊白水 高枕到凉州

　　천리 먼 길 동쪽으로 돌아가는 그대,

　　무심히 지난날 놀던 일 생각나네.

　　돛단배 타고 맑은 물에 노닐고,

　　편안히 지내면서 양주에 닿곤 했지.

　　　* 제2행 첫 글자 마음 심(心) 다음에,

　　　 생각사(思)자는 생략되었음

　　　　　_ 출처: 全唐詩 한굉(韓翃, 754년 진사급제)

(2) 遺廟丹青落 空山草木長 猶聞辭後主 不復臥南陽

　　낡은 사당엔 단청은 퇴색하고,

　　주변 산엔 초목만 무성하구나.

　　후주에 올린 말씀 지금도 들리는 듯한데,

　　다시는 고향 남양에 돌아와 눕지 못하였네.

　　　　　_ 출처: 全唐詩 두보(杜甫, 713~770)

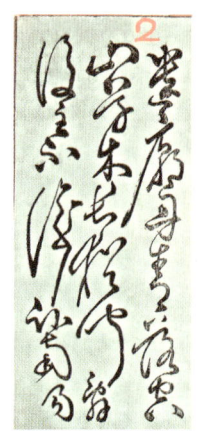

(3) 山月皎如燭 霜風時動竹 夜半鳥驚棲 窓間人獨宿

　　산 위에 뜬 달은 밝아 등불 같은데,

　　서리바람 때때로 대숲을 뒤흔드니,

　　한 밤중 둥지의 새들도 놀라는데,

　　창가에 나 홀로 머무네.

　　　*제1행 끝의 풍(風)자는 거의 훼손 되었으나 남아 있는

　　　 두개의 획과, 두 점을 감안하여 써 넣음.

　　　　　_ 출처: 全唐詩 위응물(韋應物, 737~)

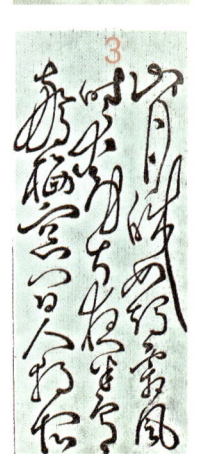

(4) 山中春已晚 處處見花稀 明日來應盡 林間宿不歸

산중엔 봄은 이미 늦어,

어디서나 꽃 보기도 드물도다.

내일이 되면 곧 져버릴 것이나,

숲속에 머물며 돌아가지 않으리.

*제1행 끝 처(處)자 마지막 획 끝에 찍은 굵은 점획은

중복 기호를 뜻하므로 '처처견화희…'로 읽음.

_ 출처: 全唐詩 장적(張籍, 768~830)

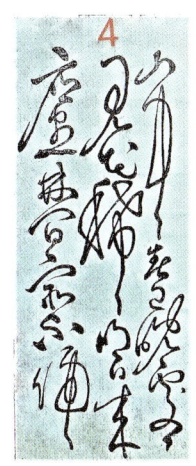

(5) 江動月移石 溪虛雲傍花 鳥栖知古道 帆過宿誰家

강물이 꿈틀대니 달이 돌을 옮기는 듯,

계곡이 텅 비어 구름과 꽃이 이웃하였네.

새들도 깃 들일 옛 길을 아는데,

돛배가 흘러가 뉘 집에 머무를까.

*제1행 끝 석(石)자는 삐침별(丿)만 남아 있어

획에 맞는 글씨로 넣고, 시내 계(溪)자는

당(唐) 張旭千字文 인용.

_ 출처: 全唐詩 두보(杜甫, 713~770)

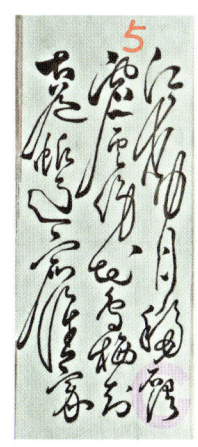

(6) 白日依山盡 黃河入海流 欲窮千里目 更上一層樓

밝은 해는 산 너머로 저물어가고,

황하는 바다로 들어가 흘러가네.

더 멀리(천리 밖까지) 바라보고 싶어,

누각의 한 층을 더 올라가네.

_ 출처: 全唐詩 왕지환(王之渙, 668~742)

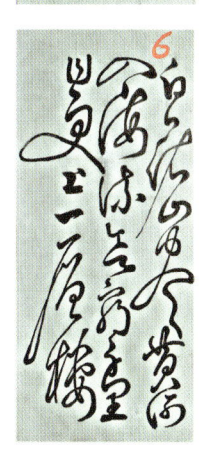

이 (6)번 시는 왕지환(王之渙)의 "등관작루(登鸛雀樓)"이며, 중국 산서성 영제현 서남에 있는 삼층 누각(樓閣)으로 황새가 누각 위에 둥지를 틀어 보금자리로 삼았기에 관작루라 불린다.

관작루에서 보는 경치는 천하절경이라고 하며, 관작루를 소재로 지은 시는 많으나 그 중에서도 이 시가 최고로 뽑히고 있으며 중국의 젊은이들이 가장 좋아하는 시로 알려져 있다. 전반부 두 구절(句節)은 낙조(落照)가 산으로 기울어지고, 황하는 저 멀리 바다로 들어가는 장엄한 풍광을 사실적으로 묘사했고, 뒤의 두 구절은 더 멀리 바라보고 싶은 욕망과 진취적인 기상에서 한층 더 오름을 표현했다. 이조년 선생은 이 시를 서예작품에 인용하여 유필로 남김으로써, 후손들로 하여금 관작루에서 보이는 특별한 절경을 상상할 수 있도록 배려했고, 더 넓고 보다 높은 이상향의 세계로 정진할 것을 충고한 것이다. (지금은 황하의 물굽이도 바뀌고 전란과 풍파로 인해 소실되어 당대의 누각을 모방하여 2002년 새로 지었다.) "欲窮千里目 更上一層樓"(천리 밖까지 바라보려면 한층 더 올라가야한다.) 2013년, 박 전 대통령은, 중국을 국빈 방문했을 때 시진핑 주석으로부터 왕지환 시 일부를 쓴 서예작품을 선물로 받은 바 있다.(2015.9.4. 국민일보)

1-7 저서(著書) 매 사육서 응골방

매운당 이조년의 저서로는 매[鷹] 사육서인 '응골방(鷹鶻方)'이 있다. 13세기 초에 이조년 선생이 응골방을 저작한 이유는 원나라가 고려정부에 매를 잡아 공물로 바칠 것을 강요하던 시기였으므로, 매의 수요를 충족하려면 사육 방법이 반드시 필요했기 때문일 것이다. 실제로 고려 정부는 응방(鷹坊)[17]을 설치하고 매를 잡아 보냈으며 응방의 관리가 출세하기도 했다. 이 책의 저술 목적도 원활한 매의 수급을 통해 정치적 안정을 꾀하는데 있었을 것이다.

이 책의 원본은 1600년대에 원본 소장자가 분실하였으나 다행히도 조선 후기 실학자인 순암(順菴) 안정복(安鼎福, 1712~1791)공이 행.초서로 필사하여 간직을 했었고, 일제 때 총독부 서고에 보관 후 오늘에 이르렀다. 귀중한 자료로써 이런 분들의 노고와 덕분으로 희귀본을 접할 수 있음은 큰 행운이다. 이조년 저서 응골방이 세상에 알려지기까지 우여곡절을 겪은 내력을 국역 역자(譯者)는 그의 서지(書誌)에 썼는데, 다음은 그의 기록을 요약하여 재편집한 것이다.

- "응골방의 저작 배경과 그 서지" 중 기년 요약
  - 1325년경에 매운당 문열공 이조년이 응골방을 저작하여 여기에 수리경[音経]의 일부를 인용했다. 그리고 저작동기에 비췄듯이 많은 필사를 권장했을 것이다.
  - 1444년 안평대군 용(瑢)이 그 필사본을 소장했다가 재편하여 「古本 응골방」이라는 이름으로 남긴 듯하다.
  - 1545년에 이조년의 10세손인 이섬(李爓)공이 응골방을 증편하여 '신증 응골방'으로 간행했던 것이다. 그러나 2권 1책이었는지는 미상이다.
  - 1600년경에 충남 면천(沔川)에 살던 한(韓)진사가 그 원본을 소장(所藏)하여 남들에게 필사를 허용하는 과정에서 그 책을 분실했다. 그래서 그 책을 찾아 달라고 당시의 병마사 이대신(이대임)에게 소장(訴狀)을 내었고, 그 소장은 조치내용을 적어 회송되어 왔으나 결국 찾지 못하

---

17 응방(鷹坊): 고려 시대 때 매의 사육과 사냥을 맡아보던 관아. 충렬왕 원년(1275)에 설치하여 조선 숙종 41년(1715)까지 존속하였다.

매운당 이조년 사당이 있는 매국정 전경(2021.6.14.) 경북 고령군 운수면 대평로 236-20

여 자신은 남들이 필사해 간 그것을 태본(台本)으로 재사(再寫)를 하고 미련을 버리지 못하여 그 소장 전체를 응골방 끝에 첨부했었다. 위에서 한진사가 양적으로 보잘 것 없는 응골방을 분실하여, 병마사에게까지 탄원을 했다는 점에서 그 책이 '원본이 아니었을까' 의심이 되기도 하나, 그 책이 한진사에게 들어간 경위도 의문이다. 그렇다고 소장에서처럼 곤궁하여 팔아먹은 것도 아닐 진데, 혹시 여말 당시에 이제현과 한종유는 李공의 후신 위치에 있었으니 그 응골방이 한공의 손에 들어갔다가 후예인 한진사에게 전수된 가장(家藏)의 귀중본이 아니었을까? 의심되기도 하나 한진사의 행장이 묘연하니 그나마 미상이다.

• 인조 14년 (1637)년에 김동명(金東溟)이 일본에 통신사로 갔을 때, 일본의 응사 임도춘이가 또 양응방(養鷹方)을 갖고 와서 물었다. 이때에 동명이 "卽, 我國 星山 李兆年所撰 余曰吾以子 爲異之間, 曾鷹與犬之問

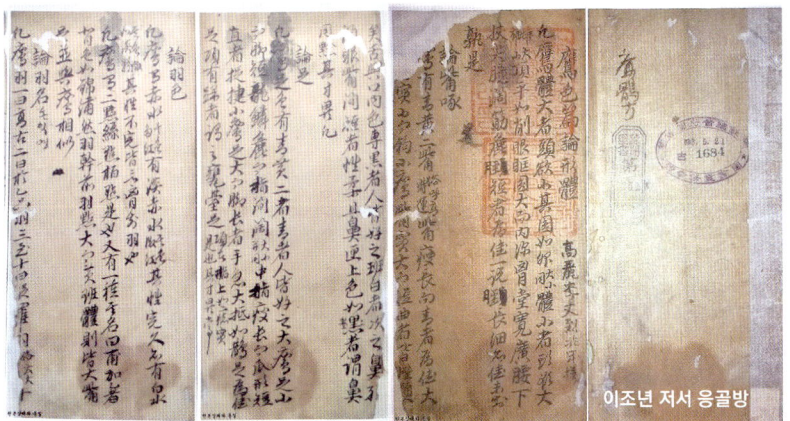

이조년 저서 응골방 일부 (자료: 국립중앙도서관)

那"라고 책망하자 도춘이 사과하며 "生長海國, 不得聞君子之言 今日若拔霧覩天靑"이라 했으니 여기서 응골방이 일본의 교서로 각광을 받고 있었음을 확인할 수 있었다.

- 1760년경에 순암 안정복공이 한진사의 재 사본을 접하여 그것을 모두 초서로 전사하여 소장을 했다. 본문 중에 한글이 삽입된 것은 한진사나 안공이 필사할 때 추가 또는 역입(譯入)한 것으로 추정된다. 그 후에 또 다른 응골방의 유본(類本)이 발견되어 거기에 '高麗 李文烈 兆年 撰'이라고 쓰인 것을 보고 수제(首題) 밑 여백에 추기한 것으로 추정된다. 안정복공은 동지중추부사를 지낸 거작으로 東史綱目을 비롯 많은 편. 저를 남긴 神筆의 석학이다.

- 1927년 5월 21일 안공이 남긴 서책들이 총독부 서고로 이관됨에 따라, 이 응골방도 자리를 옮겼던 것이니 지금은 국립중앙도서관의 貴-159, 한-68-41로 소장되어 있다.

- 1930년 음력 10월 연안(延安) 이병소(李秉韶)옹이 日人 多田正知의 요

청을 뿌리치지 못해서 해자(楷字)로 필사한 楷字本이 생겼으나 워낙 연로(年老)했던 탓으로 오설(誤說)이 많다. 지금 서울대학교 규장각에 소장되어 있다고 한다. 그러나 전부를 복사하여 수록치 못하고 해자사발(楷字寫跋)만 국역을 해서 같이 첨부했으니 참고하기 바란다.

- 1980년에 사진식 복사본이 생겼다. 1970년경에 여주인(驪州人) 李元永씨가 이조년의 저서를 국립도서관 장서목록에서 보았다는 정보에 따라 저자의 후손 세환(世煥)씨가 민의원(民議員) 변우량씨에게 부탁하여 그 장서를 보고 복사하여 발문을 달아 저자의 손주 초은(樵隱) 이인복(李仁復) 6형제 파종문에 나누어 보관했다고 한다. 이 발문도 복사하여 후미에 붙였다. 그러나 계산(桂山) 이상배(李相培)옹의 소장본(所藏本)을 보니 본문 28~29면이 누락되어 있었다.
- 1994년 중해(重楷)응골방과 국역(國譯)응골방이 합본(合本)으로 간행된다. 이것은 역자가 책의 해인 1993년 12월 24일에 탈고를 했었으나 이제서야 출간하게 된 것이다. 그러나 필자는 지식이 미흡하고, 실록 세종 26년 조에 '松鶻亦鷹也(송골역응야)' 라고 했듯이 옛말들이 엇갈리고 현대어와 격차가 커서 국역에 미진한 점이 많을 것이므로 이에 대해 진심으로 사과해 두는 바이다.[18]

_ 단기 4326년 책의 해, 至月. 古然 李 源 天 謹書.

---

18 지면상 • 꼭지 2문장 복사 관련사항은 생략함. 편집자 註
5번째 장 논우명(論羽名) 밑에 '논익명'으로 한글 표기.
8번째 장 7행 중간 土鼠밑 '두디쥐'로 한글표기,
24번째 장 2행 '스믜'라고 쓰임.
(위 3가지 고연선생이 지적한 사항. 후대에 필사자가 임의로 적어 넣은 글씨로 보임)
 고연(古然) 이원천(李源天) 譯 校主國譯 鷹鶻方/1994).

매 사육기술서 응골방 저서의 구성

1-7-1 응색편(鷹色編, 매의 모양새)부터 제약법(劑藥法)을 논함

저서의 구성은 1책 24장으로 되어 있고 응색(鷹色), 사식(飼食), 양순(養馴), 교습(敎習), 제약법(劑藥法) 등과 응부(鷹賦)와 시(詩), 면천거한진사장(沔川居韓進士狀)으로 나뉘어져 있다. 단, 마지막 '면천거한진사장'은 저작 내용과는 무관한 부분으로써, 충남 면천(沔川)에 사는 한진사(韓進士)가 '응골방' 원본을 소장하고 있던 중 타인에게 필사를 허용하는 과정에서 분실을 함으로써, 원본을 찾기 위해 소장(訴狀)을 냈으나 찾지 못하고, 그 소장을 응골방 필사본 말미에 붙여 쓴 것에 불과하다. 따라서 저서 응골방의 본류(本流)는 응색부터 사식, 양순과 교습, 제약법에 두었으며 응부를 끝으로 저작을 완료한 것이다. 응부는 문신 이조년 선생이, 매의 노래, 매의 형체로 지은 시, 매를 놓는 시, 매를 기르는 시, 그림으로 그린 매의 시, 매를 영탄하는 시 등으로 분류하여, 그의 특유의 예리한 시적 감각과, 세심한 관찰로 사육 경험에 바탕을 두고 저술한 시부이다. 특히 시의 표현이 상당히 사실적, 구체적이며 본문과 조화를 이루면서 대미(大尾)를 장식하고 있다.

응골방 저작은 이 방면 동양 최초(最初), 최고(最古)의 매 사육 기술서적으로써, 현대에 이르러서는 가축의 영역에서는 벗어나게 되어 실용의 필요성은 없다. 그러나 조류의 외형을 관찰한 관상학적 전문 지식을 바탕으로 한 저작이란 점에서, 역사적 의의가 있으며 가축이나 조류 연구를 위한 교서로서의 가치와 희소성은 매우 크다 하겠다. 국립 중앙도서관 귀중본 제159호로 소장되어 있다.

1-7-2 응시(鷹詩)

응시(鷹詩)는 특별한 사물인 매를 주제로 한 문채(文彩. 문장의 멋)이며 객관적 서사적인 시(詩)이다. 이 책에서는 응시(鷹詩)에 관련한 부분만을 인용한다. 응시는 우측(右側) 상단부터 시작하여 아래로 응부(鷹賦), 약내(若乃), 역유(亦有), 혹부(或復), 약부(若夫)로 구분하여 이어진다.

육필 원문 시(詩)의 기필방식은 모두 두 행(行)씩 조(組)를 이루어 세로로 내려가면서 읽는다. 이 책에서는 한 구절씩 횡(橫)으로 배치하여 읽기 쉽도록 편집하였다.

(1) 매 노래(鷹賦)   - 매운당 이조년

惟玆禽之化育 實鍾山之所生(유자금지화육 실종산지소생)
오직 이 새가 생겨서 자라남은, 진실로 종산(鍾山)[19]이 낳은 바 이니,

資金方之猛氣 擅火德之炎精(자금방지맹기 천화덕지염정)
본 바탕은 서쪽[金方]의 사나운 기질이고, 방자함은 화덕[20]의 염정이도다.

何寒者之多端 運橫羅之羈束(하한자지다단 운횡라지기속)
어찌 한심스런 자의 사건이 많을꼬, 운수가 사나워 얽어매어 묶이고,

綴輕絲於双瞼 結長繩於兩足(철경사어쌍검 결장승어양족)
양 볼은 가벼운 사립으로 가리고, 양 발에는 긴 끈으로 묶이었네.

飛不遂於本情 食不充於所欲(비불수어본정 식불충어소욕)
날라도 뜻대로 수행을 못하고, 먹는 것도 욕심대로 충족하지 못하니,

逸翰由而暫斂 雄心爲之自局(일한유이잠렴 웅심위지자경)
뛰어난 날개로 말미암아 잠시 거두고, 웅심도 그를 위해 잠그도다.

---

19 매의 발상지로 알려져 있으며, 중앙아시아의 타스켄트 지방의 동쪽에 있다.
20 불을 맡은 신(神)을 뜻함.

이조년 저서 응골방 응시부

약내(若乃: 같은 점은 곧)

兒非不一 相乃多途(모비불일 상내다도)
모양이야 하나도 다르지 않건 만은, 서로는 곧 갈 길도 많았도다.

指重十字 尾責含蘆(지중십자 미책함로)
발가락은 육중한 십자(형끈 刑緄)요, 꼬리에는 소중한 보검과 옥대일세.

立如植木 坐似愁胡(입여식목 좌사수호)
서서 있으면 꼿꼿한 나무 같고, 앉아 있으면 고향을 그리는 듯,

觜同鈎利 脚等荊枯(자동구리 각등형고)
부리는 낚시 바늘처럼 날카롭고, 다리는 가시나무처럼 말랐도다.

역유(亦有: 또 있음)

白如散花 赤如點血(백여산화 적여점혈)
흰색은 흩어진 낙화 같고, 붉은 색으로 점철된 피 같도다.

大文若錦 細班似纈[21](대문약금 세반사힐)
큰 무늬는 비단결 같고, 가는 반점은 청실홍실 매듭 같네.

眼類明珠 毛猶霜雪(안류명주 모유상설)
눈알은 아름다운 진주 같고, 털 깃은 서리나 눈 같아라.

身重若金 爪剛如鐵(신중약금 조강여철)
몸은 소중한 금덩이 같고, 발톱은 굳어 강철 같다네.

혹부(或復: 혹시 반복한다면)

頂平如削 頭圓如卵(정평여삭 두원여란)
정수리 평평하여 깎은 듯하고, 머리는 둥글어 계란 같으며,

臆闊頸長 筋麁頸短(억활경장 근추경단)
가슴이 넓으면 목이 길고, 살결이 거칠면 목이 짧으며,

翅厚羽輕 髀寬肉緩(혈후우경 비관육완)
날개가 두터우면 깃이 가볍고, 허벅지가 넓으면 근육이 무르다.

求之使用 俱爲絶伴(구지사용 구위절반)
그런 것을 추구하여 부리려 한다면, 다 갖춘 매는 절반도 안 된다네.

或如鶉頭 或如鴟首(혹여순두 혹여치수)
어떤 놈들은 메추리 머리 같고, 어떤 것은 솔개 머리 같다.

赤睛黃足 細骨小肚(적정황족 세골소두)
붉은 눈동자면 노랑 발이고, 뼈대가 가늘면 밥통이 작도다.

懶而易輕 奸而難誘(나이이경 간이란유)
게으른 놈은 경솔하기 쉽고, 간사한 매는 유인하기 어렵도다.

住不可呼 飛不急走(주불가호 비불급주)
안주하면 불러도 오지 않고, 날라도 급히 나타나지 않는다.

---

21 원본은 해서에 가까운 옷 의(衣)변을 써 襧(옷자락 걷을 힐)로 필사를 했으나, 전 행이 무늬, 비단결로 묘사되고 가는 반점으로 짜임을 뜻하므로 힐리(纈褵, 결혼할 때 백년 해로를 축복하기 위하여 서로 끈을 맺음)의 예로 보아 그 쓰임인 힐(纈, 무늬가 있는 비단. 맺다)자가 옳다.(교주 국역자 역주)

若此之輩 不如不有(약차지배 불여불유)
이 같은 놈들은 돌아오지도, 있지도 않노라.

약부(若夫: 바꾸어 말하면)

疾食速消 此知有命(질식속소 차지유명)
빨리 먹고 속히 삭이면, 이는 알리라 명이 길 것을.

鷹頸猴立 是爲無病(응경후립 시위무병)
매의 목줄이 원숭이 같이 섰으면, 이는 병이 없게 되느니라.

厠門忌大 結肚惡軟(측문기대 결두오연)
항문이 놀랍게 크면, 위장이 결리어 연식에 번민한다.

條不飮絶 喉不直喘(조불음절 후불직천)
얽매여졌으니 먹지 못하면 죽는데도, 하명이 곧지 않으면 헐떡인다.

生於屈者則好眠 巢於木者則常立(생어굴자즉호면 소어목자즉상립)
굴에서 난 놈은 곧 잠자기를 좋아하고, 나무에 사는 놈은 항상 서서 있다.

双骹長者起遲 六翮短者飛急(쌍교장자기지 육핵단자비급)
양발 회목(정강이)이 긴 매는 굼뜨고, 날갯죽지 짧은 놈은 빠르게 난다.

毛衣屢改 厥色無常(모의루개 궐색무상)
깃털 옷 자주 갈면, 그 색깔 무상(일정하지 않음)타네.

定生必就 摠號爲黃(정생필취 총호위황)
출생지는 정해져 있으나 반드시 떠나가니, 모두들 보라매라 칭하는도다.

二周作鴻 千日成蒼(이주작홍 천일성창)
두 돌이면 큰 새로 길러지고, 천일이면 창응으로 화성되노라.

雖日排蘆 性殊衆鳥(수일배로 성수중조)
비록 옥대는 마다해도, 천성이 수이한데 뭇 새 이런가!

雌則體大 雄則體小(자즉체대 웅즉체소)
암컷이면 곧 몸집이 크고, 수놈은 곧 몸집이 작다네.

遇犬則驚擾 得人則馴擾(우견즉경요 득인즉순요)
개를 만나면 두려워 들뜨고, 사람을 얻으면 착하게 길이 든다.

養雛則小病 野羅則多巧(양추즉소병 야라즉다교)
새끼를 길렀으면 병이 적고, 들에서 옭았으면 기교가 많도다.

察之爲易 調之實難(찰지위이 조지실난)
그것을 관찰키는 쉽다고 하겠으나, 그 매를 기르기는 실로 어렵도다.

格必鳥逈 室必華寬(격필조형 실필화관)
싸우려면 반드시 새는 아득하나, 집에서는 기필코 영화로운 관대일세.

姜(薑)以取熱 汝以排寒(강이취열 여이배한)
열을 취함에는 생강을 먹이고, 추위를 물림에는 술을 먹이노라.

韝須溫暖 肉不陳乾(구수온난 육불진건)
다락은 모름지기 따뜻하게 하고, 식육은 오래도록 마르지 않게 한다.

近之令押 靜之使安(근지영압 정지사안)
가까이 하면 호령하여 눌러주고, 조용히 하면 부려서 위안한다.

晝不離手 夜不火宿(주불이수 야불화숙)
낮이면 손에서 떼지 않고, 밤이면 불 피워 잠재우지 않는도다.

微如其毛 小減其肉(미여기모 소감기육)
그 털을 조금씩 갈아 가면, 그 육식 조금은 감해야 한다.

飢(肌)肥腸瘦 心和性熱(기비장수 심화성열)
살이 찌면 창자는 골려야 하고, 마음이 화평하면 성욕이 불탄다.

望絶雲霄 志在馳逐(망절운소 지재치수)
하늘을 보지 못해도, 뜻은 달리고 쫓는데 있도다.

(2) 응체작시(鷹體作詩)　　　　　　　　　　－ 매운당 이조년

  다음의 시는 응체작시로부터 방응시, 양응시, 화응시, 영응시 그리고 가상응절구(架上鷹絶句)로 이어진다.

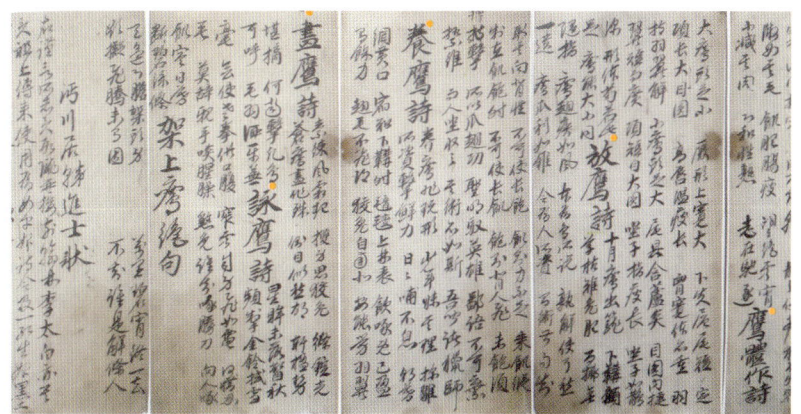

이조년 저서 응골방(응체작시)

매[鷹]의 형체(形體)로 지은 시

大鷹頭足小 項長大目圓(대응두족소 항장대목원)
큰 매는 머리와 발이 작고, 목 길면 눈이 크고 둥글다네,

厥形上寬大 高脣溫瘦長(궐형상관대 고순온수장)
그 형상이 상체가 넓고 크면, 높은 입술은 온순 홀쭉 길도다.

下失層尾短 智寬体亦重(하실층미단 흉관체역중)
하체가 부실하고 꼬리가 겹쳐 짧으면, 가슴은 넓고 몸집 또한 육중하도다.

定特羽翼解 羽翼短而廣(정특우익해 우익단이광)
깃 날개 특정지워 풀이를 하면, 깃과 날개 짧으면 넓을 것이니라.

小鷹頭足大 項短目大圓(소응두족대 항단목대원)
작은 매는 머리와 발이 크고, 목 짧으면 눈 크고 둥글다네.

尾其含蘆炎 坐子指瘦長(미기함로염 좌자지수장)
꼬리는 보검[22]과 옥대를 갖춘 염제, 앉아서 벌린 발가락 마르고 길다네.

---

22 함로염(含蘆炎): 함(含)은 은나라 보검 함광(含光), 로(蘆)는 고려 임금의 옥대(玉帶)를 추로(秋蘆)라 했고 염(炎)은 화신(火神)을 뜻한다. 꼬리가 칼끝처럼 뾰족하고 임금

目圓內捷深 坐子如鵲足(목원내첩심 좌자여골족)
눈이 둥글고 깊으면 민첩 심중하고, 앉아서 잡은 발가락 까치발 같도다.

形體苟若此 鷹能大小同(형체구약차 응능대소동)
형체는 진실로 이와 같으니, 매의 재능은 크거나 작으나 같다네.

(3) 방응시(放鷹詩)

- 매[鷹]를 놓는 시

十月鷹出籠 草枯雉兔肥(시월응출롱 초고치토비)
시월에 매가 새장에서 나오면, 풀은 마르고 꿩과 토끼는 살찌도다.

下韝[23]顧隨指 百擲無一遺(하구고수지 백척무일유)
팔찌에서 내려 돌아보고 지시대로 따르면, 백번 놓아도 남기는 게 하나 없다.

鷹翅疾如風 鷹爪利如錐(응혈질여풍 응조이여추)
매의 날개 빠르기는 바람과 같고, 매의 발톱 날카롭긴 송곳 같다네.

本爲鳥所說 今爲人所資(본위조소설 금위인소자)
본디 새를 위하여 이야기한 바이나, 이젠 사람을 위한 자질을 말하리라.

孰解使了愁 有術世易知(숙해사료수 유술세이지)
잡아 두었다 풀어 부리면 수심도 끝나고, 재주가 있음은 세상이 쉽게 아네.

取其向背性 制在飢飽時(취기향배성 제재기포시)
그 향배의 성격을 취하여, 굶기고 먹이는 때를 두어 통제한다.

不可使長飽 不可使長飢(불가사장포 불가사장기)
오래 배부르게 해서도 안 되고, 오래 굶겨서도 안 된다.

飢則力不足 飽則背人飛(기즉역부족 포즉배인비)
굶기면 힘이 부족하고, 배 부르면 사람을 배반하고 날아가 버린다.

의 옥대를 두른 형상에 화신의 능력까지 갖춘 매를 비유함이다.
23 팔찌 구.

乘飢縱博擊 未飽須繫維(승기종박격 미포수계유)
배 곺은 틈을 타서 놓아 잡게 하고, 배부르지 않으면 모름지기 매어둔다.

所以爪 翅[24]功 而人坐收之(소이조혈공 이인좌수지)
까닭은 발톱과 날개의 공인데, 저 사람들 앉아서 그것을 수탈하네.

聖明馭英雄 其術亦如斯(성명어영웅 기술역여사)
어진 임금이 영웅을 부리는 것도, 그 술수 또한 이와 같도다.

鄙語不可棄 吾聞諸獵師(비어불가기 오문제렵사)
더러운 말(욕설)을 버리지 못했음은, 내 여러 사냥꾼들께 들었기 때문일세.

(4) 양응시(養鷹詩)

- 매[鷹]를 기르는 시

養鷹非玩形 所資擊鮮力(양응비완형 소자격선력)
매를 기름은 장난이 아닌 지라, 자금도 소요되고 새 일에 부딪친다.

少年昧其理 日日哺不息(소년매기리 일일포불식)
소년은 그런 사리에 어두워서, 나날이 쉬지 않고 먹여대면서,

探雛網黃口 朝暮有餘力(탐추망황구 조모유여력)
새끼만을 더듬어 어린놈만 옭으니, 아침저녁으로 힘만이 남아돈다.

宿知下韝時 翅足不飛得(숙지하구시 시족불비득)
팔찌에서 내릴 때를 익히 알면, 날개로는 족히 못 나름도 터득한다.

翩翩上林表 狡兔自南北(배전상림표 교토자남북)
숲 위에 드러나 봉황춤 추노라면, 교활한 토끼 남북으로 오락가락.

飲啄旣已盈 安能勞羽翼(음탁기이영 안능로우익)
마시고 쪼아 먹어 이미 배부르면, 어찌 능히 날개를 고달프게 하랴.

---

24 혈(翅)의 쓰임: 본 필사본은 달릴 走변인 혈(趐, 나아가다. 새가 떼지어 날다)로 쓰였는데, 전사과정에서 지(支)변인 날개 시(翅, 날개, 공중을 날다)를 잘못 쓴 것으로 보며 문맥상 날개 시(翅)가 맞다.

(5) 화응시(畵鷹詩)

- 그린 매[鷹]의 시

素練風霜起 蒼鷹[25]畵作殊(소련풍상기 창응화작수)
흰 날개에 풍상이 일고, 큰 매가 그림에 특이하게 꾸며졌네.

攫身思狡兔 側目似愁胡(화신사교토 측목사수호)
몸 쭈그려 교활한 토끼를 생각하고, 눈 돌리어 고향을 그리는 듯.

絛鏇光堪摘 軒楹勢可呼(조정광감적 헌영세가호)
화롯불 석쇠 고기 따먹기 견디는데, 헌영(軒, 楹)[26]의 세도(勢道)를 부르짖어 되겠는가?

何當擊凡鳥 毛羽灑平蕪(하당격범조 모우쇄평초)
어찌 마땅히 평범한 새 만을 칠까 보냐, 짐승 털, 새 깃, 쏟아져 쑥대밭 되었도다.

(6) 영응시(詠鷹詩)

- 매[鷹]를 영탄하는 시

星眸未落瞥秋毫(성모미락별추호)
별들의 눈동자 지지 않은 새벽녘에 추호도 훑어보며,

頻掣金鈴拭雪毛(빈체금령식설모)
금방울 짤랑짤랑 흰털로 닦아대네.

會使老奉供口腹(회사노봉공구복)
사인을 만나서 늙도록 받들며 입과 배를 공양하니,

---

25 어린 매는 일반적으로 황색을 띄고 있으나 생후 2년이 경과하여 털갈이를 하면 붉은 색으로 변하고, 3년 째 털갈이 후 성조가 되면 청색으로 변해, 청(靑)자와 창(蒼)은 푸르다는 뜻이므로 창응(蒼鷹)이라 일컫는다 한다.
26 헌면(軒冕)과 영동(楹棟) 등 왕후장상 세도가들의 일탈을 비유함.

莫辭親手啗腥臊[27](막사친수담성조)
주인의 손을 사양치 말라 더러운 것 씹을라.

窄雲自身飛如電(착운자신비여전)
구름 뚫고 제몸 스스로 번개같이 날으니,

煞兔誰知啄勝刀(살토수지탁승도)
불운한 토끼 뉘라서 알랴 무서운 탁승도(刀)를!

何惜忍飢寒日暮(하석인기한일모)
어찌 애석하게 굶주림을 참으랴 겨울 날씨 저무는데,

向人啄斷碧絲條(향인탁단벽사조)
남을 보면 쪼아 끊네 푸른 실 올가미를!

(7) 가상 응절구(架上鷹絶句)[28]

- 시렁 위 매의 시

天邊心瞻架頭身(천변심첨가두신)
하늘가를 우러러보는 마음이나 시렁머리 신세이니,

欲擬飛騰未有因(욕의비등미유인)
날아오를 흉내만을 내고자 해도 인연이 있지 않네.

萬里碧霄終一去(만리벽소종일거)
만리 넓은 푸른 하늘 한번 가면 그만이나,

不知誰是解條人(부지수시해조인)
누구도 이를 몰라 올가미 풀어줄 사람.

---

27 비리고 누린 것.
28 이조년 저서 '응골방' 중 작시 부문 끝부분.

2. 요산재[樂山齋] 이억년(李億年, 1266~13xx년)
(자: 인여/ 1285문과 급제, 개성유수) 도정정사를 짓고 후학 양성

2-1 十年歲月(십년세월)

- 요산재 이억년

十載紅塵夢外事 靑山何處獨掩扉[29](십재홍진몽외사 청산하처독엄비)

(직역)생각지도 않은 십년의 벼슬살이, 청산 어디쯤 홀로 머물까.

(대동보)십년 세월 겪은 일들 번거롭고 꿈밖이니, 푸른 산 어느 곳에 정양할까 하노라.

요산재 이억년의 낙향은 충렬왕과 충선왕 부자의 권력투쟁 과정에서 발생했으며, 1298년(충렬왕 24) 이후에 고려조정이 두 개 파로 나뉘어서 격렬히 다툴 때 이조년은 충선왕이 권력을 잡자 그 후 충렬왕을 보위한 죄목으로 유배를 당했는데, 이때 역시 이억년도 낙향하였을 것으로 본다.

이 두 형제들은 형제투금의 형제애에 관한 이야기로 유명하다.

함양군 휴천면에 서당인 도정정사(道正精舍)를 짓고 후학을 양성 하였다. 성주군 벽진면 안산서원에 배향(配享)하고 한식절에 향사(享祀)를 올린다.

---

29 비(扉): 사립문 비(문짝, 가옥).

3. 초은[樵隱] 이인복(李仁復, 1308~1374년 공민왕 23)

1326년(충숙왕 13) 문과급제. 1342년(충혜 복위 3)

원(元)나라 제과에 제 2인자 등과. 시호: 문충(文忠)

자: 극례. 우부대언. 밀직제학. 정당문학

초은 이인복은 중시조 세계 4세(世)이고 조부는 문열공(文烈公) 이조년이며, 부는 경원공(敬元公) 이포(李褒)이다. 초은의 생장(生長)과 정치관련 행적은 고려사.열전에도 기록이 있다. 고려사에 기록이 없는 시. 문학 등에 관련한 내용은 이 란에서 다루게 된다.

초은 이인복은 학문이 뛰어났으며 글은 엄격하고 뜻은 오묘했다고 한다. 충혜왕 복위 2년에는 정동향시에 2등으로, 그 다음 해에는 원나라의 제과(制科)에 급제하였다. 공민왕 때에는 세 차례나 지공거(知貢擧, 科擧의 考試官)를 지내면서 과거시험을 관장했다.

3-1 鎭邊述懷(진변술회)

　　– 변경 진압군의 말을 적다.　　　　　　　　　　　–초은 이인복

我本農家子 今來戍海壖[30] 아본농가자 금래수해연
나는 본래 농군의 아들로, 지금은 바닷가 땅을 지키네.

每見風色惡 怕上閱兵船 매견풍색악 파상열병선
매양 험한 풍색을 바라보니, 열병선에 오르기 두려워지네.

深院春光暖 崇臺月影淸 심원춘광난 숭대월영청
깊은 동산에 봄빛이 따뜻하고, 높은 누대에 달 그림자 맑아라.

---

30 빈터 연(연안에 붙은 땅).

向來歌舞地 戰鼓有新聲 향래가무지 전고유신성
지난날 노래하고 춤추던 자리에, 전쟁의 북소리가 새로 들리네.

烽火遙傳警 弓刀卽啓行 봉화요전경 궁도즉계행
봉화는 아득히 경보를 전 하는데, 활과 칼로 곧 출정해야 하네,

休言今賊易 倭俗本輕生 휴언금적이 왜속본경생
이번 도적은 쉽다고 말하지 말라, 왜놈들의 풍속이 본래 생을 경시한다.

慶尙徵兵急 全羅轉粟遲 경상징병급 전라전속지
경상도는 징병이 급한데, 전라도는 군량 운반이 더디네.

自從囊[31]褚盡 誰與療朝飢 자종낭저진 수여료조기
이제는 주머니의 돈이 말랐는데, 누구와 함께 아침 요기를 해야 하나?

樓上旌旗動 江頭鼓角鳴 누상정기동 강두고각명
다락위에 깃발 휘날리니, 강기슭에 고각이 울리네.

終當聞杕杜 免使賦重英 종당문체두 면사부중영
마침내 체두를 들리게 하고, 중영을 부하는 것을 면하게 하네.

시비. 초은 이인복 진변술회(鎭邊述懷)

---

31 주머니 낭.

3-2 己酉五月 十二日 入試原作(기유 오월 십이일 입시원작)

―초은 이인복

高堂下瞰淵魚行(고당하감연어행)
白袍滿前吟嘯聲(백포만전음소성)
筆床硯枯日影橫(필상석고일영횡)
閉戶絶餉防漏透(폐호절향방누투)
恐渠苦心成大瘦(공거고심성대수)
太官無洋唯腐豆(태관무양유부두)
御史監試來乘驄(어사감시래승총)
問誰冬烘一禿翁(문수동홍일독옹)
得酒更慚雙頰紅(득주경참쌍협홍)

고당에서 굽어보니 연못에 물고기 떼 줄지었고,
앞에 가득 흰 도포들 시 읊는 소리,
책상 위 벼루 물은 마르고 해 그림자 비꼈는데,
문 걸고 음식 끊어 문제 누설 막으니,
저 사람들 고심타가 너무 마를가 두렵거늘,
태관[32]에는 양고기도 없고 두부 반찬뿐,
어사께서 시험을 감독하러 총마(驄馬)[33]타고 오셔서,
어리석고 머리 벗겨진 저 늙은이 누구인가 물으시면,
술 얻어 마시다가 두 뺨이 붉어질까 두렵네.

---

32 나라에 음식을 공급하는 관청 명.
33 흰 바탕에 푸른빛이 섞인 말(馬).

이 시의 말미에 "此詩 三句一換韻 乃和山谷詩也(이 시는 세 구절마다 한 번씩 운을 바꿨으니 황산곡(黃山谷)의 시를 和韻한 시다.)"라는 원주가 있다.

3-3 益齋李文忠公挽詞(익재 이문충공 만사)

익재 이제현(문충공)의 죽음을 애도함　　　　　　　－초은 이인복

宣祖崇儒要贊襄 故留元老相今王 (선조숭유요찬양 고유원로상금왕)
十分潤色重興盛 身退年高道更光 (십분윤색중흥성 신퇴년고도갱광)
夷險忠誠竟不渝 曾隨永廟入燕都 (이험충성경불투 증수영묘입연도)
同車只有吾文烈 行到重泉得見無 (동거지유오문열 행도중천득견무)
近世文章與世衰 公將大手獨持危 (근세문장여세쇠 공장대수독지위)
剗除舊習開來學 須信東方有退之 (잔제구습개래학 수신동방유퇴지)

선조(宣祖)가 선비를 높이어 보필(輔弼)을 구하여,
하늘이 짐짓 원로(元老)를 남겨 지금 임금 밑에 정승을 시켰다.
중흥(中興)의 성대(盛代)³⁴를 한껏 빛내었으니,
몸이 물러나고 나이 많을 수록 도(道)가 더욱 빛났다.
평탄하나 험하나 그 충성은 끝내 변하지 않아,
일찍이 영묘(永廟)를 따라 연도(燕都)에 들어갔다.
동행한 이는 오직 우리 문열(文烈)³⁵이 있었거니,
지금 중천(重泉)에 이르러 서로 만나보는가.
근세의 문장이 세상과 함께 쇠해갈 때에,
공(公)이 오직 큰 솜씨로 혼자 버티었었다.

34　중흥의 성대: 익재 이제현의 문장이 중흥의 태평시대를 빛나게 하다.
35　문열(文烈)은 이조년의 시호.

쇠퇴한 문장의 묵은 습관을 깎아 없애고, 장래의 학자들에게 길을 열었으니, 동방(東方)[36]에 퇴지(退之) 있음을 진실로 믿겠도다.

이 시는 익재 이제현의 죽음을 당하여 그의 도덕성과 문장력이 남다르게 뛰어남을 높이 우러르며 깊이 애도하는 시이다.

3-4 次 伽倻寺住老韻(차 가야사주노운)

― 초은 이인복

林下閒開綠野堂 溪山勝景稻魚鄕 (임하한개녹야당 계산승경도어향)
菊將松竹成三經 琴與圖書共一牀 (국장송죽성삼경 금여도서공일상)
但願交遊繼支許 何須富貴羨金張 (단원교유계지허 하수부귀선김장)
故人可笑歸來晚 宦路風波浩莫量 (고인가소귀래만 환로풍파호막량)

숲 속에 한가한 녹야당, 벼와 고기의 고을은 산과 시내의 절경.
국화는 송죽과 함께 세 길 열고, 거문고는 도서와 한 책상.
지. 허[37]를 사귈지니, 어찌 부러워하리 김. 장[38]의 부귀를.
우스워라 늦게 돌아온 친구, 끝없이 험한 벼슬길의 풍파여.

---

36 당나라 한유의 자(字)가 퇴지(退之)이고, 육조(六朝)시대의 부화(浮華)한 문장의 구습을 일소하고 고문을 창도하였다. 익재의 문장도 그러하였다.
37 지. 허: 지둔(支遁)과 허씨(許氏)는 동진 때의 사람이다.
38 김. 장: 김일제(金日磾)와 장안세(張安世)는 한나라 선제 때에 영화를 누린 사람들 가족.

3-5 題草溪公館曲松次韻(제초계공관곡송 차운)

－초은 이인복

公館無人對病翁 老松猶喜送淸風 (공관무인대병옹 노송유희송청풍)

此身雖屈心難屈 吾儻何須問直躬 (차신수굴심난굴 오당하수문직궁)

공관에 병든 늙은이와 마주 대할 사람 없는데,

늙은 솔이 오히려 맑은 바람을 보내 주니 기쁘다.

이 몸은 비록 굽었으나 마음만은 굽히기 어렵거니,

우리에게는 마을에 직궁(直躬)[39]을 물을 필요가 없다.

3-6 送慶尙鄭按廉(송 경상 정안렴)

－초은 이인복

聞設先賢按嶺南 動將絲竹醉厭厭 (문설선현안령남 동장사죽취염염)

近來物議君知否 淸似夷齊謂不廉 (근래물의군지부   청사이제위불렴)

내 들으니 선현(先賢)들이 영남(嶺南)을 순찰할 때에,

나가면 사죽(絲竹)을 모두 움직여 한껏 취한다 하네.

요 사이의 물의(物議)를 그대는 혹 아는가,

맑기를 이제(夷齊)[40] 같이 하되 그래도 청렴하지 않다고 한다네.

---

39 *논어에 어느 사람이 공자께 말하기를 "우리 마을에 직궁(몸을 곧게 가진)하는 자가 있는데, 그의 아버지가 양(羊)을 훔쳤는데 아들이 증거를 섰다(吾黨有直躬者 其父攘羊 而子證之)" 라고 하였다. 이 시에서는 다만 몸이 곧다는 의미이다.
(논어에는, 엽공(葉公)의 이 물음에 공자는 "吾黨之直 異於是 父爲者隱 子爲父隱 直在其中矣. 우리 당에 곧은 자는 이와 다르니 아버지는 자식을 위하여 숨기고, 자식은 아버지를 위하여 숨기니 정직함이 그 가운데 있는 법이다"라 하였다.(편집자 주)

40 백이(伯夷)와 숙제(叔齊)는 청렴(淸廉)하기로 천하에 제일이었다. 여기서는 시대가 전과 다르므로 술과 음악으로 노는 것을 조심하라고 충고하는 뜻이다.

3-7 題曹溪龜谷覺雲禪師御書畵詩卷(제 조계귀곡각운선사 어서화 시권)

-초은 이인복

仰看奎畵照禪林 新賜圖書冠古今(앙간규화조선림 신사도서관고금)

八法旣均眞得體 二師惟肖可傳心 (팔법기균진득체 이사유초가전심)

粃[41]糠顧陸天機妙 臣僕種王筆意深 (비강고륙천기묘 신복종왕필의심)

留鎭山門有榮耀 上恩奚啻重千金 (유진산문유영요 상은해시중천금)

우러러 뵙는 어필(御筆)이 선림[禪, 절]을 환히 비추니,

새로 주신 그림과 글씨가 고금의 걸작이외다.

여덟 법(8가지 筆法)이 다 같으니 과연 체(體)를 얻었구나,

두 스님이 화상(畵像)과 꼭 닮았으니 마음을 전할 만하네.

이 천교(天巧)에 비하면 고. 륙(顧陸)[42]은 겨와 껍질,

깊으신 필의(筆意)는 종·왕(種·王)[43]이 신복(臣僕)일세.

산문(山門)에 유진(留鎭)[44]하면 영광이 뻗칠 것이니,

임금님 내리신 은혜 어찌 천금보다 중할 뿐인가.

---

41 쭉정이 비. 糠: 겨 강.
42 중국의 유명한 화가 고개지(顧愷之)와 육탐미(陸探微).
43 중국의 명필, 종요(鍾繇)와 왕희지(王羲之).
44 진을 치고 주둔.

3-8 贈 郭檢校(증 곽검교)

-초은 이인복

檢校奉河南王 李摠兵命來聘我朝(검교봉하남왕 이총병명래빙아조)
검교가 하남왕(河南王) 이총병(李摠兵)의 명을 받고 우리 조정에 빙문(聘問)왔다.

金臺上客是詞臣 奉使東遊到海濱 (금대상객시사신 봉사동유도해빈)
旌旆聯翩行閱月 杯盤錯落座添春 (정패연편행열월 배반착락좌첨춘)
獨賢䩕掌名尤重 專對縱橫氣益振 (독현앙장명우중 전대종횡기익진)
辛遇今朝堪燕樂 區區爭席亦何人 (신우금조감연락 구구쟁석역하인)

금대(金臺)[45]의 상객(上客)이 마침 또 사신(詞臣),
왕명(王命) 띠고 동(東)에 놀아 바닷가에 이르렀네.
깃발이 펄렁 이어(連)온 길이 달포 넘고,
배반(杯盤)이 질펀한데 자리에 가득한 봄기운.
왕사(王事)에 수고하니 이름 더욱 무거웠고,
국교(國交)에 전대(專對)할 제 그 기운 더욱 떨치누나.
다행히 이 아침에 잔치가 즐거우니,
그 누가 구구한 예(禮)로 자리다툼[46] 할소냐.

---

[45] 연소왕(燕昭王)이 대(臺)를 쌓아 그 위에 황금(黃金)을 놓고 천하에 어진 사람을 구하였다.
[46] 옛날 중국과 외국에 사신이 왕래 할 때 흔히 좌석의 높고 낮은 문제로 다툰 일이 있었다.

3-9 寄元朝同年馬彥翬承旨兼 柬傅子通學士

원나라 조정의 동년 마언휘 승지 겸 간부자통학사에게 편지를 부치다

　　　　　　　　　　　　　　　　　　　　　　　　－초은 이인복

每向瓊林憶醉歸 賜花春暖影離離(매향경림억취귀 사화춘난영리리)

別來更覺交情厚 老去安知世事非(별래갱각교정후 노거안지세사비)

駑鈍尙慙懷棧豆 鵬飛誰復顧藩籬(노둔상참회잔두 붕비수부고번리)

請君莫笑東夷陋 海上三山聳翠微(청군막소동이누 해상삼산용취미)

몇 번이나 한림원(翰林院)에서 함께 취해 돌아왔으나,

따스한 봄날 어사화(御賜花) 꽂고 그림자 어지러웠지.

작별한 뒤 두터운 교정(交情)을 더욱 느끼지만,

늙어가니 세상일 내 어이 알리.

노둔한 말[馬]47이 외양의 콩을 아직도 그리워하네,

멀리 나는 붕(鵬)새가 <뱁새가 깃들이는> 울타리를 다시 돌아보리.

그대는 부디 동이(東夷)가 누(陋)하다 웃지 마소,48

바다 위 삼산(三山 금강산, 지리산, 한라산)에 푸른 빛 솟았다오.

3-10 送柳思庵淑(송유사암숙)

　　사암 유숙을 전송하며　　　　　　　　　　　　　　－초은 이인복

人間膏火自相煎(인간고화자상전)

明哲如公史可傳(명철여공사가전)

47　늙어 빠르지 못한 말이 외양간의 콩을 그리워하면 쓸 수 없다.(晉書진서)
48　공자가 "나는 구이에 살겠다" 하니 사람들이 "누 하리이다" 하니 공자는 "군자가 살면 무엇이 누 하리오" 하였다는 말.(구이(九夷)는 중국 동쪽의 오랑캐 씨족을 일컬으며 누(陋)는 천하다는 뜻)

已向危時安社稷(이향위시안사직)

更從平地作神仙(갱종평지작신선)

五胡夢斷烟波綠(오호몽단연파록)

三徑[49]秋深野菊鮮(삼경추심야국선)

愧我未能投紱去(괴아미능투불거)

邇來雙鬢雪飄然[50](이래쌍빈설표연)

인간들 기름불[膏火]로 스스로 끓이거늘(태우거늘),

그대 같은 명철(明哲)한 분은 역사에 전할 만하외다.

위태로운 시국(時局)에 이미 사직(社稷)을 편안히 하고,

이젠 평안하자 그대로 신선이 되는구나.

반드시 오호(五胡)의 푸른 물결 꿈이 벌써 끊어졌고,

삼경(三徑) 깊은 가을에 들국화 곱게 피리.

나는 부끄럽네, 벼슬 버리고 못 가는데,

요사이 두 귀밑머리에 눈[雪]이 나부끼누나.

1364년, 신돈(辛旽)은 공민왕의 자문역을 맡으며 권력을 행사할 때 이인복, 최영, 이구수 등을 밀어냈다. 초은 이인복은 이 시를 지어놓고 나서 혹시 신돈이 볼까 두려워 "요사이 두 귀밑 머리에 눈발이 날리누나."로 바꿔

---

49 정원 가운데로 나 있는 조그마한 세 갈래 길을 가리킴.
    이인복은 원주(原註)에 설명하기를, 유량(庾亮)은 동진의 정치가이며 자(字)는 원규(元規: 왕후의 큰 오빠)인데, 그가 외진(外鎭)에 있으면서 조정의 권세를 잡고 있자, 왕도(王導)가 불평을 하며 매번 서풍이 일어나면 부채를 들어 스스로(자기)를 가리키며 '원규의 먼지가 사람들을 더럽히는구나.' 라고 했다.
50 원래는 서풍진토의망연(西風塵土意茫然, 진토에 서풍 불면 망연자실 하누나) 인데, 이 래쌍빈설표연(邇來雙鬢雪飄然)으로 바꾸었다.

버렸다. 시는 사암 유숙(柳淑, 1324~1368)이 신돈으로부터 모함을 당하고 벼슬을 버리고 고향으로 낙향하는 그의 결단을 칭찬하며 지은 시이다. 유숙은 3년 뒤인 1368년, 신돈이 보낸 자객에게 교살되었다.

신돈(辛旽)은 법호는 청한거사이고, 공민왕의 신임을 받아 정권을 장악하고 개혁 정치를 단행하며 한 시대를 주름잡았던 혁명가이다. 권문세가들로부터 저항을 받았지만, "전민변정도감"을 설치하고 겸병(兼倂)당한 토지는 원주민에게 돌려주고, 강제로 삼은 노비는 양민으로 환원함으로써, 토지를 잃은 양반들은 '중놈이 나라를 망치고 있다'고 하고, 해방된 노비들은 '성인이 나타났다.'고 하였다.

초은 이인복은 지어 놓은 싯구를 바꿔 쓰면서까지 권력자 신돈의 위험으로부터 벗어나려 했던 것이다. 또한 도은(陶隱) 이숭인(李崇仁)도 칠언고시로 쓴 '오호도(嗚呼島)'로 인해 정도전의 시기를 받아 화를 당한 바가 있다고 한다.

초은 이인복[51]과 도은 이숭인의 계보

중시조	2세	3세	4세	5세	6세	7세
장경 長庚	백년百年	인기麟起	원구元具	이숭인	차약次若	선근仙根
	조년兆年	포(褒)	이인복	향(嚮)	존성存性	극명克明

---

51 초은 이인복은 문열공 이조년의 손자이고, 도은 이숭인은 밀직공 백년의 증손이다.

3-11 送門生郭正言儀出按江陵(송문생곽정언의출안강릉)

문하생 정언 곽의가 강릉 안찰사로 나가는 것을 전송하며

- 초은 이인복

宵旰[52]憂民日 소간우민일　　　郎官奉使秋 낭관봉사추
皀囊[53]封蟄輟급낭봉잠철[54]　紅旆挽難留 홍패만난유
邊靜無虛警 변정무허경　　　　山高有勝遊 산고유승유
君看東海水 군간동해수　　　　早晚我乘桴[55] 조만아승부

밤낮으로 겨를 없이 백성들 근심해서,
낭관(郎官)으로 사신임무 받들어 가는 이때.
급낭(皀囊)을 봉하는 일 잠시 쉴 수 있지만,
붉은 깃발 만류해도 머무르긴 어렵다나.
변방 고요해 헛된 경보 없고, 산 높아 좋은 경치 있나니.
그대 보시게, 동해 물결에, 조만간 내가 가서 뗏목 타는 걸.

3-12 送楊廣按廉韓掌令哲冲(송 양광안렴 한장령철충)

양광도에 안렴사로 부임하는 장령 한철충을 전송하며

이 시는 몽계(夢溪) 한철충(韓哲冲)이 양광도 안렴사로 특배되어 부임길에 오를 때, 초은 이인복이 증여한 오언배율(五言排律)의 16운(韻) 시이다. 청주

52　소의간식(宵衣旰食)의 준말이며 캄캄한 새벽에 일어나서 옷을 입고, 해가 진 뒤에야 저녁을 먹는다는 뜻으로 정사에 여념이 없는 임금의 부지런한 모습을 가리킴.
53　상소를 올릴 때 서류 등을 넣어 밀봉한 주머니.
54　한관의(漢官儀)에 보면 간원(諫院)에서 올리는 모든 장(章)과 표문(表文)은 급낭을 사용하여 봉(封)하여 올렸다고 한다.
55　승부(乘桴): 나무나 대나무 따위를 일정한 토막을 내어 엮어서 물에 띄워 타는 것.

한씨를 다룬 상주 문화원이 발간한 "상주의 인물" 제6권 "청주 한씨 명가 (名家)를 빛낸 인물"에도 소개되고 있으며, 그가 초은 이인복과 각별한 사이임을 밝히고 있다.

"몽계 한철충은 고려가 망하자 산속에 은거하며 충절을 지켰다. 그의 부(父)는 중현대부 예의판서를 지낸 한희적(韓希迪)이며, 조부는 보문각직제학을 지낸 한연(韓璉)이다. 몽계 한철충은 고려 충숙왕 8년(1321)에 출생하였으며 경학에 조예가 깊고 문장이 빼어났다. 포은 정몽주, 목은 이색, 초은 이인복 등의 명현들과 도의로 사귀었다. 초은 이인복은 부임하는 한철충을 전송하며 시를 지어주었다.

몽계는 공민왕 2년(1353) 문과에 급제하여 사헌부장령, 양광도 안렴사를 역임하였고 전법판서에 이르렀다. 학문이 순심(純深)하고 기예가 고명하여, 초은 이인복을 가장 우선(友善)하고 유학의 진흥에 힘썼다."

送楊廣按廉韓掌令哲冲　　　　　　　　　　　　　　　－초은 이인복
經術儒爲貴 廉能世所賢 (경술유위귀 염능세소현)
判花參國論 捧簡肅朝聯 (판화참국론[56] 봉간숙조련[57])
揚歷名尤著 澄淸志益堅 (양력명우저 징청지익견)
先聲威斧鉞 行色耀旌旃 (선성위부월 행색요정전)

---

56 당나라 고사에 군사와 나라에 관한 일이 생겨나면 중서성의 사인(舍人)들이 결재란에 너도나도 자신들의 이름을 썼는데, 그 이름을 쓴 모양이 다섯 장의 꽃잎으로 이루어진 꽃 같아서 이를 오화판사(五花判事)라고 불렀다 함.
57 전현(傅玄)은 성질이 급하여 매번 탄핵을 상주(上奏)할 일이 있는데 혹 저녁때를 만나면, 하얀 죽간을 받들고 아침이 되기를 기다리면서 발돋움하고 뛰기도 하며 잠을 자지 않아 대각(臺閣)에 바람이 일었다.

王事雖云急 民生亦可憐 (왕사수운급 민생역가련)

繭[58]絲方絡繹 蜂火尙連延 (견사방락역[59] 봉화상연연)

海渴烟生竈[60] 山空杻滿川 (해갈연생조 산공괘만천)

流亡思樂土 鰥[61]寡望豊年 (유망사락토 환과망풍년)

已覺無恒産 誰將解倒縣 (이각무항산 수장해도현[62])

賑窮宜速發 聽訟豈容偏 (진궁의속발[63] 청송기용편)

野曠田疇闊 春晴景物鮮 (야광전주활 춘청경물선)

郡樓江繞練 官路柳飛綿 (군루강요련 관로유비면)

題詠交珠玉 謳歌入管絃 (제영교주옥 구가입관현)

竚看風積[64]立 應向月卿遷[65] (저간풍적립 응향월경천)

顧我今衰矣 臨歧獨黯然 (고아금쇠의 임기독암연)

願君須努力 吾道更扶顚 (원군수노력 오도갱부전)

경술은 선비들이 귀하게 여기고,

청렴과 재능도 세상에서 어질게 여기는 것.

중서성에서 화판(花判) 찍어 국론에 참여하고

---

58 고치(누에고치)견.
59 원주(原註)에 "尹鐸(윤탁)왈(曰), 세금만 거두는 정치할까요?" 하였는데 견사(繭絲)는 세금을 가리킨다.
60 竈: 부엌 조.
61 鰥: 환어 환/홀아버지 환.
62 도현(倒懸): 도현지급(倒懸之急)의 준말. 사람을 거꾸로 매달아 놓은 듯한 급한 형세를 말한다.
63 창고에 저장해 둔 곡식을 푸는 것.
64 청구풍아: 積:쌓을 적,쌓다, 저축 / 동문선(東文選)에는 적(績, 공적, 성과)으로 표기.
65 경서에 경(卿)과 사(士)는 月에 해당하고, 임금은 日에 해당한다. 그러므로 이 시에서는 임금이 아닌 상관에게 올리는 보고이다.

죽간(竹簡)받들어 조정을 싹 숙청하사,

좋은 벼슬 거치면서 이름 더욱 드러내고,

온 세상 맑게 할 뜻 한층 건고해져,

선성(先聲)은 부월(斧鉞, 작은 도끼, 큰 도끼)보다 위세 있고,

행차에는 깃발이 빛났었지.

왕사 비록 급하다 이르지만,

민생 또한 가련하니,

세금망(稅金網) 한창 줄지었고,

벌떼 같은 횃불 되려 연달았는데,

바다는 말라붙어 부뚜막에 연기 나듯,

산은 텅 비어 냇가에 지팡이 가득 세운 듯.

유민과 망민들은 낙원을 그리워하고,

홀아비와 과부들은 풍년만을 바라며,

일정한 생업들이 이미 없음 알았으니,

누가 장차 거꾸로 매단 급한 형세 풀어줄까?

구휼미(救恤米)는 빨리 풀고,

송사에는 어찌 편벽함을 용납하랴?

탁 트인 들녘에 논과 밭이 널찍하고,

맑게 갠 봄 날씨에 경치 고우며,

군루(郡樓)에는 강물이 흰 비단으로 둘리고,

관로에는 버드나무 솜처럼 날리면,

주옥같은 제영시(題詠詩)들 벌려지고,

칭송하는 노래들이 악기에 울려나리니,

속을 살피고 업무 실적 쌓아서,

응당 높은 분께 올리시게.

돌아보면 이제는 늙어빠진 이 몸이,

갈림길에 임해서 홀로이 슬퍼하나니,

그대 부디 노력하사,

우리 도(道)가 쓰러짐을 부축하소서.

3-13 誠齋詩上柳侍中濯(성재시 상유시중탁)

유시중 탁에게 올리는 성재의 시　　　　　　　　-초은 이인복

誠者性之德 不妄故不息(성자성지덕 불망고불식)

所以大君子 於此必用極(소이대군자 어차필용극)

我身繫安危 我居宜謹飭(아신계안위 아거의근칙)

窓扉敞虛明 欄檻去雕飾(창비창허명 난함거조식)

透迤退自公 燕座至移刻(위이퇴자공 연좌지이각)

新扁人具瞻 表正影斯直(신편인구첨 표정영사직)

望重專鈞衡 功崇在社稷(망중전균형 공숭재사직)

魁然房杜風 萬古永作則(괴연방두풍 만고영작칙)

성(誠)이란 곧 성품의 덕이거니, 허망하지 않으므로 쉬지 않는 것. 그러므로 군자는 반드시 이것을 극진히 힘쓴다.

내 몸은 편안하고 위태함이 매였으니, 나의 처신을 삼가고 경계하라. 사립문은 허명(虛明)을 통하고, 난간과 마루는 조각과 단청을 버려라.

천천히 공무에서 물러나와, 시간이 가는대로 조용히 앉아 있다.

새 편액을 사람마다 우러러 보니, 형체가 바르면 그림자도 곧아진다.

물망은 무거워 정승 자리를 오로지했고, 공(功)은 높아 사직에 있도다. 높고 위대한 방.[66] 두의 맑은 바람, 만고에 길이 법이 되리라.

3-14 題蘭坡李御史壽父卷(居人)

　　난파 이어새(거인)의 부친에게 상수한 권축에 제하여　　－초은 이인복

猗蘭生有香 故與君子配(의란생유향 고여군자배)
操入宣父琴 紉爲楚臣佩(조입선부금 인위초신패)
高風縱云遠 賸馥今猶在(고풍종운원 잉복금유재)
夫君亦有美 藝此勤灌漑(부군역유미 예차근관개)
芳根幾許深 綠葉尤可愛(방근기허심 녹엽우가애)
方期雨露濡 豈被蓬蒿碍(방기우로유 기피봉호애)
時於九畹間 潔己正相對(시어구원간 결기정상대)
榮華發容顏 和順積肝肺(영화발용안 화순적간폐)
所居必移氣 明德應無晦(소거필이기 명덕응무회)
君乎勉旃哉 維以佐時乂(군호면전재 유이좌시예)

　아름다운 난초는 나서부터 향기 있으니, 그러므로(그것으로)군자에 비한다. 곡조는 선보(宣父)[67]의 거문고에 들어오고, 엮어서는 초신의 패물[68] 되었네. 높은 풍도는 비록 멀어졌으나, 남은 향기는 지금도 남아 있다. 우리 벗 또한 아름다워라, 이것(난초)을 심고 부지런히 배양한다. 꽃다운 뿌리는 얼마나 깊은가? 푸른 잎은 더욱 사랑스러워라. 바야흐로 우로의 젖음을 바라는데, 어찌 쑥대의 방해함을 입으랴. 그대.때로는 구원(九畹)[69]사

66　방(房)은 당나라의 방현령을, 두(杜)는 두여회를 일컬으며, 그들은 어진 정승으로서 방현령은 일을 도모하는데 지략이 뛰어나고, 두여회는 결단력이 우수하여 당 태종은 두 재상의 뒷받침으로 성공적인 치세를 이뤘다.
67　선보(宣父)는 공자(孔子)이다. 공자가 지은 거문고 곡조에 의란조(猗蘭操)가 있다.
68　굴원이 지은 이소(離騷)에 "가을 난초를 길러서 패(佩, 찰패)를 한다"는 구절이 있다.
69　이소(離騷)에 "난초를 자라게 하는 구원이다" 하였는데, 이것은 난초 심은 동산을 말한 것이다.

이에서, 몸을 깨끗이 하여 서로 대한다. 영화는 얼굴에 나타나고, 화한 기운은 간폐(肝肺)에 쌓인다.

사는데 따라 반드시 기운이 바뀌지나니, 맑은 덕이 응당 어두워짐이 없으리라. 그대여 부디 힘쓰고 힘쓰라, 그리하여 나라의 다스림을 도우라.

이 시는 여말 선초의 문신인 이거인(李居仁)의 부친 수연에서 두루마리에 쓴 시로써 난초를 군자에 비유하여 덕을 쌓고 나라를 위하는 군자의 도리를 다할 것을 권한다.

3-15 鄭相國暉蒲萄軒次韻(정상국휘포도헌 차운)

정휘 상국댁의 포도헌에 차운하여 쓴 시　　　　　-초은 이인복

架上蒲萄[70]密 園中庶草稀(가상포도밀 원중서초희)
托根方張王 引蔓[71]故憑依(탁근방장왕 인만고빙의)
勢似龍蛇走 恩霑雨露肥(세사용사주 은점우로비)
滿堦初覆壓 繞屋欲旁圍(만계초복압 요옥욕방위)
側展靑羅被 橫垂碧縷衣(측전청라피 횡수벽루의)
嵐光浮院落 雲彩動窓扉(남광부원락 운채동창비)
嘉菓期秋熟 凄風恐葉飛(가과기추숙 처풍공엽비)
味珍殊可貴 酒力豈云微(미진수가귀 주력기운미)
試問爲州樂 何如一醉歸(시문위주락 하여일취귀)

시렁위에 포도 넝쿨이 가득 찼으니, 동산에 밥풀은 드물구나.

---

70 萄(포도 도): 포도 넝쿨(넝쿨=덩굴 혼용가능).
71 蔓(덩굴 만): 덩굴/ 길게 뻗어 나가는 식물의 줄기.

뿌리박아 바야흐로 무성하려니, 덩굴 뻗어 짐짓 서로 의지해 있네.

용사[용꼬리]같이 내닫는 모양, 우로의 은혜로 한껏 굵었네.

섬돌 위에 가득히 눌러 덮더니, 집을 둘러가 넓으로 퍼져나가네.

옆으로 펼친 모양은 청 비단이불, 가로 늘어선 맵시는 파랑 실 끝.

푸른 아지랑이 후원에 뜨고, 채색 구름 어른어른 창에 비치네.

고운 열매 가을엔 익을 것, 모진 바람에 잎이 날아갈까 두렵네.

맛도 진기하지만, 빚어 마시는 술기운도 약하지 않네.

묻노니, 고을살이가 즐겁다지만, 한번 취해 봄이 어떠할는지?

성주이씨 세거지(世居地)
경북 예천군 개포면 예성로 100

4. 승암[勝巖] 이인임(李仁任, 1312(충선왕 4)~1388년)

(시호: 문숙(文肅), 문하시중. 고려권신. 일등공신)

(財) 승암 이인임 초상
경북 성주군 벽진면 안산 서원 내
안산영당에 배향. 경북 유형문화재 제245호

승암 이인임은 매운당 조년의 손자이고 경원공 포의 2남으로 충선왕 4년 경산부(경북 성주)출생이다. 처음 벼슬은 전객시승(典客寺丞)을 맡았다. 공민왕 5년 강원 강릉 존무사로 배수 쌍성을 회복하고 서경존무사(西京存撫使)가 되어 홍적(紅賊)을 물리친 공으로 이등공신(二等功臣)에 책록되고, 1362년에는 경도수복 일등공신에 봉작되었다. 평양부윤, 좌시중을 역임하고 서북면 도통사가 되어 동령부(東寧府)를 쳐 지경(地境)을 회복하고 수시중(守侍中)이 되어 광평부원군(廣平府院君)에 봉해졌다. 1374년 공민왕이 시해당하자 후사를 논의할 때 우왕이 왕위에 오르는데 기여했다. 우왕 즉위 후 정권을 잡고 친원정책을 유지하였으나, 친명정책을 원하는 신진세력들을 추방시키는 등의 일로 인해 강한 도전을 받았다.

다음은 태조실록 및 문숙공 이인임 숭모집에서 발췌한 내용이다.

당시 조정은 원나라가 덕흥군을 고려왕으로 세우려는 음모를 공이 물리치고 1375년 우왕 원년에 판종부사사 최원을 명나라에 보내 공민왕의 상

(喪)을 고하고 우왕 승계의 정당함을 받아왔다. 인임(仁任)은 1376년 경기 도통사가 되어 왜구가 경남 밀양에 침입하여 전함 50여 척을 불태우고 전사자가 일천여 명이나 발생했을 때, 경복흥의 휘하 장수들과 임견미, 이성계 등 장수를 직접 지휘하고 통제를 하였다.

1381년 2월 문하시중에 제수되었으나 이를 사양하고자 하니 왕이 허락하지 않았다. 1384년 73세에 사직을 원했으나 역시 윤허 받지 못하고 영삼사로 유임하였다. 1387년(76세)에 노환으로 귀향하였으며 1388년 77세 때에는 정도전이 과거 귀양을 당한 감정을 가지고 이성계를 앞세워 문숙공을 무고하여 임견미, 염흥방의 옥사사건에 연계시켜 경산부에 안치[本鄕安置.고향에 내려보내 거주를 제한하던 유형]하니 77세에 졸하였다. 창왕은 안치를 풀고 공의 셋째 사위 밀직(密直) 강서(姜筮)를 보내 장례를 두터이 치르도록 하고 은졸문(隱卒文)을 보내며 말하기를 "시종일관 경은 아무런 유감이 없노라 이제 좌우의 보필은 누구에게 바랄고?" 하였다. 왕은 문숙(文肅) 시호를 내렸다. 생전에 최영 장군은 왕에게 품(稟)하기를 "광평(廣平, 이인임)은 대사를 꾀하여 나라를 진정시켰으니, 그 공적이 가히 허물을 가릴 수 있지 않느냐?" 하여 적소로부터 풀려났다.

한편 최영 장군은 이성계의 위화도 회군에 대항하여 궁궐 수비를 위해 적극 대처했으나 방어군의 수적 열세로 인하여 결국 개경을 수성하지 못하고 이성계 군사에 사로잡히고 마침내 유배를 당했다. 전에 이인임은 최영 장군에게 이성계를 조심할 것을 조언한 적이 있다. 인임의 경고를 듣지 않은 최영이 이성계에게 잡혀 죽임을 당할 때 비로소 후회하며 한탄했다는 내용이 태조실록의 정사로 남아 있다. 문숙 이인임의 예리한 판단과 선견지명이 있었음을 나타낸다.

태조실록 1권, 총서 5번 째 기사를 보면

遂流瑩于高峰縣. 侍中李仁任嘗言曰: "李判三司, 須爲國主." 瑩聞之,
수유영우고봉현 시중이인임상언 왈: "이판삼사 수위국주" 영문지
甚怒而不敢言, 至是嘆 曰: "仁任之言, 誠是矣."
심노이불감언   지시탄 왈: "인임지언 성시의"

마침내 최영을 고봉현에 유배시켰다. 시중 이인임이 일찍이 말하기를, "이판삼사[이성계가 모름지기 나라의 임금이 될 것이다." 하니 최영이 이 말을 듣고 매우 노했으나 감히 말하지는 못하였는데, 이때에 이르러 탄식하면서 말하기를, "인임(仁任)의 말이 진실로 옳았다." 하였다.

이인임의 사후, 정도전 등 혁명세력이 완전히 정권을 찬탈한 후 역당의 무리들은 공의 묘를 파헤치고 저택(瀦宅)[72]의 형을 가하였다. 이로 인해 문숙공의 유품은 전혀 남지 않았다. 구세력을 모함하고 정당성을 확립하기 위해 윤이[73], 이초사건을 오로지 문숙공에게 전가시켜 분풀이를 한 것

---

72 형벌의 하나로 죄인의 집을 헐고 그 자리에 못을 만들던 일.
73 윤이. 이초사건: 1389년(공양왕 1) 이성계 일파는 창왕을 폐하고 공양왕을 추대했다. 그러던 중 명(明)에 사신으로 갔던 왕방, 조반 등이 돌아와 파평군이라 사칭하는 윤이(尹彛)와 중랑장 이초(李初)가 명 황제에게 "고려의 이성계가 멋대로 전 임금을 내쫓고 왕요(王瑤. 공양왕)를 왕으로 삼았으나 요(瑤)는 종실이 아닌 이성계의 친척이다. 그리고 요와 이성계가 군대를 동원하여 장차 명나라를 침범하려고 하므로, 재상인 이색 등이 불가하다고 만류하자 오히려 그들은 이색. 조민수, 이숭인, 이종학, 이귀생 등을 살해하고 우현보, 우인렬, 정지, 홍인규, 이인민 등을 멀리 귀양을 보냈다. 그래서 귀양가 있는 재상들이 몰래 우리들을 보내어 천자에게, 병사를 동원하여 고려를 토벌할 것을 청했다"고 하였으며 명(明)나라의 예부관은 윤이. 이초가 언급한 이색, 조민수 등의 성명을 왕방과 조반에게 주면서 빨리 돌아가 왕에게 알려 문서 중에 이름이 있는 사람들을 잡아 조사하라고 했다.
이에 대간들은 그들을 국문하라고 요구했으나 공양왕은 윤이와 이초는 그런 일을 저

일 수도 있다. 집안의 종손인 존성(李尊性)을 살해하고, 아들 환(李瓛)을 유배시키고 아우 인민(李仁敏)을 계림봉졸로 강등시키고, 직(李稷)을 전주부로 귀양을 보냈으며 조카 숭인(李崇仁)을 통주에, 사위 권집경을 안동 수자리로, 조카사위 하륜(河崙)을 양주에, 여동생의 아들 박가흥을 순천에 유배시키고, 그 외 죽인 자는 일천 명이나 된다. 또한 그들은 창왕을 죽이고 공양왕을 세웠다가 곧 고려를 멸망시켰다. 폐위된 공양왕은 공양군으로 강등시켜 원주에 유배 후, 간성에 이배되고 다시 삼척으로 이배되었다가 이성계의 명에 의하여 1394년 50세에 사사되었다. 고려를 지키려는 충신들 중 문숙공 인임은 병사하였지만 최영, 이색, 정몽주, 이숭인, 김진양, 이광, 신백청, 이종학 등 어진 사람들은 억울한 누명을 쓰고 시해를 당했다.

4-1 老年寓吟(노년우음)

　　　벼슬길 우거하면서　　　　　　　　　　　　　　－승암 이인임

宦海浮沈二十年 (환해부침이십년)
長江嗚咽[74]不平鳴 (장강오열불평명)
殘花杜宇[75]聲中落 (잔화두우성중락)
芳草王孫去後生 (방초왕손거후생)

지를만한 인물이 못되었고 내용도 석연치 않아 이런 점을 감안하여 사건의 처리를 유보하고 있었는데, 이때 문서에 이름이 들어있는 김종연(金宗衍)이 도망을 하였다. 이는 보고 내용이 사실을 자인하는 결과가 되어 이성계파는 구세력의 대부분을 청주옥에 하옥시키는 등 옥사를 일으키게 된다. 이로 인해 반 이성계파의 거두들은 거의 제거되고 만다. 뒤에 윤이 이초가 무고한 것으로 밝혀졌지만 유배되었던 사람들은 이후에도 복귀하지 못했다. 윤이와 이초는 율수현으로 유배당했다. 이를 윤이. 이초사건이라 한다.

[74] 嗚咽(오열): 목메어 울음.
[75] 杜宇(두우): 소쩍새. 두우는 촉(蠋)나라 망제(望帝)의 이름.

金馬玉堂非我願 (금마옥당비아원)

靑山綠水有誰爭 (청산록수유수쟁)

□□□□ □□□ (소실 부분)[76]

倘罷天荒作國楨 (당파천황작국정)

벼슬길 부침한 이십년,

긴 강물은 땅이 평평치 못해 목메어 울먹인다.

쇠잔한 꽃은 두견새 울음에 떨어지고,

왕손이 간 뒤의 방초는 살아 있더라.

금마와 옥당은 나의 원하는 바 아니다.

청산과 푸른 물은 누가 다투고 있나?

□□□□ □□□ …

아마 하늘이 받침대를 파하게 했을 것이다.

4-2 贈勝巖公(증 승암공)

승암 이인임에게 증정한 시   －고려 제31대 공민왕(恭愍王)

端明行白玉(단명행백옥) 단정하고 밝음이 백옥 같아서,

純粹似精金(순수사정금) 순수함이 마치 잘 다듬어 놓은 금과 같더라.

太和陽春樹(태화양춘수) 크게 화한 기운은 봄날 뻗어가는 나무와 같으니,

猗古復見今(의고부견금) 옛날의 아름다움을 이제 다시 보게 되도다.

---

[76] 소실부분 □□□□은 역성혁명을 하는 자들을 꾸짖는 내용이어서 필화의 우려로 지운 것이 아닐까? 하는 설도 있다, 광평부원군 숭모집 참고.

시비, 승암 이인임 노년우음   시비 부분/ 증 승암공(공민왕)

5. 모은[慕隱] 이인립(李仁立, 1321~1387년)

문과급제, 밀직사사(密直司事) 진현관대제학 성산군 추봉.

모은공 인립 유추(類推) 영정

모은공 인립은 문열공 조년의 손자이고 포(褒)의 4남으로 경북 성주에서 출생하였다. 그는 품성이 후덕하고 학문과 재능이 뛰어나 1354년 문과에 급제하였다. 밀직사사(종2품), 진현관대제학을 지냈으며 우왕 1377년 서경부원수(西京副元帥)를 역임 후 용퇴하여 고향으로 내려갔다. 관직에 있을 때는 청렴하였고 귀향 후에는 친족간의 돈독한 관계로 덕망이 높았다. 자녀교육에 힘썼으며 나라의 운명을 염려하다 병을 얻어 67세에 별세했다. 배(配)는 혜령옹주(惠寧翁主) 작위를, 모은공은 성산군(星山君)에 추봉되었다. 슬하에 2남을 두었으며 조선개국 일등공신 경무공 제(濟)와 평간공 발(潑)이다. 손자는 결성공(結城公) 윤(潤)과 이조참판 유(洧)이고 손녀는 평산인 신수복에게 출가하였다. 목은(牧隱) 이색(李穡)은 모은공이 귀향하자 전별시를 써서 전해주었다. 인립, 인민형제는 모두 대제학을 역임하였으며 싯구에 제학공을 칭찬하고 윗대(문열공)의 충의에 감동하는 내용을 씀으로써 공통점을 지니고 있다. 모은공 종회는 전별 시비를 용인 모현면 오산리 산 51번지 모은공 제단비 경내에 세웠다. 그러나 이 전별시는 목은 이색이 인립의 제 인민에게 보낸 시로 학암(鶴菴) 응협(應協)[77]이 신미보에 재록(載錄)한 것으로 확인이 되어 '경산지가 이에 따라 바로잡았다'고 하여 대제학 인민에게 보낸 것으로 대동보에 부기하였다.

5-1 星山君 大提學, 密直 李仁敏에게 보낸 시

―牧隱 李穡 贈詩(목은 이색 증시)

可歸不歸韓山翁(가귀불귀한산옹)

可留不留提學公(가유불유제학공)

提學年强又無病(제학연강우무병)

仲氏赫赫臨朝中(중씨혁혁임조중)

古來行道重乘勢(고래행도중승세)

掛帆濟海須長風(괘범제해수장풍)

公言我家京山府(공언아가경산부)

宗族內外多英雄(종족내외다영웅)

瓜牙腹心列將相(과아복심열장상)

氣焰欻翕摩蒼穹(기염홀흡마창궁)

滿而不溢古所戒(만이불일고소계)

乞身勇退如飄蓬(걸신용퇴여표봉)

搢紳歎服手加額(진신탄복수가액)

知止知足誰能同(지지지족수능동)

君不見 君王彈雀在東岡(군불견 군왕탄작재동강)

文烈進諫披心腸(문열진간피심장)

落日孤煙迷岳陽(낙일고연미악양)

---

77 세계 16世손으로 대사간(大司諫)을 역임하였다.

又不見 憔隱先生臥病日(우불견 초은선생와병일)

罕有中官來問疾(한유중관래문질)

文墨功勞誰第一(문묵공로수제일)

先生高義動郡臣(선생고의동군신)

或去不去俱稱仁(혹거불거구칭인)

韓山寂寞今無人(한산적막금무인)

鎭江煙月波鱗鱗(진강연월파린린)

돌아갈 수 있건만 가지 않는 이 한산옹이요,

그냥 머무를 수 있건만 머물지 않는 이 제학공(提學公)이네.

제학이 나이 젊고 또 무병하며,

중씨마저 혁혁한 벼슬로 조정에 임해있네.

예부터 길을 떠남엔 시세를 타는 것이 중요하거늘,

돛을 걸고 바다를 건너려고 장풍을 기다리네.

공의 말씀이 경산부 우리 집에는,

종족 안팎에 영웅이 많다고 하셨네.

사직을 지키는 신하들이 장상을 차지하여,

불꽃이 타올라 푸른 하늘을 누비네.

그릇이 가득차도 넘치지 말라함이 옛 부터의 경계라,

자신의 용퇴를 임금께 빌어 바람처럼 훌쩍 떠나가시네.

조정 신하들이 탄복하여 이마에 손 얹고 절하니,

그칠 줄 알고 자족할 줄 아는 이 누가 공을 따르랴.

그대도, 임금님이 동강에서 새잡이 놀이한 어리석음을 들어 알겠지.

문열공이 나아가 심장을 헤쳐 간하지 아니하였던가.

지는 해 외로운 연기 악양(岳陽)[78]이 아득하구나,

모은공 신도비와 혜령옹주 제단비

그대는 또, 초은[79] 선생이 병들어 누웠을 때를 보지 아니하였던가.

조정의 중관이 와서 문병하는 것 참으로 드문 일 아니던가.

문장, 명필 공로에 있어 누가 제일인고,

선생의 높은 충의 뭇 신하가 감동하니,

가거나, 아니 가거나 모두 어질다 칭찬하네.

한산이 적막하여 지금 사람이 없구나.

진강 연기 낀 달밤에 물결만지네.

---

[78] 충혜왕이 이조년의 마지막 충간까지 받아들이지 않아 원으로 압송된 후 유배 길에 사망한 지명.

[79] 초은은 이인복이며 문열공 이조년의 장손이고 대제학 인민(仁敏)의 맏형이다.

6. 성산군 대제학 이인민(李仁敏, 1330~1393년)

성산부원군 추증

(財) 성산군 이인민 초상

대제학(大提學) 이인민은 매운당 조년의 손(孫)이고 포의 6남으로 경북 성주 연봉리 출생이며, 문음(門蔭)으로 벼슬, 선덕랑(宣德郎) 상의봉어(尙衣奉御)를 지내고 성균시에 합격하여 국자진사가 되었다. 1360년에 문과에 급제하였다. 1383년 정당문학이 되었고 동지공거를 제수받아 과거시험을 관장하였으며 이어서 문하평리 겸 대제학에 올랐다. 1370년 그는 진주목사로 부임할 때 사예(司藝)였던 유학자 박상충이 송별의 뜻으로 선사한 근사록(近思錄)[80]을 받고 평소 구하고자 했던 책이라 바로 목판본으로 복간하였다. 공양왕 2년(1390) 이초의 옥사에 연루되어 도은 이숭인, 권근 등은 유배를 당하고 목은 이색과 대제학 인민은 옥살이를 하는 등, 정치적 사건에 처하여 생명의 위기를 넘기며 여러 번 고초를 당했다. 그 후 특사를 받고 재기용 되어, 공양왕 4년(1392)에 판개성부사(判開城府事)로 재임 중 사직하였으며 귀향 후에는 불사(不仕)하였다.

---

[80] 이인민이 원본을 번각한 이 책은 송나라 유학자 주희와 여조겸이 주돈이의 태극도설과 장재의 서명 등에서 긴요한 장구만을 골라 편찬한 성리학 해설서이다.(1370년 간행본/보물 제262호,경북 봉화 충재박물관 소장, 한국 민족문화대백과)

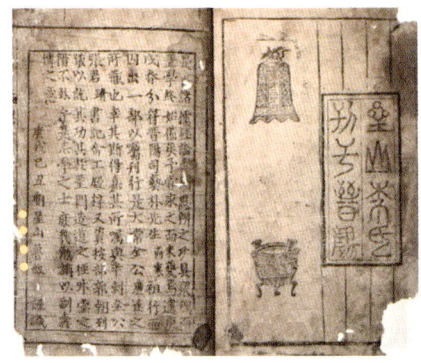

근사록(近思錄) 성산 노숙 근지(星山 魯淑 謹識)라 인쇄되었다. 노숙은 인민의 다른 이름

귀향할 때 옥고를 함께 치룬 목은이, 공의 행의를 칭찬하는 전별시를 지어 보냈다.(목은 시고 10-22)

6-1 昨晚 子安言 李密直仁敏 歸鄉 早起賦此
(작만 자안언 이밀직 인민 귀향 조기부차)

―목은 이색 전별시

(어제 저녁 자안(이숭인)이 말하기를 밀직사사 이인민이 귀향한다고 하여 일찍 일어나 이에 글을 붙인다.)

我愛先生繼祖風(아애선생계조풍)
나는 선조의 가풍을 이어받은 선생을 사랑했더니,

壯年還笏[81]動朝中(장년환홀동조중)
장년에 홀을 반환하여 조정을 진동시켰도다.

龍喉任重升樞相(용후임중승추상)
용후에 중용되고 중추부 재상의 직위에 올랐으나,

---

81 벼슬아치(재상)가 임금을 만날 때에 조복(朝服)을 갖추어 입고 손에 쥐던 물건(길이는 1자, 넓이는 두치로 얇고 길쭉한 상아나 나무제품).

蟬翼名輕伴塞翁(선익명경반새옹)
명성을 매미 날개처럼 가벼이 여겨 새옹을 짝하네.

山路崢嶸雲更白(산로쟁영운갱백)
산길은 험준하여 구름은 더욱 희고,

驛樓迢遞日初紅(역루초체일초홍)
머나먼 역루의 새벽 일출은 붉게 물들었는데.

沈吟馬上頻回首(침음마상빈회수)
마상에서 침울한 심정으로 돌아보고 또 돌아보니,

仲氏如今作上公(중씨여금작상공)
중씨(승암 이인임)는 지금도 여전히 상공이 되어 계시거늘.

7. 도은(陶隱) 이숭인(李崇仁, 1347~1392년)

고려 문신. 학자 시호: 문충. 자: 자안 대표관직: 전리총랑. 우사의 대부. 밀직사사. 동지지사. 정당문학. 예문관 대제학. 이조판서 추증

이숭인은 중시조 장경의 4세손, 세계(世系) 5世이고 밀직사사(密直司事) 백년(百年)의 증손이다. 부 원구(元具)는 대호군과 정치관(整治官)을 역임하고, 성산군(星山君)에 봉작되었다.

도은은, 목은 이색, 포은 정몽주 등과 고려 삼은의 한 사람으로 공민왕(恭愍王 11년, 1362)때 문과에 급제하여 예의산랑. 예문응교 문하사인. 전리총랑을 지냈으며 고려 문사를 뽑아 명나라에 보낼 때 1등 으로 뽑혔으나 25세가 되지 않아 가지 못했다. 정도전과 함께 북원(北元)의 사신을 돌려보낼 것을 청하다가 귀양을 갔고, 귀양 후(1377)에 성균사성이 되었으며 우사의 대부로 전임하였다. 밀직제학이 되어서는 정몽주와 함께 실록을 편수하기도 하였으며 시중 이색(李穡)과 첨서밀직사사로 원나라 남경에 가서 신정을 축하하고 돌아와 1384년 예문관 대제학(藝文館大提學)이 되었다.

그러나 이숭인의 정치행로는, 학문의 품격이 남다르게 정박(精博)하고 지조의 고결함으로 인해 오히려 그의 정치적 입지에 있어서는 반대파의 시기와 공격의 대상이 되어 순탄하지가 않았다. 그와 학문적으로 함께했던 정도전이 급진 세력인 이성계파와 결탁을 함으로써 이숭인은 그들과는 적대적인 입장에 놓이게 되었다. 자연히 보수 세력들은 권력을 잃게 되었고, 신흥 세력인 이성계파가 정몽주, 정도전, 이색, 권근 등을 억누르고 또는 제거하기에 이른 것이다. 이러한 현실 속에서도 이숭인은 불의와는 타협할 수 없는 굳은 뜻을 굽히지 아니하고, 쓰러져가는 고려를 지키는 충군의 길을 택했다.

(財) 도은 이숭인 초상

이로서 그는 힘겨운 삶을 지탱하면서 유배의 질곡(桎梏)에서 헤어나기가 어려웠던 것이다. 그가 유배를 가게 된 동기와 참소를 당하며 굴절된 삶을 살아가게 된 데에는 다음의 사건도 한 몫을 했다.

수십 년이 지난 후 일본에서 돌아온 종친 영흥군 왕환(王環)이 있는데 이숭인과 하륜 등이 그를 진짜가 아니라고 말한 것이 빌미가 되어 유배 길에 오르게 된 경우다. 왕환은 울릉도에 유배를 간 적이 있었고, 그 후 19년 동안 생사를 모르고 있었다. 아내 신씨는 그가 일본에 표류하였다는 소식을 들은 바 있어 가노(家奴)에게 찾아보라 일렀다. 가노는 이름이 '환'이라는 사람이 있어 그와 함께 귀국을 했는데 행색도 변했고 말도 잊었으며 부, 조부의 이름이나 자신이 살던 곳도 몰랐다. 신씨의 동생인 신극공, 사돈 전 판개성부사 박천상, 전 밀직부사 박가흥, 하륜, 이숭인 등이 가짜라고 말했다. 하지만 부인 신씨와 두 아들, 형인 중 참수와, 종실 어른들이 왕환이 맞는다고 말했던 것이다. 창왕(고려 제33대)은 왕환이 진짜가 아니라고 한 5명을 모두 무고죄를 주었으며 그중 4명은 모두 귀양살이를 떠났지만 이숭인은 이색의 변호로 유배형에서 벗어났다. 그러나 윤소종 등은 갖은 방법을 동원해 이숭인을 헐뜯음으로써 결국 1389년 10월 간관 오사충의 탄핵을 받았는데, 오사충

등은 이숭인이 이인임과 임견미가 정권을 잡았을 때 심복으로 있었고 모친의 3년 상이 끝나기도 전에 과거시험을 맡는 사관이 되었으며, 탐욕스러운 성품이라며 공격을 했다. 이로 인해 또 다시 성산부로 유배되었으며, 이색(판문하부사)은 "이숭인이 지금 탄핵을 당하여 귀양 갔사오니 신이 감히 편히 있을 수 없으므로 맡은 일을 사면(辭免)하고자 하옵니다." 하며 관직에서 물러나기를 청했지만 왕은 윤허하지 않고 교지와 술을 내려 위로까지 했다. 그 후 또 정몽주의 당이라 하여 삭직(削職)을 당하고 멀리 유배(流配)를 가게 되었는데, 정도전은 조선 개국에 자기와 함께 처세(處世)하지 않았다는 이유를 들어 앙심을 품고 있었다. 그의 천재적인 재능이나 학문의 성취도는 최고의 평가를 받았으나 이성계의 조선건국 추종 세력들은 그를 뜻을 같이할 수 없는 존재로 여긴 것이다. 스승 이색은 "해동(海東) 선비로는 겨룰 자가 없다."고 했다. 도은은 자질이 뛰어나고 문사(文辭)가 전아(典雅)하여 중국의 사대부들도 그의 저술을 보고 탐을 냈으며 특히 그가 작성한 외교문서 중 표문(表文)은 명나라 태조 주원장을 탄복시켰다고 한다. 이숭인은 46세의 짧은 생을 살아가는 동안 5번의 유배를 겪는다. 그는 유배 시에 자기가 처해있는 암담한 현실 상황을 구현하면서 역사적으로 길이 남을 유명한 시와 사, 표문 등을 썼으며 말세적 난국에 처해 있던 자신은 무엇을 해야 하는가를 예견하고 있었다. 따라서 그는 고려 왕조의 패망을 지켜보았던 지식인으로서의 고뇌를 표현한 시도 많이 썼다. 특히 등주 봉래각 감회, 추회, 오호도, 자송, 도요수 등의 시에서나, 사(辭)의 대표적 작품인 애추석사(哀秋夕辭) 등에 나타난다. 또한 이숭인은 성리학에도 조예가 깊었으며 고려 말 혼란기에 기울어져가는 고려 정부를 올바로 이끌기 위해 상당한 노력을 했다. 부조리를 비판하고 개선하려는 노력을 끝내 놓지 않음으로써 신진 세력들과는 마찰을 빚었으며 동화할 수 없는 그들로 인해 비운의 일생을 맞은 것이 안타까울 뿐이다. 저서로는 도은집(陶隱集)이 있으며, 목판본은 보물 제1465호로 지정되었다.

도은 이숭인의 시 23수를 선정하여 싣는다.

  (7-1) 題僧舍(제승사)   (7-2) 村居(촌거)   (7-3) 新雪(신설)

  (7-4) 倚仗(의장)   (7-5) 方同年生女戲呈(방동년생녀희정)

  (7-6) 憶三峰(억삼봉)   (7-7) 新晴(신청)   (7-8) 眼疾(안질)

  (7-9) 秋回(추회)   (7-10) 九日謾成(구일만성)

  (7-11) 丙寅十二月六日赴京使(병인12월6일부경사)

  (7-12) 元日奉天殿早朝(원일봉천전조조)

  (7-13) 登州蓬萊閣感懷(등주봉래각감회)   (7-14) 嗚呼島(오호도)

  (7-15) 定遼衛(정료위)   (7-16) 渡遼曲(도요곡)

  (7-17) 沙門島懷古(사문도 회고)

  (7-18) 西江即事(서강즉사)   (7-19) 登伽倻山(등가야산)

  (7-20) 行路難(행로난) 用古人韻(용고인운)   (7-21) 自訟(자송)

  (7-22) 謝兪知郡寄茶(사유지군기다)   (7-23) 蠅(승)

7-1 題僧舍(제 승사)

  승사(도인이 머무는 곳)   -도은 이숭인

山北山南細路分(산북산남세로분) 산은 남북으로 오솔길이 갈라지고,
松花含雨落繽紛(송화함우락빈분) 송화는 비에 젖어 분분히 떨어지누나.
道人汲井歸茅舍(도인급정귀모사) 도인은 물을 길어 띠 집으로 들어가고
一帶靑煙染白雲(일대청연염백운) 한 줄기 푸른 연기는 흰 구름을 물들이누나.

승사/성주이씨 시비공원

　이숭인은 시적 재능을 바탕으로 항상 자연에 대해 관심을 가지고 가까이하며 작품을 구상한 것이다. 이 시(詩)는 스승 이색(李穡)에게 인정을 받고 시를 통하여 명성을 날리는 계기가 되었다. 이 시는 승려가 불도를 닦는 곳[寺]으로 들어가는 모습을 그린 것이다. 송화 가루가 떨어지는 길, 산이 남북으로 나뉜 오솔길을 가노라면 띠 집(풀로 엮어 지은 집)인 승사가 있다. 이곳으로 도인(道人)이 들어갔고 불을 지피자 푸른 연기는 피어오른다. 푸른 연기는 띠 집의 굴뚝을 통해 곧바로 맑은 하늘로 솟구쳐 흰 구름을 물들인다. 자연의 아름다움과 함께 원시적인 환경 속에서 인간의 미세한 움직임까지 연상할 수 있는 평화로운 모습을 간결하면서도 서정적으로 표현했다.

7-2 村居(촌거)

-도은 이숭인

赤葉明村逕 淸泉漱[82]石根 (적엽명촌경 청천수석근)

地僻[83]車馬少 山氣自黃昏 (지벽거마소 산기자황혼)

산길 밝히는 단풍잎, 바위를 씻는 맑은 샘.

두메산골엔 오가는 사람 없고, 산 기운에 날은 절로 저물고.

이 시는 한적한 산간 지방의 가을 풍경을 담았다. 자연을 벗 삼고 계절의 변화를 찬미하는 도은 이숭인의 두 번째로 싣는 시이다. 권모술수에 휘말리는 복잡한 세상과는 전혀 거리가 멀다. 두메산골이 지니는 특유의 적막감과 자연의 소리만 있고, 주위의 간섭이나 걸림돌이 되는 제약 요건들은 없다. 단지 자연이 가져다주는 변화, 녹음이 지고 단풍이 들어 날이 저물어 밤이 되고 또 밝은 새 날을 안겨주는 선물이 있을 뿐이다. 날이 저무는 자연의 이치를 미화하며 이 곳의 산기운에 의해 저절로 저문다고 했다.

〈이 시는 陶隱集/大東詩選/靑丘風雅/東文選 등에 실려 있다.〉

7-3 新雪(신설)

새로 온 눈

-도은 이숭인

蒼茫歲暮天 新雪遍山川 (창망세모천 신설편산천)

鳥失山中木 僧尋石上泉 (조실산중목 승심석상천)

飢烏啼野外 凍柳臥溪邊 (기오제야외 동류와계변)

---

82 수(漱): 빨래하다. 씻다.
83 벽(僻):외진 곳, 두메. "한시진보"에는 벽(僻)으로 썼으나 평측(平仄)에 맞지 않아 편(偏)으로 쓴 책도 있다. 편(偏): 시골 궁벽(窮僻)한 곳.

何處人家在 遠林生白煙(하처인가재 원림생백연)

세밑 하늘이 짙게 흐리더니, 첫눈이 산천에 두루 내렸네.
새들은 산속의 나무(둥지)를 잃고, 스님은 바윗가의 샘물을 찾네.
굶주린 까마귀는 들녘에서 울고, 얼어붙은 버드나무는 시냇가에 누웠네.
어느 곳에 인가가 있을까? 먼 숲에서 연기가 피어오르네.

세모에 내린 첫눈에 온 산하가 흰 눈에 덮여, 본래의 모습이 바뀌자 새들이나 사람이 혼란스러워 동요한다. 마지막 구에서는 인가를 찾으며 연기 나는 그 곳에 가면 따뜻한 물과 차(茶)가 있을 것이라는 희망을 갖는다.

7-4 倚仗(의장)

　　　지팡이에 의지하여　　　　　　　　　　　-도은 이숭인

倚仗柴門外 悠然發興長(의장시문외 유연발흥장)
四山疑列戟 一水廳鳴璫(사산의열극 일수청명당)
鶴立松丫暝 雲生石竇凉(학립송아명 운생석두량)[84]
遙憐十年夢 款款此中忙(요련십년몽 관관차중망)

지팡이에 의지하여 사립문 밖 나서니 유연한 흥취 무한히 일어나네.
사방에 산들은 창을 세운 듯, 흐르는 물소리는 옥 구르는 듯하네.
소나무 줄기 사이 어두운 데 학은 서있고, 바위틈 서늘한 곳에 구름은 피어.
십년의 세상살이 아득한 꿈과 같아, 이 속에서 홀로 놀기 바쁘기만 하네.

도은 이숭인은 초가집 주위에 둘러친 나무 울타리의 사립문[柴門]을 지

---

[84] 원주(原註)에 "이 두 구절은 성당시대 한시들을 무척 닮았다."라고 하였다.

팡이를 짚고 나오면서 자연을 노래한다. 사방은 온통 창[戟]을 세워놓은 듯 산들이 장엄한 모습이고, 그 사이로 흐르는 물소리 또한 옥구슬 구르는 듯 맑은 소리를 낸다. 소나무가지 뻗은 사이에 학은 서있는데 바위틈에서 일어나는 서늘한 구름이며 산새들 소리와 스치는 시원한 바람 등 자연과 함께 있음을 기뻐하고 시간 가는 줄 모른다. 그는 고려 말기의 기울어져가는 형세를 바로잡는 데는 역 부족이었음을 짐작했으리라. 피폐하기 짝이 없는 현실에서 탈피하여 자연을 사랑하며 함께 살아가기를 소망했던 것이다.

7-5 方同年生女戲呈(방동년 생녀희정)[85]

방동년[86]이 딸을 낳았기에 장난삼아 지어줌 　　　　　—도은 이숭인

門閥多餘慶 郎君篤孝思(문벌다여경 낭군[87]독효사)
居然生女日 錯賦弄璋詩(거연생녀일 착부농장시)
富貴傳家有 貞嘉不卜知(부귀전가유 정가[88]불복지)
風塵荷戈戟 何用重男爲(풍진하과극 하용중남위)

명문가엔 남 없는 경사 많아 그대는 효성마저 돈독해서,
딸을 낳던 날 버티고 앉아 아들 낳았다는 시 잘못 지었다고.
부귀는 집안에 전할 수 있지만 아들 날지 딸 날지는 알 수 없는 법.
풍진 세상 만나면 창과 방패 메어야 하니 무엇 하러 사내를 중히 여길고?

---

[85] 이 시의 말미에 "이 시의 셋째, 넷째 구절과 끝의 두 구절은 모두 장난스런 말이다."라고 한 원주(原註)가 있다.
[86] 방동년(方同年): 방씨(方氏) 성을 가진, 같은 해 과거에 같이 급제한 동료.
[87] 낭군(郎君): 상대를 높여 부름.
[88] 정가(貞嘉): 딸과 아들. 정(貞)은 여자의 절개를, 가(嘉)는 아들을 낳은 경사를 가리킴.

7-6 憶三峰(억 삼봉)

　　삼봉 정도전(鄭道傳)을 그리며　　　　　　　　　　－도은 이숭인

不見鄭生久 秋風又颯然(불견정생구 추풍우삽연)
新篇最堪誦 狂態更誰憐(신편최감송 광태갱유련)
天地容吾輩 江湖臥數年(천지용오배 강호와수년)
相思渺何限 極目斷鴻邊(상사묘하한 극목단홍변)

정생(鄭生)을 못 본 지가 오래더니,
가을바람 다시금 쓸쓸해라.
새로 지은 글귀를 외우기에 아주 좋지만,
미친 듯한 태도를 어느 누가 아끼려는가?
하늘땅이 우리들을 용납하여,
강호에 누운 것이 벌써 여러 해.
그리는 정 아득히 한이 없어,
저 멀리 나르는 기러기를 바라본다.

　　삼봉(三峯)은 정도전(鄭道傳, 1342~1398)의 호이며 이성계를 도와 조선개국을 하는데 주역을 한 문신이다. 이성계가 위화도 회군을 단행할 때 우왕을 폐하고 창왕을 세워 밀직부사가 되었다. 그는 혁명을 위해 걸림돌이 되는 것은 모두 제거해 나가는 과정에서 스승인 이색은 물론 동학인 이숭인과도 등을 돌리게 되었다. 억(憶) 삼봉이란 말 그대로 "정도전을 생각, 추억(追憶)하며"라는 시다. 전해 내려오는 말을 인용해 본다.『고려 말기의 문장가 이숭인은 정도전이 보낸 자객에게 살해 당했지만, 젊은 시절에는 이색(李穡)문하에서 함께 배운 글동무 중에서도 아주 절친한 사이였다.』

　　　　　　　　　　　　　　　　　　　　　　＿ 한국산문선 제2권

憶三峰(억삼봉) 초록

이숭인은 1386년 명나라 사신으로 다녀온 뒤에 권신 이인임의 친척이라는 이유로 또 유배되었다. 이숭인을 구하려는 구명 움직임이 있을 때 마다, 이배(移配, 귀양살이 하는 곳을 옮김)를 거듭 당해 많은 고생을 하였으며 청주감옥으로 수감되었다가, 얼마 뒤에 소환되어 밀직사사, 동춘추관사가 되었다. 그러나 정몽주의 당이라 하여 삭직을 당하고 또다시 유배가 되는 불운을 맞는다. 조선의 개국에 이르러 정도전은 마침내 자기와 함께 하지 않은 데에 앙심을 품고 교서사(敎書使) 손흥종과, 심복 체복사(體覆使) 황거정 등을 보내 태형을 집행하였다. 그로 인해 이숭인은 1392년 6월에 장살을 당하고 말았다. 글동무를 몽둥이로 때려 죽였다는 뜻이며, 태형이라 하지만 죽도록 패고 다음에 또 태형을 집행하여 만신창이가 된 사람을 말에 묶어, 멀리 보냄으로써 치료도 못하고 상처가 도져 죽게 했다는 것이다.

그 당시 정도전의 정치적 위상과 역할을 살펴보기로 한다.

정도전은 조선건국 일등공신으로서 조선의 제2인자가 되어, 건국 후 개혁 작업과 왕세자 임명에 있어 왕세자를 누구를 임명하느냐 하는 문제에 관해 고심했다. 신권(臣權)이 왕권(王權)보다 더 강한 나라로 만들기 위해서는 차기 임금은 어린 임금이 적합하다고 판단했다. 세자책봉에 앞장서서 막강한 영향력을 행사하여, 제1비 신의왕후 소생의 왕자들을 여러가지 이유를 들어 모두 반대하고, 신덕왕후와 손을 잡아 나이가 제일 어린 의안대군을 내세워 왕세자로 책봉했다. 제1비인 신의왕후 소생들은 모두 자신을 제치고 계모 소생의 막내 동생이 왕세자가 된 것에 분개하였음은 물론이다.

정도전의 급진개혁 등의 정책으로 인하여 같은 개국공신들까지도 반발을 불러일으킴으로써 제1차 왕자의 난이 발생하게 된 것이다.

결국 정도전도 왕자 이방원의 사병들에 의해 1398년에 피살되었는데, 이숭인이 정도전의 심복에게 피살된 지 6년 후의 일이다.

정확한 시기는 분명하지 않으나, 도은(陶隱) 이숭인은 이 시(詩)를 피살되기 전 유배 중에 쓴 것으로 보인다. 정도전이 동문수학한 동지를 단지 정치 노선이 다르다는 이유를 들어 권력의 희생물로 삼은 것은 확실하다.

한편에서는 절친이었던 글동무를 그리워하며 회상하는 시를 지어 마음을 달래고 있었던 것이다.

한편, 이숭인이 7언 고시로 쓴 시 '오호도(嗚呼島)'는 정도전의 앙심을 사, 화를 당하게 되는 구실을 주었다고 하는데 어떤 연유가 있었는가는 오호도[7-14]의 시편 말미에도 기사가 있다.

7-7 新晴(신청)

비가 멎고 새로 갬　　　　　　　　　　　－도은 이숭인

爲愛新晴倚草亭(위애신청의초정)
杏花初結柳條靑(행화초결류조청)
詩成政在無心處(시성정재무심처)
枉向塵編苦乞靈(왕향진편고걸령)

새로 갠 날씨가 좋아 초정에 기대니,
살구꽃 맺히고 버들가지 파릇하네.
시가 이루어짐은 바로 무심한 곳에 있는데,
부질없이 책 속에서 애써 신령함을 구했네.

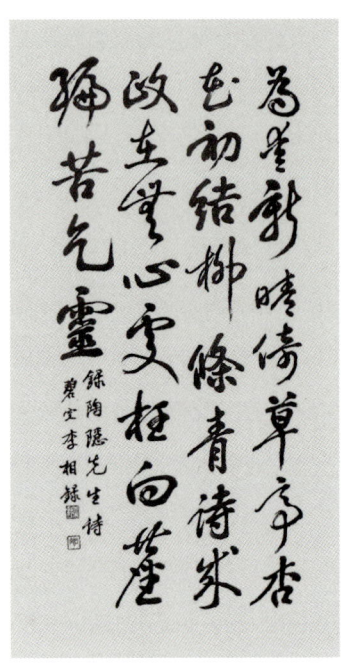

도은(陶隱)시 신청(新晴)

    오랫동안 계속해서 오던 비가 멎으며 말끔히 개인 날, 풀로 엮어 지붕을 만든 정자에 기대어, 봄날 아름다운 자연에서 우연히 시상(詩想)이 떠올라 시를 짓다.

7-8 眼疾(안질)

눈에 병이 생겨　　　　　　　　　　　　　　　　　　　－도은 이숭인

阿堵昏花未易醫(아도혼화미이의)
彼蒼嗔我好看詩(피창진아호간시)
逢人豈作嗣宗白(봉인기작사종백)
視物眞成老子夷(시물진성노자이)
翻覆多時尤有味(번복다시우유미)
姸蚩擾處竟無知(연치요처경무지)
閉門塊座蒲團上(폐문괴좌포단상)
遮莫兒曹笑大癡(차막아조소대치)

눈이 어스름 흐려져서 고치기 어려우니,

시 보기 좋아함을 하늘이 꾸중하나봐.

사람을 만나 어찌 완적(阮籍)[89]의 흰 자위를 지으리,

물건 볼 때 정말 노자(老子)의 이(夷)[90]를 이루네.

세상에 엎치락뒤치락 많을 때엔 안 보는 것이 더 맛이 있고 곱다,

못생겼다 떠드는 것을 내야 통 몰라라.

문 닫고 방석위에 흙덩이 인양 앉았으니,

아이들 큰 바보라고 웃어대리라.

89　자(字)는 사종(嗣宗)이며, 이 사람은 눈을 흰 자위, 푸른 자위로 지을 줄 알아 마음에 맞는 사람은 푸른 눈(靑眼)으로, 속인(俗人)이 오면 흰 눈으로 대하였다.(고사)
90　노자에 "보아도 안보임을 이(夷)"라 이른다.

7-9 秋回(추회)

가을이 돌아와 　　　　　　　　　　　　　　－도은 이숭인

天末秋回尙未歸(천말추회상미귀)

孤城落照不勝悲(고성락조불승비)

曾陪鵷鷺趨文陛(증배원로추문폐)

今向江湖理釣絲(금향강호리조사)

骨自罹讒成大瘦(골자리참성대수)

詩因放意有新奇(시인방의유신기)

明珠薏苡終須辨(명주의이종수변)

只恐難調長者兒[91](지공난조장자아)

하늘 끝 가을 와도 아직 못 돌아가니,

외로운 성 해질 녘에 슬픔을 견디지 못하네.

일찍이 조정에 나가 사신(詞臣)으로 참예했더니,

지금은 강호에 와서 낚싯줄을 다스리네.

참소(讒訴)에 걸린 뒤로 몸은 몹시 여위었으나,

멋대로 막 지으니 시는 도리어 신기(新奇)해라.

구슬과 율무[薏苡]씨는 마침내 가려[辨][92]질거나,

다만 다루기 어려운 권세가들이 두려울 뿐이네.

---

[91] 장자아(長者兒): 권세가 있는 집안의 자제.

[92] 가려질 것(변辨): 한(漢)의 마원(馬援)이 교지(交趾)에 있을 때 항상 율무 씨를 먹다가 환군할 때 한 수레에 싣고 왔었다. 율무 씨를 먹으면 몸을 가볍게 하고 욕심이 적어지고 장기(瘴氣: 풍토병)를 이긴다고 했다. 그가 죽은 뒤에 그를 참소하여 상소한 자는 "그가 전에 싣고 돌아온 것이 모두 구슬과 물소뿔[文犀]"이라고 거짓말을 한 것이다. 뇌물을 받지 않았음에도 불구하고 그를 시기하는 자들에게 비방을 당한 것을 이 시에서 예를 든 것이다.

성주 오현재 기둥에 장식(裝飾)한 주련(柱聯)은 도은 이숭인의 7언율시 추회(秋回)이다.(좌)
시비공원(우)

    이 시는 이숭인이 통주 유배 중에 쓴 시로 보이며, 내가 있어야 할 곳에 가지 못하는 안타까운 마음과 슬픔을 담고 있는 내용이다. 문신이 왕을 보좌하지 못하고 강호에서 낚시나 드리우고 있는 처지를 탓하기보다, 자기를 헐뜯고 터무니없는 비방을 자행함으로써 오히려 개혁을 표방한 세력이 정당화되어 진실이 허위로 포장된 그들의 간언으로 인해 결국 유배를 당하게 된 현실이 더 분한 마음인 것이다. 이 시에 쓴 참소(讒訴)는 남에게 없는 죄를 있는 듯이 꾸며내 간언한다는 뜻이다. 이숭인이 탄핵받은 이유는 이성계파의 전제 개혁에 반대한 조민수가 이인임의 인척으로서 부정에 연루된 혐의로 탄핵을 받은 바 있는데, 이숭인 역시 이인임의 친척이고, 그가 중국 사행 길에 물품을 거래하여 부(富)를 취했으므로, 불충을 저질렀다는 조준의 간언 때문이었다. 이에 대해 권근(權近)은 그들의 말은 비방일 뿐이라며 이숭인의 구제에 힘을 썼으나 허사였다.

    정치적인 파쟁이 가져온 희생이므로 사실이 밝혀져 억울한 누명이 벗

겨질 것으로 알지만, 권세가(반대파)들이 판을 치고 있는 한, 쉬운 일은 아닐 것으로 알고 그게 걱정임을 암시하고 있다.

7-10 九日謾成(구일만성)

— 도은 이숭인

登臨處處好山川(등임처처호산천)
只恨無人送酒錢(지한무인송주전)
藍澗一詩今膾炙(남간일시금회자)
龍山當日即神仙(용산당일즉신선)
天邊白鴈秋聲遠(천변백안추성원)
籬下黃花晚色鮮(이하황화만색선)
想得故園諸子弟(상득고원제자제)
尊前笑我未歸田(준전소아미귀전)

나다니니 곳곳이 좋은 산천이네만,
술값을 보내주는 사람 없음이 한이로군.
남수(藍水), 천간(千澗) 한 귀(句)[93]는 지금도 회자(膾炙)[94]된 시,
용산 모임 그 날은 모두 다 신선이었네.
하늘가의 흰 기러기는 가을 소리 멀고,
울 밑의 누른 꽃은 늦은 빛깔 산뜻해라.
생각하니 고원(故園)의 여러 자제들,
잔 들며 전원에 못 돌아가는 나를(보고) 모두 웃으리.

---

93 두보의 싯구 중 "藍水遠從千澗落(남수원종천간락)" 남수는 멀리 천 시내를 쫓아 떨어지고…가 회자되고 있음을 뜻함.
94 회와 구운 고기, 널리 칭찬을 받으며 구전되는 것.

7-11 丙寅十二月六日赴京使(병인년 십이월 육일 부경사)[95]

– 도은 이숭인

弧矢當年志四方(호시당년지사방)

如今奉使幸觀光(여금봉사신관광)

江分燕尾成天塹(강분연미성천참)

山似龍蟠遶苑墻(산사용반요원장)

金碧雲開尊象魏(금벽운개존상위)

綺羅風動照康莊(기라풍동조강장)

神京制度超前古(신경제도초전고)

說與鄕人語合長(설여향인어합장)

날 때부터 호시(弧矢)로 사방에 뜻 두었더니,

이제 사절(使節)로 다행히 상국(上國)을 구경하네.

제비 꼬리인 양 강이 갈려 천참(天塹)[96]을 이루었고,

용처럼 산이 서려 어원(御苑)의 담을 둘렀네.

금벽(金碧) 구름 열린 곳에 궁궐이 우뚝 솟고,

기라(綺羅) 바람 이는데 큰 길 환히 트였구나.

신경(神京)의 제도가 만고에 뛰어나니,

돌아가 이야기를 하려면 자연 길겠네.

---

95 고려 시대 때 명나라 혹은 청나라에 보내는 사신을 말하며 정삼품 당상관(堂上官) 이상이다. 병인 12월은 1386년이며 도은의 나이 40세로 부경사로 명나라에 갈 때 배편으로 발해를 거쳐 오호도를 답사하고 시를 쓴 기록이 있다.

96 하늘이 파 놓은 구덩이로, 사람의 힘으로는 어쩔 도리가 없다는 뜻.

7-12 元日奉天殿早朝(원일 봉천전 조조)

설날 봉천전(奉天殿)에 일찍 조회하며. 　　　　　－도은 이승인

煌煌蠟燭照彤墻(황황랍촉조동장)

宮漏聲催動曙光(궁루성최동서광)

彩仗分開庭上下(채장분개정상하)

赭袍高拱殿中央(자포고공전중앙)

梯航玉帛通蠻貊(제항옥백통만맥)

禮樂衣冠邁漢唐(예락의관매한당)

朝罷更叨霑錫宴(조파갱도점석연)

東風吹暖泛椒觴(동풍취난범초상)

촛불이 휘황하게 붉은 담을 비추는데,

궁중의 누수(漏水)소리 새벽빛 재촉하네.

채장(彩仗)이 뜰아래 위에 나뉘어 늘어서고,

용포(龍袍)는 대궐 한가운데 드높이 앉으셨네.

멀리 바쳐온 옥백(玉帛)은 남만(南蠻). 북적(北狄) 통하였고,

예악(禮樂)이며 의관(衣冠)은 한(漢). 당(唐)보다도 뛰어나네.

조회 뒤에 다시 잔치를 내리시오니,

동풍이 분지술잔[椒觴][97]에 따스하게 불어오네.

---

[97] 설날에 임금과 어버이께 세배를 드릴 때 분지술을 나눈다. 분지는 옥형성(玉衡星)의 정(精)이므로 몸을 가볍게하고 늙음을 안 탄다 하였다.

7-13 登州蓬萊閣感懷(등주 봉래각 감회)

-도은 이숭인

征鞍初御郡城西(정안초어군성서)
又向峯頭杖瘦藜(우향봉두장수려)
暘谷波翻看日出(양곡파번간일출)
蓬萊雲近訝天低(봉래운근아천저)
坡仙絕唱誰能和(파선절창수능화)
島客幽魂每欲迷(도객유혼매욕미)
自是登臨多古意(자시등림다고의)
非關遊子獨悲淒(비관유자독비처)

군성(郡城) 서쪽서 가던 말을 잠간 멈추고,
산머리를 향하여 지팡이 짚고 올라왔네.
양곡(暘谷)[98]에 뒤집는 물결, 솟는 해가 보이고,
봉래(蓬萊)의 구름이 가까워 하늘이 낮아진 듯.
파선(坡仙)의 절창(絕唱)을 누가 능히 화답할고,
섬손[島客][99]의 구슬픈 혼이 여태껏 헤매누나.
에 오르면 워낙 회고(懷古)의 뜻이 많거니,
타향에 노니는 자의 쓸쓸함만 아니로세.

---

[98] 해가 처음으로 돋는 곳.
[99] 진나라 말(秦末) 제(齊)의 왕 전횡(田橫)을 따라 섬에서 살던 사람들을 일컬으며 전횡이 항우(項羽)와 싸워 제(齊)의 땅을 회복하고 3년 간 왕이 되었으나 한(漢)에게 눌려 따르던 사람 들 500명을 데리고 섬으로 망명한 곳이다. 등주 앞바다에 "전횡섬"이 있다고 한다. 다음에 쓰인 시 "오호도"에도 주석(註釋)이 있다.

7-14 嗚呼島(오호도, 형식: 7언 고시)

일명 반양산(半洋山)   －도은 이숭인

嗚呼島在東溟中(오호도재동명중)

滄波渺然一點碧(창파묘연일점벽)

夫何使我雙涕零(부하사아쌍체령)

祇爲哀此田橫客(지위애차전횡객)

田橫氣槩橫素秋(전횡기개횡소추)

義士歸心實五百(의사귀심실오백)

咸陽隆準眞天人(함양륭준진천인)

手注天潢洗秦虐(수주천황세진학)

橫何爲哉不歸來(횡하위재불귀래)

怨血自汚蓮花鍔(원혈자오연화악)

客雖聞之爭奈何(객수문지쟁나하)

飛鳥依依無處托(비조의의무처탁)

寧從地下共追隨(영종지하공추수)

軀命如絲安足惜(구명여사안족석)

同將一刎寄孤嶼(동장일문기고서)

山哀浦思日色薄(산애포사일색박)

嗚呼天秋與萬古(오호천추여만고)

此心菀結誰能識(차심울결수능식)

不爲轟霆有所洩(불위굉정유소설)

定作長虹射天赤(정작장홍사천적)

君不見(군불견)

古今多少輕薄兒(고금다소경박아)

도은 이숭인 시, 오호도 원문

朝爲同袍暮仇敵(조위동포모구적)

오호도(嗚呼島)[100]는 동쪽바다 한 가운데 있나니,
아득한 창파 속에 새파란 한 점이네.
대저 누가 나에게 두 줄기 눈물을 흘리게 하는가?
전횡과 그 문객들이 애도함 때문이리.
전횡의 기개는 가을 하늘에 비껴있고,
의로운 용사들은 실로 오백 명이라.
함양의 콧대 높은 사람 참으로 하늘이 내린 사람,
손으로 은하수를 대어 진의 학정을 씻었다네.
전횡은 어찌하여 그에게 귀순치 않고,
원한의 피 스스로 연화검 칼날에 묻혔는가?
문객들 비록 이 소식 들었지만 어쩔 것인가?
날던 새들 이제는 사모하여 의지할 곳 없어짐에.
차라리 지하에서 함께 쫓고 따르리니,
실낱같은 목숨 어찌 아낄 것인가?
모두가 하나같이 목을 찔러 외로운 섬에 버리자,

---

[100] 중국 산둥성(山東省) 지모시(卽墨市) 동부해안에 있으며 전횡도(田橫島, Tianhengdao)라는 섬이다. 이숭인의 역작인 이 시는 지조를 지키다 죽음을 택한 제(齊)나라의 전횡(田橫)과 그 신하들의 죽음에 대한 추모의 성격이 짙은 시다. 사기(史記)에 의하면 한(漢)나라 고조(高祖)가 천하를 통일하자 제왕(齊王) 전횡은 무리 500여 명과 함께 동해 바다(중국 기준)에 있는 섬으로 망명했다. 고조가 전횡의 반란을 우려해 그를 회유하여 부르자 전횡은 낙양으로 오다 30여리나 떨어진 곳에서 "한나라 왕과 더불어 제나라를 다스리던 내가 이제 와서 한왕(漢王)의 신하가 될 수는 없다"며 자결했다. 고조가 또 나머지 500명도 모두 현명한 사람들이라는 말을 듣고 부르자 전횡이 죽었다는 소식을 들은 그들도 모두 자결을 했다. 한나라 고조는 이미 그들에게 이르기를 "전횡아 내게 오너라! 크게는 왕을 삼을 것이요, 적게는 제후로 삼으리라 하였다."

산천도 서러워하고 해[日]님도 빛을 잃어.

아아! 천추하고 만고에 더불어,

이 마음에 맺힌 것을 누가 능히 알려는가?

요란한 벼락으로 이 마음 드러내지 못하면,

정녕 긴 무지개로 하늘 쏘아 붉게 하리.

그대 보지 못했는가? 고금의 수많은 경박한 자들이,

아침에는 동지가 되었다가

저녁에는 원수가 되는 것을.

    이숭인은 40세 때 하정사로 명나라에 부임, 표문을 올렸다. 2년 후 1388년(42세) 연초에 이인임의 일족으로 몰려 통주에 유배되었다가, 그해 10월에 소환되어 첨서밀직사사를 제수받고 목은 이색 등과 함께 하절사(賀節使)로 또 한번 중국을 다녀오게 되었다.

    이 때 뱃길로[101]는 예성강[102] 하구를 출발하여 중국 산동성 북단에 위치한 등주(登州, 봉래수성)에 도착한 후 육로를 따라 명나라 수도인 남경(南京)을 다녀오면서 전횡과 그의 추종자들이 의롭게 자결한 오호도를 답사하고 추모의 시를 창작하게 된 것이다. 도은은 자기가 처해있는 부조리한 현실과 혼란한 정세에 대해 초월할 수 없는 나약함을 자책하면서 분노와 좌절을 표출하였다. 소인배들이 군림한 정치집단의 향배(向背)를 우려하면서,

---

101 명나라 초기에 여러 사건의 발발로 인해 명과 고려 간에 신뢰가 쌓이지 아니하여 명은 고려사신의 육로이용을 허용하지 않았다. 요동지역과 요서지역의 정세에 따라 육로이용이 불가능하기도 했지만 수도인 남경은 위치상 뱃길 이용이 해난의 사고위험을 제외하면 편리한 점이 많았기 때문이다. 당시 등주를 거치는 항로를 북로, 서해로 직접 내려가는 항로를 남로라 했는데 남로는 해상의 위험이 더 컸다.

102 개성 개풍군 일대를 지나 강화만으로 흘러드는 강.

이숭인의 사행: 뱃길(예성강⇌산동성 등주), 육로길(등주→칭타오→남경)

나아가 그들로 인해 내게 지워질 고난과 함께 고려의 운명이 쇠잔(衰殘)할 것을 예견한 그의 통찰력은 어긋나지 않았다. 이듬해 이성계는 위화도 회군을 단행하고 정권을 잡는다.

이 시의 말미에 점필재 김종직[103]은 "慷慨激烈 弔慰兩盡, 伍百人有知能不感泣於冥冥, 東方之詩 鮮有其儷. 강개하며 격렬하게 조문하고 위로

---

[103] 호는 점필재(佔畢齋), 1459년(세조 5)문과에 급제하여 벼슬이 지중추부사에 이르렀다. 조선 시대 도학의 정맥을 이어가는 중추적 역할을 하였으며, 정몽주에 이어 그의 도학을 계승한 김굉필은 조광조와 같은 큰 인물을 배출시켰다. 그는 문장에 뛰어나 많은 시문을 남겼다. 저서로는 점필재집과 시선집(詩選集)인 청구풍아(靑丘風雅) 등이 있고 동국여지승람을 편저했다. (하절사 사행로 그림은 필자가 그린 것으로 명나라 초기에는 요동지역 정세가 불안하여 뱃길을 이용하였으므로 이를 감안하여 그린 것임)

제나라 왕 전횡이 망명했던 전횡도(Tianhengdao)

田橫五百義士墓(전횡오백의사묘, '义'자 義의 간체자)
(사진제공: Naver blog 상하이 신의 이슬) 이 묘비는 중국 산동성 인민정부에서 문물보호로 지정하고 1992년에 청도시 인민정부가 세운 의사(義士)들의 묘(墓)이다.

하기를 양쪽 모두 하였으니 오백 명의 문객들이 알면 능히 저승에서 감동하여 울지 않겠는가? 우리나라의 시에, 이 작품과 짝이 될 만한 것은 드물다"라고 하였다.

또한 서거정의 동인시화에 「목은(牧隱) 이색(李穡)이 이숭인(李崇仁)의 오호도를 보고 칭찬을 하니, 삼봉 정도전(鄭道傳)이 오호도를 지어 목은에게 보이며, 옛사람의 시집 중에서 얻었다고 했다. 목은은 "참으로 좋은 작품이나, 이 정도의 시는 그대들도 지을 수 있다. 그러나 도은(이숭인)의 것은 많이 얻을 수가 없다."고 했다. 후일 삼봉이 권세를 잡았을 때, 스승인 목은 이색은 수차례나 좌절을 당하고, 또는 죽음을 간신히 면하였는데 도은은 결국 화를 입게 된다.

정도전은 이숭인의 학문을 뛰어넘지 못한 데에 대한 스승 이색의 평가를 상당한 수치로 받아들였을 것이고, 아마도 '오호도'가 빌미를 제공한 것이 아닐까 하는 것이다. 성주이씨 대동보(大同譜)에도 사가(四佳) 서거정(徐居正)이 대동시선 서문에 "오호도 시를 인용 극찬함이 실로 후일 박탈관직 생사의 요인이 되었다"라고 쓴 글을 원용(援用)했다.

7-15 定遼衛(정료위)

―도은 이숭인

東連靺鞨地幽燕(동연말갈지유연)

沃壤漫漫過海壖(옥양만만과해연)

勳舊向來開幕府(훈구향래개막부)

懷綏不必用戈鋋(회수불필용과정)

風吹畫角梅初落(풍취화각매초락)

日映朱旗火欲燃(일영주기화욕연)

漢代聲容無遠近(한대성용무원근)

天驕那得敢窺邊(천교나득감규변)

동으로 이은 말갈(靺鞨), 북으로 유주(幽州). 연경(燕京),

기름진 끝없는 땅이 바다까지 닿았네.

공신들이 예로부터 막부(幕府)를 열었거니,

회유함에 반드시 무력(武力)쓸 것 없어라.

바람이 화각(畫角)을 부니 매화[104]가 갓 지고

해가 붉은 기(旗)에 비치니 불이 붙는 듯,

중국의 위용(威容)이 원근 없이 비치니

북호(北胡)가 제 어이 감히 변경(邊境)을 엿볼소냐.

---

104 강인의 피리[강적, 羌笛]에 낙매(落梅)라는 곡조가 있다.

7-16 渡遼曲(도요곡)

요수(遼水)를 건너는 노래 　　　　　　　　　　　－도은 이숭인

遼陽城上春風吹[105](요양성상춘풍취)

遼陽城下黃沙飛(요양성하황사비)

征夫渡海事驃姚(정부도해사표요)

幾年望鄕猶未歸(기년망향유미귀)

空閨思婦嚬雙蛾(공규사부빈쌍아)

挑燈軋軋鳴寒梭(도등알알명한사)

織成錦字[106]憑誰寄(직성금자빙수기)

靑鳥[107]不來知奈何(청조불래지내하)

요양성 위로는 봄바람 불어오고,

요양성 아래로는 누런 모래 날리는데.

바다 건넌 나그네는 곽거병(霍去病)[108]처럼 무공(武功)만 일삼아서,

몇 년인가, 고향만 바라보고 아직 돌아가지 못한 것이.

아내를 생각하면 빈 안방에 자주 두 눈썹 찡그리며,

등잔불 돋우고서 딸깍딸깍 차가운 북[梭][109] 울리리니.

비단에다 글자를 짜 넣어도 누구를 통해 부치며,

파랑새도 오질 않으니 어찌할까나?

---

105 동문선=遼陽城中秋風起 遼陽城下黃沙飛.
106 직성금자(織成錦字): 전진(前秦)시대의 두도(竇滔)라는 사람이 사랑하는 첩만을 데리고 양양(襄陽)땅으로 가 태수를 지냈는데, 홀로 집에 버려졌던 그의 처 소씨(蘇氏)가 비단에다 회문시(回文詩) 200여 수(首)를 짜 넣어 그에게 부치자 이를 보고 감동하여 마침내 다시 부인을 맞아갔다고 함. (직성금자, 비단에 글자를 짜 넣음)
107 원주(原註)에 "파랑새는 소식을 전하는 사람을 가리킨다"라고 했다.
108 서한(西漢) 나라의 명장 이름.
109 베틀에서 날실의 틈 좌우로 움직이면서 씨실을 푸는 기구.

7-17 沙門島懷古(사문도 회고)

등주 사문도의 옛일을 회고하며 　　　　　　　　　－도은 이승인

憑高慾望蓬萊島(빙고욕망봉래도)

渺渺煙波接蒼昊(묘묘연파접창호)

安期空有棗如瓜(안기공유조여과)

斜日茂陵生秋草(사일무릉생추초)

八仙當日訪壺瀛(팔선당일방호영)

雲間旌旄擁飇輦(운간정모옹표련)

令人悵然欲從遊(영인창연욕종유)

且問弱水今淸淺(차문약수금청천)

千古之罘一點山(천고지부일점산)

鴉鬟倒影滄波間(아환도영창파간)

祖龍遺迹復誰記(조룡유적부수기)

石刻剝落苔紋斑(석각박락태문반)

높은 데 기대어 봉래도(蓬萊島)를 바라보러니,

아득한 연기와 물결이 푸른 하늘에 닿았구나.

안기생(安期生)[110]은 헛되이 오이만한 대추를 가졌거니,

지는 해 무릉[111]에는 가을 풀만 우거졌네.

그 당시 여덟 신선 호영(壺瀛)을 찾을 때에,

---

110 신선인데 진시황이 유람 중 그를 만났을 때 주야 3일 동안을 이야기하고 금품을 주었으나 받지 않고 훗날 봉래산에서 찾으라는 말을 남기고 떠난 신선이라 한다. 안기생이 먹는 조여과는 오이크기의 대추인데 신선이 먹는 선과(仙果)의 의미로 쓰인다.

111 한무제(漢武帝)의 능이다. 사문도에서 신선을 구하다가 뜻을 이루지 못하고 죽어 무릉에 묻혔다. 도은은 인간을 대표하는 한무제가 신선처럼 불로장생하지 못하고 죽은 그에 대해 세상사가 모두 무상함을 시로 읊은 것이다.

구름사이의 깃발은 바람수레 둘러쌌네.

창연히 그들을 따라 놀려 하노니,

묻노라, 약수[112]가 이제 맑고 얕아졌는가.

천고의 지부(之罘, 山東省의 이름) 한점 산은,

새까만 봉우리 끝이 푸른 물결사이에 거꾸로 비추었다.

조룡[113]이 끼친 자취를 누가 다시 기억하리,

돌에 새긴 글은 닳아 벗겨지고 이끼만 아롱졌구나.

옛 팔선(八仙)의 신선들이 놀았다는 봉래성
앞바다에 있는 사문도(沙門島).

이 시의 제목인 사문도(沙門島)는 중국 산동의 등주에 있는 섬이다.

도은 이숭인은 명나라 사행길에 예성강을 출발하여 바다 뱃길을 따라 당시 명나라 육지에 도착한 곳은 산동성에 있는 등주(봉래현)이다. 그는 사행도중 봉래성 앞바다에 있는 사문도에서 이 시를 쓴 것이다. 그는 여기서 옛날 삼신산의 하나인 봉래산은 신선들이 사는 곳으로 알려져 있으므로 유한한 인간의 생과 무한한 신선들의 세계를 대비하여 그들처럼 살고 싶은 충동을 도가적 입장에서 표현한 것이다.

---

112 삼신산의 하나인 봉래도를 감싸고 있는 물은 부력이 없어 새 깃털도 가라앉아 사람이 건너갈 수 없다. 건너기만 하면 신선이 사는 곳에 갈 수 있으나 이 시에서는 그 물이 말라 얕아지면 건너갈 수 있으므로 얼마나 얕아졌는지를 묻는다는 뜻이다.

113 시황(始皇)을 조룡이라 하며 각석이 사문도에 있었다.

7-18 西江即事(서강즉사)

　　　　　　　　　　　　　　　　　　　　　　　　－도은 이숭인

　　淸嘯長歌即勝游(청소장가즉승유)　　機心消盡狎沙鷗(기심소진압사구)
　　瓦盆濁酒家家有(와분탁주가가유)　　從此江頭日典裘(종차강두일전구)
　　杏花如雪柳如絲(행화여설류여사)　　春滿江城日正遲(춘만강성일정지)
　　低帽短靴人不識(저모단화인불식)　　歸來馬上有新詩(귀래마상유신시)

맑은 휘파람과 긴 노래는 곧 훌륭한 놀이이니,
교사한 마음을 모두 없애고 모래밭 갈매기와 친하네.
질항아리의 막걸리는 집집마다 있거니,
지금부터는 강 머리에서 날마다 갑옷을 전당잡히리.
살구꽃은 눈처럼 희고 버들은 실같이 늘어지고,
봄이 가득한 강성에는 해가 진정 길어라.
낮은 모자와 짧은 신이라 사람들은 모르나니,
돌아오는 말 위에서는 새로운 시(詩)가 있더라.

7-19 登伽倻山(등 가야산)

　　　　　　가야산[114]에 올라 보다　　　　　　　　　－도은 이숭인

　　作鎭星州界(작진성주계)　　流形陜郡東(유형합군동)
　　蒼根蟠厚地(창근반후지)　　翠色滿晴空(취색만청공)
　　猿鶴經年別(원학경년별)　　煙霞自昔同(연하자석동)
　　我來登絶頂(아래등절정)　　第一望夫崧(제일망부숭)

114　정상에서는 개성의 송악산은 직접 볼 수는 없으나, 내가 있어야할 곳은 바로 높은 산이 있는 개성(開城)임을 암시한다.

영종도에서 조망한 송악산

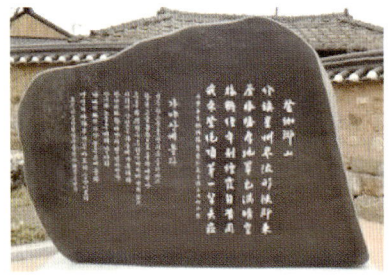
성주 수륜면 청휘당(晴暉堂)관내 '등가야산' 시비

성주 경계의 진산으로 되어, 형세는 합천군 동쪽으로 뻗어 내렸다. 무성한 뿌리는 두터운 땅에 서리고, 비취색 산 빛이 맑은 하늘에 가득하구나. 원숭이와 학은 몇 년 이별이냐, 안개와 노을은 절로 옛날과 같구나. 내가 여기 와서 정상에 올라, 제일 먼저 가장 높은 산[115]을 바라본다.

도은 이숭인은 고려 우왕 2년(1376) 성주 유배시에 청휘당을 세워 후학들에게 강학(講學)을 하였다. 성주의 가야산 정상에 올라, 그가 본 곳은 오직 고려의 번영을 함께 이루고자 갈망해온 송악(고려)이 있는 방향이다. 그리고 도은은 훗날 고려와 운명을 같이 함으로써 충절(忠節)을 지켰다.

---

115 높은 산을 뜻하며 개성에 있는 송악(松嶽)의 다른 이름이다.

7-20 行路難(행로난) 用古人韻(용고인 운)
　　　길 가기 어려워라　　　　　　　　　　　－도은 이숭인

行路難 行路難(행로난 행로난)
我今一鳴君一顧(아금일명군일고)
平時坦道盡荊棘(평시탄도진형극)
白日大都見豺虎(백일대도견시호)
萬慮燒胸腸欲爛(만려소흉장욕란)
聽雞未禁中夜舞(청계미금중야무)
明朝出門將安如(명조출문장안여)
水能覆舟山摧車(수능복주산최거)
君不見 長安陌上富貴兒(군불견 장안맥상부귀아)
終然不讀一券書(종연부독일권서)

길가기 어려워라, 가는 길 험난하네,
내 이제 한번 울 테니, 그대 한 번 돌아보소.
평시의 탄탄한 길도 다 가시덤불,
대낮의 큰 도시에도 늑대와 범들이 보인다오.
만 가지 생각이 가슴을 태워 창자가 다 타들어 갔는데,
닭의 울음소리 들리는 데도 한 밤중의 춤을 멈추지 않네.
내일 아침에는 문을 나서면 어디로 가야 할지,
물은 배를 엎어뜨리고, 산은 수레를 쓰러뜨릴 수 있으리니.
그대들은 보지 못 했는가 장안 거리의 부잣집 귀한 아들들은,
평생토록 한 권의 책도 읽지 않았다는 것을.

이 시는 작가 자신의 마음이 불안정하고 알 수 없는 미래가 염려스러

워, 어떻게 어디로 가야 할지를 묻는다. 물은 배[舟]를 엎을 수 있고, 산은 수레를 전복시킬 수 있는 강한 힘을 소유하고 있다.

신왕조를 수립하려는 거대한 정치 세력과, 한갓 미약한 존재에 불과한 자신을 대비하여 의와 도를 모르고 권력만을 추구하는 자들의 비열한 행동에 의구심을 나타내고 있는 것이다.

도은은 29세 때 유배를 당했으나, 2년 후인 1378년(우왕 5) 개경에 올라와 충직하고 성실한 관료로서, 곡절(曲折)을 겪으며 40세에 이르기까지 고려왕조에 많은 기여를 하였다. 그러나 고려왕조 체제를 유지하면서 시대 개혁을 주도하던 세력마저 마침내 고려왕조 유지(維持)파와 새로운 왕조를 추구하는 세력권이 형성됨으로써, 권문세족의 몰락 이후에도 다시 고된 시련을 겪으며 자기의 정치적 이상을 실현시키지 못한다. 다음의 시 자송(自訟, 자신의 결함이나 잘못을 스스로 뉘우침)은 현실을 극복하지 못한데 대한 내 자신을 자책(自責)하는 내용으로 쓰였다.

7-21 自訟(자송)

스스로 꾸짖어　　　　　　　　　　　　　　-도은 이숭인

自訟復自訟(자송부자송)	스스로를 꾸짖고 다시 꾸짖노니,
予胡不自惜(여호부자석)	내 어찌 스스로를 아끼지 않았던고.
余生免襁褓(여생면강보)	내 태어나 강보를 면하고부터,
汲汲事經籍(급급사경적)	부지런히 경서(經書)를 섭렵하였네.
結文盡豪英(결문진호영)	문장을 지음에는 호걸이 되려 진력했고,
秉心尙强直(병심상강직)	마음을 다스림에는 강직함을 숭상했네.
猜嫌滿人胸(시혐만인흉)	사람들 가슴엔 시기와 미움이 가득 차있어,
不逆仍不憶(불역잉불억)	오히려 거스르고 헤아리지 못했네.

忽嬰縲絏間(홀영루설간)	문득 자유롭지 못한 몸이 되니,
倚伏[116]頗難測(의복파난측)	자못 화. 복의 순환을 예측하기 어렵네.
遂同二三子(수동이삼자)	마침내 두 세 사람과 함께,
竢罪天南極(사죄천남극)	하늘 남쪽 끝에서 죄의 처분을 기다리리.
自顧無寸鐵(자고무촌철)	스스로 돌아보니 조금의 돈도 없으니,
何緣鑄此錯(하연주차착)	어떤 인연으로 이런 신세가 되었나.
尙賴君相明(상뢰군상명)	오히려 임금과 재상들의 밝음에 힘입어,
幽微無不燭(유미무불촉)	그윽하고 은미한 곳에도 비춰지기 바라.
非久蒙寬恩(비구몽관은)	머지않아 너그러운 은혜 입어,
歸隱故山麓(귀은고산록)	고향의 산기슭에 돌아가 숨으리.
摩手謝時人(마수사시인)	손 내저으며 속된 사람들 거절하고,
息機友麋鹿(식기우미록)	기회가 되면 사슴을 벗하며 살리라.
歌予自訟篇(가여자송편)	내가 자송편을 노래하는 것은,
聊[117]當紫芝曲[118](요당자지곡)	애오라지 자지곡에 부치고자 함이라네.

---

116 화(禍).복(福)은 서로 인연(因緣)이 되어 생기고 없어짐.
117 聊(애오라지 료): 부족하나마 그대로. 편안하다.
118 紫芝曲(자지곡): 중국 진나라의 학정을 피해 산시성 상산(商山)에 들어가 숨은 사호(四皓) 즉 동원공(東園公), 기리계(綺里季), 하황공(夏黃公), 각리(角里) 등 선비 네 사람을, 진나라가 멸망한 후 한고조(漢高祖)가 그들을 초빙하였는데, 지조를 지켜 그의 부름에 응하지 않겠다는 뜻을 담아 부른 노래를 말한다.

7-22 謝兪知郡寄茶(사유지군기다)[119]

유지군(兪知郡)이 보낸 차를 받고 감사하다. 　　　-도은 이숭인

瓊也今朝至(경야금조지)
知君不我忘(지군불아망)
得書如見面(득서여견면)
煮茗且澆腸(자명차요장)
悵望千山遠(창망천산원)
相離一歲强(상리일세강)
何時成邂逅(하시성해후)
握手共登堂(악수공등당)

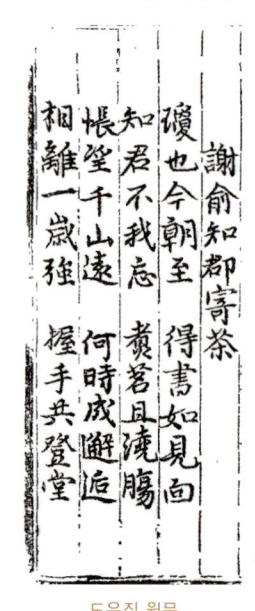

도은집 원문

오늘 아침 (그대가 보낸) 좋은 차를 받으니,
그대가 나를 잊지 않았음을 알았소.
편지를 받고 보니 얼굴을 대하는 듯,
보낸 차를 달여 먹고 속을 풀리라.
시름없이 천산 너머 머나먼 곳 바라보니,
서로가 헤어진 지 일 년도 넘었구려.
어느 때쯤 정답게 만나서,
손잡고 함께 당위에 오르려나?

먼 곳에 있는 유지군(兪知郡)[120]이 차를 보낸 것에 감사하고 편지를 받으

---

119 원작 이숭인 한시(漢詩), 박숙희 역시(譯詩), 정덕기 곡(曲)이다.
120 지군사(知郡事). 고려 시대에 지방관이 파견되지 않는 작은 규모의 속현에는 감무(監務, 여말 선초까지 있던 작은 현의 원)가 파견되었으나 군(郡)으로 승격하면 지군사(知郡事)가 파견된다.

니 직접 만난 듯이 반가웠던 것이다. 이 차를 달여 먹고 내장을 풀겠다는 다짐을 한다. 창연히 천산 너머 멀리 떨어져있는 그대를 생각하며 바라보니 헤어진 지 일 년도 넘어 그리움이 서린다. 언제 또 만날 수 있을까 하는 불확실한 현실을 염려하며 당(官衙, 관애)에 함께 오르기를 희망한다. 이 시는 여말 학자의 한시로는 드물게 가곡(歌曲)의 가사로 쓰여 원작명 謝兪知郡寄茶(사유지군기다)를 "그대가 보낸 차"라는 가곡명으로 작곡하여 부르고 있다.

7-23 蠅(승)

파리　　　　　　　　　　　　　　　　　　　－도은 이숭인

終日營營几案前(종일영영궤안전)
종일토록 (파리가) 책상 앞을 윙윙거리며,

飛來飛去勢飄然(비래비거세표연)
날아왔다 날아갔다 빠르기도 하구나.

家童未用麾梭拂(가동미용휘종불)
아이(家童)는 파리채 흔들 필요 없으니,

留與淸霜九月天(유여청상구월천)
두었다가 구월의 맑은 서리 맞게 하라.

　여름에 파리 떼가 몰려와서 하루 종일 책상 앞으로 정신없이 날아다니는 것을 사실적으로 묘사했다. 아이에게는 파리채를 흔들 필요가 없음을 이르고, 그대로 두었다가 구월에 서리 맞게 내버려두라고 했다. 「청구풍아」에 "九月霜冷, 雖不用梭拂, 自然掃地, 以比小人遇明君, 雖不排斥, 自然斂迹. (9월상냉, 수불용종불, 자연소지, 이비소인우명군, 수불배척, 자연렴적) 9월에 찬 서리가 내리면 비록 파리채를 쓰지 않더라도 땅을 쓸듯 저절로 파리들이 없어진다. 이것은 소인배가 현명한 임금을 만나게 되면 비록 소인배들을 제거하지 않더라도 저절로 사라질 것이다."라는 주석이 있다.

도은은 직설적인 표현은 쓰지 않았지만 시의(詩意)로는 성군이 나타나 조정에 난립하는 소인배들을 제거시키고 나라가 평정되기를 원했던 것이다.

―도은 이숭인의 약사(略史)

도은은 충목왕 3년(1347)에 출생하여 14세 때 국자감시에 합격하고, 16세 때 과거 병과 2등으로 급제했다. 21세에 성균관학관에 임명되었으며, 26세에는 예문응교, 문하사인의 벼슬을 하였다.

27세 때 성균관 직강을 맡았으며, 29세에 봉산대부, 전리총랑 등을 제수받고, 북원사신을 물리치자는 글을 올려 경산부로 유배되었다. 우왕 4년(1378) 32세에 밀직제학을 제수 받았으며, 우왕 10년(1384) 38세에 예문관제학(藝文館提學, 정3품)이 되었다.

우왕 12년(1386) 40세에 하정사(賀正使)가 되어 명나라에 부임하여, 표문을 올렸는데 황제가 이를 보고 "언사가 간절하고 성실하다"고 하였다. 우왕 14년(1388) 42세에 이인임 일족으로 몰려 통주에 유배되었으나. 창왕 집권(우왕은 14년 1388년 6월 중순 폐위) 후인 그해 10월 소환되어 첨서밀직사사가 되어, 하절사(賀節使)로 또 명나라를 다녀왔다. 43세 때 예문관제학에 재기용되었으나 그해 10월 오사충의 탄핵으로 경산부에 유배되었고, 12월 딴 곳으로 옮겼다. 44세에 유배지에서 다시 오사충의 탄핵을 받고 5월 청주옥에 수감되었다.

6월 수재로 인해 풀려나고, 45세 때 사면되어 서울 밖으로 나가 안거하게 되었다. 11월 다시 소환되어 동지사사 종 2품을 제수받고. 46세 정월에 지밀직사사 동지춘추관사(종 2품)를 제수받았다.

4월 정도전, 남은 등은 도은 이숭인으로부터 반격을 받게 될 것을 우려해 포은 정몽주의 일당으로 몰아 유배를 시켰으며, 체복사 황거정을 부추겨 유배지에서 장형을 가해 사망에 이르게 하였다. 이때 목은 이색의 아들 이종학도 목을 매어 죽게 했다.

이숭인이 하절사로 다녀온 시기는 우왕(재위 1374년 9월~1388년 6월)과 창왕(1388년 6월~1389년 11월) 때이고 중국에서는 명(明)나라가 국력을 키워 북쪽과 남쪽으로 영토를 확장하고 있는 상황이었다. 따라서 북쪽으로 밀려난 북원은 쇠퇴해가고 있으므로 주위의 많은 국가들은 당연히 친명하여 나라의 안전을 보장받으려 했으며 이숭인 또한 일관되게 친명정책을 주장해왔던 것이다.

8. 형재[亨齋] 이직(李稷, 공민왕 11년(1362)~세종 13년(1431))

여말 선초 문신. 자: 우정. 시호: 문경(文景). 성산부원군 조선(태조 1년) 3등 공신 책훈. 태조 6년 대사헌. 태종 2년 예문관 대제학. 태종 3년 판사평부사. 태종 5년 이조판서. 태종 14년 판의정부사. 세종 6년 영의정.

형재 이직은 공민왕 11년(1362) 성주 송곡에서 출생하였다.

문하평리, 대제학을 지낸 인민(仁敏)의 5남 중 장남이다. 고려 우왕 3년(1377) 16세로 문과에 급제하여 영민(英敏)함을 보였다. 경순부주부(慶順府主簿), 사헌부지평(司憲府持平), 성균관사예를 역임하고 우왕 12년 보문각직제학, 공양왕 4년 예문관제학에 올랐다.

(財)형재 이직 초상

1392년 조선개국에 공헌하여 개국공신 3등에 책훈되고 성산군에 봉해졌다. 태종은 1403년 2월, 고려 말의 서적원제도(書籍院制度)를 본받아 주자소(鑄字所)를 설치하였는데, 유생들에게 책의 인쇄, 보급을 통한 학문의 권장이 목적이었다. 주자소 설치를 계기로 이직은 1403년(태종 3)에 계미자(癸未字) 주조를 관장하게 되었다. 궁 내부에 속해있는 경연청(經筵廳)에 소장된 고주본(古注本)인 시(詩), 서(書), 좌씨전(左氏傳) 등을 자본(字本)으로 하여 약십만 자의 동활자(銅活字)를 만들었다. 크기는 1.4cm²로 이는 조선 최초의 동활자로써 그 해의 간지를 붙여 계미자라 이름 한 것이다. 활자의 주조(鑄造)에만 몇 달이 걸리는 어려운 작업이었으나 시행 착오를 겪으며 고려의 사주활자와는 달리 대폭적으로 개량된 활자를 만드는데 많은 공을 들였다.

　이러한 인쇄기술을 바탕으로 1410년 2월부터는 주자소에서 책을 인쇄하여 문헌을 널리 보급시켰다. 계미자로 찍어낸 책은 국보급으로 지정된 것이 많이 있으며, 십칠사찬고금통요(十七史纂古今通要) 제16권 1책은 국보 제148호로써 서울대 도서관이 소장하고 있고, 제17권 1책 역시 국보(148호)로 국립도서관에 소장되어 있다. 그 외에도 계미자로 인쇄한 많은 서적 중에, 도은 이숭인의 도은시집 1권 1책과, 3권 1책은 개인이 소장하고 있다.

　형재 이직은 중시조 세계 5세이고 문열공 이조년의 증손이다.

　이직은 덕이 있으며 학식이 탁월하고 천성이 온화한 성품을 가졌다. 여말과 선초, 과도기의 정치적 혼란기를 거치며 무려 네 분의 임금을 보좌하며 중요 관직을 두루 수행하였다. 그러한 역사의 과정에서는 예측하기 어려운 사건, 사고가 빈발하였고 때로는 위급한 상황에서도 그는 기지(機智)를 발휘하여 위기를 모면하곤 하였다.

　제1차 왕자의 난 때에는 종제인 흥안군 이제(李濟)와 제(濟)의 처남인 방석을 잃는 불운의 역사를 경험하였고, 왕위 계승권을 둘러싼 제2차 왕자의 난을 또 한 차례 겪게 된다. 이는 왕자들 간의 싸움이었으나 모든 권력이 방원(후에 태종)에게 집중되는 결과가 되어, 태종 15년(1415)에는 이숙번 등의 상소로 인해 성주 천왕사에 안치되고, 직첩과 공신녹권까지 회수되는 수모를 겪게 된다. 제 천왕사서루(題天王寺西樓)시에 부제를 달아 "을미년 성산에 귀양가 이 절에 거처하면서 여름을 지냈다"라고 밝히고 있으며, 귀양을 가게 된 경위는 세종실록을 통해 확인할 수가 있다. 그 후 신원 되고 복직되어 여러 중직을 거쳐 의정부 영의정을 역임하고, 좌의정으로 자리를 옮겨 우의정 황희와 정사를 보았다. 사후에 문경 시호를 받았다.

형재 이직의 저서로는 형재시집(亨齋詩集)이 있으며, 4권 1책인 목판본은 1618년, 7대손 홍인(興仁)이 3차로 간행하였고, 5차에 응협(應協, 예조, 병조참판)이 중간한 기록이 있다. 그리고 2014년 6월, 문경공 종회에서는 한글 번역본 형재시집(증보판)을 발간하고, 고양시 덕양구 선유동 254-2 소재 문경공 부조묘(不祧廟) 앞에 기념비를 세웠다. 이를 계기로 일반인들도 그의 훌륭한 업적과 함께 수준 높은 문학 작품들을 널리 보게 되었다.

본 서에 실리는 형재 이직의 시들은 1982년 7월 (재)민족문화 추진회가 발행한 수정 중판인 고전국역총서 "동문선"과 한역본 형재시집 등의 신간 원문을 참고하여 일부분만 인용하였다.

시조 부문에서는 그의 대표적인 시조 오로시를, 한시로는 오언고시 "공씨어촌사시 공백공별서"를 비롯하여 13여 수를 실었으며, 사(辭)의 부문으로 분리 편집한 제5부에서는, 상께 올려 사직을 청하는 상전사(上箋辭)와 임금이 그의 사직을 윤허하지 않은 불윤비답(不允批答)을 다루었다. 지면상 임의로 선정한 일부의 시만을 소개하게 됨을 아쉽게 생각하며 양적확대에 앞서 "계자손시"에 결어(結語)로 쓴 "匪我言耄多經歷(비아언모다경력) 내 말이 많았으나 경험이 많은 사람의 말"에 진정한 의미를 마음속 깊이 새겨둘 필요가 있다. 구절구절이 모두 뜻이 심오하고 내용이 알찬 명시들을 감상하는 기회가 되기를 바란다.

8-1 古時調(고시조) 烏鷺詩(오로시)

烏鷺詩(오로시)　　　　　　　　　　　　　　－형재 이 직

　까마귀 검다 하고 백로(白鷺)야 웃지 마라,
　겉이 검은 들 속조차 검을 소냐,
　겉 희고 속 검은 이는 너 뿐인가 하노라.

　이 시를 쓴 시기는 형재 이직이 고려와 조선 두 왕조를 섬기게 된 때이다. 고려의 절의파(節義派)들은 조선 왕조로 기울어지는 이직의 행위를 곱게 보지 않고, 그의 처신을 두고 배신자로 공격하기에 이른다. 이직은 이에 대하여 자기의 회포를 시조로써 표현한다.

　백로는 깨끗하고 올바른 처신의 상징이지만, 양심은 바르지 못한 존재로 설정되었고, 까마귀는 깃털이 검고 처신은 올바르지 않아 오해를 살 수도 있으나, 양심은 바른 존재로 등장한 것이다. 상징물을 까마귀로 설정한 이유가 반드시 있었을 것이다. 고려조에 대한 절의를 지켜야 하는 명분을 저버릴 수는 없다. 그러나 조선 개국에 참여하는데 있어서는 사회개혁이라는 당위성과 절박함으로 상당한 갈등을 겪을 수밖에 없다. 종묘사직을 받들고 가속들의 안전을 위할 뿐, 높은 벼슬을 하는 것이 소망은 아니어서, 위로나 아래로나 항상 조심스레 행동하였다는 명문을 계 자손시를 통해 언급하였다. 선대의 명예를 귀히 여김은 물론 가속(家屬)들의 안전이 무엇보다도 중요했던 때문이다. 이를 위해 자기 소신을 굽혀 언행을 조심하고 시의에 맞춰 결단성있는 선택을 한 것이다. "나는 내 나름대로의 효도와 가문의 존속을 위하는 일이므로 조선개국에 참여하는 것은 당연한 결정이 아니겠는가?"라는 의지를 토로(吐露)했다. 형재 이직은 오로시를 지은 당사자로서 오유반포지효(烏有反哺之孝)의 효성을 비유하여 그것을 예로

오로시/성주이씨 시비공원

삼아 현실을 정면 돌파하는 용기를 보여주었다.

　형재 이직의 시조 "오로시"와 버금가는 시조들이 있는데 이들은 모두 명시조로 꼽힌다. 시조의 형식을 빌어 표현한 작자의 속 깊은 마음은 감히 누구도 회유할 수 없는 굳센 의지가 담겨있다. 역사적인 사건에 깊이 관련된 시를 보면 정치인 문신들의 고뇌를 이해할 수 있다. 충절을 지키기 위해 목숨을 바치기도 하지만, 현실과 타협하여 국가발전에 기여하고자 하는 결단도 결코 쉽지가 않다는 생각을 갖게 한다.

　힘 있는 개혁세력에 동조하지 않고, 충절을 지킨 절의파들이 목숨을 잃은 예는 많다. 고려의 충신 정몽주가 그 대표적인 경우이고 도은(陶隱) 이숭인도 충절을 지키다 목숨을 잃었다. 왕권을 쥐고 있거나 신권(臣權, 군주, 왕실이 아닌 관료 또는 귀족 등이 가진 권력)을 가지고 있더라도 반대세력을 제거하고 최고 권력을 잡아야만 목숨을 지킬 수 있었다.

　아래의 시를 통해 충신 포은(圃隱) 정몽주(鄭夢周)를 비롯, 형재 이직 등 선조들이 처했던 위기의 역사를 보고자 하는 것이다.

―이방원(후에 태종)의 하여가(何如歌)

이성계의 아들 이방원의 회유: 고려 우왕이 요동정벌을 명하고 이성계를 사령관으로 임명한 후 출전을 시켰으나 장맛비로 인해 군막이 침수되고 전염병이 돌아 병사들이 죽어 가고 전의(戰意)를 상실하자, 이성계는 왕명을 거역하고 위화도(압록강)에서 회군을 단행했다. 이성계파는 개경으로 돌아와 최영을 죽이고 우왕을 폐위시킨 후 아들 창왕을 세웠으나 강화도에서 귀양살이를 하던 우왕이 이성계를 제거하려는 움직임을 보이자 창왕까지 폐위를 시키고 말았다.

다음 왕으로 공양왕이 올랐고 정몽주는 문신 최고의 지위에 올라 공양왕을 겸손한 마음으로 충심을 다해 모시고 있었다. 그러나 무신들은 이성계를 왕으로 추대하려고 일을 꾸미고 있었으며 그들 중 정몽주가 가장 큰 걸림돌이 된 것이다. 이성계가 아무리 부탁을 해도 고려를 지키며 백성을 사랑하는 정몽주의 충성심을 바꿀 수가 없었던 것이었다.

마침 이성계의 생일에 문, 무신 관료 등 많은 인물들이 초대를 받았으며 정몽주도 초대를 받았다. 정몽주의 아들들이 고려에 충성하는 아버지를 저들이 못된 마음을 먹고 해칠 것을 염려하여 참석하지 말 것을 건의하였다. 그러나 정몽주는 '자기 생일에 초대한 손님을 해칠 분이 아니다.' 하고 아들들을 안심시키고 잔치에 참석한다. 이 자리에서 이방원은 고려왕조에 대한 충성을 끝내 버리지 않는 정몽주를 조선 건국에 동참시키려고 "하여가" 시조를 지어 읊으며 의중을 떠본다.

이방원의 하여가(何如歌)
이런들 어떠하리 저런들 어떠하리
만수산 드렁칡이 얽혀진들 어떠하리

우리도 이같이 얽혀 백년까지 누리리라.

정몽주는 좋은 시를 잘 들었노라 하며 단심가를 지어 읊었다.

정몽주(고려 충신)의 답시 단심가
이 몸이 죽고 죽어 일백 번 고쳐 죽어
백골이 진토 되어 넋이라도 있고 없고
임 향한 일편단심[121]이야 가실 줄이 있으랴.

이방원의 회유에 정몽주는 단호하다. 이 몸이 죽고 또 수없이 죽음을 맞더라도 고려(高麗) 임금에 대한 나의 충성심은 오직 하나뿐, 절대로 변할 수 없다. 방원은 도저히 정몽주의 충절을 꺾을 수 없음을 확인한다. 결국 정몽주는 이방원의 부하에게 선죽교에서 죽음을 당했다.
포은 정몽주의 어머니는 충신의 도리로써 경계할 것을 충고한다.

백로가(白鷺歌)
까마귀 싸우는 골에 백로야 가지마라
성난 까마귀 흰 빛을 새오나니
청강에 고이 씻은 몸을 더럽힐까 하노라.

까마귀 싸우는 골[鶻]은, 고려 말 두 집단인 조선 개국을 꾀하는 이성계 집단과 일부 권문세족의 세력다툼을 표현한 것이고, 백로는 고려에 충성

---

121 오로지 한 곳으로 향한 한 조각의 붉은 마음(변치 않는 마음).

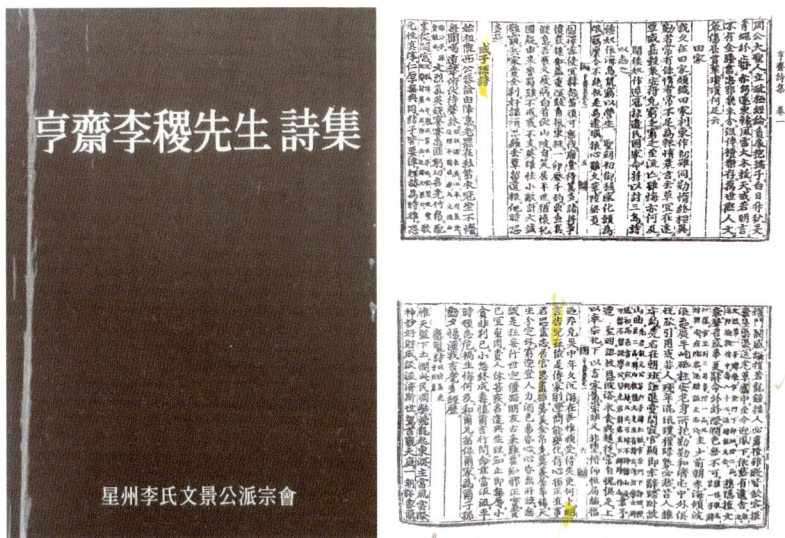

형재집. 2014. 6.1 7.간행본 표지와 형재시집 부록 중 원문 일부

을 다 하려는 사람들을 비유한 것이다. 그러나 까마귀로 비유한 무리들을 모두 멀리하라는 말은 아니고 맑은 물에 씻은 흰 백로는 검은색의 까마귀를 가까이 함으로써 더럽게 될 수 있으므로 까마귀 같은 무리들처럼 나쁜 마음을 갖지 말고 고려에 충성을 다함으로써 고려 신하로서의 이름을 더럽히지 말라는 경계의 뜻이다. 정몽주(몽란)는 모친이 지어준 이 시를 평생 좌우명으로 삼았다. 이 시들은 청구영언[122] 등에 전해오고 있다.

---

[122] 1728년(정조 4) 김천택이 편찬한 가집(歌集)이다. 구전으로만 전하다 없어질 것을 우려해서 후세에 전하기 위해 만든 책들이다. 해동가요(海東歌謠)와 가곡원류(歌曲源流)를 일컬어 3대 시집으로 꼽는다. 청구는 우리나라를, 영언은 노래를 뜻하며 우리나라 노래(가사)라는 뜻이다.

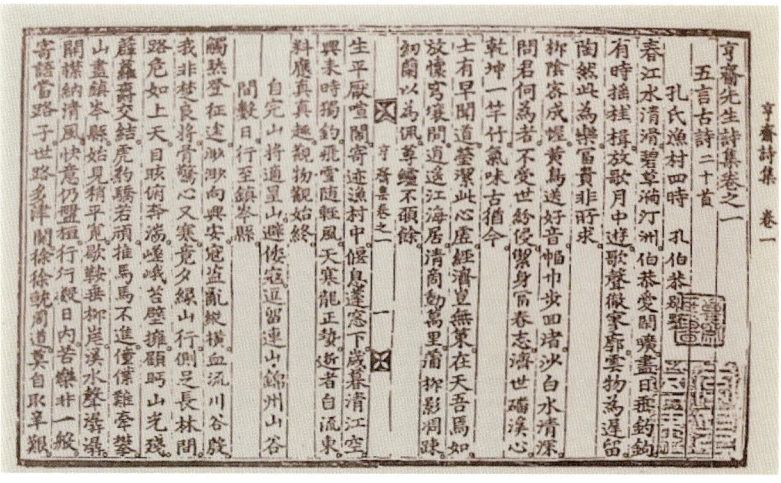

형재시집 권 1-1

8-2 孔氏漁村四時孔伯恭別墅(공씨어촌 사시 공백공 별서[123])

별장의 주인공은 고려 말, 조선초의 문신으로 이름은 공부(孔俯), 자는 백공(伯恭)이며 호는 어촌(漁村)이다. 고려 말 전의부령, 집현전 태학사를 지냈으며, 조선 개국 후 태종 때 검교 한성부윤 등을 지냈다.

오언고시(五言古詩), 공씨 어촌사시 공백공 별서 　　　-형재 이 직

春江水淸滑(춘강수청활)　봄 강물은 맑고도 부드럽고,
碧草滿汀洲(벽초만정주)　푸른 풀은 물가에 가득하구나.
伯恭愛閑曠(백공애한광)　백공은 한가로움을 좋아하여,
盡日垂釣鉤(진일수조구)　온종일 낚싯대를 드리우고 있네.
有時搖桂楫(유시요계즙)　때때로 계수나무 노를 저어서,

---

123 농장과 들이 있는 근처에 한적하게 지은 집(별장).

放歌月中遊(방가월중유)	달빛 속을 노닐며 노래 부르네.
歌聲徹寥廓(가성철료곽)	노랫소리 하늘을 뚫고 울려 퍼지고,
雲物爲遲留(운물위지류)	구름도 게으름 피우며 머물러 선다.
陶然此爲樂(도연차위락)	(술)거나하게 취해 이를 즐거움으로 삼으니,
富貴非所求(부귀비소구)	부귀영화는 구할 바 아니로다.
柳陰密成幄(유음밀성악)	버들가지 녹음 빽빽이 장막 이루고,
黃鳥送好音(황조송호음)	꾀꼬리는 좋은 소리 보내오는데.
幅巾步回渚(복건보회저)	복건(두건) 쓰고 물 굽이를 걷노라니,
沙白水淸深(사백수청심)	백사장 모래는 희고 물은 맑고 깊다.
問君何爲者(문군하위자)	묻노라니, 그대는 무얼 하는 사람인고?
不受世紛侵(불수세분침)	분분한 세상사에 참견하지 않으니,
潔身富春志(결신부춘지)[124]	몸 깨끗이 한 부춘산 엄자릉의 뜻에다,
濟世磻溪心(제세반계심)[125]	세상을 구제한 반계(磻溪) 여망의 심정.
乾坤一竿竹(건곤일간죽)	온 천지를 낚싯대 하나에다 걸어두니,
氣味古猶今(기미고유금)	그 기상 예나 제나 똑 같구려.
士有早聞道(사유조문도)	선비가 일찍 도를 들으면,
瑩潔此心虛(영결차심허)	맑고 깨끗하게 마음을 비운다네.
經濟豈無策(경제기무책)	경세제민하는 데 어찌 계책이 없겠냐마는,
在天吾焉如(재천오언여)	하늘에 달렸으니 내가 어찌하리오.
放懷穹壤間(방회궁양간)	하늘과 땅 사이에 마음을 풀어놓고,

---

[124] 엄자릉은 후한(後漢)때 사람인데, 그가 등극을 반대했던 광무제(光武帝)가 부르자 그 부름을 뿌리치고 부춘산에 은거했다고 함.

[125] 여망(呂望)이라고 했는데, 세상에서 자신을 알아주는 인물이 나타나기를 기다리며 반계에서 곧은 낚시로 소일하던 태공망(太公望)을 가리킴.

逍遙江海居(소요강해거)	강과 바다에 거하며 소요하노라.
淸商動萬里(청상동만리)	맑은 가을바람 만리에서 불어오니,
蒲柳影凋疎(포류영조소)	창포와 버들 그림자조차 시들어 버렸는데,
紉蘭以爲佩(인란이위패)	난초를 꼬아서 노리개 삼을지언정,
蓴鱸不願餘(순로불원여)	순채국과 농어회[126] 말고는 바라지 않는다네.
生平厭喧鬧(생평염훤료)	평생에 소란하고 시끄러움을 싫어하여,
寄迹漁村中(기적어촌중)	어촌에 붙어서 살고 있네.
偃息蓬窓下(언식봉창하)	창문 아래 누워서 쉬노라니,
歲暮淸江空(세모청강공)	세모에 맑은 강엔 (인적 없어) 공허하도다.
興來時獨釣(흥래시독조)	흥이 나서 때때로 홀로 낚싯줄 던지면,
飛雪隨輕風(비설수경풍)	가벼운 바람 따라 눈발이 날리는데.
天寒龍正蟄(천한용정칩)	날씨는 추워 몸을 용정에 숨기고,
逝者自流東(서자자류동)	강물은 스스로 동쪽으로 흐른다.
料應眞眞趣(요응진진취)	진실로 진정한 흥취를 알려면,
觀物觀始終(관물관시종)	처음부터 끝까지 사물을 보아야 하리.

---

126 농어회와 순채국: 동진시대 문장가 장한(長翰)은 가을바람이 이는 것을 보고서 고향 오나라의 농어회와 순채국 생각이 났다. 그러자 "인생은 뜻에 맞게 사는 것이 귀한 것인데 어찌 천리 밖에서 나그네 같은 벼슬을 하여 이름을 얻겠는가?" 하고 마차를 준비하여 귀향하였다.

8-3 病松(병송)

　　　병든 소나무　　　　　　　　　　　　　　　　　　－형재 이 직

　　百尺蒼髥樹 曾經幾雪霜(백척창염수 증경기설상)

　　風枝元崛起 雲葉半凋傷(풍지원굴기 운엽반조상)

　　誰識歲寒翠 反同秋草黃(수식세한취 반동추초황)

　　猶餘直幹在[127] 亦足棟明堂(유여직간재 역족동명당)

백 척(百尺)되는 푸른 소염 소나무,

일찍이 몇 번이나 한겨울을 겪었는가?

바람 타는 줄기 본래 우뚝한데,

구름 같은 솔잎은 반쯤 시들었으니.

뉘 알았으랴, 겨울에도 푸르른 소나무가,

도리어 가을날의 풀잎 마냥 노래질 줄을.

그래도 곧은 줄기 남았으니,

또한 명당(明堂) 기둥으로 충족하다오.

8-4 戒子孫詩(계 자손시)

　　　자손들을 훈계하는 시　　　　　　　　　　　　　　－형재 이 직

형재 이직이 오언고시(五言古詩)로 쓴 계 자손시는, 후대의 자손들을 훈계하는 시로써 가훈적 성격을 띠고 있다. 초반부는 중시조의 엄격하고 공손한 인간성과, 부지런하고 검소한 일상을 몸소 실행하심을 썼고, 이어서 문열공 조년(兆年)과 그 자손들도 영특한 기질과 진실된 성품을 이어 받아

---

[127] 원주(原註)에 雖老病 猶有扶顚持危之意(비록 늙고 병들었지만, 그래도 넘어가는 것을 부축하고 위태로운 것을 지탱할 뜻이 있다)라 하였음.

시비공원. 이직 계자손시 일부

조정의 반열에서 나라를 위해 충국진명(忠國盡命)의 정신을 잃지 않았음을 전했다. 그리고 자손들이 모두 귀하게 됨은 가문의 영광이지만, 문벌이 너무 융성해짐을 우려해 오히려 몸을 옴츠렸음을 시사했다. 후반에는 자손들이 반드시 명심할 것임을 고(告)하면서 본보기가 될 만한 교훈을 집약하여 결어로써, 대 학자로서의 경험적 소산(所産)임을 강조하였다.

계자손시

始祖隴西公	恭儉由降衷	老罷在私第	衣冠坐不慵	每聞喝道聲
시조농서공	공검유강충	노파재사제	의관좌불용	매문갈도성
俯伏待聲終	文烈氣英銳	蹇蹇充匪躬	功名光竹帛	配享從閟宮
부복대성종	문열기영예	건건충비궁	공명광죽백	배향종비궁
敬元性眞淳	仁厚無與同	諸子皆要津	輝赫爲時雄	恐懼門閥盛
경원성진순	인후무여동	제자개요진	휘혁위시웅	공구문벌성
謙損若龍鍾	接人必盡禮	雖賤皆歆容	撥棄屋渠渠	送老草廬[128]中
겸손약룡종	접인필진례	수천개감용	발기옥거거	송노초려 　중

至今迎鳳下	依然有遺舍	樵隱擅文章	聲名感華夏	辭命紛紛際
지금영봉하	의연유유사	초은천문장	성명감화하	사명분분제
潤色無不可	主少前朝季	海傾波浪惡	廣平屹砥柱	安危身所托
윤색무불가	주소전조계	해경파랑악	광평흘지주	안위신소탁
勤勤和濟屯	中外俱悅服	引用或非人	殘年混珉璞	權歸勢必然
근근화제둔	중외구열복	인용혹비인	잔년혼민박	권귀세필연
昔人誰守約	先君在朝班	謙退愛閑寂	官顯卽牢辭	歸臥故山曲
석인수수약	선군재조반	겸퇴애한적	관현즉뢰사	귀와고산곡
幸予遭聖明	謬被思波浴	衣食與趣從	常自愧俱足	上以奉宗祀
행여조성명	류피사파욕	의식여추종	상자괴구족	상이봉종사
下以畜家屬	崇班又非望	俯仰恒局縮	福過那免災	中年久沈溺
하이축가속	숭반우비망	부앙항국축	복과나면재	중년구침익
在吾惟順受	得失更何卜.			
재오유순수	득실갱하복			

　시조 농서군공께서는 천성이 공손하고 겸손 하셨지, 늘그막에 벼슬 내려놓고 사저에 게실 때에도 의관을 갖추는데 게으르지 않으셨고, 매번 갈도소리 들을 때 마다, 엎드려서 소리 끝날 때 까지 기다리셨네. 문열공의 기질은 영특하고 뛰어나셨으며, 아! 충성을 다 하시고 자신을 돌보지 않으셨네. 그 공명 역사에 길이 빛나리니 열성조의 사당에 배향되셨네. 경원공은 성품이 진실하고 순박하시며 어질고 도타우심 더불어 짝할 이가 없네. 여러 아들 모두 요직에 올랐으니, 빛나고 밝은 당시의 영웅들이었네. 문벌이 너무 융성해짐을 두려워하여, 겸손하게 물러나 몸을 구부리셨네. 사람을 대할 때에는 반드시 예를 다하고 비록 천한 자도 모두 포용하셨네. 커다란 저택을 버리시고 초가에서 노년을 보내셨다네. 지금 영봉산 아래에는 그대로 그 집이 남아 있다네. 초은공은 문장이 뛰어나서서 명성

128　廬: 농막집 려(여).

이 중국에까지 미쳤다네. 쉴 새 없이 사명을 받드실 때에도, 고치고 다듬음에 불가함이 없었네. 나이 어린 임금이 있던 전조의 끝 무렵 바다가 기울듯 거친 풍랑이 일 때, 광평군은 지주처럼 우뚝 솟아, 나라의 안위를 온몸으로 떠받들었네. 부지런히 험난한 세상을 구하여, 안팎에서 모두 기뻐하고 탄복하였다네. 사람을 부림에 혹 바르지 못한 사람을 쓰기도 해서 늘그막에 옥과 돌이 섞이게 되었네. 권력은 형세에 따라 움직이는 것, 옛 사람 중 그 누가 약속을 지켰단 말인가. 선군께선 조정의 반열에 계시다가 겸손하게 물러나 한적함을 즐기셨네. 벼슬은 영달했으나 곧 사양하시고, 귀거래 하시어 고향땅에서 지내셨다네. 다행히도 나는 훌륭한 선군을 만나 그릇되게 큰 은혜만 입었다네. 의복과 음식, 종들까지 모두 풍족하여 항상 부끄러웠다네. 위로는 종사를 받들 수 있었고, 아래로는 가솔들 기를 수 있었지. 높은 자리는 바라지 않았고 위아래를 바라보며 항상 주저했었지. 복이 지나치니 어찌 재앙을 면할 수 있었겠는가. 중년에 오랫동안 곤궁에 빠지기도 하였네. 나는 순순히 받아들였으니, 이해득실을 어찌 점칠 수가 있으리오.

시비의 明言孤兒孫중 孤는 吾의 잘못임

明言告兒孫 儉是傳家則 (명언고아손 검시전가칙)
자손들에게 명백히 말하노니, 검소함이 대대로 전할 가법이로다.

學問能變化 存心須正直 (학문능변화 존심수정직)
학문이란 능히 변화하는 것이니, 오로지 마음만은 정직하게 할 것이며,

事君思盡忠 居官思盡職 (사군사진충 거관사진직)
임금을 섬길 때에는 충성을 다하고, 관직에 있으면 직무를 다할 것만 생각하라.

莫羨金帛多 莫羨屋華飾 (막선금백다 막선옥화식)
돈과 비단이 많은 것을 부러워말고, 거처하는 집을 화려하게 꾸미지 말라.

天生分定殊 窮達豈人力 (천생분정수 궁달기인력)
하늘이 태어날 때 분수를 정하였으니, 있고 없는 것을 어찌 인력으로 하리오.

酒色易昏心 心昏無所識 (주색이혼심 심혼무소식)
주색은 모두 마음을 어둡게 하고, 마음이 어두우면 아는 바 없어진다.

無識是狂妄 行世定僵踣 (무식시광망 행세정강북)
무식하면 어지럽고 요망하기 쉬워, 세상에 행하려 해도 뜻대로 되지 않는다.

朋友古來難 要知邪正實 (붕우고래난 요지사정실)
친구 사귐은 예부터 어려운 일이니, 사(邪)와 정(正)과 실(實)을 알아야 한다.

責己宜重周 責人休甚疾 (책기의중주 책인휴심질)
자신을 책할 때에는 마땅히 무겁게 하고, 남을 책망함엔 너무 미워하지 말지어다.

名途與生理 知止卽無辱 (명도여생리 지지즉무욕)
명성을 얻는 길과 이익을 남기는 것은, 멈출 줄 알면 욕됨이 없을 것이다.

小貪非利己 小怨終成毒 (소탐비이기 소원종성독)
조그마한 탐욕이라도 이가 될 리 없고, 작은 잘못이 끝내 해독이 된다.

愼爾言行間 念玆當汲汲 (신이언행간 염자당급급)
너희들 말과 행동을 삼가는 사이에, 이것을 염두에 두고 명심할지어다.

平時頓忘危 禍生悔何及 (평시돈망위 화생회하급)
평소에 위험함을 잊었다가, 화가 닥쳐 후회한들 무슨 소용 있겠는가?

和爾兄弟保爾家 (화이형제보이가)
형제간의 화목이 너희 집을 보전하는 길이다.

爲爾子孫勤夕惕 (위이자손근석척)
너희 자손을 위하여 부지런히 노력하고 경계하라.

匪我言耄多經歷 (비아언모다경력)
내가 나이 많고 경험이 많다고 한 말이 아니로다.

亨齋 李稷 戒子孫詩 (拔抄)

(계 자손시 발초문)

明言告兒孫 儉是傳家則

學問能變化 存心須正直

事君思盡忠 居官思盡職

莫羨金帛多 莫羨屋華飾

天生分定殊 窮達豈人力

酒色易昏心 心昏無所識

無識是狂妄 行世定僵踣

朋友古來難 要知邪正實

責己宜重周 責人休甚疾

名途與生理 知止卽無辱

小貪非利己 小怨終成毒

愼爾言行間 念玆當汲汲

平時頓忘危 禍生悔何及

和爾兄弟保爾家.

(爲爾子孫勤夕惕)

(匪我言耄多經歷)

(*괄호안 글은 생략)

사진출처: 월간서예 2021.3월호
예서(隸書) 35x135cm

8-5 田家(전가)

　　　농　가　　　　　　　　　　　　　　　　　－형재 이 직

　　我久在田家 頗識田家利 (아구재전가 파식전가이)
　　東作初雖同 勤惰終相異 (동작초수동 근타종상이)
　　勤者常有餘 惰者常不足 (근자상유여 타자상부족)
　　爲報惰農言 去草宜在速 (위보타농언 거초의재속)
　　草盛嘉穀衰 安得免窮乏 (초성가곡쇠 안득면궁핍)
　　窮乏至流亡 雖悔亦何及 (궁핍지유망 수회역하급)

　　내 오랫동안 농가에서 살다보니,
　　농가의 이해득실 자못 안다고 하리.
　　초봄의 일은 시작이 같다 하지만,
　　부지런함과 게으름은 차이가 많더라.
　　부지런한 자 언제나 넉넉히 살고,
　　게으른 자 늘 가난에 쪼들린다.
　　게으른 농부한테 권고하노니,
　　김을 제때 신속하게 매야 하리.
　　풀이 무성하면 곡식을 해치니,
　　어찌 궁핍함을 면할 수 있다더냐.
　　궁핍하면 떠돌아다니게 되나니,
　　후회한들 무슨 소용 있으랴.

　　(형재시집 국역본 p.77)

8-6 傷田家(상전가)

슬프다 농부여 　　　　　　　　　　　　　　　　　　 －형재 이 직

民勞今久矣 (민노금구의)　백성의 노고 오래 되었는데,
更値事干戈 (갱치사간과)　전란을 만난 때라 더욱 혹심해.
丁壯皆從役 (정장개종역)　장정들은 모두 부역에 나갔으니,
田園誰種麻 (전원수종마)　농사는 누가 짓는단 말인가?
縣官勤勸課 (현관근권과)　현의 아전 부세 재촉 성화같고,
婦女謾咨嗟 (부녀만자차)　한숨짓고 푸념하는 아낙네들.
欲訴元元意 (욕소원원의)　백성의 염원 하소연하고 싶지만,
天高無奈何 (천고무내하)　임금은 먼 곳에 계시니 어이할거나?

8-7 題天王寺西樓(제 천왕사 서루)

천왕사에서 쓰다.

을미년, 성산에 귀양가 이 절에 거처하면서 여름을 지냈다.

(한글판 형재집 p.168)

조선태종 을미 15년, 1415년 　　　　　　　　　　 －형재 이 직

小麓城東起 中高眼界寬 (소록성동기 중고안계관)
岸回難覓路 林茂自成欄 (안회난멱로 임무자성란)
靜裏春風暖 吟餘白日閒 (정리춘풍난 음여백일한)
老懷無所掛 何處不堪安 (노회무소괘 하처불감안)
杜門久不出 愛此僧慮幽 (두문구불출 애차승려유)
賻命有榮悴 於人何怨尤 (부명유영췌 어인하원우)
墻葵傾向日 年矢疾如流 (장규경향일 연시질여류)
燥濕絃誰辨 惟天在上頭 (조습현수변 유천재상두)

작은 산기슭은 성 동쪽에서부터 일고,
중간 봉 높아서 눈앞이 확 트였네.
강 언덕은 돌고 돌아 길 찾기 어려운데,
숲은 무성해 제대로 난간이 되었네.
봄바람은 따스하고 정적 깃들었는데,
시 읊고 나면 대낮에는 한가해라.
늙은 회포 부칠 곳 없으니,
어떤 곳인들 마음 편하지 않으리.
오랫동안 두문불출하면서,
아늑한 이 절이 좋아서 살아가네.
팔자에는 번영과 근심이 있는 것,
어찌 남을 원망하고 탓하랴.
담장 옆 해바라기 해를 따르고,
세월은 유수같이 흘러가도다.
거문고 줄 건조하고 습함을 뉘 분별하랴,
머리위에 하늘 있음을 알지어니.

　이 시는 형재 이직이 성주 유배시에 천왕사에 들어가 있을 때 쓴 시로써 세상사 부침과 원망스러움을 남에게 돌리지 않고, 타고난 팔자로 알고 자연의 섭리에 순응하고자 한다. 그는 나의 소신이나 행위가 부정하지 않았음을 세상이 알아줄 것이며 하늘의 뜻이 정당화 될 것으로 예견하고 있다. "아늑한 절이 좋아서 삶이 좋다."고 하며 유배생활 중에서도 복잡한 정치를 잠시라도 잊고 싶은 마음으로 미화했다.
　시의 제목과 같이 귀양 간 시기에 쓴 시임을 밝히며, 자연을 벗 삼아 마음을 추슬러 안정을 되찾기에 고심한 흔적이 나타나 있다.

- 다음은 형재 이직의 귀양의 역사기록이며, 불안한 정치여정의 일면을 보는 계기가 될 것이다.

태종은 왕비 원경왕후의 동생들인 민무구와 무질이 조정의 막강한 실세로 부상함으로써 몹시 불안한 마음뿐이었다. 차기 세자의 즉위 후에도 만만치 않은 뒷감당의 우려를 갖게 했고 두 형제를 제거해야만 하는 상황까지 온 것이다. 태종은 두 형제를 제거하는 일에 나섰다. 태종이 1402년 창종(瘡腫, 피부에 생기는 부스럼병)을 앓아 고생할 때, 그들은 몰래 왕의 병세를 엿보며 어린 세자를 세우고 권력을 잡으려는 이른바 협유집권(挾幼執權)의 음모를 꾸몄다는 것이 죄목이었다. 또 이를 위해 세자를 제외한 모든 대군들을 죽이려 했다는 죄목까지 추가되었다. 결국 탄핵하여 민무구와 민무질 형제를 여흥과 대구에 유배조치 했으나, 남은 두 형제가 태종 사후에 복수를 할 것이 당연하므로 탄핵에 가담한 무리들은 형제를 죽여야 한다고 상소를 했다. 태종은 형제들을 제주로 유배시켜 자진(自盡)하도록 한다. 또 6년 뒤인 1416년에는 그들의 아우인 민무휼과 민무회에게도 자진하도록 조처하고 처자들도 모두 변방으로 쫓아 버림으로써 태종의 외척 배제를 통해 세자 즉위 후 안정을 도모한 계획은 민씨 4형제(처남)을 제거하고서야 끝이 난 것이다.

조선 태종 15년(1415) 5월 9일 "우의정 이직은 성주에 안치하고 좌의정 남재(南在)의 직을 파면하게 하였다."라는 태종실록이 있다. 유배를 가게 된 이유와 사건의 본질은 무엇인지 실록을 통하여 간략하게 재구성하였다. 사건의 중심에는 민무회(閔無悔)가 있었으며 그는 태종의 비 원경왕후(元敬王后)와 민무구, 민무질, 민무휼의 동생이고, 세종대왕의 외삼

촌이다.

민무회는 1403년 사은사로 명나라를 다녀왔으며 1414년 한성부윤을 거쳐 이듬해에 공안부윤(恭安府尹)을 역임했다. 1415년 공안부윤으로 있을 때 황주목사 염치용이 노비문제에 관하여 충성스럽지 못한 말을 한 것을 듣고도 보고하지 않은 죄로 연루되어, 그해 직첩(職牒, 조정으로부터 내리는 벼슬아치의 임명)을 빼앗기고 서인이 되었다. 그러나 민무회와 염치용의 죄를 감등(減等, 형벌을 감하여 가볍게 하여줌)했다는 이유로 형조에 명하여 '의정부(議政府)'를 핵문하게 된다. 의정부는 조선 시대 최고의 행정기관으로 당시에 영의정 하윤, 좌의정 남재, 우의정 이직 등이었다.

(1) "민무회·염치용의 일로 형조에서 이직의 죄를 청하다"

『염치용(廉致庸)은 중궁(中宮)과 지친(至親)으로 민무회가 감히 불충한 말을 발설한 것을 숨기고자 하여 서로 논설을 하였는데도, 민무회는 일찍이 계문(啓聞)하지 아니하였으니 생각건대 이것은 바로 노비를 얻으려고 꾀한 것입니다. 처음에는 왕자(王子)와 같이 사사로이 말을 하여 성상의 뜻을 엿보았으나, 그는 본디부터 임금을 업신여기는 마음을 품어 간악하고 불충함을, 전하가 밝게 알고 있는 바입니다.

그러나 관인(寬仁)하신 큰 도량(度量)으로 아직 너그러운 법에 두니, 염치용과 죄는 같은데 벌이 다른 것입니다. 신하된 자라면 진실로 마땅히 목욕재계(沐浴齋戒)하고 그 죄를 신청하여 밝게 법에 의해 처치하여야 옳았을 것인데. 이직은 도리어 동렬(同列)들의 충분(忠憤)에 어린 의논을 저지하였으니[129] 대신의 도리에 어긋남이 있습니다. 빌건대 유사(攸司)에 내려서 그

---

[129] '동렬들의 충분어린 의논을 저지하다.' 같은 반열에 속한 충신들이 충의로 인해 생기는

죄를 국문하여 간악(奸惡)을 징계하소서.』

〈태종실록 1415. 5. 8. 기사〉

(2) "우의정 이직을 성주에 안치하다"

『명하여 우의정 이직(李稷)을 성주에 안치하고 좌의정 남재(南在)의 직을 파면하게 하였다. 사간원(司諫院)의 우사간대부(右司諫大夫) 이맹균(李孟畇) 등이 상소(上疏)하였다. 염치용·민무회·윤흥부 등은 그 죄가 용서할 수 없으므로, 육조와 승정원 의금부에서 모두 죄 주기를 청했는데, 오직 의정부만이 휴척(休戚)을 같이하여야 할 대신으로 한 번도 죄 주기를 청하지 않았습니다.』

〈태종실록 1415. 5. 9. 기사〉

우의정 이직은, "염치용의 죄는 주상께서 이미 감등하였고, 민무회의 죄는 본래 염치용보다는 못하나 의친조(議親條)에 따라 이미 칙첩을 회수하였으니, 무얼 다시 죄를 청할 게 있겠는가?" "불충한 죄가 경하다 하여 의논을 저지한 것이 아니고, 다만 염치용 등은 본래 불충한 죄인이나, 모반을 꾀하여 모여서 한 말이 아직 나타나지 아니하였으니, '모반'이란 글자의 뜻에 매우 가깝지 못하다고 한 것뿐이요, 이것은 위에 말한 바와 같은 일인데도, 유사에서 극형의 조항에다 비율하여 계문함에 이르렀으나 성상(聖上)이 포용하는 도량으로 감등하여 재단하고, 정부의 대신으로서 만약 죄

분한 마음을 함께하여, 장차 그들의 죄가 상달할 수 있게 청죄(請罪)의 의논을 해야 함에도 불구하고 핵문(劾問)할때 오히려 언사(言辭)를 아름답게 꾸몄다고 의정부(우의정 이직)를 들어 대신의 도리에 어긋남을 지적하며, 모반대역(謀反大逆)의 율을 적용해야 할 죄인들을 벌주지 않은 의정부도 징계의 대상으로 삼아 간언을 한 것이다.

를 다시 청하려거든 말이 반드시 이치에 합당하여야 하니, 각각의 생각을 잘 함이 옳겠다."는 말로 임금의 감등 결정을 번복하는데 따른 재논의의 필요성을 역설했으나, 사간원 이맹균, 찬성 이숙번 등의 상소가 올라가니 임금이 보고 "간원(諫院)의 청은 진실로 합당하다." 하고 명령이 있었던 것이다. 이 사건은 비교적 단순한 노비결송사건(奴婢決訟事件)에 지나지 않았다.

문중에서는 태종실록의 기록이 왜곡된 부분이 있음을 지적하고 그 당시의 우의정 이직의 안치사유를 "세자 양녕을 폐하고 충녕대군을 세자로 세우는 논의에 이직과 황희 등이 강력히 반대를 하였으므로 태종의 미움을 사서 성주 천왕사로 안치하였다."고 기록하고 대안(代案)으로 제시하고 있다.

세종 4년(1422) 어질고 현명한 세종(충녕대군)은 자신의 세자책봉 까지도 극구 반대했던 이직을 불러 올려 좌의정에 복직을 시켰다. 세종은 누구보다도 이직의 인물됨을 간파하고 있었고, 그 일이 사사로운 마음에서가 아니었음을 잘 알고 있는지라 성군답게 정치를 편 것이다. 1425년 9월에는 영의정으로 승진시켜 그의 소신을 높이 평가하고 충성심을 기렸다. 이직은 신원(伸寃)되고 복직되어 곧 예조판서 겸 대제학을 제수, 성산부원군에 봉(封)하였다. 1427년에 영의정을 사임하고 좌의정으로 옮겼다.

후세들은 이러한 역사기록을 통하여 대학자, 문신으로서 많은 수난사를 경험한 인물임을 재확인하게 되는 것이다. 그가 남긴 많은 저작물들은 단순한 시상이나 순간적 감정의 표현이 아닌 마음속 깊은 곳에 축적된 학식과 경험의 토대위에서 발현된 주옥같은 작품들인 것이다.

8-8 砧村(침촌)

―형재 이 직

砧谷林棲僻 緣溪逕草深(침곡임서벽 연계경초심)

眼明山列障 心醒水鳴琴(안명산열장 심성수명금)

計拙人誰記 年衰病易侵(계졸인수기 연쇠병이침)

閒居全性命 倍切祝堯心(한거전성명 배절축요심)

침촌 골짜기 숲은 으슥하고,

시내 따라 풀 덮인 오솔길 먼데.

펼쳐진 산봉우리 눈앞을 가로막고,

거문고에 울린 물소리로 깨닫는다.

계략이 졸렬해 알아줄 이 없고,

늙어서 병은 쉽게 몸에 들지만,

한가롭게 생명을 보전할 수 없어,

더욱더 임금님께 복을 빌었네.

침촌은 경상북도 성주군 선남면 취곡리 침곡 마을의 이름이며 유배 시에 머물던 곳이어서 침촌을 소재로 쓴 시 등이 다양하게 많다. 관심이 있는 분들은 "형재 이직선생 시집"(성주이씨 문경공파 종회가 펴낸 한글판 2014 간행)을 참조하면 좋다.

8-9 夜坐(야좌)

　　　잠못드는 밤　　　　　　　　　　　　　　－형재 이　직

夜深無寐寸心明(야심무매촌심명)

月照乾坤萬像淸(월조건곤만상청)

大將連營屯鴨綠(대장연영둔압록)

撚鬚愁坐一書生(연수수좌일서생)

깊은 밤 잠은 오지 않고 정신은 맑은데

달빛이 천지를 비추니 만상이 밝기만 하다.

대장은 병영을 이어서 압록강에 진을 치고

수심에 찬 한 서생은 수염만 비비고 있다.

(이 때 나라의 병사들이 모두 의주에 모였다.)

8-10 砧村卽事(침촌즉사)

　　　　　　　　　　　　　　　　　　　　　－형재 이　직

花紅草碧水東流(화홍초벽수동류)

信命逍遙萬事休(신명소요만사휴)

獨坐獨行無外客(독좌독행무외객)

困眠飢食送春秋(곤면기식송춘추)

붉은 꽃 푸른 풀에 시냇물은 동쪽으로 흘러가는데,

운명을 믿고 거닐면서 모든 일을 잊었네.

찾는 손님도 없어 홀로 앉기도 하고 걷기도 하면서,

제멋대로 먹고 자면서 세월을 보내노라.

8-11 九日鄕中諸公邀李陶隱登高 陶隱有詩 奉次韻

9월 9일[130] 고향의 여러분들이 이도은을 요청하여 산에 올랐다. 도은[131]이 시를 지었으므로 그 운을 받아 올리노라.

— 형재 이 직

秋山到處盡堪留(추산도처진감류)	가을 어디나 사람 마음 사로잡는데,
況此開筵最上頭(황차개연최상두)	제일 높은 곳에 올라 연석을 차렸네.
暗淡風烟粧令節(암담풍연장령절)	흐린 날 노을 속에 풍속절은 아름답고,
歡娛人物匪他州(환오인물비타주)	즐거워하는 이들 한 고향 사람일세.
忘形正好傾樽蟻(망형정호경준의)	너무 좋아 한잔 개미 술을 기울이는데,
高蹈何須狎海鷗(고도하수압해구)	춤추며 갈매기를 희롱할 것 없어라.
歲歲斯遊當共保(세세사유당공보)	해마다 이곳을 어김없이 유람하노니,
休嗔薄酒勤綢繆(휴진박주근주무)	은근한 정에 박주 권함을 꾸짖지 말게.
鴻樞壓坐故山巓(홍추압좌고산전)	높으신 어른께서 옛 산정 찾았으나,
勝事應傳此日筵(승사응전차일연)	오늘의 성대한 연석 널리 전해지리.
景物自多塵外致(경물자다진외치)	속세를 벗어나 경물도 훌륭하고,
賓朋盡是飮中仙(빈붕진시음중선)	벗들은 모두 다 술 잘 마시는 신선.
紫葍黃菊無虛歲(자경황국무허세)	머루와 국화는 어느 해나 있고,
麗句淸詞有幾篇(여구청사유기편)	아름다운 시가 몇 편 창작되었나.
千載孟嘉眞達士(천재맹가진달사)	맹가[132]는 참으로 뛰어난 선비라,

---

130 중양절은 9월 9일이며, 옛 사람들은 이 날에 산이나 높은 곳에 올라가 국화주를 마시며 즐겼다.〔형재시집 각주(脚註)〕

131 도은(陶隱) 이숭인(李崇仁)을 말하며 밀직공 백년의 증손이며, 형재 이직(李稷)은 매운당 조년의 증손이므로, 성주이씨 중시조 5세손으로 동렬(同列)이고 도은이 15년 손위다.(편집자 註)

132 맹가는 진나라 사람으로 9월 9일 용산(龍山)에서 잔치를 하고 노는데 바람에 모자가

醉從吹帽樂陶然(취종취모낙도연)　취해서 모자 벗겨져도 한없이 즐겁네.

8-11-1 陶隱學士詩附(도은 학사 시부)
　　　도은 학사의 시를 부록함　　　　　　　-도은 이 승 인

(이 시는 도은이 중량절을 맞아 고향의 여러 인사들의 요청을 받고 내려와서 지은 시이며 위의 시(8-11번)가 본 시에 차운하여 지은 시이므로 부록 한 것임)

弱齡觀國偶淹留(약령관국우엄류)　젊어서 나라일 보다 우연히 머물렀는데,
憂患令人了白頭(우환영인요백두)　근심 걱정에 머리만 희게 되었구려.
美景良辰懷舊友(미경양진회구우)　좋은 날 절경 속에 옛 벗을 그리나니,
淳風厚俗少吾州(순풍후속소오주)　순수한 풍속이 고향에 많지 않아라.
歸來正似千年鶴(귀래정사천년학)　돌아와 보니 천 년 만에 찾아온 학 같고,
浩蕩還同萬里鷗(호탕환동만리구)　만리 밖을 날다 온 갈매기 꼴이로다.
屈指有誰能記憶(굴지유수능기억)　손꼽아 그 누가 기억할 수 있다더냐,
招呼今日感綢繆(초호금일감주무)　오늘날 불러주어 끈끈한 정 느끼노라.
折簡相邀上翠巓(절간상요상취전)　서간을 보내주어 함께 산에 오르니,
秋天渺渺敞華筵(추천묘묘창화연)　가을 하늘 아득하고 연회는 호화롭다.
已將禮數同鄕黨(이장례수동향당)　예의로 놓고 보아 한 고향 친구들,
更杷歡娛擬地仙(경파환오의지선)　기뻐하며 즐김이 지상의 신선들일세.
落帽龍山眞勝事(낙모용산진승사)　모자 벗겨져도 용산에서 즐긴 좋은 일,
傳杯杜曲有遺篇(전배두곡유유편)　두강주[133]는 책에도 전해온다네.

　　벗겨지는 것도 모르고 즐기며 놀았다.(晉書 孟嘉傳)
133　두강주(杜康酒) : 중국 고대의 유명한 술 이름. 조조가 두강주를 칭송한 시가 있다. 두강이라는 사람이 처음으로 누룩을 사용하여 술을 만들었다고 한다.(형재선생 시집 각주)

人間俯仰成千古(인간부앙성천고) 인간 세상 굽어보니 천 년 세월 흘렀는데
樂極還應一惘然(낙극환응일망연) 극도로 즐거워지자 오히려 슬퍼지는 마음이여.

8-12 自遣(자견)

　　　스스로 마음을 달래다　　　　　　　　　　－형재 이직

循還氣數有乘除(순환기수유승제)
否泰昭然大易圖(비태소연대역도)
止棘靑蠅何足疾(지극청승하족질)
觸羅黃口只緣愚(촉라황구지연우)
北窓靖節開三逕(북창정절개삼경)
短棹鴟夷泛五湖(단도치이범오호)
回首渭濱人不識(회수위빈인불식)
也宜工部混泥塗(야의공부혼니도)

돌아가는 운세 승제[乘除法]로 계산하니,
길흉은 손금 보듯 주역(周易)에 그려졌네.
쉬파리 가시에 앉는다 꺼릴 것 없으나,
새 새끼 그물에 부딪침은 우둔한 탓일세.
가난한 정절(靖節)¹³⁴은 오솔길 세 개 내고,
짧은 돛의 치이(鴟夷)¹³⁵는 오호에 나섰어라.
위수에서 낚시질 한 여상을 몰랐으니,
진창길 걸은 두보(杜甫)¹³⁶ 이상할 것 없어라.

134　세인들이 도연명(陶淵明)을 정절이라 불렀다.
135　춘추시대 월나라의 정치가 범려(范蠡)를 가리킴.

8-13 村居四節 用牧隱韻(촌거사절 용목은운)

농촌의 4계절 목은의 운을 쓰다.

―형재 이 직

―춘(春)

和柔懶困氣浮空(화유란곤기부공)　부드러운 봄기운 일자 나른해지고,
萬物生成大化中(만물생성대화중)　만물의 생성은 기상 변화 속에 있네.
寂寞山村看更僻(적막산촌간경벽)　적막강산이라 편벽한 이 마을에,
杏花開遍倚東風(행화개편의동풍)　샛바람 불어오니 살구꽃 만발하네.

―하(夏)

火傘張炎幣大空(화산장염폐대공)　무더위를 막느라 양산을 펼치건만,
幾人愁殺在爐中(기인수쇄재로중)　찌는 듯한 화로 속에 애태우는 이
　　　　　　　　　　　　　　　　몇인가.
堪誇樹蜜溪深處(감과수밀계심처)　우거진 숲 시내 깊은 곳 자랑도 할
　　　　　　　　　　　　　　　　만하지,
赤足當流滿面風(적족당류만면풍)　맨발로 시내에 서면 시원한 바람이여.

―추(秋)

滿山紅樹欲焚空(만산홍수욕분공)　온 산에 붉은 단풍 하늘을 불태우듯,
山下人家錦繡中(산하인가금수중)　산 아래 인가는 금수 속에 있어라.

136　두보(杜甫, 712~770): 당나라 시인으로 자는 두자미(杜子美)이며 이백(李白)과 더불어 중국의 최고 시인으로 일컬어진다. 만년에 검교공부원외랑(檢校工部員外郞)의 관직을 지냈으므로 두공부(杜工部)라고 불리기도 하였다. 그는 안녹산의 전란을 피하여 떠돌아다니면서 갖은 고생을 다하였다.

笑殺心悲搖落客(소살심비요락객) 우습다 떨어짐을 슬퍼하는 손이여,
何如大熟與淸風(하여대숙여청풍) 더위와 시원함 어느 쪽이 나을까?

−동(冬)
慘慘雲凝雪滿空(참참운응설만공) 참담한 구름끼더니 하늘 덮어 날리는 눈,
悠揚萬鶴舞庭中(유양만학무정중) 너울너울 뭇 두루미 뜰에서 춤을 춘다.
人間富貴誰如我(인간부귀수여아) 인간의 부귀를 그뉘 나처럼 누렸으랴,
玉樹瓊林倚晚風(옥수경림의만풍) 옥나무 구슬 숲에 저녁 바람 부누나.

9. 경무공(景武公) 이제(李濟, 1365~1398년)

조선개국 1등 공신. 흥안군(興安君)에 봉작. 시호: 경무(景武)

태조 2년 우군절제사.이조년의 증손, 포(褒)의 손. 인립[137]의 자.

(財)경무공 이제 진영

경무공 이제(李濟)는 문열공 조년의 증손이며 경원공 포의 손자다. 부는 밀직사사, 대제학을 역임한 인립이다.

경무공은 여말선초의 문신으로서 조선 태조 이성계가 왕위에 오르기 전에 그의 딸 경순궁주(慶順宮主)와 혼인하였다. 공양왕 4년(1392)에 전법판서(典法判書)로 정몽주파를 축출하고 이성계를 추대하여 조선 개국에 공을 세워 "개국일등공신"에 책록되었다. 흥안군(興安君)에 봉작되었다.

태조 이성계가 이제에게 내린 조선 개국공신교서는 성주이씨 경무공파 제21대 종손(이억)이 종가(宗家)에 무려 630여 년 동안 대대로 세전(世傳)하여 보관하고 있었다. 이 교서는 1999년 6월 19일 보물 제1294호로 지정된 후, 훼손 및 도난의 우려를 겪으면서 2018년 6월 27일자로 문화재 지정 국보 제324호로 격상되었다. 후손

---

137 인립(仁立)→제(濟)→윤(潤)→숙순(叔淳)→세양(世良)→구(鷗)…하동 입향조(태조가 내린 개국공신교서 원문 및 한역은 제5부에 있다.).

들이 원문을 새긴 개국공신비를 세웠으며 국보로써의 위상을 높이는데 기여하고 있다.

    본 교서의 내용을 요약하면
    (1) 이 교서는 태조 이성계가 이제에게 내리는 교서임을 적고,
    (2) 고려 정치상황이 혼란하고 고려왕들이 덕이 없음을 지적하면서, 이로 인하여 조선 건국의 필요와 정당성이 있음을 강조했다.
    (3) 어려서는 규범을 잘 지키고 장성해서는 부귀한 자제의 습관이 없이 근검하여 선행을 쌓은 아름다운 집안으로 전하였기에 내 딸을 아내로 삼게 하였고 이제 등이 크게 공을 세웠으므로 일등공신에 봉한다.

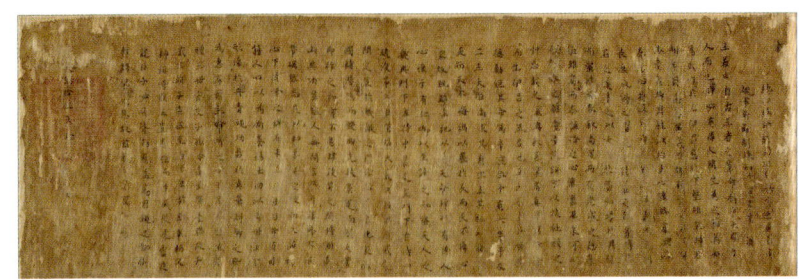

태조가 이제에게 내린 개국공신교서

이 교서는 성주이씨의 중요한 문화유산이며, 조선 초기의 제도와 법제 그리고 고려 말 조선 초의 서예사(書藝史)흐름을 반영하고 있어 역사적 학술적 가치가 매우 크다 하겠다. 경무공 이제는 의흥친군위절제사(義興親軍衛節制使)를 거쳐 우군절제사에 올랐으며, 태조 7년(1398년 8월) 제1차 왕자의 난 때 위사(衛士)들을 동원하여 정안대군(후에 태종)을 공격하자고 태조에게 건의를 했던 것이 화근이 되어, 정도전의 일파로 몰려 정안대군 이방원 측에 의해 34세의 젊은 나이에 안타깝게 처남과 함께 피살되었다. 신덕왕후 소생 중 방번과 방석이 죽음을 당하여 경순궁주만 남았으나 태조는 공주의 목숨을 구하기 위해 비구니로 출가시켰다. 그 후 태종이 상왕으로 있을 때인 세종 3년(1421년 1월) "비록 죄가 있어도 개국의 큰 공을 잊을 수 없다" 하여 신원(伸冤)되고 태조의 묘정에 배향되었다.

경무(景武) 시호를 받았다. 후사가 없어 윤(潤)이 뒤를 이었으며 경무공은 하동지역의 입향조 이구(李鷗)의 고조부가 된다.

9-1 不事二君(불사이군)

　　두 임금을 섬기지 않는다.　　　　　　　　－경무공 이 제

漆身遺意托靑盲(칠신유의탁청맹)
取捨中間烈以霜(취사중간열이상)
松葉豈能撓確節(송엽기능요확절)
令名千載日爭光(영명천재일쟁광)

더럽혀진 몸에 뜻을 버린 맹인인 양 해도,
취하고 버리는 것이 올곧아 서릿발 같네.
솔잎이 어찌 굳은 절개를 꺾을 수 있으랴,
그 명성은 천 년을 두고 태양처럼 빛나리라.

시비.경무공 이제 불사이군

경무공 이제의 불사이군 시와 우곡 정온

경무공 이제는 태조의 명으로 고려 말 대사헌을 지낸 우곡(隅谷) 정온(鄭薀, 1324~1402) 선생을 찾아가 "새 왕조에 출사"할 것을 권하였다. 그러나 그는 맹인으로 가장을 하고 임금의 명을 거역하였다. 이제(李濟)는 비록 어명을 받들지 않고 거절한 우곡이었지만 이에 대해 불사이군의 충절을 기리는 시를 남기고 돌아왔다. 진주에는 우곡 정온 선생이 조선 태조의 역성혁명[138]에 반대해 은거하다 낙향 후 지은 우곡정(隅谷亭)이 있다. 대문에는 절의문(節義門)이라는 현판을 달아 놓았으며, 정자 한 편에는 경무공 이제(李濟)가 새 왕조 출사를 거절한 우곡선생의 충절을 기려 쓴 시가 편액에 적혀있다. 그 곳에서 전하는 내용은 다음과 같다.

우곡정, (그림)원내 불사이군 시

"태조는 우곡을 불렀으나 벼슬에 나가지 않았다. 사위 이제(李濟)를 보내 모셔가려고 하자 차마 왕명을 거역할 수 없었던 우곡(隅谷)선생은 눈은 뜨고 있어도 앞을 보지 못하는 시각장애인이라는 핑계를 대고 사양했다. 이에 이제(李濟)가 시험 삼아 솔잎으로 우곡의 눈을 찔렀는데 그는 눈동자가 찔렸으나 꿈쩍하지 않았고 선혈만이 낭자했다."《진주문화재 정보》

---

138 왕조가 바뀌는 일(이성계는 역성혁명에 성공함으로써 조선의 태조가 되었다. 고려 왕(王)씨에서 이(李)씨 왕조로 바뀐 것).

10. 평간공(平簡公) 이발(李潑, 1372~1426)

문열공 조년의 증손. 개국공신 이제(李濟)의 동생

한성부윤, 병조판서 역임

평간공 이발은 공민왕(恭愍王) 21년 1372년생이며, 모은공 인립(仁立)의 아들이다. 성주 시비공원에 평간공 발(潑)의 시비는 없으나, 공이 각처에 관찰사로 부임하여 업무를 수행하면서 남긴 자료들이 있다. 배(配)는 정부인(貞夫人) 김제조씨(金堤趙氏)이며 슬하에 아들 유(洧)와 윤(潤)을 두었으며 딸은 평산인 신수복(申守福)에게 출가했다.

1540년에 발간한 신증 동국여지승람 제영(題詠) 부문에 자작시를 짓고 읊은 기록이 다수가 있다. 해당지역의 유명한 사찰에 쓰여 있는 경우도 있다. 이발은 1414년 풍해도(黃海道) 도관찰사(都觀察使)와 풍해도병마도절제사(豊海道兵馬都節制使)를 겸임하였다.

(지명: 1395년(태조4) 풍천과 해주의 이름을 따서 풍해도(豊海道)로, 1417년엔 황주와 해주의 이름을 따서 황해도로 개칭하였다)

10-1 題詠, 洞府民居少 (제영, 동부민거소)

동국여지승람(東國輿地勝覽 卷四十一)

-평간공 이 발

洞府民居少 松杉秀色多 (동부민거소 송삼수색다)
陰崖泉夜吼 晴隴鹿晨過 (음애천야후 청농록신과)
剩醉山中酒 狂歌陌上花 (잉취산중주 광가맥상화)
遠遊心未己 馬上送年華 (원유심미기 마상송년화)
동부에는 민가가 적은데,

동국여지승람 권41 황해도 서흥

소나무, 전나무 빼어난 빛 짙구나.

그늘진 벼랑 물 밤새 울부짖고,

맑게 갠 새벽 언덕 사슴이 지나가네,

산중 술에 실컷 취하여,

언덕 위 꽃 속에서 미친 듯 노래 부르네.

멀리 노는 이 내 마음 그지없이,

말 위에서 좋은 세월을 보내네.

10-2 전라도 김제군 제영

동국여지승람(東國輿地勝覽 卷三十三)

-평간공 이 발

繞郭荷花催曉雨(요곽하화최효우)

滿郊禾稼媚秋天(만교화가미추천)

성곽 둘레의 연꽃은 비를 재촉하는데,

들에 충만한 벼 이삭은

가을 하늘에 아양을 떠네.

동국여지승람 권33 전라도 김제

시호 평간(平簡)공 또는 간평(簡平)공의 쓰임에 대하여…

세종대왕은 이발이 졸하자 1427년 시호를 간평(簡平)으로 사하였다. 조선왕조실록에는 당연히 간평공으로 쓰여 지며 이에 대해서는 이론(異論)의 여지가 있을 수 없다. 그러나 후손들은 공의 시호를 상당한 세월이 흐른 후부터 평간으로 쓰고 있는데 농서군공 신도비나 문열공 신도비 등의 비문을 비롯하여 공의 묘비에도 시호 평간을 씀으로써 의문을 제기하는 후손들이 있다는 사실이다.

공 사후 40여 년이 지난 예종 즉위년(1468) 10월에 남이(南怡) 옥사사건의 발발로 인하여 그의 현손이 참변을 당하고 가족들이 연좌되는 등 혼돈의 시대가 있었다. (제7부 정난과 사화 참조)

그의 후손들은 혼란스런 상황이 지속되자 한동안 은둔의 세월을 보냄으로써 공의 시호를 챙길 마음의 여유가 없었다. 임금이 사한 시호를 자랑스럽게 드러내기 보다는 오히려 주변의 위험으로부터 감추기 위해 고심을 했을 수도 있다. 이러한 불안한 정세에서 장기간 시호를 사용하지 않은 탓에 세대가 바뀌고 시대도 변천하여 어느 시점에선가 안정을 되찾은 후손들이 공의 시호사용의 필요가 생겼지만 기록이 없는 상태에서 간평과 평간을 혼동했을 수도 있다. 단순한 착오에 의한 것인지는 불확실하나 후손들이 비문을 찬(撰)하고 비석을 세우면서, 시호를 모두 『평간(平簡)』으로 쓰게 된 것이었다. 따라서 이 책에서는 역사서를 인용할 경우에는 원문대로 쓰고, 그 외의 기록은 현재의 쓰임(평간공)을 원칙으로 할 것이다.

조선왕조실록 세종 8년 12월 20일 자에 "병조판서(兵曹判書) 이발의 졸기(卒記)" 기사가 있고, 두 달 후인 세종 9년 2월 19일 자에는 세종이 치제문(致祭文)을 내려 충신의 제례를 소홀히 하지 않았음을 적은 기록이 있다. 세종대왕이 병조판서 이발에게 내린 치제문과 병조판서 이발의 졸기는 제5부에 실었다.

이발은 고려 우왕부터 조선 태조를 거쳐 세종대왕에 이르기까지, 다수의 요직을 제수(除授)받아 소임을 완수함으로서 충신된 도리를 다했다.

이렇게 많은 요직을 단기간에 맡아 성실히 왕을 보좌한 신하는 흔하지 않다. 고려와 조선의 역대 왕으로부터 덕과 재능을 인정받고 확고한 신임을 받았음을 그의 경력을 통해 충분히 알 수가 있으므로, 후세의 사표가 될 만하므로 게재한다.

- 발(潑), 자(字): 거원(巨源). 시호(諡號): 간평(簡平)
  - **고려**

  공민왕(恭愍王) 21년 1372년생. 자헌대부(資憲大夫) 행 병조판서 우왕 14년 장흥고사. 사헌규정. 고공좌랑. 내부경 겸 사헌중승

  - **조선**

  태조 1396년 대관(臺官)에 임명되었고 1397년 좌군첨절제사

  정종 1399년 상주목사(尙州牧使)

  태종 1403년 공조전서(工曹典書), 형조,예조전서. 원주목사

   1407년 병조참의(兵曹參議).

   1408년 판안변도호부사(判安邊都護府使)

   1410년 동부대언(同副代言). 1411년 중군동지총제

    한성판윤(漢城判尹). 충청도도관찰사(忠淸道都觀察使)

   1414년 풍해도 도절제사(豊海道都節制使) 역임중

    도관찰사(都觀察使)와 풍해도병마도절제사(豊海道兵馬都節制使)

   1415년 한성부윤(漢城府尹), 동년 대사헌(大司憲) 역임.

   1416년 공안부윤(恭安府尹). 북경에 정조하례(正朝賀禮)수행.

   1417년 공조참판(工曹參判). 1418년 호조참판(戶曹參判).

    함길도도관찰사(咸吉道都觀察使). 함흥부윤(咸興府尹)

평간공 발 묘와 묘비(위치 용인시 처인구 모현읍 오산리 산 51번지)

세종 1419년 경상도관찰사(慶尙道觀察使),

    1420년 대사헌, 형조참판(刑曹參判), 호조참판(戶曹參判)

    1421년 형조판서(刑曹判書),

    1422년 중국 태종이 승하(昇遐), 부고사(訃告使) 수행.

    1424년 좌군도총제(左軍都總制), 전라도관찰사(全羅道觀察使).

    1426년 사은사(謝恩使)로 북경 다녀와 병조판서(兵曹判書)

    1426년 11월 병으로 사직하고, 12월 향년 55세로 졸(卒).

    1427년 세종대왕이 간평(簡平) 시호(諡號)를 사(賜)함.

    1427년 2월 치제문을 내리다.

11. 나암(蘿菴) 이문흥(李文興, 1415~1495)

사마시 및 문과급제. 대사성

나암 이문흥은 세조 8년 사마시에 합격하고 예종 1년(1469) 문과에 급제 하였으며, 대사성(大司成)에 올랐다.

나암은 1472년(성종 3) 예종실록 편찬에 참여하였으며 1492년 성균관 사옹원첨정에서 성균관 사성에 올랐다. 20여 년간을 학문과 경서를 가르쳤으며, 79세에 낙향하여 후진양성에 전념 하여 많은 인재를 길러냄으로서 선비사회에서 존경을 받았다.

시비에 쓰인 계구물사훈은, 물(勿, 하지 말라금지) 사(思, 생각의지)의 뜻을 부여하여 다방면에서 반드시 금지해야 할 교훈적인 내용을 아홉가지로 집약한 시이다.

나암 문흥 계보도

1세	2세	3세	4세	5세	6세	7세	8세	9세	10세	11세	12세	13세	14세
長庚	조년	포褒	인복	향鬻	존성	극명	인봉	국菊	문흥	세준	구構	충정	준潗

11-1 誡九勿思訓(계 구물사훈)

하지 말아야 할 것 9가지　　　　　　　　　　-나암 이 문 흥

① 敎學勿思速(교학물사속)　　학문을 가르치는 데에 서둘지 말고,

② 親戚勿思疎(친척물사소)　　친척 간에 소홀 하지 말 것이며,

③ 言語勿思易(언어물사이)　　말은 분별없이 쉽게 하지 말라.

④ 仕宦勿思久(사환물사구)　　벼슬을 얻거든 오래 할 생각 말고,

⑤ 財貨勿思取(재화물사취)　　부당한 재물을 취하지 말라.

⑥ 美人勿思戱(미인물사희)　　미인을 대하여도 희롱하지 말고,

시비, 이문흥 계구물사훈, 시비공원

⑦ 卑賤勿思壓(비천물사압)　　　비천한 상대라도 위압하지 말 것이며,
⑧ 尊貴勿思阿(존귀물사아)　　　존귀한 상대라도 아부하지 말고,
⑨ 閑居勿思放(한거물사방)　　　한가로이 살더라도 방종하지 말라.

12. 고은(孤隱) 이지활(李智活, 1434 세종16~1457)

만년의 현손(玄孫) 시호: 문정(文靖).

주요 관작(官爵): 자헌대부 이조판서 추증.

12-1 望月亭 忠節詩(망월정 충절시)

-고은 이지활

夜夜相思到夜深 東來殘月兩鄕心 (야야상사도야심 동래잔월양향심)

此時冤恨無人解 孤倚山亭淚不禁 (차시원한무인해 고의산정누불금)

밤마다 이슥토록 임금님을 생각하니, 기우는 달만 님과 나를 비추네.

이 원한을 풀어줄 사람 없어, 외로이 산정에 기대어 눈물 흘리네.

고은 이지활의 부(父)는 이조판서 이비(李棐)이며, 고은은 14살에 사마시에 급제할 만큼 총명하여 18세 되던 해에는 남원 운봉 현감이 되었다. 단종의 유배 시에는 상심한 나머지 벼슬을 버리고 불사이군(不事二君)의 충절을 지키며 낙향하여 은둔 생활을 하며 지냈다. 거창 박유산(朴儒山)에 망월정(望月亭)을 짓고 달이 뜨면 단종을 생각하며 북향재배를 하였다 한다. 마침내 단종이 죽임을 당하자 (1457) 사무치는 아픔을 이기지 못한 채 충절 시 한 수를 남기고 안타깝게도 24세의 젊은 나이로 생을 마감했다. 1812년(순조 12), 정려가 내

고은 이지활 초상(肖像)

시비. 고은 이지활 망월. 시비공원

려졌으며, 1817년에 자헌대부 이조참의(資憲大夫吏曹參議)로 증직되었다. 고종 29년에 자헌대부 이조판서에 추증되었으며 문정 시호를 내렸다.(묘는 경남 거창군 가조면 본리 산 210번지)

13. 대은(大隱) 이지원(李智源, 1436?~)

숙헌공 만년의 현손(玄孫). 이조판서 이비(李棐)의 2남

가선대부 이조참판(嘉善大夫吏曹叅判)

13-1 延鳳山靜夜(연봉산 정야)

　　　고요한 밤 연봉산에서　　　　　　　　　　－대은 이지원

彬水滔滔何處流 (빈수도도하처류)

楚色淒凉使我愁 (초색처량사아수)

鵑血花枝沾不盡 (견혈화지첨부진)

孤臣難作戴天頭 (고신난작대천두)

맑은 물은 넘고 넘쳐 어느 곳에 흐르는고?

형색이 쓸쓸하여 나의 수심 깊어가니,

두견새 우는 소리 꽃가지에 피 물들고,

신하의 괴로운 몸 하늘아래 못 있으리.

시비 이지원 연봉산 정야

이지원(李智源)은 이조판서 지활의 동생이며, 문종(文宗) 대에 이조참판을 지냈다. 단종이 폐위되자 관직을 버리고 경남 거창의 박유산에 들어갔으며 이 후에는 경북 성주의 연봉산으로 돌아와서 은거하였다. 일편단심 충성심으로 단종에 대한 충절시를 읊고 상심이 깊고 울분이 쌓여 식음을 전폐하다 병을 얻어 세상을 떠났다. 배는 정부인 야성송씨(冶城宋氏)이며, 경북 김천시 조마면 신곡리 상친사(尙親祠, 성주이씨 조상의 위패를 모신 곳)에 배향.

14. 자고(自固) 이자견(1454~1529년, 중종 24)

모은공 인립의 현손. 평간공 발의 증손(호조판서/ 좌참찬 대제학)

14-1 判書公典翰時 以從事官 咸陽郡縷題詠

(판서공 전한시 이종사관 함양군루제영)

— 자고 이자견

天涯臘月盡雪猶(천애납월진설유)

緘馳驟僉正淚濕(함치취첨정루습)

廟算只爲西北計(묘산지위서북계)

實邊長慮最非凡(실변장려최비범)

세월의 끝 섣달에 눈은 아직 녹지 않았는데,

빨리 달리던 말을 다 멈추게 하니 눈물이 앞 옷깃을 적신다.

묘당에서 이제 서북을 도모할 계책을 세우니,

실로 범상치 않음을 오래도록 기억하게 하는구나.

자고(自固) 자견(自堅)은 성주이씨 세계 8세이며 갑술(甲戌, 1454)에 출생하여, 정유년(丁酉年, 1477)에 24세로 진사, 양시에 합격하고 1486년 33세에 대과에 급제하여, 괴원(槐院)[139]에 보직되었다. 1503년 대사간, 강원도 관찰사를 역임했으며 1504년엔 갑자사화를 기화로 경북 상주군 함창(咸昌)에 유배되었다. 2년 후 1506년에 중종반정으로 풀려나와, 1508년 홍문관 부제학, 경기도 관찰사, 승정원 우부승지, 한성부우윤 등을 역임했으며, 1519년에 특진관, 한성부판윤, 호조참판을 지내고, 1521년에 호조판서에 승진

---

[139] 승문원(承文院)이며 조선 시대 외교문서를 맡은 관청.

하였고, 1527년 지중추부사가 되어 기로소(耆老所)[140]에 들어갔다. 부친 주(湊)는 조부 유(湑)가 조카(姪, 중순)의 남이장군 역모 모함사건으로 연좌(緣坐)되어 유배를 당할 때 조부를 모시고 함창으로 왔다. 모친(母親)은 부사 권유순의 여(정부인 안동권씨)이다.

밀직사사 인립의 자 평간공 이발은 용인 입향조(入鄕祖)이며 평간공 이발의 증손은 호조판서 자견이다.

수지구 성복동에 자견의 자(子) 안변부사(安邊府使) 이구(李久)를 축으로 하는 안변공파 종회가 있다. 호조판서 자견의 배(配)는 용인이씨 사맹공 이말손의 딸이다. 묘는 도시 개발의 여파로 정부인(貞夫人)과 함께 2016년에 경기도 여주시 능서면 오계리로 이장하였다. 부친 주(湊)와 모친의 묘는 경북 상주시 함창읍 문창리 서봉산에 있었으나 성주이씨 안변공 성복종회의 결정으로 2020년 11월 11일 같은 곳(경기도 여주시)으로 이장하였다.

자고 자견 계보도

1세	2세	3세	4세	5세	6세	7세	8세	9세	10세	11세	12세	13세
長庚	조년	포褒	인립	발潑	유湑	주湊	자견 自堅	구久	희정	부溥	광원	방芳

이홍열 편저 「조선 전기의 뛰어난 언관 자고(子固) 이자견(李自堅)/2018. Eun design 발행」 그의 생애와 정치적 활동을 상세히 소개한 책이다. 칠노회계도서(七老會契圖序)등이 기술되어 있다. 특히 칠노회계도 서문은 용재(容齋) 이행(李荇)[141]이 찬미한 문장이기도 하다. (편집자 주)

---

140 70세 이후 정 2품 이상의 문관들을 예우하는 기관이다.
141 본관은 덕수(德水), 조선 중기의 문신, 대제학으로 동국여지승람 편찬을 주관했으며, 이자견은 찬수관이다.

호조판서공 자고 이자견 여주 재실

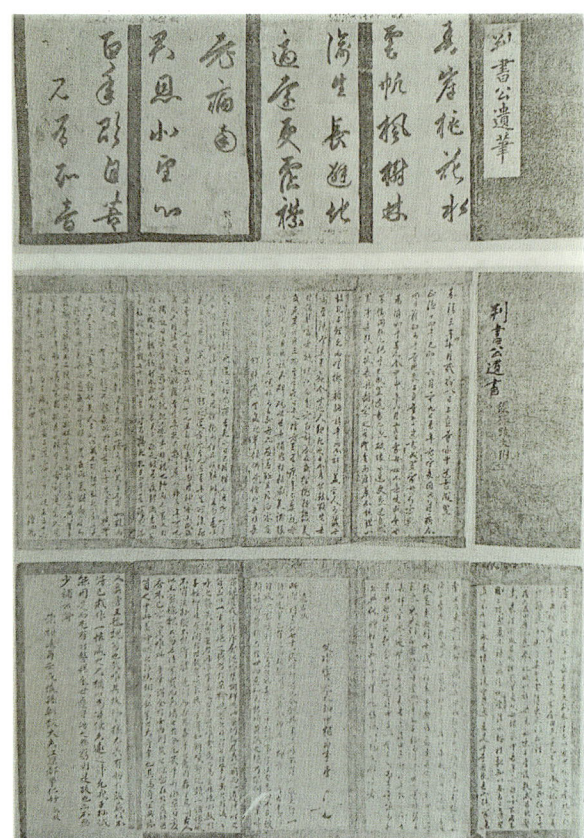

호조판서공 이자견 유필   자료출처:성주이씨 세진록

15. 묵재(黙齋) 이문건(李文楗, 1494~1567년)

이조년의 8대손. 사헌장령, 통정대부 승정원우승지 추봉.

-한글 영비(靈碑)를 세우고, 양아록(養兒錄)을 쓴 묵재 이문건

이문건은 성주이씨 중시조 세계(世系) 10세이다. 부친(父親) 윤탁(允濯)은 1462년(세조 8)생으로 22세에 사마시에 합격하고 1501년 식년 문과에 급제한 후 승문원부정자(承文院副正字)를 지내다가 그해 병사하니 향년 40세였다. 사후 통훈대부(通訓大夫) 홍문관직제학지제교(弘文館直提學知製敎) 겸(兼) 경연시강관(經筵侍講官)에 증직되었다.

묵재 이문건은 정암 조광조의 문인으로 1513년 만형인 홍건(弘楗)과 함께 식년 생원 진사시험에 응시하였다. 1519년 정암 조광조가 사약을 받자 남들은 화가 미칠 것을 우려해 조문하지 못했으나 그는 중형(仲兄) 충건과 함께 문상을 하였다.

1521년 안처겸(安處謙)의 옥사 사건에 연루되어 충건은 청파역(靑坡驛)에 정배되었다가 사사되고, 묵재는 전라도 낙안(樂安)에 9년간 유배되었다. 사면 직후 1528년 별시 문과(병과 九)로 합격하여 승문원 주서(承文院注書)에, 1533년 승정원박사(承政院博士)에 보직되고 이듬해 사간원정언(司諫院正言)을 역임, 1535년 모친상을 당하고 3년간 시묘살이를 하면서 1536년(중종 31)에 영비(靈碑)를 세웠다. 1537년 이조좌랑, 사헌부장령 등을 거쳐 승정원좌부승지(承政院左副承旨), 경연참찬관춘추관 수찬관을 역임하였다. 묵재는 1545년 을사사화(조카 휘가 희생)에 연좌(緣坐)되어 또다시 23년간 성주에 유거하였으며 73세에 졸하였다. 선조(宣祖) 때 신원(伸寃)되어 통정대부승정원우승지(通政大夫承政院右承旨)에 추봉되었다. 이문건은 부친이 일찍 타계하여 모친의 합장묘를 조성할 때 영비를 세우면서 비석문을 하루 2~3자씩 직접 쪼아

새겼으며, 혹시라도 한문을 모르는 나무꾼이나 목동 등이 비를 깨뜨릴 것을 염려하여 한글로 경고문을 새겼다.[142]

15-1 영비(靈碑) 불인갈(不忍碣)

- 사진(1) 이문건이 세운 부모의 묘비 전면.
  권지승문원부정자 이공 휘 윤탁
  안 인 신 씨 적 고 령 합장지묘
- 사진(2) 비석 후면:고비묘갈음지(考妣墓碣陰誌)에는 묘비문의 일반적인 문체로 가계를 찬양하고 부모의 유덕을 추모하는 내용을 썼다.
- 사진(3) 측면 한문으로 쓴 불인갈(不忍碣.차마 (훼손)하지 못할 비)
  不忍碣 爲父母立此 誰無父母 何忍毁之 石不忍犯 則墓不忍凌明矣 萬世之下可知免夫.(불인갈, 위부모입차 수무부모 하인훼지 석불인범 즉 묘불인능명의 만세지하가지면부) 부모를 위하여 이 비석을 세운다. 누가 부모가 없는 자가 있어 어찌 이 비석을 손상시키겠는가? 비를 차마 깨뜨리지 않을 것이니 묘도 능멸당하지 않을 것이 확실하다. 만세를 내려가도 가히 화를 면할 것을 알겠도다.
- 사진(4) 영비(靈碑) 녕흔 비라 거운[143] 사르 믄 직화를 니브리라
  이는 글모르는 사롬 두려 알위노라

신성한 비: 신령한 비석이다. (비석을) 건드려 깨뜨리는 사람은 재앙과 화를 입을 것이다. 이는 글(한문)을 모르는 사람에게 알리는 것이다.

---

142 지극한 효심의 영향인 듯 485년이나 지난 현재까지도 잘 보존되고 있다. 이 영비는 신성한 물건으로 여겨져 일부 주민들은 비석에 금(禁)줄을 치고 치성을 드렸다고 한다.
143 거우다(동사), 집적거려 성나게 하다.

(1) (2) (3) (4)

성주이씨 시비공원(성주 봉산재)에 조성한 동일 규격의 영비 모형이다.
서울 영비각에 있는 비문과 동일하며 측면의 글씨도 원비석의 것과 똑같이 재현했다.

　　이문건이 부모의 묘 앞에 한글 고체로 직접 쓰고, 새겨 세운 영비는 한글 창제 이후 조선 500년 이래 현존하는 최고의 금석문(金石文)이며 한글서예의 연구와 국어학적 연구 자료로 귀중한 문화재로 손꼽힌다. 그는 각종의 한문서법에도 능해 명필로 알려졌으며 중종(中宗)이 승하하자 명정(銘旌)과 시책문(諡冊文)[144] 등의 글씨도 모두 묵재가 썼다.

---

[144] 임금의 시호를 정할 때, 생전의 업적·덕행을 칭송한 글.

서울시 노원구 한글영비 이정표

영비각과 이윤탁 합장 묘 전경

영비각내 한글영비

묵재 이문건 계보도

1세	2세	3세	4세	5세	6세	7세	8세	9세	10세	11세	12세	13세	14세
장경	조년	포褒	인민	직稷	사후	계녕	숙생	윤탁 允濯	홍건	휘煇	수기	강鋼	하종
									충건	염	현배	정鋌	여해
									문건	온	원배	홍鈇	해종

서울시에서 시가지를 확장할 때 묘와 비석이 도로에 접하여 이전을 하려 했으나 종중의 반대도 있었지만 한글고비의 경고문으로 인해 한때 작업자들이 본 비석을 건드리는 것을 거부했다고 한다.

묵재 이문건의 부친 이름을 지칭한 "이윤탁 한글 영비"는 서울특별시 노원구 하계동 산 12-2로 이전, 보존되어 있으며 '한글 고비' 명으로 1974년 서울지방문화재 제27호로 지정되었고, 그 후 2007년 9월 18일 보물 제1524호로 승격되었다.

또한 묵재 이문건은 손자 수봉(守封)[145]의 성장과정을 육아일기 형식으로 기록한 "양아록"의 저자로 유명하다. 아들 온(熅)은 열병을 앓아 비정상적으로 성장했고, 그 외의 자녀와 손자들이 병에 걸려 일찍 죽거나 불구가 되는 안타까운 상황에서, 온이 장가를 들었는데 내리 딸만 낳다가 그중 한 손자가 태어나니 대를 이어갈 손자였으므로 그의 기대는 클 수밖에 없었다.

그가 곧 수봉이었다. 아들 온(熅)도 40세에 사망하니 손자가 정상적으로 잘 자라기를 바라는 할아버지의 열성은 지극하였으며, 병치레하는 손자에 대한 애틋한 사랑과 기대가 나타나 있다. 책읽기를 싫어하고 그네만 타자 칼로 그네 줄을 자르고, 고서를 해석해주면 반론을 제기하자 매를 때리기도 했다. 결국 훌륭한 문장가보다는 손자의 품성과 건강증진에 몰두한다. 손자가 17세 청년이 되자 이문건은 수봉에게 양아록을 건네며 "이 책을 할아버지라 생각하고 간직하겠느냐?"고 묻는다. 이 질문에 한 장, 두 장 책장을 넘기던 손자는 울음을 터뜨린다. 이문건은 책머리에 "손자가 커서 이 책을 본다면 할아버지의 마음을 읽을 수 있을 것이다."라고 썼다. 수봉은 1574년 사마시 진사, 이듬해 무과급제를 하였으며, 임진왜란 때

---

[145] 원배로 개명. 위 계보도 참조.

의병을 일으켜 싸웠고, 대를 이을 아들 홍(鉷)과, 딸 둘을 낳아 할아버지를 편히 잠들게 했다.

묵재 이문건은 손자를 얻은 기쁨을 다음의 시에 잘 나타내고 있다.

15-2 손자의 출생을 자축하는 시

—묵재 이문건

天理生生果未窮　　癡兒得胤繼家風
(천리생생과미궁)　　(치아득윤계가풍)

先靈地下應多助　　後事人間庶少豊
(선영지하응다조)　　(후사인간서소풍)

今日喜看渠赤子　　暮年思見爾成童
(금일희간거적자)　　(모년사견이성동)

謫居蕭索翻舒泰　　自酌春醪慶老翁
(적거소색번서태)　　(자작춘료경노옹)

이문건의 양아록 1쪽

천지자연의 이치는 무궁하게 생성이 계속되어,

어리석은 자식이 아들을 얻어 가풍을 잇게 했다.

지하에 계신 선조의 영령들께서 많이 도와주시니,

인간 세상의 뒤이어 올 일이 다소 잘되어 갈 것이다.

오늘 저 어린 손자 기쁜 마음으로 바라보며,

노년에 네가 성동으로 성장해가는 모습 지켜보리라.

귀양살이 쓸쓸하던 차에 마음이 흐뭇하여,

나 혼자 술 따라 마시며 자축을 하네.

(출처: 묵재 이문건의 문학과 예술세계, p. 61)

16. 일재(一齋) 이항(李恒, 1499~1576년)

시호 문경(文敬), 이조판서.

　일재 이항(李恒)은 조선중기의 문신, 학자이며 박영(朴英)의 문인이다. 부친은 조산대부 행 의영고주부(朝散大夫行義盈庫主簿)를 지낸 자영(自英)이며 모친은 완산최씨(完山崔氏)이다. 문열공 조년의 7대 손이고 자헌대부 건공장군 주(湊)의 손자이다. 일재는 품성이 강직하고 호탕하여 말타기와 활쏘기 등의 무예를 익혀 장차 무관의 기질이 있었으나, 27세가 되던 해에, 백부(伯父)인 판서공 자견(自堅)의 교훈을 받아 학문에 깊은 뜻을 두고 사서(四書)를 익히는데 정진했다. 특히 주희(朱熹)의 백록동강규(白鹿洞講規)를 읽고 더욱 분발하여 1527년에 도봉산(道峰山) 망월암에 들어가서 학문 탐구에 전력했다.

　1566년(명종 21) 학행(學行)으로 추천되어 의영고령(義盈庫令), 임천군수 등을 거쳐 사헌부장령을 지냈다. 호남을 대표하는 5학(五學)의 한사람으로 이기일원론(理氣一元論)을 주장했다. 강학소(講學所)를 개설하여 일재(一齋)라 일컫고 일생동안 많은 후학을 양성하였으며, 임진왜란 때는 제자들이 의병으로 활약을 했다. 호남지방의 대 성리학자로 추앙을 받았으며 철종 때 이조판서에 추증되었다. 저서 '일재문집'이 있다.

일재 이항 계보도

1세	2세	3세	4세	5세	6세	7세	8세	9세	10세	11세	12세	13세	14세
장경	조년	포襃	인립	발潑	유洧	주湊	자견 自堅	구久	희정	부溥	광원	방芳	성만 成晩
							자영 自英	항恒	덕일	협浹	진형	효순	성동

16-1 良田(양전)

좋은 땅(기름진 밭)   －일재 이 항

湖上有良田 嘉穀自離離 (호상유양전 가곡자리리)	호수 위쪽에 좋은 밭이 있으니, 아름다운 곡식이 주렁주렁 열렸네.
白日走奔迅 恐未耘及時 (백일주분신 공미운급시)	햇빛은 분주히 달려가니, 때를 놓쳐 김매지 못할까 두렵다.
勉哉勇舞歎 輪功日孜孜 (면재용무역 수공일자자)	힘써 일하며 싫어하지[歎. 역] 말고 북돋아, 매일 같이 부지런히 하라.
不挾地力美 發憤勤鋤治 (불협지력미 발분근서치)	땅의 힘 아름다움을 믿지 말고, 호미[鋤. 서]질을 부지런히 하려무나.
瞻彼頑懶人 自棄良田基 (첨피완라인 자기양전기)	저 미련하고 게으른 사람을 보게, 스스로 좋은 밭 버려두고,
優遊到秋穫 無實徒傷悲 (우유도추확 무실도상비)	놀기만 하다가 가을되어 수확하면, 열매는 없고 한갓 슬퍼지네.
所以善農者 耕種耘得宜	농사를 잘 짓는다는 것은,

시비. 일재 이항 양전(良田)

(소이선농자 경종운득의)   파종하고 매어야 마땅히 얻을 것이라.

耕也餒在中 貧賤焉能移
(경야뇌재중 빈천언능이)   갈고 심는 것이 다 배 고픔에 있고,
가난함으로 어찌 마음을 옮기리오.

固窮勉在我 不計時盛衰
(고궁면재아 불개시성쇠)   궁색함에 힘씀이 나에게 있으니,
시대의 성쇠를 헤아리지 말라.

到得成熟日 凶年不能飢
(도득성숙일 흉년불능기)   성숙한 날에 이르면,
흉년에도 굶주리지 않으리라.

16-2 閒居書事(한거서사)

(원제: 偶吟) 한가하게 지내며 글공부함

龍牙初作潛幽窟(용아초작잠유굴)
鹿角微生渾山寂(녹각미생혼산적)
須向清虛塵絶處(수향청허진절처)
坐窮玄妙猶歷歷(좌궁현묘유역역)

용의 어금니는 처음 생겨나 어두운 굴에 숨어있고,

사슴뿔은 조금씩 자라나 산의 고요함에 섞이었네.

모름지기 청허(淸虛)[146]를 지향하니 티끌이 끊어진 곳이요,

앉아서 현묘(玄妙)[147]를 궁구하니 오히려 역력한 듯하구나.

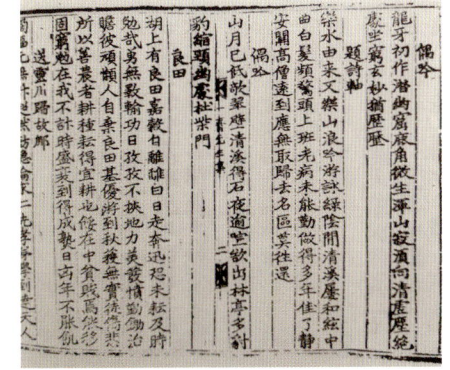

일재문집 원문 일부

---

146 탐욕이 없고 마음을 비움.
147 도리나 이치가 깊고 미묘함.

16-3 題詩軸(제 시축)

시축에 제함 　　　　　　　　　　　　　　　　　－일재 이　항

　　樂水由來又樂山(요수유래우요산)

　　浪吟遊泳綠陰閒(낭음유영록음한)

　　淸溪屢和絃中曲(청계루화현중곡)

　　白髮頻驚頭上班(백발빈경두상반)

　　老病未能勤做得(노병미능근주득)

　　多年住了靜安關(다년주료정안관)

　　高僧遠到應無取(고승원도응무취)

　　歸去名區莫住還(귀거명구막왕환)

물을 좋아하는 나머지 또 산을 좋아하여,

이리저리 녹음사이를 읊조리며 거닐고 있네.

맑은 시내는 자주 거문고 곡조에 화답하고,

백발은 여러 번 반백의 머리를 놀라게 하네.

노병에 부지런히 일하지도 못하는데,

여러 해 고요하고 편안한 관문에서 지냈구려.

고승이 멀리서 왔으나 마땅히 취할 것도 없을 테니,

이름 난 곳으로 돌아가서 다시 오지 말지어다.

16-4 우음(偶吟)

우연히 읊음[148]   －일재 이 항

山月已低欹翠壁(산월이저의취벽)

淸溪得石夜逾喧(청계득석야유훤)

欲出林亭多豺豹(욕출임정다시표)

縮頸幽處杜紫門(축경유처두자문)

산에 뜬 달은 이미 져 비취빛 암벽에 걸리었는데.

맑은 시냇물은 돌에 부딪혀 밤에 더욱 시끄럽구나.

숲 속의 정자를 나가고자 해도 맹수들이 득실거려,

몸을 옴츠리고 아늑히 처하여 사립문을 닫았네.

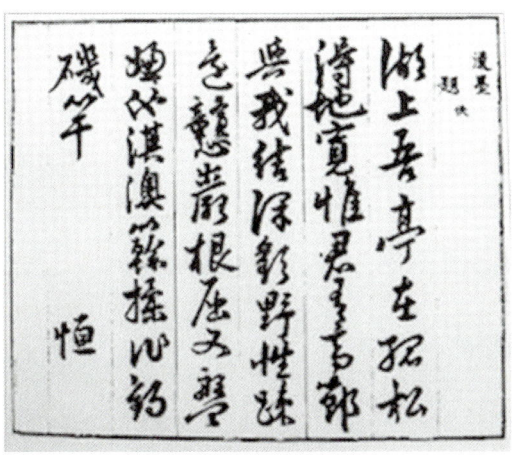

일재 이항 유필

---

[148] 일재문집(한역본 pp. 14~15).

17. 동곡(桐谷) 이조(李晁, 1530~1580년)

문과 출위, 동래호송관, 사헌부 감찰어사.

이조는 성주이씨 세계(世系) 9세로서, 경무공 제(濟)의 고손이다.

1568년 문과에 급제하고 1573년 동래 호송관으로 나갔으며 1574년 사헌부 감찰어사를 수행하였다. 어느 자리에 있건 잘못이 있을 때에는 직위의 높고 낮음에 관계없이 질책(質責)하니 궐내의 질서가 정연해졌다. 벼슬을 사임하고 고향에 내려와서 성리학 강론을 통해 후학 양성에 매진하였다.

동곡 이조(李晁) 계보도

1세	2세	3세	4세	5세	6세	7세	8세	9세	10세	11세	12세	13세	14세
장경	조년	포褒	인립	제濟	윤潤	의순	계유	조晁	유함	각殼	수국	윤팽	림琳

동곡 이조(李晁) 정동. 시비 공원

17-1 庭桐(정동)/마당에 심은 오동나무

庭桐
―동곡 이 조

玉立庭前樹(옥립정전수)

亭亭獨保靑(정정독보청)

看看枝葉密(간간지엽밀)

斯可鳳棲停(사가봉서정)

뜰 앞 오동나무 옥[149]같이 서서

혼자 푸르름을 지니니 정정하도다.

가지와 잎사귀 자욱한 속을 보니,

봉황이 깃들어 머무는 것 같네.

---

149 옥과 같은 사물을 비유할 때에 쓰인다.

18. 앙성(仰城) 이여송(李如松, 1549~1598년)

소보 영원백. 시호: 충렬, 가정(嘉靖) 을유(乙酉) 12월생

앙성 이여송 초상

앙성 이여송은 낙재(樂齋) 천년의 7세손인 성량(成樑, 1526생)의 아들이며 부자가 영원백(寧遠伯)이 되었다. 임진왜란(1592)때 명(明)나라 황제가 왜적 정벌의 명을 내려 원군(援軍)의 총책으로, 사암(思庵) 천만리(千萬里) 장군[150]과 함께 조선에 파견되었다. 그는 왜적을 소탕하고 우리나라를 구하는 데 큰 공을 세웠으며 중국 조정은 사후에 소보(少保) 영원백(寧遠伯)을 하사하였다.

다음의 선시는 앙성 이여송이 개선 환국하면서 서애(西厓) 유성룡(柳成龍)에게 금부채에 써준 작품으로 서애 사당에 전시되고 있다.

이여송(李如松) 계보도

1세	2세	3세	4세	5세	6세	7세	8세	9세	10세	11세	12세	13세
長庚	千年	승경	영英	문빈	춘미	경浬	성량	여송	세충	순조		
							영원백◎			준조	향영(向榮)	

---

[150] 1592년 천만리(千萬里, 1543~?) 장군은 총수사인 이여송(李如松) 장군과 더불어 조병영양사(調兵領糧使) 겸 총독장(總督將)이 되어 두 아들 상(祥)과 희(禧)와 함께 철기군 2만 명을 인솔하여 조선에 파병하여 임진왜란과 정유재란 때 전공을 세웠다. 조정은 왜란 평정 후 조선에 잔류한 그에게 자헌대부(資憲大夫)벼슬을 내리고 화산군(花山君)에 봉했다. 순종때 시호 충장(忠壯)을 하사하였다.

18-1 선시(扇詩), 부채에 쓴 시

—양성 이여송

提兵星夜渡江干(제병성야도강간)
爲說三韓國未安(위설삼한국미안)
明主日懸旌節報(명주일현정절보)
微臣夜釋酒杯歡(미신야석주배환)
春來斗氣心逾壯(춘래투기심유장)
此去妖氛骨已寒(차거요분[151]골이한)
談笑敢言非勝算(담소감언비승산)
夢中常憶跨征鞍(몽중상억과정안)

군사를 이끌고 별이 빛나는 밤에 강을 건넌 것은,
삼한(조선)이 편안하지 못하다는 말이 있기 때문이네.
총명하신 주상께서 날마다 승전 소식 간절한데,
이 미미한 신은 밤마다 즐기는 술도 끊었노라.
봄이 다가오니 싸울 기세는 더욱 씩씩해지니,
내가 가는 이 걸음에 요망한 것들 뼈까지 서늘해지리라.
우스갯소리라도 감히 승산 없다 함부로 말하지 마소,
꿈속에서도 상시 정마 탄 것 잊지 않노라.

---

151 요분(妖氛): 왜적, 요망하고 불길한 기분.

- 바로잡기

▷ 부채에 쓴 원문은 春來斗氣心逾壯(춘래투기심유장)이다.

● 녹색 포인트: 斗(싸울 투), 氣(기운 기) 心(마음 심). 시비는 春來斗食心(춘래두식심)으로 오기가 되었으므로 문맥이 맞지 않는다.

(1) 氣  중국 서예가 동기창이 쓴 초서체 기운 기(氣)자이다.

시비. 앙성 이여송 선시

18-2 仰城 如題臨津江上(앙성 여제 임진강상)

수양버들, 임진강 위에서 쓰다

營屯細柳大江墳(영둔세류대강분)	수양버들 늘어진 임진강둑에서,
露下驅馳爲爾君(노하구치위이군)	이른 아침 임을 위해 말을 달렸네.
草絶窮山飢萬馬(초절궁산기만마)	가뭄에 초목 말라 군마는 굶주리고,
絪寒旬日恷[152]三軍(인한순일역삼군)	식량이 부족하니 삼군이 허기지네.
刀頭飮血心偏壯(도두음혈심편장)	칼을 뽑아 피를 품어 심장은 건장한데.
陳裏看圖勢不分(진이간도세불분)	진중을 도모하니 형세분간 어려우네.
須促行粮千里饋[153](수촉행량천리궤)	군량미 재촉하여 천리 군병 배 불러,
一時鼓勇滅妖氣(일시고용멸요기)	용맹을 북돋아 오랑캐를 멸하리라.

---

152 恷: 허출할 역. 녁(허기지다).
153 饋: 보낼 궤(음식을 보내다. 먹이다).

19. 지강(芝江) 이욱(李稶, 1562~1617)

선조 32년 문과급제. 성주시관 안절사. 강원도 관찰사.

지강 이욱 영정
(財)경북 유형문화재 제245호

이욱(李稶)의 자는 중실(仲實)이며 호는 지강(芝江)이다. 어려서부터 율곡(栗谷) 이이(李珥)의 문하에서 수학하였으며, 1585년(선조, 18)에 사마시 진사과에 합격하고, 1599년에는 문과에 급제하였다. 관직은 한림원 기사관으로 임금의 명을 받아 중요한 사실들을 문서화하는 담당관이 되어 실록을 편수하였다. 정 3품계 승정원 부승지 경연참찬관(經筵參贊官). 춘추관수찬관(春秋館修撰官)을 역임하였다.

19-1 老多村(노다촌)

—지강 이 욱

良跡江湖故舊稀(양적강호고구희)　　浮雲一片逐吾歸(부운일편축오귀)
雪消池館梅初發(설소지관매초발)　　春入汀洲絮欲飛(춘입정주서욕비)
張翰鱸烹吳越桂(장한로팽오월계)　　陸機蓴煮首陽薇(육기순자수양미)
秋來準擬還簪笏(추래준의환잠홀)　　手弄淸波悟昨兆(수농청파오작조)

강호에 물결이니 옛 친구 드물고, 뜬 구름 한 조각만이 나를 따라오네.
지관에 눈 녹으니 매화가 처음피고, 봄이 물가에 드니 버들꽃이 나는구나.
장한은 농어회 못 잊어 벼슬을 그만두고, 육기는 순채국이 그리워 고향에 돌아갔도다.

가을이 와서 이들을 따라 벼슬을 그만두고,

고향의 맑은 물을 튀기노라니 어제의 잘못을 깨닫는도다.

지강 이욱 계보도

1세	2세	3세	4세	5세	6세	7세	8세	9세	10세	11세	12세	13세	14세
長庚	兆年	포포	인민	직직	사순	영분	창창	형우	의노	욱욱	석망	진필	중무

지강 이욱은 세계(世系) 11세로서 안산영당에 열위로 영정(影幀)이 보존되어 있으며 오현재(梧峴齋)에도 모사본으로 배치되어 있다.

선조 20년(1587)에는 형재 이직의 시문집인 형재시집 2차분을 간행하였고, 1614년에 성주이씨 단권 족보를 발행하였다. 1617년 한림통정대부 행 강원도 관찰사(翰林通政大夫行江原道觀察使) 겸 병마수군절도사(兵馬水軍節度使)로 재임하던 중 별세하였다.

시비, 지강 이욱 노다촌, 시비공원

20. 은암(隱庵) 이광적(李光迪, 1628~1717년)

강릉현감, 안변부사, 승정대부 공조판서역임. 시호 정헌(靖憲)

-어사화, 머리에 두 번 꽂고 어제시(御製詩)를 받는 영광을 누리다.

은암 광적 영정

은암 광적(光迪)은 성주이씨 세계(世系) 14세로, 11세인 대사헌 언충(彥忠)의 증손이고, 이조판서 세미(世美)의 아들이다.

은암은 1650년 사마양시에 합격하였고 1658년에는 과거 문과에 급제하여 주서 전적(注書典籍)을 거쳐 사관병비랑좌랑(史官兵備郞佐郎), 현감판관(縣監判官) 괴원도사(槐院都事) 등을 역임하였다.

영정은 안산영당에 열위로 봉안하고, 매년 한식절에 향사한다. 배(配)는 정경부인(貞敬夫人) 진원박씨(珍原朴氏. 27세에 卒)와, 배(配) 정경부인(貞敬夫人) 동래정씨(東來鄭氏)이다.

은암 이광적 계보도

1세	2세	3세	4세	5세	6세	7세	8세	9세	10세	11세	12세	13세	14세
長庚	兆年	포褒	인민	직稷	사후	정녕	전詮	운기	흔掀	언충	성성城	세미	광적 光迪

↳ 15세 형보(衡輔) ⇨ 16세 규현(奎賢) ⇨ 17세 한진(漢鎭)

은암 이광적의 주요행적(主要行蹟)

연 도	내 용
1664	사헌부지평(司憲府持平)
1665	정언(正言), 장령(掌令)
1669	사복사정(司僕寺正)
1674	영월군수(寧越郡守)
1680	부사직례빈(副司直禮賓), 어사(御使)
1698	정승(政丞), 판의금부사(判義禁府使), 가선대부(嘉善大夫)
1701	병조참판(兵曹參判), 한성좌윤(漢城左尹)
1707	가의대부(嘉義大夫), 자헌대부(資憲大夫)에 가자(加資)[154] 지중추부사(知中樞府事), 오위도총부총관(伍衛都摠府摠管)
1710	사포제조(司圃提調), 한성판윤(漢城判尹)
1716	대과회방(大科回榜)[155]을 당하여 화사연(花賜宴)을 내리고, 연유(宴儒)와 어제시(御製詩)도 내리다.
1717	숙종 43년. 숭정대부(崇政大夫) 공조판서(工曹判書)에 올라 이해 12월에 졸수(卒壽)하니 90세다. 시호 정헌(靖憲).

20-1 어제시(御製詩)

    임금이 내린 시   - 조선 제19대 숙종

昔時同榜存幾希 (석시동방존기희)   卿獨重逢比歲歸 (경독중봉비세귀)

頭上桂花蠶已再 (두상계화잠기재)   人間九十亦應稀 (인간구십역응희)

옛적 과방에 참여한 자로 생존한 자가 거의 드문데,

경(卿)이 홀로 이해가 돌아옴을 거듭 맞았도다.

머리위에 계수나무 꽃을 두 번째 꽂았으니,

인간의 구십세도 또한 응당 드물도다.

---

[154] 조선 시대 때 임기만료가 되었으나 근무성적이 좋은 관원에 대해서 품계를 올려주는 제도이다.

[155] 과거에 급제한 자가 60돌을 맞이하는 해를 일컬으며 임금이 축하하며 꽃을 선사하고 연회를 베풀어주고 시를 지어 하사하였다.

북원수회도(北園壽會圖)

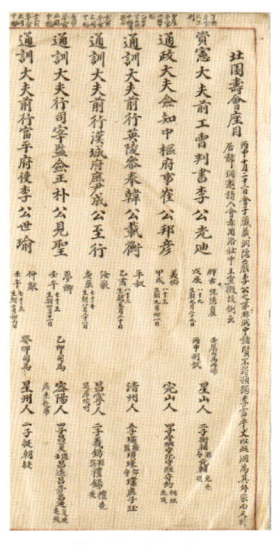

참석자 명단 일부

앞의 그림은 진경(眞景) 산수화(山水畵)의 대가로 알려진 겸재(謙齋) 정선(鄭敾)이 1716년 가을, 공조판서 이광적의 과거급제 60회를 기념하여 북악산기슭 장의동(청운동 일대)의 은암 광적의 집에서 열린 장수 축하연 모임을 묘사한 "북원수회도(北園壽會圖)"이다.

이 잔치에 참석한 인사들의 명단과 그들이 붙인 기념시 모음, 발문 등이 이어진다. 모임의 참석자 명단에는 70대 이상의 명사 15명과 이들의 아들과 손자 15명의 성명을 적었다.

연회장 내부 확대 그림 주인공인 광적은 북쪽을 등에 두고 남향으로 중앙에 앉아 있고 옆에 손자 규현(奎賢, 당시 6살)이 서 있다.

이 모임에 겸재 정선을 초대한 사람은 그의 외숙부 박현성인데 몸이 좋지 않아 참석하지 않았다. 명단의 오른쪽 첫째부터 자헌대부 전 공조판서 이공 광적과 참석한 두 아들(형보원보)의 이름을 적었고, 5번째에는 통훈대부 행 사재감첨정(司宰監僉正) 박현성(朴見聖)이 적혀있다.

20-2 축시(祝詩)

―통훈대부 박현성

南極星光耀此筵(남극성광요차연)

座中諸老洞中仙(좌중제노동중선)

無端一疾違佳約(무단일질위가약)

翹首東鄰倍悵然(교수동린배장연)

北山高設老翁筵(북산고설노옹연)

皓首厖眉十一仙(호수방미십일선)

洛社耆英今復見(낙사기영금부견)

風流宜若宋人然(풍류의약송인연)

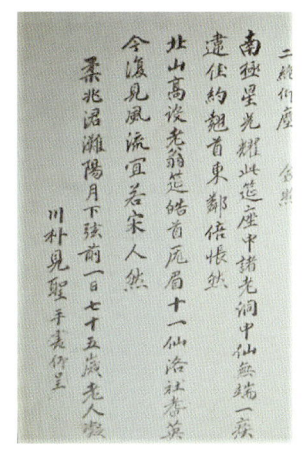

의천 박현성이 이광적 수연에 보낸 축시

柔兆[156] 涒灘 陽月 下弦前一日七十五歲 老人 凝川 朴見聖 手書仰呈
(유조 군탄 양월 하현전일일 칠십오세 노인 응천 박현성 수서앙정)

남극성이 이 자리를 빛내니,

좌중의 여러 노인은 동중의 신선이네.

까닭 없는 병으로 아름다운 약속을 어겨,

머리 들어 동쪽 이웃 바라보니 갑절이나 서글프네.

북산에 높이 늙은이 잔치 여니,

흰머리 희끗희끗한 눈썹 열한 신선 모였네.

낙사(洛社)의 기영(耆英)을 이제 다시 보니,

풍류가 마치 송나라 사람 같으리라.

_ 병신년 10월 22일 75세 노인 응천 박현성이 써 드리다.

20-3 이광적(李光迪) 자필 차운시

敬次朴僉正夢卿韻(경차박첨정몽경운: 박현성의 시에서 차운하다.)

─은암 이광적

壽星南極照華筵(수성남극조화연)

鶴髮[157]韶顏[158]世擬仙(학발소안세의선)

靈杖鳩筇扶醉步(영장구공부취보)

香山故事當依然(향산고사당의연)

---

156 십간(十干)의 3째로 병(丙), 군탄(涒灘)은 십이지의 신(申)을 뜻하므로 병신년(丙申年)을 다른 말로 쓴 것이다.
157 높은 사람의 하얗게 센 머리털을 일컬음.
158 젊은이처럼 빛나는 늙은이의 얼굴.

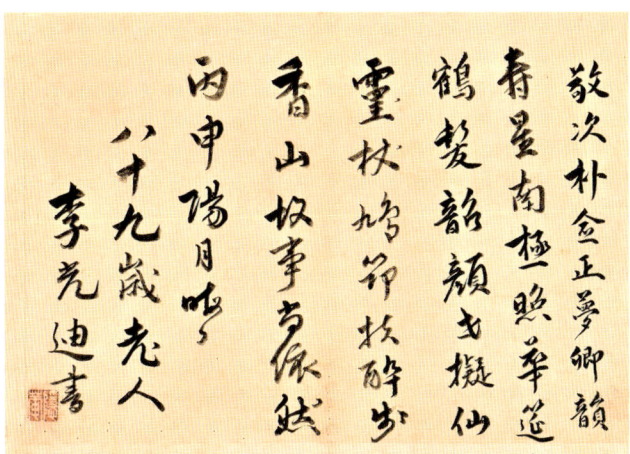

이광적 자필 차운시

丙申 陽月 晦日[159] 八十九歲老人 李光迪 書
(병신년 양월회일 팔십구세노인 이광적 서)
노인의 별 남극성이 화려한 자리에 비추니,
백발의 동안(童顔)을 사람들이 신선에 비유하네.
신령스런 구장(鳩杖)으로 취한 걸음 의지하니,
향산(香山)의 고사가 여전히 그대로 남았네.

_ 병신년 10월 그믐 89세 노인 이광적 쓰다.

---

[159] 양월(陽月, 良月): 길한 달이라는 뜻으로 음력 시월의 다른 이름. 회일(晦日): 그믐, 음력으로 그달 마지막 날.

21. 경산공(京山公) 이한진(李漢鎭, 1732~1815년)

선공감역(膳工監役), 통정첨지중추(通政僉知中樞) 제수. 서예가

경산 이한진의 전예 경산 전팔쌍절첩 표지
(출처: 서울 국립고궁박물관 소장)

경산 이한진은 성주이씨 세계(世系) 17세로 은암(隱庵) 광적(光迪)의 증손이다(위 광적 세계도 참조). 그는 1790년 조선 제22대왕(정조 14) 때 오언율시 여러 수를 전서(篆書)와 예서(隸書)로 쓴 전팔쌍절첩(篆八雙絶帖)을 저작하였다. 전서는 4점으로, 당 백거이의 유분수(游湓水), 송 소식의 간찰, 백거이의 오언시 등을, 예서로는 위응물의 오언시와 당 고적의 오언시, 당 잠삼의 오언시 등 3점을 썼다. 중국 당대(唐代)의 서예가인 이양빙(李陽氷) 계통을 이은 이인상(李麟祥, 1710~1760) 서예가의 전예(篆隸) 서풍(書風)을 계승 발전시킨 이한진은 소전(小篆)과 예서체(隸書體) 글씨에 능한 서예가로 중국에까지 명성을 떨쳤다. 그는 음악에도 통하여 통소를 잘 불었으며 홍대용(洪大容)의 거문고와 함께 짝하였다고 한다. 이로 인해 당시의 명사였던 이덕무(李德懋), 김홍도(金弘道), 박제가(朴齊家) 등과 교우했다. 이한진의 전예경산전팔쌍절첩(篆隸京山篆八雙絶帖)은 보물 제1681호로 지정되었다.

21-1 이한진이 이채의 초상화에 쓴 전서체 글씨

이채(李采, 1745~1820)는 본관이 우봉(牛峯)이고 호는 화천(華泉)이다. 상주목사, 호조참판, 한성부좌윤 등을 지낸 문신이다. 그는 본인의 초상화에 쓸 자제문을 짓고, 이한진에게 자신의 초상화 상단에 글씨를 쓰게 했다. 제목은 '진짜 모습 그대로의 형상'이다.

이채 초상 보물 제1483호

이채(李采)의 자제문(自題文)

제진상(題眞像)

彼冠程子冠, 衣文公深衣, 巍然危坐者,
피관정자관 의문공심의 의연위좌자

誰也歟. 眉蒼而鬚白, 耳高而眼朗, 子眞
수야여? 미창이빈백 이고이안랑 자진

是李季亮者歟. 考其迹則三縣五州, 問其
시이계양자여 고기역즉삼현오주 문기

業則四子六經, 無乃欺當世, 而竊虛名者
업즉사자육경 무내기당세 이절허명자

歟, 吁嗟乎. 歸爾祖之鄕, 讀爾祖之書,
여, 우차호! 귀이조지향 독이조지서

則庶幾知其所樂, 而不愧爲程朱之徒也歟.
즉서기지기소락 이불괴위정주지도야여

華泉翁 自題, 京山望八翁 書.
화천옹 자제, 경산망팔옹 서

이한진이 쓴 전서체 글씨

3열 상단부터 7번째 어조사여(歟)는 생략 또는 오기 글자표시임.
~四子六經 無乃欺當世에서 歟(속일 기)자를 써야 하는데 歟(어조사 여)자를 썼다. 초상화 화폭(畵幅) 이어서 다시 쓸 수 없으므로 오기(誤記)임을 표시(=)하고 이어서 歟(기)자를 썼다. (편집자 주)

정자관을 머리에 쓰고 주자가 말씀하신 심의를 입고,

꼿꼿하면서 단정하게 앉아있는 사람은 누구인가?

짙은 눈썹에 하얀 수염, 귀는 높이 솟았고 눈빛은 빛난다.

그대가 참으로 계량 이채라는 사람인가?

지난 행적을 살펴보니 세 고을과 다섯 주의 수령을 역임하였으며,

무슨 공부를 하였는가 물으니 사서와 육경이다.

한 시대를 속이고 헛된 명성을 도둑질한 것은 아닐까?

아! 할아버지 이재(李縡)의 고향으로 돌아가서,

할아버지가 남긴 글을 읽어라.

그러면 삶의 즐거움을 알 수 있을 것이고,

정자와 주자의 문도가 되기에도 부끄럽지 않으리라.

화천옹 이채가 직접 글을 짓고, 팔순을 바라보는 늙은이

_ 경산 이한진이 쓰다.

경산 이한진 유필

22. 옥파(沃波) 이종일(李種一, 1858~1925) 독립운동가.

고종 1895년 내부주사(內部主事). 1898년 중추원의관(中樞院議官) 독립선언문 서명 33인 중 1인. 건국공로훈장(建國功勞勳章)추서.

3·1 기미 독립선언서는 육당 최남선이 기초하여 국내. 외에 배포하였으며 민족자존의 정당한 권리와 인류평등의 대의를 천명하고 있으며 평화적인 시위 운동을 벌일 것을 원칙으로 하고 있다.

옥파 이종일은 성주이씨 중시조 세계 22세(世)이며 부는 교환(敎煥)이다. 옥파는 조선 말의 문신이며 언론인, 국문학자이고 독립 운동가이다. 1858년 충남 태안군 원북면에서 출생하였으며 1874년 과거에 급제하여, 내부주사, 중추원의관(정 2품, 지금의 국회의원) 등을 역임하였다. 옥파는 1894년 보성보통학교(普成普通學校) 교장으로 취임하여 교육사업에 전념하였으며, 1896년에는 서재필, 윤치호, 주시경 등과 독립신문 창간에 참여하여 필진으로도 활약했다. 1898년 3월에 개화 운동단체인 대한제국 민력회를 조직하였으며 회장으로 추대되었고, 민영환과 흥화학교를 설립하였다. 한국 국문연구회 회장을 맡으며 국문학 발전에 기여하였다.

옥파 이종일
(인물사진은 위대한 조상 교재)

-기미 독립선언문을 인쇄하다-

옥파는 1910년 보성사(普成社) 사장을 역임하였으며, 보성사는 당시 최신식 인쇄 기술을 갖추고 있었다. 독립선언서는 당초 옥파 이종일이 작성

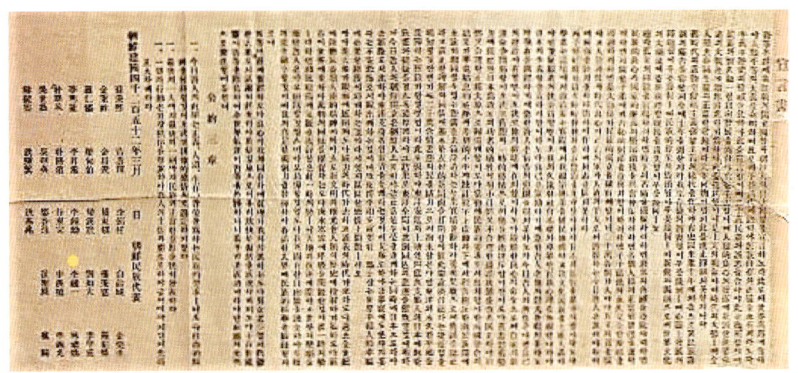

기미 독립선언서 1919년 보성사 조판 인쇄 스크랩본

옥파 이종일 계보도

1세	2세	3세	4세	5세	6세	7세	8세	9세	10세	11세	12세	13세	14세
長庚	兆年	포포	인민	직직	사후	함녕	장생	지지	인희	완완	항선	희담	성구
15세	16세	17세	18세	19세	20세	21세	22세	23세					
시상	육진	석주	춘거	기철	육용	교환	종일 鍾一	학순					

할 계획이었으나 과격한 문사를 구사하면 과격파로 인식이 될 수도 있다고 우려하여, 육당(六堂) 최남선(崔南善)이 작성하기로 바뀌었다. 3·1운동 당시에 민족대표 33인의 한 사람으로서 독립선언문에 서명을 하고, 사비를 들여 기미독립선언문 35,000부를 인쇄하여 배포하였다. 이러한 항일 독립운동을 적극적으로 전개함으로써 일제에 구금을 당했고 1920년 조선총독부 경성법원은 옥파를 민족대표 중에서도 주범의 한 사람으로 지목을 하고 3년 형을 선고하였다. 1921년 12월에 가출옥되었으나 1922년 제2의 독립선언문을 기초하여 인쇄 도중에 일경에 압수를 당했다. 일제의 탄압과 옥고를 치루느라 건강이 악화되어 1925년 8월 향년 68세로 순국하였다. 건국공로훈장(建國功勞勳章)이 추서(追敍)되었다. 묘소는 동작동 국립묘지

독립유공자 묘역이다.

22-1 3·1 독립선언 기념비/ 조선민족 대표 33인
손병희 길선주 이필주 백용성 김완규 김병조 김창준 권동진 권병덕 나용환 나인협 양전백 양한묵 유여대 이갑성 이명룡 이승훈 이종훈 이종일 임예환 박준승 박희도 박동완 신홍식 신석구 오세창 오화영 정춘수 최성모 최 린 한용운 홍병기 홍기조

시비공원 3·1 독립선언 33인 기념비
(성주이씨 봉산재 2021)

23. 백년설 노래비. 이창민(李昌珉, 1915~1980년)

예명: 백년설(白年雪). 가수, 영화제작자, 사업가, 한국 연예단장 협회장, 경향신문 일본지사장, 가수협회장 역임. 문화훈장 추서

가수 백년설 공연행사

이창민(李昌珉)은 성주이씨 중시조 세계(世系) 21세손이며 본명은 갑룡(甲龍)이었으나 개명했다. 부친은 자(字)가 준명(俊明)인 형순(瀅淳)이다. 백년설(白年雪)은 창민의 예명(藝名)이고, 가요 작사자 필명(筆名)으로는 이향노(李鄕奴)를 썼다. 대표적인 가요(歌謠)로는 두견화 사랑, 나그네 설움, 번지없는 주막, 복지 만리, 대지의 항구, 마도로스 박 등이며, 이 외에도 많은 곡들이 있다.

성주이씨 세계도(世系圖) → 백년설(이창민) 계보도

1세	2세	3세	4세	5세	6세	7세	8세	9세	10세	11세	12세	13세	14세
長庚	兆年	포褒	인미	은閭	운적	귀은	물勿	원遠	중남	연룡	시주	진석	세항
					15세	16세	17세	18세	19세	20세	21세	22세	
					경우	성능	병운	태곤	건오	형순	창민	長男일정 次男길영	

이창민은 1928년 성주 공립 보통학교를 졸업하고 한양 부기학교를 2년 수료 후 은행과 신문사에서 근무했다. 1936년 문학 공부를 목적으로 일본 유학을 했으나, 태평레코드사 문예부장(박영호)의 권유로 전기현 작곡 "유랑극단"을 취입하고 가수로 데뷔했다. 1941년 태평레코드사와 전속

백년설 노래비(번지없는 주막)

계약을 맺고, 나라를 잃은 슬픔과 타관의 객지를 떠도는 유랑인의 비애를 노래하는 "나그네 설움" "번지없는 주막" 등을 불러 크게 호응을 얻으며 당대 최고의 가수로 명성을 떨쳤다. 그러나 그의 재능과 인기를 일본 제국주의는 침략전쟁의 도구로 이용하기에 이른다. 일본의 군국가요[160]를 번안하여 부르게 하였고 지원병 선전용 주제가인 조선해협 등을 부르도록 강요하였는데, 후에 그에게는 이 사실이 정신적 압박과 마음의 상처로 남게 된다.

해방 후에는 태평양 악극단, 무궁화 악극단 등의 공연단체와 무대에 서기도 했고, 고아원 운영으로 사회에 공헌하였으며, 사업경영에도 힘썼

---

[160] 일본 제국주의의 침략전쟁을 찬양하기 위하여 태평양전쟁 당시에 물자, 인력동원을 위한 일제의 강요에 의해 불렸던 노래를 통칭한다. 2008년 민족문제연구소의 친일인명사전 수록 예상자 명단 음악부문에 선정이 되었으나 대중가요가 갖고 있던 사회적 위상이 상대적으로 낮았다는 사실이 인정되어 기각(棄却)되었다.

다. 1950년대에는 가수·작사가로 활동하였고, 평화신문사 사업국장, 가수협회회장 등을 역임하고, 1978년 자녀들이 있는 미국으로 갔으며 건강이 좋지 않아 1980년 12월 타계했다. 2002년에 문화훈장 보관장을 받았다.

그의 배(配)는 "아내의 노래"·"한강" 등을 부른 인기가수 심연옥이며 2021년 10월 93세로 별세하였다. (참고문헌: 한국민족문화대백과)

23-1 번지(番地)없는 주막[161]

―가수 백년설

1. 문패도 번지수도 없는 주막에,
   궂은비 나리던 그 밤이 애절쿠려.
   능수버들 태질[162]하는 창살에 기대어,
   어느 날짜 오시겠소 울던 사람아.

2. 아주까리 초롱 밑에 마주 앉아서,
   따르는 이별주는 불같은 정이었소.
   귀밑머리 쓰다듬어 맹세는 길어도,
   못 믿겠소 못 믿겠소 울던 사람아.

3. 깨무는 입살[163]에는 피가 터졌소.
   풍지[164]를 앙물며 밤비도 애절쿠려.
   흘러가는 타관 길이 여기만 아닌데,
   번지없는 그 주막을 왜 못 잊느냐.

---

161 가사는 노래비에 쓰임과 같음.
162 때리기(Thrashing).
163 입술의 방언.
164 문풍지.

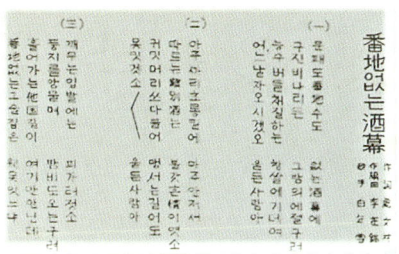

음반 가사/처녀림(處女林)
작사, 이재호(李在鎬) 작곡
1940년 오-케이 태평음반 발매 음반 가사이며
시비에 쓰인 가사와 일부 다른 부분이 있다.
(발매원: オ- ケ-太平音響株式會社)

백년설 아들 길영이 아버지 노래를 부르다.
사진출처 KBS "가요무대" 화면캡처

"번지없는 주막"의 원 작사자는 박영호이고 처녀림(處女林)은 그의 예명이다. 박영호는 월북하였고, 1952년 월북작가 작품의 출판 금지조치로 인해 90여곡이 금지를 당했으며 이 노래도 금지곡에 포함되었다. 1961년 "번지없는 주막"을 영화 주제가로 작사하여 발표할 때 추미림(반야월 예명) 작사자가 본래의 가사를 개사하고 백년설이 불렀다. 이로 인해 선율(Melody)은 같으나 가사의 일부가 변경되거나 1절과 2절이 뒤바뀌기도 하였다. 1965년 방송윤리위원회에서 방송금지 목록을 정리하면서 "번지 없는 주막"도 해금(解禁)되었다.

1990년에서야 인기 가요로써의 제 모습을 찾았으며 한국 대중가요 33선에 올라 1910~1950년대 대표작으로 선정되었다.

아들 길영(중시조 세계 22세)이 KBS 가요무대에서 아버지의 힛송인 "나그네 설움"을 불렀다.

제5부

사(辭), 표문(表文), 상전사(上箋辭), 부(賦), 상소문(上疏文), 개국공신교서

1. 사(辭)의 형식

사(辭)는 시(詩)와는 형식상 약간의 차이가 있을 뿐, 시의 범주에 속하며, 다만 우수(憂愁)와 격정(激情)을 남방가요의 형식을 빌어서 표현하는 문체이다. 사는 초나라 땅에서 지어져 초사(楚辭)라고 불렀고, 굴원(屈原)[1]이 지은 이소(離騷)가 대표적인 사(辭)이기 때문에 근심·풍류를 뜻하는 소(騷)라 하였으며, 이소(離騷), 이소경(離騷經)이라 불리고 있다. 또한 중국의 전원시인(田園詩人) 도연명(陶淵明, 365~427년 동진~송)이 쓴 귀거래사(歸去來辭)는 유명하다. 관직을 떠나서 세속과 결별하고 전원생활에서 느끼는 자유와 즐거움을 누리며 자연의 섭리에 따라 목숨이 다할 때까지 살겠다는 다짐을 선언하는 글로써, 그의 대표적인 사의 작품이다. 따라서 이런 종류의 시들을 일반적으로 사(辭)라고 부르게 되었다. '사'는 어구가 길고 신화·전설이 많이 들어있고, 현실 세계의 부조리를 비판하여 자기의 풍부한 이상을 실현하고자 하는 의지를 발현한 가요 형식의 서정적 작품이라 할 수 있다. 도은 이숭인(1347~1392)은 공민왕 때 두 번에 걸쳐 과거에 급제하고 성균관에서 유학을 연구하고 성균관 사성, 밀직제학, 예문관제학 등을 지낸 대학자로 특히 시문에 능하여 명(明)과의 외교문서를 맡아 썼다. 그는 부원배들의 무고로 인하여 다섯 번에 걸친 유배의 고통을 겪었다. 이숭인은 유배지에서 많은 글을 썼으며 친 자연적인 소재의 시를 비롯하여 비극적인 내용의 사를

---

[1] 중국 전국시대 초나라의 정치인 문신, 참소로 유배지에서 이소(離騷)를 썼다.

지었는데, 그의 대표적인 사(辭) 형식의 작품인 '애추석사(哀秋夕辭)'도 성주(星州) 유배 중에 쓴 글로 추정한다.

1-1 이숭인의 사(辭)와 작품의 배경

이숭인(李崇仁, 이백년의 증손)이 지은 '애추석사(哀秋夕辭)'는 자신이 처한 어떤 분노와 비참하고도 가슴 아픈 심정을 절대적 존재로 여기는 옥황상제께 고하여 위기를 모면하고 또한 구제받고 싶은 뜻을 전달하는 형식의 '사'인 것이다. 고려 말의 부원세력(附元勢力)과 당시의 침체된 국면을 변화시키려는 신진세력(新進勢力)들은 대립 관계에 놓여있었으나, 공민왕의 사후에 이인임 등 권문세족들이 우왕(禑王, 고려 32대)을 옹립하는데 성공함으로서 친원 세력은 친명파인 신진세력들을 정권의 차원에서 적대시하게 되었다. 1375년 북원의 사신이 고려에 왔을 때, 이숭인과 정도전, 권근 등은 북원을 멀리하고 친명정책을 도입하여 명나라와 교린(交隣)하자는 상소를 올렸다. 친원 세력과 친명파간 대립이 첨예하게 이루어지던 상황에서 집권세력은 적대시하고 있는 이들의 상소를 문제 삼아 김구용, 정몽주, 정도전, 이숭인 등을 유배시켰다. 이숭인은 슬프게도 을묘년(우왕 원년, 1375) 추석날 남쪽으로 유배를 떠나게 된 것이다.

이숭인은 '사(辭)'라는 예술의 한 장르를 통하여 자기의 고민을 말하고 답을 찾으려 했다. 오직 충군(忠君)에 뜻을 둔 기예 넘치는 이숭인(당시 29세)은 아첨을 일삼는 중상배들을 비판하며, 그들의 잘못으로 인하여 고려가 멸망에 이르게 될 것이 자명하니 이런 어려움에서 구해주길 간청하지만, 옥황상제는 그에게 "세상이 모두 백(白)을 숭상하는데 어찌 너는 홀로 현(玄)을 지키느냐, 길의 방향을 돌리는 게 어떠냐?"고 조언한다. 그러나 이숭인은 자기가 추구하고자 하는 도덕성을 기본으로 이상세계로 향하는 나의 초지일관한 의지를 금할 수 없으므로, 옥황의 은혜는 망극하나 마음을 고칠 수가 없다고 한다. 이숭인은 창작품 사(辭)를 통하여 그의 확고한 사상과 정치적 좌절에 빠져 절망했던 그의 암울한 심정을 그대로 표현했다.

이숭인이 예견했던 대로 원은 몰락하게 된다. 1368년 주원장이 명나라를 일으킨 후, 중원정복을 완수함에 따라 1388년 북원은 완전히 멸망하였다. 도은의 친명을 원하는 상소는 비록 거절되고 정치적 좌절로 이어졌지만 그의 고려에 대한 충절의 뜻은 지워지지 않았다. 안타깝게도 도은이 피살된 해는 1392년 6월이며 다음 달인 7월 고려는 망하고 이성계가 고려의 공양왕을 폐하고 고려 국왕에 올랐다. 이듬해 3월에 명(明)나라의 양해를 얻어 조선을 건국했다.

애추석사는 총 413자로 쓰였으며 4단으로 나누어서 편집하였다.

1-2 이숭인의 사(辭) -애추석사

哀秋夕辭 　　　　　　　　　　　　　　　　　- 陶隱 李崇仁

① 哀秋夕之慘悽兮, 風雨颯其晦冥, 懷沉憂以假寐兮, 魂耿耿其上征,
　애추석지참처혜　풍우삽기회명　회침우이가매혜　혼징징기상정

指虛無恍惚兮, 若有路乎紆縈, 忽焉升彼蒼兮, 儼玉皇之高居, 門四闢
지허무황홀혜　약유로호우영　홀언승피창혜　엄옥황지고거　문사벽

以招徠兮, 孰云却步而趑趄, 入余跪而陳辭兮, 皇爲之色敷腴, 曰下土
이초래혜　숙운각보이자저　입여궤이진사혜　황위지색부유　왈하토

之微臣兮, 心菀結猶未得信, 曩余僅免襁褓兮, 動必師乎古之人, 惟仲
지미신혜　심완결유미득신　낭여근면강보혜　동필사호고지인　유중

尼之垂訓兮, 殺身以成仁, 志士不忘在溝壑兮, 予興味夫斯言, 寧力不
니지수훈혜　살신이성인　지사불망재구학혜　자여미부사언　영력부

足而或斃兮, 羌佩服以拳拳.
족이혹폐혜　강패복이권권

－애추석사－ 슬픈 추석날에 짓다.　　　　　－도은 이숭인

　　가을 저녁이 끔찍이도 참혹하여 비바람이 몰아쳐 날이 어두운데 깊은 시름을 품고 잠깐 조노라니, 내 혼이 둥둥 떠올라 허공을 가리키며 황홀지경인데, 구불 구불한 길이 있는 듯 문득 저 하늘에 오르니, 옥황님 계신 대궐이 엄연하였다. 네 개의 문이 활짝 열려 있어 주저하지 않고 내가 들어가서 꿇어 앉아 말씀을 아뢰니, 옥황님 (얼굴)낯 빛이 매우 즐거워하는 모습이라. 내가 여쭙기를, 『하토(下土)의 지위 낮은 신하가 마음에 맺힌 한을 펼 길이 없습니다. 전에 제가 포대기에 쌓여 자람을 겨우 면해서부터, 반드시 옛사람을 스승으로 삼아, 몸을 죽여서라도 인(仁)을 이루라는 중니의 수훈과, 지사(志士)는 시궁창에 죽을 것을 잊지 말라는 그|공재의 말씀, 맹자가 되새겼기에, 차라리 힘이 부족하여 중도에서 죽을지언정 정성스레 마음을 지켜왔습니다.

② 忠君與愛國兮, 志專專其靡佗, 何時俗之險巇兮, 學曲而心阿, 視
　 충군여애국혜　지전전기미타　하시속지험희혜　학곡이심아　시

　 余猶机上臠兮, 旣鼓吻又磨牙, 彼讒諛之得志兮, 自借匃人國也, 雖
　 여유궤상련혜　기고문우마아　피참유지득지혜　자차흉인국야　수

　 萬死余無悔兮, 恐此志之不白也, 時陟高以瞰遠兮, 余舍此而安適
　 만사여무회혜　공차지지부백야　시척고이감원혜　여사차이안적

　 惟皇德之孔仁兮, 拯余乎陸地沉,
　 유황덕지공인혜　증여호육지침

　　오로지 충군과 애국에 뜻을 두었지 딴 생각이 없었는데, 어쩌다가 지금의 관행과 인심은 저다지도 험하기만 하여, 진실을 왜곡한 학문과 간사한 마음으로 저를 보기를, 오히려 도마 위의 저민 고기 같이 침을 삼키고 이를 갈고 있습니까?

　　저 아첨하는 중상배들의 우쭐댐은 예로부터 남의 나라를 망하게 만드

는 행태인데, 만 번 죽은들 무슨 후회가 있겠습니까마는 이 뜻이 나타남이 두려워, 가끔 높이 올라 멀리 바라보오니, 이 길을 버리고 어디로 가야만 합니까? 어질고 어지신 옥황님 덕으로 이 육지가 순전히 침몰된 곳으로부터 저를 건져 주십시오.』

③ 涕洟交以雨滂兮, 謇心噎而欽欽, 皇愍余之深衷兮, 徠爾聽我辭,
  체이교이우방혜 건심일이흠흠 황민여지심충혜 래이청아사

所貴學之道兮, 能變通而推移, 日中則昃兮, 月盈而虧, 天道亦不
소귀학지도혜 능변통이추이 일중칙측혜 월영이휴 천도역불

可久常兮, 在人事其何疑, 世旣惡夫方兮, 爾何惜乎爲圓, 世旣尙
가구상혜 재인사기하의 세기오부방혜 이하석호위원 세기상

夫白兮, 爾胡獨守此玄, 我哀爾之遭罹兮, 亦惟爾之故也, 欲去危
부백혜 이호독수차현 아애이지조리혜 역유이지고야 욕거위

以就安兮. 盍反爾之道也,
이취안혜 합반이지도야

눈물이 비처럼 섞어 흘러내리고 가슴이 조여 와 조아리니 옥황님이 나의 충곡을 어여삐 여기시어, "오너라, 너는 내 말을 잘 들거라. 학문의 도가 귀한 것은 막힘없이 잘 처리되고 차차 옮아가는 것을 아는 것인데 해가 중천에 왔다가는 반드시 기울게 되기 마련이요, 달도 차면 이지러지는 게 순리이다. 하늘의 법칙도 오래 일정하지 않은데 사람의 일이 어찌 안 그러하겠느냐? 세상이 이미 대체로 보아 모가 난 모습을 모두 미워하는데, 너는 어찌하여 둥글게 하지 못하며, 세상이 모두 흰 것을 숭상하는데, 너는 왜 홀로 검은 것을 지키려 하느냐? 네가 재난을 만나서 네 스스로 불쌍하다 여겨지면, 그것 역시 너의 탓이 아니냐. 위험을 떠나서 편안하려면 네 갈 길을 돌림이 어떠하겠느냐?"

④ 余默退而靜思兮, 皇恩之罔極也, 竊不敢改余之初服兮,
  여묵퇴이정사혜 황은지강극야 절불감개여지초복혜

固長終乎窮陀, 前余生之千古兮, 其在後者無窮, 矢余志之不廻兮,
고장종호궁애 전여생지천고혜 기재후자무궁 시여지지불회혜

仰前脩而飭躬, 世貿貿莫我知兮, 庶憑辭以自通.
양전수이칙궁 세무무막아지혜 서빙사이자통

_ 出處: 古典國譯 東文選 1卷 559P

내가 묵묵히 물러나서 곰곰히 생각을 해보니, 옥황님의 은혜는 망극하기 그지없지만, 나의 첫 마음은 고칠 수가 없는 것이니, 나는 일생을 곤궁하게 마치리라. 나보다도 천 년 전 앞서서 난분들도 많았고, 뒤에 따라올 사람들도 무궁한데, 나의 뜻은 맹세코 돌리지 못할 것이니, 옛날 사람들을 우러러보며 내한 몸 갈고 닦으리라. 온 세상 뭇 사람들은 나를 알지 못하리니 글이나 지어 내 스스로를 위로하겠다.

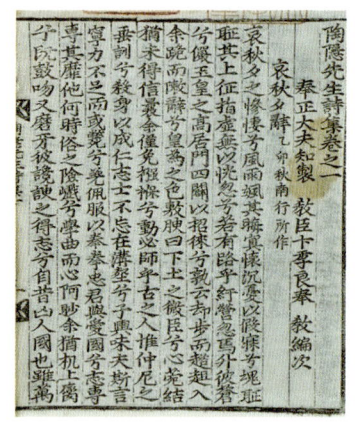
애추석사(哀秋夕辭)

1-3 도은집(陶隱集) 서문(序文)

도은 이숭인의 초간본 '도은집'은 태종 6년(1406) 왕명에 의해 변계량이 편차하고 권근이 서문을 써서 시집 3권, 문집 2권으로 만들어졌다. 도은 이숭인은 고려 후기에 도입된 성리학에 조예가 깊었다. 목은(牧隱) 이색(李穡)이 도은(陶隱) 이숭인의 시를 평가하기를 "도은의 시어(詩語)는 쇄락(灑

落)²하여 한 점의 티끌도 없고 그 나아가는 방향이 오직 공자께서 말씀하신 사무사(思無邪)³에 있다. 그리하여 족히 사람들이 성정의 바름을 느껴 무아의 경지에 이르게 할 수 있을 듯하다."고 했다. 도은 이숭인의 시문 창작에 있어서는 성리학적 사상이 깊이 깔려있음을 알 수가 있다. 중국 송(宋)대에 들어 공자와 맹자의 유교사상을 성리(性理), 의리(義理), 이기(理氣) 등의 형이상학 체계로 해석하고 이를 성리학

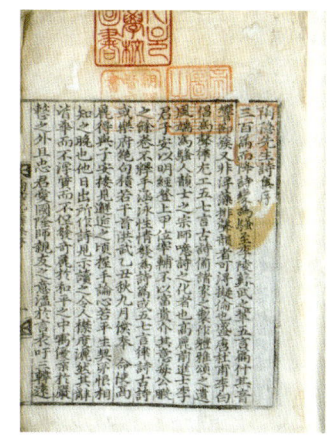

도은시집 서문

⁴이라고 불렀으며, 송의 주희(朱熹)가 집대성하였다. 주희는 유교의 교서라 할 수 있는 책을 대학, 논어, 맹자, 중용의 4서(四書)로 정했는데, 논어는 공자의 교설을 제자들이 모은 것이고, 맹자는 맹자의 교설을 맹자의 제자들이 모은 것이다. 성리학은 가족 중심의 혈연 공동체와, 사회 공동체의 윤리 규범을 제시함으로서 사회의 중심사상으로 발전하였다. 따라서 송 대 이후의 관료학자[사대부(士大夫)]로서의 유학자들은, 도교의 은둔지향의 개념이나 불교의 세속을 떠나는 출가형태의 성향은 가정이나 사회의 윤리기강을 저해하는 요소로 보았다. 도은집에 서문을 쓴 권근(權近, 1352~1409)의 호는 양촌(陽村), 문신 및 학자로 친명정책을 주장하였으며, 조선 개국 후 사병(私兵)의 폐지를 건의하여 왕권 확립에 큰 공을 세웠다. 문장에 뛰어났

---

2 쇄락(灑落/洒落): 기분이나 몸이 상쾌하고 깨끗함을 뜻함.
3 공자는 시경(詩經) 300편을 산정(刪定)하고 사무사라고 말했는데, 이는 생각함에 요사스럽지 않고 간사하지 않으며 악(惡)한 것이 없어야 한다는 뜻이다.
4 원래 성명의리지학(性命義理之學)의 준말이다.

으며 경학에 밝아 사서오경의 구결[5]을 정하였다. 권근은 태종의 명을 받아 도은 이숭인의 시문집에 서문(序文)을 썼으며, 임금이 도은의 훌륭한 인격과 재능을 높이 평가하고 재주를 아껴 중용하려 했으나 이미 고인이 되었다는 사실에 대해 슬픔과 안타까운 심정이었음을 적었다.

양촌 권근, 도은집 서문을 쓰다.

(1) 陶隱集序　　　　　　　　　　　　　　　　　　－ 權近

文章隨世道升降, 是盖關乎氣運之盛衰, 不得不與之相須. 然往往傑出之才 有不隨世而俱靡, 俺前光而獨步者矣, 昔屈原之於楚, 淵明之於晉, 雖當國 祚衰替之季, 而其文章愈益振發, 燁然有光, 且其節義凜凜, 直與秋色爭高, 足以起萬世臣子之敬服, 其有功於人倫世敎爲甚大, 獨其文章可尙乎哉. 星 山陶隱李先生生於高麗之季, 天資英邁, 學問精博, 本之以濂洛性理之說, 經史子集百氏之書, 靡不貫穿, 所造旣深, 所見益高. 卓然立乎正大之域, 至 於浮屠老莊之言, 亦莫不研究其是否.

도은집 서문　　　　　　　　　　　　　　　　　　　　－권 근

　옛사람의 문장을 뛰어넘다. 문장은 세상을 다스리는 도리를 따라 융성하기도 하고 쇠퇴하기도 한다. 그것은 기운이 융성하고 쇠락하는 것과 관련되어 있어서 세상과 더불어 따라가지 않을 수 없다. 그러나 간혹 특별나게 뛰어난 재주를 타고나 세상의 흐름에 휩쓸려 넘어가지 않고 옛사람

---

5 한문의 글 뜻을 명백히 하고, 읽기 쉽도록 한문 문장마다 중간에 끼워 넣는 우리말의 요소(要素)이며, 문장에서 구두점(句讀點)을 찍을 곳에 붙이던 약호로 초서체를 빌려 오거나 한자의 일부분을 떼어 내 만든 새로운 문자를 구결자라 한다.

의 문장을 뛰어넘은 훌륭한 사람도 있다. 예를 들면, 초나라의 굴원과 진나라의 도연명이 그와 같은 사람이다. 나라의 운세가 쇠락의 길을 걷고 있을 때 태어났어도 그 문장은 더욱 더 떨치고 환한 빛을 발했다. 또 늠름하고 당당한 절개와 의로움은 가을 하늘처럼 높아 영원토록 신하된 사람들의 공경을 불러일으킬 만하고 인간의 윤리와 세상의 가르침에 대한 공로 역시 매우 커 단지 문장만을 우러르고 떠받들 일이 아니다. 도은 이숭인은 고려가 쇠락의 길을 걷고 있을 때 태어났다. 타고난 자질이 비범하고 뛰어나 학문이 정확하고 박식했다. 남송 성리학을 학문의 바탕으로 삼아 경사(經史)와 자집(子集), 백가(百家)의 글을 모두 철저하게 연구했다. 학문의 완성도가 깊었고, 식견은 더욱 높아 뛰어났다. 부처의 학설과 노자, 장자의 학문까지 파고들어 옳고 그름을 연구했다.

(2)

敷爲文辭, 高古雅潔, 卓偉精緻, 以至古律倂儷, 皆臻其妙, 森然有法度, 韓山牧隱, 李文靖公每加歎賞曰, "此子文章, 求之中國, 世不多得, 自有海東文士, 以來鮮有其比者也." 嘗再奉使如京師, 中原士大夫觀其著述, 接其辭氣, 莫不歎服, 有若豫章周公倬, 吳興張公溥, 嘉興高公巽志 皆有序跋 以稱其美, 是豈惟見 重於一國, 能鳴於一時 而已者哉, 眞所謂掩前光 而獨步者矣, 高麗有國五百年, 休養生息, 涵濡作成, 人才之多, 文獻之美, 侔擬中華, 然其名世者 未有若牧隱之盛, 陶隱之雅者焉, 始其哀季 而其文章乃益振發, 是必數百年休養之澤, 卒萃於是 而終之也歟.

또한 문장을 다룰 때는 높고 예스러우면서도 우아하고 순결하고 탁월하고 치밀했다. 과거와 현재의 모든 문체를 능숙하게 다루어 절묘한 지경과 가지런한 법도가 있었다. 목은 이색이 이숭인에 대해 항상 감탄하면서

"이 사람의 문장은 중국의 전 시대를 뒤져 보아도 쉽게 찾아보기 힘들다. 우리나라에서는 글을 하는 선비가 존재한 이후로 그와 비교할 만한 사람이 없다."고 했다. 일찍이 사신의 명을 띠고 두 차례나 중국에 갔는데, 그의 글을 보거나, 만나 이야기한 중국의 학자치고 탄복하지 않은 이가 없었다. 예장 사람인 주탁과 오흥 사람인 장부, 가흥 사람인 고손지와 같은 사람들은 서문과 발문을 지어서 이숭인의 문장이 지닌 아름다움을 칭송했다. 어찌 한 나라에서만 소중하게 여기고, 한 시대에서만 명성을 떨치고 말겠는가? 진실로 옛사람들의 문장을 뛰어넘은 사람이라고 할 만하다. 고려가 개국한 후 5백여 년 동안 잘 기르고 가르쳐 수많은 인재와 아름다운 문헌이 중국과 비교할 만했다. 그러나 세상에 명성을 떨친 사람으로 말하자면, 이색의 풍부함과 이숭인의 우아함이 있을 뿐이다. 나라의 운세가 쇠락하는 시점에 태어나 그 문장이 더욱 떨치고 드러났으니, 이는 수백 년 동안 잘 기르고 가르쳐 온 뿌리가 마침내 결실을 맺은 것이라고 할 수 있다.

(3)
及我朝鮮, 王業方亨, 而先生屛居于野, 我太上王受命之後, 愛惜其才, 將欲徵用, 而先生乃卒, 嗚呼惜哉, 先生嘗典成均之試, 今我主上殿下之在潛邸, 登其科目, 嗣位之後, 每臨經筵, 悼念甘盤之舊, 追加封贈, 爵其二子, 以躋顯仕, 又命印其遺藁, 期於不朽, 其所以尊禮師儒, 崇重文獻, 而褒獎節義者至矣, 斯一擧 而數善幷焉, 宜我殿下 拳拳於此也, 臣近承命, 不敢以辭, 姑書此以爲序. 永樂四年 十月下澣, 起復推忠翊戴佐命功臣, 崇政大夫, 吉昌君, 集賢殿大提學, 知經筵事 兼 判內資寺事臣 權近. 奉敎序.

조선을 개국한 태조 임금이 하늘의 뜻을 받은 뒤에 이숭인의 재주를 아껴 불러 중용하려고 했는데 안타깝게도 사망하고 말았다. 참으로 기막히고 슬픈 노릇이다. 이숭인이 예전에 성균관의 시험관이 되었는데, 그때 태종 임금이 잠저[6]에 있으면서 과거에 합격했다. 태종 임금은 즉위한 후 매번 경연에 나올 때마다 옛 스승[7]이었던 이숭인의 의로움을 생각하였다. 또 이숭인의 두 아들이 벼슬길에 나와 있어서, 하명하여 유고집을 발간하여 그 명성을 보존하도록 하였다. 이숭인을 예우하고 학문의 스승으로 삼아 그 문헌을 소중하게 여기며, 절개와 의로움을 기리고 권하므로 서문을 쓴다. 영락 4년 10월 하순. 기복추충익대좌명공신 숭정대부 길창군 집현전대제학 지경연사 겸 판내자시사 신 권근(權近)은 하교를 받들어 서문(序文)을 짓다.

2. 표문(表文)

표문과 표전(表箋)

표문이란 중국의 임금에게 보내던 외교문서 또는 신하나 백성들이 임금에게 올리던 문서의 일종이며, 표(表)란 시(詩)나 사(辭)와 같은 문체(文體)의 하나로써 아래에서 위로 올리는 글을 뜻한다. 또한 표전(表箋)이라는 것이

---

[6] 임금으로서 아직 왕위에 오르기 전 살던 집. 태종(방원)은 16세 때인 1382년(고려 우왕 8)에 진사시에 합격을 했는데, 시험을 주관했던 사람이 이숭인 이었다. 고려 시대 시험을 주관한 자를 좌주(座主)라 하며, 합격자들은 좌주를 스승으로 여겼다.

[7] 옛 스승의 예: '감반(甘盤)의 옛 고사에서 상(商)나라 무정(武丁)이 임금이 되기 전에 감반에게 글을 배웠는데 임금이 된 후에 그를 등용하여 정승으로 삼았으므로 사제 간의 관계를 이야기 할 때에 인용한다. 정도전을 제거하고 왕위에 오른 태종(太宗)은 이숭인 사후 14년(1406)에 이조판서(吏曹判書)를 추증하고 문충(文忠)의 시호를 내렸다.

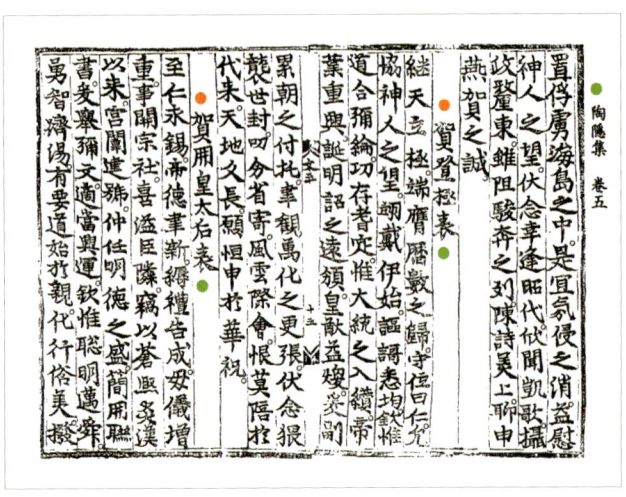

도은집 권 5 하등극표와 하책황태후표

있으며, 자기 마음속에 품고 있던 생각을 임금에게 적어 올리던 표문과, 나라에 길(吉)한 일이나 흉(凶)한 일이 있을 때에 써서 바치던 전문을 아울러 이르는 말이다.

권근(權近)이 도은(陶隱) 이숭인(李崇仁)을 일컬어 '뛰어난 문장가'로 평가하며 그가 쓴 도은집 서문에서 밝혔듯이, 이색의 노환(老患) 이후로는 외교문서는 도은에게서 나왔는데, 명태조(明太祖)는 도은이 쓴 문서를 보고 "표(表)의 문사(文辭)가 정절(精切)하다"고 칭찬했다고 한다. 그의 글들은 온화하고 정절한 문장으로 평가되고 있었고, 국내는 물론 중국의 문장가들도 탐하는 글 솜씨임은 알려진 바와 같다. 외교문서 중 일부인 표문 2점을 인용한다. 그가 쓴 표문의 예는 짧은 글이지만, 당시의 상황을 정확히 파악하고 함축성 있게 표현하는 것이 중요할 것이므로 인용구가 많다.

표문은, 위로 올리는 외교 문서의 특성상 지극한 경칭으로 쓰였다.

2-1 賀登極表(하등극표)

명나라 황제의 등극을 축하함 　　　　　　　　　　－도은 이숭인

繼天立極, 端膺曆數之歸, 守位曰仁, 允協神人之望, 翊戴伊始,
계천입극　단응역수지귀　수위왈인　윤협신인지망　익대[8]이시

謳謌悉均. 欽惟道合彌綸, 功存耆定, 惟大統之入纘, 帝業重興,
구가[9]실균　흠유도합미륜[10]　공존기정　유대통지입찬　제업중흥

誕明詔之遠頒, 皇猷益煥, 爰副累朝之付托, 聿觀萬化之更張.
탄명조지원반　황유익환　원부누조지부탁　율관만화지경장

伏念猥襲世封, 明分省寄, 風雲際會, 恨莫陪於代來, 天地久長,
복념외습세봉　도분성기　풍운제회　한막배어대래[11]　천지구장

願恒申於華祝.
원항신어화축

　　하늘을 이어 황국을 세우시니, 꼭 역수의 돌아옴을 받으셨고, 인(仁)으로써 위(位)를 지키시니, 진실로 신인(神人)의 희망에 맞사온지라 익대가 이에 비롯하매 구가가 모두 고르도소이다. 공경히 생각을 하옵건대, 도는 미륜에 합하시고 공(功)은 기정을 이루사, 이에 대통을 이으시와 제업을 중흥하시고 조서를 멀리 반포하여 황유가 더욱 빛나오니, 이로써 선조의 부탁을 보답하고, 드디어 만화의 경장을 보게 되었나이다.

　　엎드려 생각하옵건대 외람되이 세봉을 승습하고 황송하게도 분성의 직을 맡사와, 풍운이 제회하는 때 대래를 모시지 못하옴이 한이오나, 천지가 장구토록 화축을 항상 올리기를 원하옵나이다.

8　익대(翊戴) : 정성스럽게 받들어 추대함.
9　구가(謳謌) : 칭송의 노랫소리.
10　미륜(彌綸) : 천하를 다스리는 경륜을 말함.
11　대래(代來) : 하늘을 대신하여, 또는 오행을 대신하여 온분(새 천자를 뜻함).

2-2 賀冊皇太后表(하책황태후표)

황태후를 책봉함을 하례함 　　　　　　　　　－도은 이숭인

至仁永錫, 帝德聿新, 縟禮告成, 母儀增重, 事關宗社, 喜溢臣鄰.
지인영사 제덕율신 욕례고성 모의증중 사관종사 희일신린

竊以蒼姬炎漢以來, 宮闈建號, 仲任明德之盛, 簡冊聯書, 爰擧彌
절이창희염한이래 궁위건호 중임명덕지성 간책연서 원거미

文, 適當興運. 欽惟聰明邁舜, 勇智躋湯, 有要道始於親, 化行俗美,
문 적당홍운 흠유총명매순 용지제탕 유요도시어친 화행속미

撥亂世反之正, 近悅遠來, 承慈訓以怡愉, 獻徽稱之煊赫, 伏念猥
발란세반지정 근열원래 승자훈이이유 헌휘칭지훤혁 복념외

將庸品, 早襲舊封, 竊法義經, 受王母之介福, 願廣周雅,
장용품 조습구봉 절법희경 수왕모지개복 원갱주아

拜天子之萬年.
배천자지만년

「지극한 인을 길이 주시고 제덕(帝德)이 드디어 새로우사 화려한 예식을 거행하여 모의(母儀)가 무게를 더하오니, 일이 종사에 관계되옵고 기쁨이 신린에 넘치옵니다.

그윽이 생각하옵건대, 창희는 한대 이래에 세운 호요, 중임의 성덕은 간책에 수두룩이 적혀 있사오니, 이제 국운이 흥할 때를 당하와 휘호를 드리움이 마땅하옵나이다.

공경히 생각하옵건대, 순 임금보다도 더 하신 총명과 탕 임금을 능가하는 용지로써, 정치의 요도를 어버이에서 시작하여 풍화가 행하고, 풍속이 아름다워지오며, 난세를 헤쳐 바른 데로 돌려 가까운 자가 기뻐하고, 먼 데 사람이 오는 바 즐겁게 하심으로써 자훈을 받드시와, 이제 빛나는 휘호를 드렸나이다.

엎드려 생각하옵건대, 외람되이 용렬한 품자로써 일찍 예전의 봉직을 이어 그윽이 주역을 본떠 왕모(王母)의 큰 복을 받으신 줄 아오며, 원컨대

주아(周雅)를 노래하여 천자의 만년(萬年)에 절하고저 하옵나이다.」

위의 표문은 고려 말(고려 34대 공양왕)까지 활동한 도은 이숭인이 우왕 14년(1388) 하절사(賀節使)로 북경에 가서 올린 고려국의 외교문서인 표문의 예이고, 다음은 조선초(조선 제6대 단종)에 이견기 등이 1450년 5월 명나라 사은사로 가서 올린 표문이다.

문서 작성자도 다르지만 고려는 명나라 제1대 황제 주원장(朱元璋, 1368~1398)에게 올린 글이고, 조선 때는 명 제7대 황제인 대종 경태제(代宗景泰帝, 재위 1449~1457)에게 올린 표문과 전이다.

약 62년의 격차가 있으며 내용은 다르지만 간결한 문체나 사대의 예를 갖추는 형식에 있어서는 다름이 없는 문장들이다.

이조판서 이견기 북경 사은사(謝恩使) 표문과 전문
(표문과 전을 지은 이는 특정하지 않음)

조선 문종 즉위년(1450) 5월 28일, 이조판서 이견기(李堅基)와 중추원부사 조관(趙貫)이 명(明)의 북경에 사은사(謝恩使)로 가서 올린 표문(表文)[12]과 전문(箋文)의 예이다. 67세 때의 일이다.

이견기(우왕 10년 1384~단종 3년 1455)는 성주이씨 세계 6세이며 부(父)는 동지총제(同知摠制) 수(穗)이고, 문열공 조년의 현손이며, 인민의 손자다. 호는 남정(楠亭)이며, 1419년(세종 1) 식년 문과에 동진사(同進事)[13]로 급제하여 우정

---

[12] 전문을 올린 시기와 벼슬은 문종 즉위년(이조판서)이고, 사직원은 단종 1년(호조판서)이며, 졸기는 단종 3년(중추원사)이다.
[13] 고려 및 조선 초기 문과 급제자의 등급 중 제술업에 급제한 사람의 등급을 구분하였는데 갑과, 을과, 병과, 동진사 4단계이다.

언, 장령을 역임하고 1433년 군기감판사(軍器監判事), 동부승지, 우부승지, 좌부승지 등을 역임했다. 1441년 충청도관찰사, 1444년 공조참판, 1445년 예문관제학, 1446년 판한성부사, 지중추원사를 지내는 등 많은 관직을 역임하였다. 판한성부사로 주문사(奏聞使) 김하(金何)와 함께 명나라를 다녀왔으며, 1450년 사은사로 북경을 다녀와 우참찬이 되었고 1452년 단종 즉위년에 호조판서가 되었다. 1453년 나이를 이유로 사직을 고했으나 중추원사를 제수받고 부임했다. 1455년 졸하자 나라에서는 2일간 조회를 정지하고 100권의 종이와 관을 부의하고 애도의 뜻을 표했다. 시호(諡號)는 안성(安成)을 받았다.

이견기 계보도

1세	2세	3세	4세	5세	6세	7세	8세	9세
長庚	兆年	포포	인민仁敏	수穗	견기堅基	주	윤동	복정
					계기啓基	종보	흥노	효충

2-3 표문(表文), 이조판서 이견기 북경 사은사

遣吏曹判書 李堅基, 中樞院副使 趙貫, 如京師謝恩. 表曰:
견이조판서 이견기 중추원부사 조관 여경사사은 표왈:

帝德丕冒, 庸篤懷綏, 睿澤覃施, 曷勝荷載, 撫躬罔措, 銘骨難忘,
제덕비위 용독회유 예택담시 갈승하재 무궁망조 명골난망

竊念臣父先臣諱, 邈處遐陬, 幸逢熙運, 慕中華冠帶之已久, 嫌小邦
절념신부선신휘 막처하추 행봉희운 모중화관대지이구 혐소방

儀文之有虧. 肆具情由, 而勤敷奏, 何期賤价之返, 遽蒙殊錫之榮,
의문지유휴 사구정유 이근부주 하기천개지반 거몽수석지영

十行綸音, 昭示褒嘉之寵, 八旒冕服, 特加命數之隆, 感徹泉扃,
십행륜음 소시포가지총 팔류면복 특가명수지륭 감철천경

光增海甸, 玆蓋伏遇皇帝陛下, 稽百代之禮, 推一視之仁, 遂令
광증해전 자개복우황제폐하 계백대지례 추일시지인 수령

孱資, 獲霑異渥, 臣謹當恪遵先志, 益堅事大之誠, 永沐皇恩, 倍獻
잔자 획점이악 신근당각준선지 익견사대지성 영목황은 배헌

享年之祝.
향년지축.

_ 참고문헌: 문종실록 1권

    이조판서 이건기와 중추원부사 조관을 보내어 북경에 가서 사은하게 하였는데 표문(表文)은 이러하였다.
"황제의 덕을 크게 베풀어 회유하기를 돈독히 하고, 황제의 은덕을 널리 베푸니, 어찌 우러러 받드는 마음을 이루 다할 수 있겠습니까? 몸을 어루만지면서 어찌할 줄을 모르겠으며, 뼈에 새겨져서 잊기 어렵겠습니다. 그윽이 생각하건대 신(臣)의 아버지 선신 이도(李祹)는 먼 지방에 거처하면서 다행히 태평의 운수를 만났는데, 중화의 관대를 사모한 지가 이미 오래 되었으며, 소방(小邦)의 의문(儀文)에 모자람이 있음을 불만스럽게 여겼습니다. 그러므로 사유를 갖추어 아뢰기를 근실히 하였는데, 어찌 우리 사신이 돌아올 때에 갑자기 수석(殊錫)의 영광을 받을 줄을 바랐겠습니까? 십행의 윤음은 포가의 은총을 밝게 보였으며, 팔류의 면복은 명수의 융성을 특별히 베풀었으니, 감격은 천경에까지 미치고 광채는 해전에까지 더해졌습니다. 이것은 대개 삼가 황제폐하께서 백대의 전례를 상고하고, 일시의 인을 베풀어주심을 만나, 마침내 잔악한 자질로 하여금 특별한 은혜를 받도록 하였습니다. 신은 삼가 마땅히 선왕의 뜻을 따라서 사대의 정성을 더욱 단단히 하여서, 영원히 황제의 은혜를 입어 향년의 축수를 배나 드립니다."

2-4 전문(箋文), 이조판서 이견기 북경 사은사

位尊儲貳, 密贊皇猷, 仁篤懷綏, 導宣睿澤, 粉身難報, 銘骨奚忘,
위존저이 밀찬황유 인독회수 도선예택 분신난보 명골해망

伏念臣父先臣諱, 常冀等威之嚴, 乃有冠服之請, 何圖卑懇, 特紆
복념신부선신휘 상기등위지엄 내유관복지청 하도비간 특우

宸聰, 獲被七章, 承上天之明命, 相傳百世, 爲小國之至榮, 事光
신총 획피칠장 승상천지명명 상전백세 위소국지지영 사광

簡策, 歡騰朝野, 玆蓋伏遇皇太子殿下, 英資玉裕, 偉量淵沖, 遂令
간책 환등조야 자개복우황태자전하 영자옥유 위량연충 수령

弊邦, 偏荷殊渥, 臣謹當益謹藩屛之奇, 倍殫頌禱之誠, 禮物白細
폐방 편하수악 신근당익근번병지기 배탄송도지성 예물백세

苧布, 黑細麻布各二十匹, 滿花席. 滿花方席. 雜彩花席各一十張,
저포 흑세마포각이십필 만화석. 만화방석. 잡채화석각일십장

人蔘五十觔, 雜色馬四匹.
인삼오십근 잡색마사필.

_ 문종실록 1권

"지위는 저이(儲貳, 황태자)의 높은 자리에 처하여 황제의 모유(謀猷, 원대한 계략)를 비밀히 찬조하고 인덕은 회유하는 일에 돈독하여 황제의 은택을 인도 선포하였으니, 몸이 가루가 되더라도 보답하기가 어렵겠으며, 뼈에 새겨지는데 어찌 잊어버리겠습니까? 엎드려 생각하건대, 신의 아버지인 선신 이도(李裪)는 항상 등위의 엄격함을 바라서, 이에 관복의 청구가 있었는데, 어찌 저의 성심이 특별히 황제의 귀에 들리게 될 줄을 생각하였겠습니까? 칠방을 얻어 입게 되니 상천의 밝은 명령을 받게 되고, 백세를 서로 전하게 되니 소국의 지극한 영광이 되었습니다. 일은 간책에 빛나고 즐거움은 조야에 드날렸습니다. 이것이 대개 삼가 황태자 전하의 뛰어난 자질은 옥처럼 부드럽고 위대한 도량은 바다처럼 깊으심을 만나서, 드디

어 폐방으로 하여금 특수한 은혜를 치우치게 입도록 하였습니다. 신은 삼가 마땅히 변방의 위임을 더욱 근신하여, 송도의 정성을 배나 다하겠습니다. 예물은 백세저포.흑세마포. 각 20필, 만화석.만화방석.잡채화석 각 10장, 인삼 50근, 잡색마 4필입니다."

3. 상전사(上箋辭)와 불윤비답(不允批答)
   - 상전사 (형재 이직은 판의정부사 사직의 전을 올리다)

　상전사는 위에 올려 사직을 청하는 문서로써 형재 이직은 조선개국 후 영의정에 오르는 동안 아홉 번이나 사직의 뜻을 밝히고 사직(辭職)의 전(箋)을 올렸으나 모두 반려되었다. 태종 14년 판의정부사로 제수(除授)받았으나 논어 "진력취열(陳力就列) 불능자지(不能者止): 온 힘을 다해 직무를 수행하되 재능이 없으면 물러난다."는 성인의 말씀을 속일 수가 없다는 이유 등을 들어 사직서를 낸 것이다.

　"나는 훌륭한 선군을 만나 그릇되게 큰 은혜만 입었고 의복, 음식, 종들까지 모두 충족하여 항상 부끄러웠다." 라는 그의 시(詩)에서 보듯이 늘 겸양의 자세를 잃지 않는 충신이었다.

3-1 상전사(上箋辭)

(1) 判議政府事[14] 李稷上箋辭(판의정부사 이직 상전사) — 형재 이직

臣謹稽帝王爲治之制, 設官分職, 莫備於周, 三公論道, 六卿分職,
신근계제왕위치지제 설관분직 막비어주 삼공론도 육경분직

其綱也. 欽惟皇明太祖皇帝, 以聖知之才, 制禮作樂, 損益得中,
기강야 흠유황명태조황제 이성지지재 제례작락 손익득중

更定官制, 上遵周官, 置三公設六部, 一掃秦. 漢以來相府之制,
경정관제 상존주관 치삼공설육부 일소진 한이래상부지제

事無淹滯, 情無不通, 可謂得爲治之要矣, 恭惟我太祖受命開國,
사무엄체 정무불통 가위득위치지요의 공유아태조수명개국

承前朝風俗薄陋之餘, 務革舊弊, 主上殿下嗣臨大寶, 善爲繼,
승전조풍속부루지여 무혁구폐 주상전하사임대보 선위게

向之未盡革者, 皆已剗, 法無巨細, 粲然一新. 亦以政府庶務,
향지미진혁자 개이잔 법무거세 찬연일신 역이정부서무

分付六曹; 論思重事, 屬諸政府, 亦周官之意也.
분부육조 논사중사 속제정부 역주관지의야.

(1) 판의정부사 이직 상전사

신이 삼가 제왕의 정치를 하던 제도를 살펴보니, 관(官)을 설치하고 직사(職事)를 나눈 것이 주(周)나라보다 갖추어진 적이 없었는데, 삼공이 도를 논하고 육경이 직사를 나눈 것이 그 대강이었습니다. 삼가 생각건대, 황명(皇明)의 태조황제가 성지(聖知)의 재질로서 예(禮)를 제정하고 악(樂)을 만드는데 손익이 적중함을 얻었고, 다시 관제를 정하는데 주의 관제를 존중하여 삼공을 두고 육부를 설치하여 진(秦). 한(漢)이래 상부(相府)의 제도를 일소하니, 일이 엄체되는 것이 없고 정상이 통하지 않는 바가 없어

---

14 조선 태종 14년에 판의정부사를 우의정·좌의정으로 고쳤다.

가위 정치하는 요체를 얻었다고 하겠습니다. 공순이 생각건대, 우리 태조가 천명을 받고 개국하여 전조의 풍속가운데 천박하고 더러운 나머지를 이어받아 묵은 폐단을 개혁하기에 힘썼습니다. 주상전하가 대보를 계승하여 잘 계술하고 지난날에 다 개혁하지 못한 것은 모두 이미 잔제(剗除)하였습니다. 법으로써 크고 작은 것이 없이 찬연히 일신되었고, 또한 정부의 서무를 육조에 나누어 붙이고, 중요한 일을 논하고 생각하는 것을 정부에 맡기니, 또한 주관(周官)의 뜻입니다.

(2)
且令臣爲判府事, 臣初受命, 惶恐隕越, 不知所爲. 臣伏念書曰:
차령신위판부사 신초수명 황공운월 부지소위 신복념서왈
"官不必備, 惟其人." 語曰 "陳力就列, 不能者止." 聖人之言, 不
관불필비 유기인. 어왈 진력취열 불능자지. 성인지언 불
可誣也. 臣性本迂拙, 才又短淺, 幸遭聖明, 諒臣迂拙, 察臣無他,
가무야 신성본우졸 재우단천 행조성명 양신우졸 찰신무타
每授臣以中外之任, 但竭愚衷, 謹就所職, 庶務大失. 以漢子房之
매수신이중외지임 단갈우충 근취소직 서무대실 이한자방지
賢, 猶願封留, 臣安得不愧? 矧今下敎云: "以年德俱高, 識達治體
현 유원봉류 신안득불괴 신금하교운; 이년덕구고 식달치체
者, 授議政府職, 軍國重事, 令政府議之." 此則古三公之任也.
자 수의정부직 군국중사 영정부의지 차칙고삼공지임야.

또 신으로 하여금 판부사를 삼으니, 신은 처음에 명을 받고 황공하고 운월하여 어찌 할 바를 알지 못하였습니다. 신이 엎드려 서경(書經)을 생각하니, "관은 반드시 갖출 필요가 없으나 사람은 오직 그 사람이어야 한다."고 하였으며, 논어(論語)에 이르기를 "힘을 다하여 벼슬자리에 나아가 재능이 없으면 물러난다."고 하였으니, 성인의 말씀을 속일 수가 없습니다. 신은 성질이 본래 어둡고 어리석으며, 재능이 또 짧고 얕으나, 요행스레

성명(聖明)을 만나서 신의 어둡고 어리석음을 양지하시고 신의 다른 마음이 없음을 살피시어, 매양 신에게 중외의 직임을 맡기니, 다만 어리석은 충심을 다하여 삼가 관직에 나아가 거의 큰 실수는 없었으나, 한(漢)나라 장자방처럼 어진 사람도 오히려 유후(留候)에 봉해지기를 바랬으니, 신이 어찌 부끄럽지 않겠습니까? 하물며, 지금 하교하기를, "나이와 덕망이 함께 높고 치체(治體)에 통달한 자를 의정부의 직(職)에 제수하고, 군국의 중요한 일을 정부로 하여금 의논하게 하라."고 하니, 이것은 옛날 삼공(三公)의 직임입니다.

(3)
其位尊其任重, 非衆人所敬畏師表者, 莫宜居之. 臣雖貪寵而冒
기위존기임중 비중인소경외사표자 막의거지 신수탐총이모

居, 其於物議何. 又與敎旨, 名實相違, 有乖古者官不必備之義,
거 기어물의하 우여교지 명실상위 유괴고자관불필비지의

此臣所以不敢自安也. 且臣思之, 古之三公則無衙門, 今政府,
차신소이불감자안야 차신사지 고지삼공칙무아문 금정부

衙門也. 班居百官之首, 與議大事, 人所規範者. 雖無常職, 與領
아문야 반거백관지수 여의대사 인소규범자 수무상직 여영

府事河崙同在政府, 全無相避, 似或未便. 伏望憐臣自知, 恕臣執
부사하륜동재정부 전무상피 사혹미편 복망연신자지 서신집

迷, 更簡老成之人, 置臣封君之列, 則國家幸甚.
미 갱간노성지인 치신봉군지열 즉국가행심.

(上覽之, 命右司諫尹會宗製批, 答不允. 稷乃崙妻李氏從弟也.)
(상람지 명우사간유회종제비 답불윤. 직내륜처이씨종제야.)

그 지위가 높고 임무가 무거우니, 뭇사람의 경외하는 사표자가 아니면 마땅히 그 자리에 있을 수 없습니다. 신이 비록 총애를 탐하여 그 자리를 외람되게 지키더라도 물의(物議)에 있어서 어떠하겠습니까? 또 교지와 명실이 다르며 '옛날 관을 반드시 갖추지 않는다.'는 뜻에도 어긋남이 있으니, 이것이 신의 감히 스스로 편안하지 못한 소이(所以)입니다. 또 신이 생각하건대 옛날의 상공은 아문(衙門)이 없었는데, 지금의 정부(政府)는 아문이요 반열(班列)이 백관의 우두머리에 거(居)하고, 더불어 중대한 일을 의논하니 사람들의 규범이 되는 것입니다. 비록 상직(常職)이 없다 하더라도 영부사(領府事) 하륜(河崙)과 더불어 같이 정부에 있는데, 전혀 상피(相避)함이 없으면 혹은 미편(未便)할 것 같습니다. 엎드려 바라건대 신의 스스로 생각하는 것을 불쌍히 여기고 신의 어리석은 고집을 용서하여, 다시 노성(老成)한 사람을 골라 신의 봉군(封君)의 반열에 둔다면 국가에 심히 다행하겠습니다.

임금이 읽어보고 우사간(右司諫) 윤회종(尹會宗)에게 명하여 비답을 짓게하고 윤허하지 않다. 이직은 바로 하윤의 처 이씨의 종제(從弟)였다.

_ 태종실록 27권, 태종14년 4월 27일/ 형재시집.

3-2 불윤비답

불윤비답[15] (태종은 이직의 사직을 윤허하지 않는다)

(李稷 辭判議政府事箋 不允批答)　　　　　　　－조선 태종

省所上箋辭職事具悉, 昔在唐虞, 元首股肱, 都兪賡載, 致治時雍, 追
성소상전사직사구실　석재당우　원수고굉　도유갱재　치치시옹　태

至商周, 霖雨之命, 補袞之章, 輝暎方來, 卿, 中和沈毅, 宏博高明,
지상주　임우지명　보곤지장　휘영방래　경　중화침의　굉박고명

出入勤勞, 夷險一節, 樹山河帶礪之勳, 增朝廷九鼎之重, 巍乎社稷之
출입근로　이험일절　수산하대려지훈　증조정구정지중　위호사직지

---

15 불윤비답(不允批答): 일반적으로 상소에 대하여 임금이 내리는 답변을 비답이라 하며 불윤비답은 의정(議政)의 사직을 임금이 윤허하지 않음을 말함.

輔, 燁然邦家之光, 是用位冠論道之司, 寄以經邦之任, 未即祗命,
보 엽연방가지광 시용위관론도지사 기이경방지임 미즉지명

乃有控辭, 孔子曰大臣以道事君, 不可則止, 今豈不可爲當止之時乎,
내유공사 공자왈대신이도사군 불가즉지 금기불가위당지지시호

雖以滿盈而自戒, 正直乃神明之所聽, 乃何方古君子服政之時, 遽欲
수이만영이자계 정직내신명지소청 내하방고군자복정지시 거욕

投閑謝事, 而願效子房之封留哉, 實非予與斯民之望於卿也,
투한사사 이원효자방지봉유재 실비여여사민지망어경야

勉膺成命, 毋欲牢讓, 所辭宜不允, 故玆敎示, 想宜知悉.
면응성명 무욕뇌양 소사의불윤 고자교시 상의지실

–이직의 판의정부사를 사양하는 전을 윤허하지 아니하는 비답

올린 전(箋)을 보아 사직에 관한 것은 자세히 알았노라. 옛날 당(唐)·우(虞)시대에 원수(元首)와 고굉(股肱)이 도(都)라 유(兪)라고 서로 화답하여 지극한 태평을 이루었고, 내려와서 상(商)·주(周)때에는 "장마비[霖雨]가 되라."는 명과 "곤직을 깁다[補袞, 곤룡포를 깁는다. 편집자 註]"는 시편이 역사에 길이 빛났다. 경(卿)은 성품이 중정하고 깊고 굳세며 식견이 굉박(宏博, 크고 넓음)·고명(高明)하며, 나나 드나 근로하며 평시나 비상시나 한결같은 절개로 산하대려(山河帶礪)[16]의 큰 공을 세워 조정을 구정(九鼎)보다 더 무겁게 하였으니, 우뚝하게 사직의 보필이요 빛나는 국가의 빛이다.

그러므로 정부의 수상을 임명하여 나라를 다스리는 중임을 맡겼는데 임명을 숙배(肅拜)하지 않고 사양의 전을 올리는가? 공자는 말하기를, "대신은 도(道)로 임금을 섬기다가 불가하면 물러간다."하였으니 지금이 어찌 불가하여 그만 둘 때인가. 비록 참[盈영, 盈滿(가득참)편집자 註]을 스스로

---

16 황하가 허리띠같이 가늘어지고, 태산은 숫돌 만큼 작아진다고 해도 변치 않겠다는 굳은 맹세, 언약.

경계하지만 정직하면 신명도 들어주나니, 어찌 바야흐로 옛날 군자가 한창 정사에 복무할 때에 갑자기 직무를 버리고 한가한 데로 나가 자방(子房)의 유후(留候)에 봉하기를 청함을 본받고자 하느뇨? 그것은 실로 짐과 백성들이 경에게 바라는 바가 아니니, 힘써 이미 내린 명에 복종하여, 굳이 사양하려 하지 말라. 사양한 바는 윤허하지 아니함이 마땅하기로 이에 전교하노니 마땅히 알지어다. (조선 태종)

_ 東文選 卷之三十 批答

3-3 호조판서 이견기 상장사직(上狀辭職)

호조판서 이견기(병을 이유로) 사직을 청하다.　　　－남정 이 견 기

戶曹判書 李堅基 上狀辭職曰:
호조판서 이견기 상장사직왈,

臣氣本孱弱, 才非有用, 謬蒙世宗知遇, 官至銓曹之長, 文宗再遷
신기본잔약 재비유용 유몽세종지우 관지전조지장 문종재천

華要, 特加正憲. 殿下又以臣先代舊臣, 不忍廢棄, 俾居重任,
화요 특가정헌 전하우이신선대구신 불인폐기 비거중임

列聖覆育之恩, 昊天罔極, 誓効犬馬之勞, 斃而後已, 然臣年六十
열성복육지은 호천망극 서효견마지로 폐이후이 연신년육십

有九, 氣愈衰枯, 病益深重, 眼昏耳聾, 失於視聽. 雖欲黽勉, 力有
유구 기유쇠고 병익심중 안혼이롱 실어시청 수욕민면 역유

不逮, 請免職事. 傳曰:"戶曹之事, 可在家措置." 不從.
불체 청면직사 전왈 호조지사 가재가조치 불종

_ 단종실록 7권(단종 1년)

호조판서 이견기가 장신(狀申)을 올려 사직하기를,

「신은 기운이 본디 잔약하고 재주가 쓸만하지도 않은데, 잘못 세종의 지우(知遇)¹⁷를 얻어 벼슬이 전조의 장이 되었고, 문종께서 다시 화요의 자리

에 옮기시어 정헌대부를 특별히 더하였으며, 전하께서는 또 신을 선대의 구신이라 하여 차마 버리시지 아니하시고 중임에 머물게 하시니, 열성께서 복육(覆育)[18]하신 은혜는 끝이 없는 하늘같이 크기로, 견마의 노를 다하여 죽은 뒤에야 그만두려고 맹세하였습니다. 그러나 신의 나이가 예순아홉이라 기운이 점점 쇠진하고 병이 더욱 깊어졌으며, 눈이 어둡고 귀가 먹어 들을 수가 없어서 비록 힘을 쓰려고 하여도 힘이 미치지 못하니 직사를 면하여 주실 것을 청합니다.」하니 임금이 전교하기를, "호조의 일은 가히 집에서도 조치할 수 있다." 하고, 따르지 아니하였다.

4. 부(賦)

부(賦)는 시경(詩經) 육의(六義)의 하나로써 시를 표현하는데 있어 수사상 분류한 것으로, 영물(詠物)과 서사에 치중하여 직접적인 묘사를 통하여 산문적 형태의 글로 나타낸 시적 표현기법이다. 부는 웅대하거나 특별한 사물들을 멋이 있고 아름답게 표현을 함으로써 형식이 객관적, 서사적(敍事的)인 것이 특징이다.

중국 송나라의 정치가, 문인인 구양수(歐陽脩)의 추성부(秋聲賦)와, 소식(蘇軾, 소동파)의 적벽부(赤壁賦)가 대표적인 명작으로 전한다. 여기서는 선조의 부 형식의 문장을 준비하지 못해 목은(牧隱) 이색(李穡, 1328~1396)[19]의 작품인

---

17 자기의 인격, 학식을 알아서 남이 후히 대우하는 것.
18 천지가 만물을 덮어 기름.
19 목은 이색은 고려의 문신이고, 찬성사를 지낸 가정 이곡의 자(子)로 익재 이제현의 문인이다. 포은 정몽주, 도은 이숭인과 함께 삼은(三隱)으로 불린다.

설매헌부(雪梅軒賦)로 대신한다. 설매헌부는 일본(日本) 중[僧] 식목수(息牧叟)를 위하여 지은 것이다.

4-1 雪梅軒賦(설매헌부)

—목은(牧隱) 이색(李穡)

扶桑翁發深省道根, 固心灰冷, 蕭灑出塵之標, 幽閑絶俗之境, 爚玉壺之冰出, 森瑤臺之月暎, 爾乃謝語奪胎, 宋句換骨, 二賦流傳, 千載超忽, 風人噤以不譁, 騷客寂而彌鬱, 韓山子, 霜鬢蕭蕭, 麻衣飄飄, 思偶然之談笑, 嫌丁寧之喚招, 叩剡溪之蘭獎, 馳庾嶺之星軺, 忽中道而坎止, 乃息牧之相邀, 開竹房, 俯風櫺, 展蒲團而加趺, 烹露芽而解醒, 吟載塗於周雅, 想調羹於殷室, 是惟無用之用, 盖有則於有物, 予於是知西域之有敎, 或於斯而甲乙, 兩露均是澤也, 農桑焉重, 桃李均是花也, 富貴焉宜, 夫孰知雪也梅也吾師也, 情境交徹, 針芥相隨, 罔或須臾之離也耶. 若夫一枝璨璨, 千山皚皚, 飛鳥自絶, 游蜂不偕, 消塵滓於氣化, 浩大極於心齋, 實有助於所學, 宜其扁於高齋, 今歲月之幾何, 阻情境之俱佳, 異日沉痾, 去蹇步平, 鳴藍輿於石徑, 當一賞以忘情.

부상의 늙은이가 깊은 깨달음을 발하여 도의 뿌리가 깊고 마음이 재처럼 싸늘하여, 산뜻이 진세를 떠난 얼굴과, 한가히 세속을 끊은 지경이 옥병에서 얼음이 나오는 듯, 요대에 휘영청 달이 비치는 듯, 이에 사장(謝莊)의 설부는 탈태(奪胎) 하고 송경의 매화부는 환골(換骨)하여 두 부[二賦]가 유전하여 천추에 뛰어났다. 시인들이 보고 입 다물고 못 떠들며, 문인들 듣고 잠잠한 채 속만 태울 뿐. 한산자(작자 자신)가 백발을 흩날리고 삼옷을 펄렁이며, 우연히 만나 한바탕 웃고자, 정중한 초대를 오히려 싫어하여, 섬계의 배 삿대를 치며 유령(매화가 많은 고개이름)의 수레를 달려 가다가 중도에 머무르는데, 식목(息牧)이 불러 청해주네. 대방을 열고 바람 난간에서 굽어보며 방석 깔고 가부좌하여 노아 차를 끓여 해정하면서, 주시(周詩)의 재도를 읊고, 은나라의 '국맛 맞추기'를 생각하니, 이는 다만 '쓰임 없는 쓰임'이요, 대저 물건이 있음에 법칙이 있음이로다. 내가 이에 알괘라, 서역의 교도 이것과 갑을(甲乙)이라. 비와 이슬이 눈과 다 같은 은택이로되 농상에 소중하고 복숭아. 오얏이 모두 매화와 다 꽃 이언만 부귀에 마땅하네. 대관절 눈과 매화와 우리 스님이 정경이 서로 어울리고 침개(針芥)[20]처럼 서로 따라 잠깐도 떨어지지 못함을 뉘라서 알손가. 게다가 한 가지가 백옥처럼 빛나고 천산이 온통 흰빛, 나는 새도 끊어지고 노는 벌도 아니오며, 먼지 찌꺼기를 기화에 녹이고 우주의 본체를 심제에 합하면 실로 공부에 도움이 있으리니, 높은 서재의 편을 삼음이 마땅한 저. 그 뒤 세월이 얼마, 아름다운 정과 경이 모두 격조했네. 일후에나 병이 나아 절룩발 아닌 평보가 되거든, 돌길에 남녀(藍輿)를 타고 한번 가 관상하고 속정을 잊으오리.

5. 상소문(上疏文)

상소문의 정의 및 파급효과

상소문은 문무백관이나 평민들이 왕에게 올리는 글을 총칭하여 상주문(上奏文)이라고 한다. 중요한 언로(言路)로써, 상소는 상주문 중에서도 간

---

20 자석(磁石)에 붙는 바늘과, 호박(琥珀)에 붙는 개자(겨자)를 말함.(참고문헌: 동문선 권 3, 부(賦) p.579)

언(諫言), 의견 진정 등을 올리는 문서를 말하며, 엄격한 규칙과 절차가 있다. 익명으로 작성한 글은 접수하지 않았으며 임금의 행차 시에 직접 뛰어드는 것을 금했다. 그러므로 상소는 승정원을 통하여 전달이 되고, 답신에 해당하는 왕의 비답도 승정원을 통하여 하달된다.

다음 2건의 상소문은 고려 시대를 배경으로 쓰인 가정(稼亭) 이곡(李穀, 1298~1351)[21]의 "공녀제도 폐지를 촉구하는 상소문"과, 이제현이 쓴 "입성책동(立省策動)에 적극 반대하는 상소문"이다.

가정(稼亭) 이곡(李穀)이 원나라 황제에게 상소문(어사대에 대신 써준)을 올리게 된 데에는 연유가 있다. 고려 제24대 원종이 개경에 환도하고 친몽 정권이 들어서자 삼별초의 난이 일어났으나 여몽 연합군에 의해 토벌되어 평정되었다. 그러나 삼별초가 몰락하자 고려 조정은 거의 원에 복속되었으며 또한 태자 심(諶, 충렬왕 초명)이 원의 부마(駙馬)가 됨으로써 원의 입김은 점점 강화되었다. 1274년에는 원나라의 매빙사가 와서, 남편이 없는 부녀자 140명을 요구하자 결혼도감을 설치하고, 민간을 상대로 혼자 사는 여자와, 역적의 처, 노비의 딸 등을 뽑아 원나라에 공녀로 보내는 처지가 되었다.

계속되는 원의 행태는 고려 백성들로 하여금 불안과 원망을 샀으며, 사신들이 오면 황제의 명이라 하며 소녀를 차출하고 사리사욕을 취하는 것을 본 이곡은 중국의 언관(言官)을 대신하여, 원나라 황제에게 다음과 같은 상소문을 올렸다. 1337년(충숙왕 복위 6) 원 황제에게 이곡이 청한 상소문의 영향력은 컸다. 황제는 변명의 여지가 없음을 인정하고, 건의를 받아들여 이후 고려의 어린 소녀를 공녀로 데려오는 제도를 금지했다.

---

21 고려 말 문신, 학자이며 목은 이색의 부친이다. 저서로는 가정집이 있으며 1346년(충목왕 2)에 왕명에 의하여, 이제현, 안축, 안진, 이인복 등과 함께 충렬, 충선, 충숙왕 3대의 실록을 편찬하였다.(참고문헌: 고려사.열전 및 이곡집)

5-1 공녀제도 폐지를 촉구하는 상소문

－가정 이곡

古之聖王, 其治天下也, 一視而同仁. 雖人力所至, 文軌必同, 而其風土所宜, 人情所尙, 則不必變之, 以爲四方荒徼, 風俗各異, 苟使同之中國, 則情不順而勢不行也. 勢不行情不順而善治之, 雖堯舜不能矣. 昔我世祖皇帝, 臨御天下, 務得人心. 尤於遠方殊俗, 隨其習而順治之故, 普天率土, 歡欣鼓舞, 重譯來王, 猶恐或後. 堯舜之治, 蔑以加也. 高麗本在海外, 別作一國, 苟非中國有聖人, 邈然不與相通. 以唐太宗之威德, 再擧伐之, 無功而還, 國朝肇興, 首先臣服, 著勳王室, 世祖皇帝, 釐降公主, 仍賜詔書獎諭曰, '衣冠典禮, 無墜祖風,' 故其俗至于今不變. (이하 원문은 생략)

『옛날 성군께서 천하를 다스릴 때에는 누구나 평등하게 사랑으로 대하였다고 하였습니다. 그리고 가능한 한 모든 제도를 통일시켰지만 지역과 인정에 따라 각기 옳다고 생각하는 것과, 존중하는 것은 구태여 바꾸지 않았습니다. 생각건대 사방의 먼 나라들은 풍속이 각각 다른데도 굳이 중국과 같이 만들려 한다면 인정이 좇지(따르지) 않을 것이며, 형편에도 맞지 않을 것입니다. 인정이 따르지 않고 형편에 맞지 않는다면, 비록 요순같은 성군이라도 능히 잘 다스릴 수 없음이 분명합니다.

옛날 우리 세조황제께서는 천하를 다스리실 때 백성의 인심을 얻으려 노력했으며, 특히 특별한 풍속을 가진 먼 지방의 경우 원래의 전통에 따라 원만히 다스렸기 때문에 온 천하사람 모두가 기뻐서 춤을 추었으며 아득히 먼 나라에서도 앞 다투어 귀부했으니, 요순의 다스림도 이보다 더 나을 수 없었습니다. 고려는 본래 바다 이 편에서 따로 하나의 나라를 만들어두고, 성군이 중국을 다스리지 않으면 멀리하면서 서로 통교하지 않았습니다. 당나라 태종의 위엄과 덕망으로도 두 번이나 정벌에 나섰으나 아무

소득이 없이 돌아갔습니다. 상국이 건국하자 가장먼저 신하로서 복속해 왕실에 공훈을 세우니 세조황제께서 공주를 시집보내시고 이어서 조서를 하사해, '복식과 의례는 조상의 풍습을 잃어버리지 말라'고 유시했기에 그 풍속이 지금까지 바뀌지 않았습니다. 지금 천하에 임금과 신하와 백성과 사직이 있는 곳은 오직 고려 뿐 이옵니다. 고려를 유지해 나아갈 방도라면, 무엇보다 황제의 조칙을 공경히 받들어 조종들에게 행하신 바를 그대로 따르고 정치와 교화를 성실히 수행해 밝히며 때에 맞추어 조빙을 함으로써 상국 원나라와 함께 태평을 누리는 것이 최선일 것입니다. 그러나 환관의 무리로 하여금 중국에 근거를 마련해 주어 그 도당들을 늘리게 하니 이들은 황제의 총애를 믿고 도리어 본국을 어지럽히고 있습니다. 심지어 외람되게도 천자의 명을 어기면서까지 다투어 사자를 보내 해마다 처녀들을 데려가니, 그 행렬이 끊이지 않습니다. 무릇 남의 딸을 데려다가 윗사람에게 잘 보임으로써 자기의 이익을 챙기는 짓은 사실 고려 스스로가 초래한 일이지만 천자의 분부가 있었노라고 사칭하고 있으니 어찌 상국 조정에 누가 되지 않겠습니까? 옛적에는 제왕이 한번 명령을 내리시면 온 천하가 공경하며 은덕이 내릴 것을 소망했기 때문에, 그 조서를 덕음이라 불렀던 것입니다. 그러나 지금 자주 특별 명령을 내리시어 남의 집 딸을 빼앗아가는 것은 대단히 옳지 못한 일입니다. 무릇 사람이 자식을 낳아 기르는 것은 뒷날 자식들의 봉양을 기대하는 까닭이니 귀천이나 화이(華夷)를 가릴 것 없이 그 천성은 같습니다. 또한 차라리 남자를 데려와 살게 할지언정 딸은 내보내지 않는 것이 고려의 풍속으로 이는 진나라의 데릴사위 풍속과 비슷합니다.

통상 부모를 봉양해 주기를 밤낮으로 바라는 것입니다. 그런데 하루아침에 품안에서 그 딸을 빼앗아 4천리 밖으로 보내버리니, 한 번 문을 나서면 죽을 때 까지 돌아오지 못하는 것을 뻔히 아는 그 마음이 어떠하겠습니까? 지금 원나라에 있는 고려의 부녀 가운데는 후비의 지위에 올라 있는 경우도 있고, 왕이나 제후와 같은 귀인의 배필이 되기도 하였으며 공경(公卿) 대신 중에는 고려의 외손이 많습니다. 이는 본국의 왕족 및 문벌과 부호들의 집안에서 특별히 황제의 조서를 받았거나 혹은 자원해서 원나라로 왔거나 또한 중매로 혼인한 경우도 있는데, 이러한 것들은 분명히 상례가 아님에도 불구하고 이익을 노리는 자들이 끌어대다가 상례인양 꾸미고 있습니다. 요즘 고려에 사신으로 가는 자들은 모조리 처녀만 데려가는 데 그치지 않고 자기 처첩까지 얻으려 합니다. 무릇 다른 나라로 사신 가는 일은 황제의 은덕을 널리 펴고 백성들의 고통을 살피려고 하는 것이니 시경에서도 '두루 논의하고 두루 상의한다.' 고 말하지 않았습니까? 그런데 지금 외국으로 사신가는 자들은 재물과 여색으로 독직(瀆職)을 저지르고 있으니 이를 엄금하지 않을 수 없습니다. 풍문으로 들으니, 고려 사람들은 딸을 낳으면 바로 숨겨 놓고서 비밀이 새나갈까 걱정한 나머지 비록 이웃이라도 볼 수 없도록 한다고 합니다. 그리고 중국에서 사신이 올 때마다 대경실색해 서로 돌아보며 '무엇 하러 왔는가? 처녀를 데려가는 것이 아닌가?' 하고 수군 댑니다. 군대의 서리들이 사방으로 나가 집집마다 뒤지다가 만약 숨기기라도 하면 그 이웃을 잡아 가두고 그 친척을 구속해 채찍으로 때리고 괴롭히다가 처녀가 나타난 뒤에야 그만둔다고 합니다. 사신이 한번 오기만 하면 나라가 온통 소란에 싸여 개나 닭이라도 편안할 수 없습니다. 처녀들을 모아놓고 그 중에서 데려갈 사람을 뽑는데 얼굴이 예쁘든 못났든 간에 사신에게 뇌물을 주어 그 욕심만 채워주면 비록 예쁘더라도 되돌려 줍니다. 그리고 되돌려 준 처녀대신 다른데서 여자를 벌충하느라 또 수백 집을 뒤집니다. 이 모든 것은 오로지 사신의 판단에 의해 이루어지고 누구도 감히 어기지 못하는데, 그 까닭은 무엇 때문이겠습니까? 황제의 뜻이라고 말하기 때문입니다. 이와 같이 하는 것이 한 해에 두 번 혹은 한번이거나 한 해씩 거르기도 하는데, 그 수가 많게는 마흔 내지 쉰 명이나 됩니다. 그 선발에 들고나면 부모와 친척들이 함께 모여서 밤낮으로 울음소라가 끊이지 않습니다. 도성의 문에서 보낼 때에는 옷자락을 붙잡고 쓰러지기도 하고 길을 막고 울부짖으며 슬프고 원통해서 괴로워합니다. 우물에 몸을 던져 죽는 자도 있고 스스로 목을 매는 자도 있으며, 근심과 걱정으로 기절하는 자도 있고 피눈물을 쏟아 눈이 멀어버리는 자도 있는데, 이러한 것들은 이루 다 기록할 수 없습니다. 사신들이 처첩으로 데려가는 경우는 이처럼 처절하지 않지만 인정을 거슬러 원망을 사는 것은 다를 바가 없습니다. 「서경(書經)」에서는 '일반 백성들이 나라를 위해 자발적으로 힘을 다하지 않으면 군주는 아무 공적도 이룰 수 없다.'고 말했습니다. 삼가 생각하건대 상국조정의 덕화가 미치는 곳은 만물이 모두 성대를 누리는데 고려 사람만은 무슨 죄가 있어서 이런 고통을 받고 있는 것입니까? 옛날 동쪽 바다에 사는 한 아낙네가 한을 품자 3년 동안 큰 가뭄이 들었다는데, 지금 고려에는 한을 품은 아낙네들이 얼마나 많겠습니까? 몇 년 사이 고려에 홍수와 가뭄이 계속 이어져 백성들 가운데 굶어 죽은 자가 매우 많으니, 이야말로 그 원망과 탄식이 조화로운 기운을 상하게 한 것이 아니겠습니까? 이제 당당한 천자의 조정이 후비나 궁녀가 부족하지도 않은데 어찌 반드시 외국에서 데려오려 하십니까? 비록 아침저녁으로 사랑을 받아도 오히려 부모와 고향을 그리게 되는 것이 사람의 당연한 정인데, 지금 궁궐에 두고 시기를 놓쳐 헛되이 늙게 하거나 때로는 내보내어 환관에게 시집을 보내지만, 결국 자식을 두지 못하는 자가 열에 대여섯이나 되니 그 원망하는 마음과 조화를 상하게 하는 것이 또한 어떠하겠습니까? 작은 폐단이 있어도 나라의 이익이 되는 일이 어쩌다 있긴 하나, 폐단이 없는 것보다는 못합니다. 하물며 나라에 아무 이익이 없고 먼 곳의 사람들로부터 원망을 받아 그 폐단이 적지 않은 일은 어떠하겠습니까?

엎드려 바라옵건대 고귀하신 말씀을 조서로 내리시어, 감히 황제의 뜻을 어겨 위로는 성스러운 귀를 더럽히고 아래로는 자기의 이익을 위하여 처녀를 데려가는 자 및 그 나라에 사신으로 가서 처첩을 취한 자가 있거든 금지하는 조목을 명시하셔서, 차후로 그런 일을 하지 못하게 해 주십시오. 그리하여 황제의 조정이 만민을 차별 없이 사랑하는 교화를 드러내고 외국 사람들이 옳은 것을 사모하는 마음을 위안함으로서 원망을 없애고 조화로운 기운을 가져와 만물이 육성된다면 더 이상 다행이 없을 것입니다.』

입성책동(立省策動)의 음모를 저지하다.

입성책동(立省策動)은 원나라로 하여금 기존의 정동행성(征東行省)을 폐지하고, 원의 다른 행성들과 같은 새로운 원의 지방행정기관인 행성을 설치하여, 고려(高麗)라는 독립된 국가의 존재를 아예 없애자는 부원배(附元輩)들이 획책한 사건이다. 입성책동은 충선왕 복위(1309)부터 30년 간 네 차례에 걸쳐 단속적(斷續的)으로 일어나, 왕위계승과 관련하여 원나라에 있던 고려인들에 의해 주도되었다. 1323년(충숙왕 10)에는 유청신(柳淸臣), 오잠(吳潛) 등에 의해 2차 입성책동이 일어났는데, 이 때는 충선왕이 원에서 실각하고 고려인 환관인 백안독고사(伯顔禿古思)의 참소로 토번(吐蕃)에 유배 중이었다. 원나라에서는 심왕 고(暠)등이 충숙왕을 참소하는 가운데 고려에서는 심왕 옹립운동이 일어났으며, 유청신과 오잠 등이 심왕편에 서서 입성문제를 논의하면서 구체적으로 행성 이름도 삼한행성(三韓行省)으로 정했다. 원나라에 머물고 있던 이제현은 원나라 중서성(中書省)에 상소를 해 부당함을 강력히 주장하였다. 결국 부원배들에 의한 책동은 저지되어 실행되지는 않았으며, 고려는 국가의 면모를 유지할 수 있었으나 이런 과정에서 원의 정치적 영향력은 더욱 강해졌음은 물론이다.

5-2 고려에 대한 "입성책동"을 반대함

-익재 이제현

『중용(中庸)에 '천하의 국가를 다스리는 데는 아홉가지 원칙[여기서는 수신(修身), 존현(尊賢), 친친(親親), 경대신(敬大臣), 체군신(體群臣), 자서민(子庶民), 내백공(來百工), 유원인(柔遠人), 회제후(懷諸候) 등 천하를 다스리는 아홉 가지 도를 말함]이 있으나 행하는 목적은 하나다. 끊어진 왕업을 이어주고 망하는 나라를 일으켜 주며, 어지러운 것을 다스려 주고 위태로운 것을 버텨주며, 넉넉히 하사품을 보내는 반면 공물을 적게 받는 것은 제후들을 따르게 하기 위함이다.'는 말이 있습니다. 이를 두고 주석가는 '후사가 없는 나라의 적통을 이어주고 이미 멸망한 제후들을 봉해주어 위아래가 서로 평화롭게 지내고 크고 작은 나라가 서로 돕게 되면, 천하가 모두 그 충성과 힘을 다해 왕실을 지켜준다는 말이다.'라고 설명했습니다.

예전 제나라의 환공(桓公)[22]이 형후(邢候)를 이주시켜 고국으로 돌아간 것처럼 평안히 만들어 주고 위후(衛候)로 하여금 망국의 한을 잊게 했으니, 이것이 제후들을 규합해 어지러운 천하를 바로잡아 오패(五覇)[23]의 우두머리가 된 까닭입니다. 작은 나라의 왕이라도 이런 이치를 알아 노력했는데, 하물며 세상에서 가장 큰 나라를 차지하고 천하를 한 집으로 만든

---

22 춘추 5패의 한명. 재상 관중과 포숙아의 주군.

분은 어떻겠습니까? 생각해 보면 우리나라는 시조 왕씨(왕건)가 나라를 세운 후 지금까지 4백 년의 역사를 가지고 있습니다. 또 원나라에 신하로서 복종하며 해마다 공물을 바친 것도 1백 년이 넘었습니다. 백성들에게 끼친 공덕이 깊지 않은 것이 아니며 원나라 조정에 세운 공로도 두텁지 않다고 할 수 없습니다. 무인년(戊寅年, 고종 5년 1218)에 요나라 왕의 서자인 금산왕자(金山王子)라는 자가 중국 백성들을 노략질하다 본국의 섬 지방으로 들어와 제멋대로 날뛰었습니다. 태조성무(太祖聖武) 황제께서 카치운[哈眞], 차라[札刺] 두 원수를 보내어 토벌하도록 하였는데, 때마침 큰 눈이 내려 보급선이 끊겨 버렸습니다. 이에 우리 충헌왕(고려 고종)이 조충(趙冲)과 김취려(金就礪)를 시켜 군량을 공급하고 무기를 원조하도록 하니 원군(元軍)은 파죽지세로 날뛰는 적을 사로잡고 죽여 승리를 거두었습니다. 이에 두 원수는 조충 등과 형제를 맺고 서로 영원히 잊지 말자고 맹세하였습니다.

또한 세조황제(世祖皇帝)께서 강남(江南)에서 회군하시매 우리 충경왕(忠敬王, 고려 원종)은 천명을 받고 인심을 복속시킬 분을 미리 알아 5천 여리를 가서 양초(梁楚)의 교외에서 영접했습니다. 충렬왕도 몸소 조정에 찾아뵙는 일을 조금도 게을리 한 적이 없었고, 일본을 정벌할 때에도 모든 보급품을 대며 선봉에 섰으며, 카디안[哈卅]을 추격해 토벌할 때에는 상국(上國)의 군대를 도와 괴수를 섬멸하는 등 황제에게 바친 노력은 일일이 들 수 없을 정도입니다. 그러므로 공주를 시집보내시어 대대로 인척으로서의 우호를 돈독히 하고, 옛 관습을 고치지 않게 함으로써 종묘사직을 보

---

23 춘추시대 가장 강력했던 군주들 5명, 보통 제나라 환공, 진나라 문공, 초나라 장왕, 오나라 합려, 월나라 구천.

전하게 한 것은 세조황제께서 내린 조서에 힘입은 것입니다.

지금 들으니 조정에서는 저희 나라에 행성을 세워 중국의 다른 지방과 같은 행정구역으로 만든다고 합니다. 정말 그러하다면 저희 나라의 공은 제쳐두고라도 세조(世祖)의 조서는 어떻게 할 것입니까? 몇 년 전 11월에 새로 내려온 조서의 조목을 읽어보건대, '옳지 못한 것과 옳은 것에 대해 각각 달리 대처함으로써 천하를 안정시켜 세조 당시의 덕치(德治)를 회복시키고자 한다.'고 했으니 황제께서 이렇게 말씀하신 것은 진실로 온 천하의 복인데 어찌 저희 나라의 일에만 세조의 조서를 적용하지 않을 수 있겠습니까?

「중용(中庸)」의 글은 공자의 문하에서 후세에 교훈을 전하는 것으로 결코 헛된 말이 아닙니다. 거기에서 말한 것을 살펴보면, '왕통을 이어준 나라는 내가 다스려 줄 것이고 망한 나라는 내가 일으켜 줄 것이며, 어지러운 것은 다스리고 위태로운 것은 안정시켜준다.'고 하였습니다.

지금 아무런 이유도 없이 조그마한 나라의 400년 왕업을 하루아침에 단절시켜 사직에 주인이 없게 하고 종묘에 바치는 제사조차 없어지게 하는 것은 이치로 따져도 절대 합당하지 않습니다. 또한 생각해보면 저희 나라는 국토가 일천리를 넘지 못하는데다가 산림과 냇물과 습지 등 이용할 수 없는 땅이 십 분의 칠 정도나 됩니다.

그 땅에서 세를 거둬도 운반하는 비용에도 미치지 못하고 백성들에게 조세를 부과해도 녹봉을 지급하지도 못할 처지이니 상국조정의 재정에 견준다면 구우일모(九牛一毛)격일 뿐입니다. 더구나 땅이 멀고 백성이 어리석은데다 언어가 상국과 다르고 행동 양식이 중국과는 판이하기 때문에 만약 그들이 이 소문을 들으면 필시 의구심을 품게 되어 아무리 개개인마다 알아듣게 설명을 해도 안심하지 못할 것입니다. 또한 왜의 백성들과 바다를 두고 마주보고 있는 터라 만일 왜가 이 소문을 듣게 되면 우리의 일을 경계로 삼아 자기들이 잘 대처하고 있다고 생각할 것입니다. 엎드려 바라옵건대, 집사각하(執事閣下)께서는 세조께서 우리의 공을 생각한 뜻을 돌이켜보시고 '중용'의 교훈을 기억하시어, 나라는 그 나라대로 사람은 그 사람대로 각각 정치와 재정에 힘써 중국의 울타리로서의 우리의 무궁한 기쁨을 지속하도록 해 주십시오. 그러면 어찌 삼한(三韓, 고려)의 백성들만 집집마다 경축하고 황제의 성덕을 노래할 뿐이겠습니까? 종묘사직의 영혼들도 지하에서 감읍할 것입니다.』

6. 경무공 이제(李濟)의 개국공신교서(開國功臣敎書)

이제(1365~1398년): 시호, 경무공. 흥안군, 태조 2년 우군절제사
(문열공 이조년의 증손)

조선 태조 이성계가 이제에게 내린 "개국공신교서"는 현재까지 유일하게 존재하는 조선 시대의 공식문서로써 국보 제324호로 지정되었다.

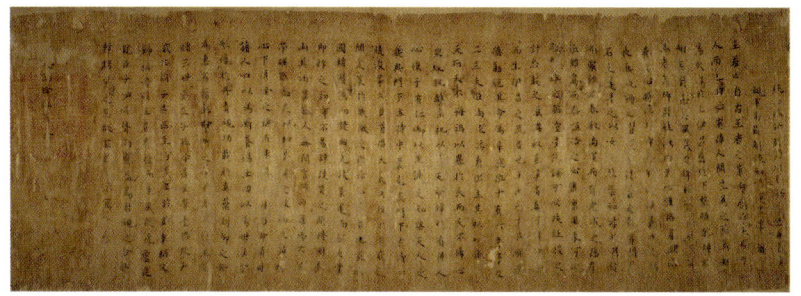

개국공신교서, 太祖大王御製敎書   교서 본문의 크기: 세로 36.9cm x 가로112cm

경무공 이제 초상

6-1 어제 태조대왕 개국공신교서

(1) 太祖大王 御製敎書　　　　　　　　　－朝鮮太祖 李成桂

純忠佐命開國功臣 興安君 兼 義興親軍衛節制使 知書筵事 李濟
순충좌명개국공신 홍안군 겸 의흥친군위절제사 지서연사 이제

王若曰, 自古王者之革命 應乎天 順乎人而已. 時必有偉人間生爲
왕약왈, 자고왕자지혁명 응호천 순호인이이. 시필유위인간생위

之輔翼,
지보익,

태조대왕 어제 교서

　순충좌명 개국공신 홍안군 겸 의흥친군위절제사 지서연사 이제. 왕이 말하기를, 옛날부터 왕자(王者)의 혁명은 하늘에 응하고 인심을 순(順)히 할 따름이다. 이때 반드시 위인이 나타나 그를 위하여, 도와 좋은 데로 인도하나니,

(2)

如湯武作於上, 伊呂應於下, 整頓乾坤, 扶翊日月, 其英風茂烈,
여탕무작어상, 이려응어하, 정돈건곤 부익일월, 기영풍무열

輝暎千古, 有不可掩者矣, 卿禀性淑均, 秉心謹恪, 寡欲以養其心,
휘영천고, 유불가엄자의, 경품성숙균, 병심근각, 과욕이양기심,

持正以守其節, 幼佩義方之訓, 長無紈綺之習, 慶鍾積善之餘, 家
지정이수기절 유패의방지훈 장무환기지습 경종적선지여 가

傳萬石之美, 妻之以女 而琴瑟和, 孝於其親 而宗族順, 春秋尙富,
전만석지미, 처지이녀 이금슬화, 효어기친 이종족순, 춘추상부

而有老成之德, 爵位雖高 而存謙恪之心, 凜凜風采, 可以破奸雄之
이유노성지덕, 작위수고 이존겸각지심, 늠름풍채, 가이파간웅지

膽, 堂堂議論, 可以扶社稷之計, 忠義之氣, 與秋色爭高, 眞可謂
담, 당당의론, 가이부사직지계, 충의지기, 여추색쟁고, 진가위

命世而生 伊呂之流亞也.
명세이생 이려지류아야.

　마치 은(殷)의 탕(湯)왕과 주(周)의 무(武)왕이 위에서 일어나자 이윤(伊尹)과 여상(呂尙)이 아래에서 응하여, 천지를 정돈하고 임금을 돕고 보좌한 그 영특한 풍채와 성대한 공적이 천고에 빛나니 가릴 자가 없다. 경은 천심이 선량하고 마음가짐이 성실하여 욕심을 적게 하는 것으로 그 마음을 수양하고 올바름을 유지하면서 그 지조를 지켰고 어려서는 규범과 도리를 따르라는 교훈을 익혔으며 장성해서는 부귀한 집안 자제의 습관이 없이 근검하였도다. 그래서 선행을 쌓아 남은 경사로 벼슬을 많이 한 아름다운 집안으로 전하였기에 나의 딸을 아내로 삼게 하였더니, 부부간의 금슬이 화락하고 그 어버이에게 효도하니 종족(宗族)이 즐거워하였도다. 나이가 아직 젊은 데도 노성한 덕망이 있었고, 관작과 지위가 아무리 높아도 겸손하고 조심하는 마음을 지녔었다. 늠름한 풍채는 간웅(奸雄)의 간담을 서늘하게 할 만하고, 당당한 의론은 사직의 계책을 도울 만하여, 충성과 의리의 기상은 가을빛과 높이를 다툴 정도이니, 참으로 세상의 명에 의하여 나타난 사람이니, 이윤과 여상과 버금가는 인물이라 하겠도다.

(3)
王氏之末, 天厭其德 勳絕其命, 僞辛竊位十有六年, 予及二三大臣
왕씨지말　천염기덕 초절기명　위신절위십유육년　여급이삼대신

尙求其裔, 俾主其祀 以聽於天, 而天不悔禍, 以暴於民, 而民不歸
상구기예　비주기사 이청어천　이천불회화　이폭어민　이민불귀

心, 衆叛親離, 宗祀以墜, 天命歸於有德, 人心懷于有仁, 卿以至誠
심　중반친리　종사이추　천명귀어유덕　인심회우유인　경이지성

之知, 察天人之幾, 與門下左侍中裵克廉, 門下右侍中趙浚等大臣,
지지 찰천인지기 여문하좌시중배극렴 문하우시중조준등대신

首倡大義, 決疑於危貳之間, 定策於幾微之際, 赤心推戴, 化家爲
수창대의 결의어위이지간, 정책어기미지제 적심추대 화가위

國輔潛德, 而發幽光, 扶景運, 而創大業, 卽祚之初, 市不易肆, 談
국보잠덕 이발유광 부경운 이창대업 즉조지초 시불역사 담

笑之間, 措國泰山, 其功莫盛 人無間言, 可謂鼎彝不泯[24], 帶礪難忘.
소지간 조국태산 기공막성 인무간언 가위정이불민 대려난망.

    왕씨 고려 말엽에 하늘이 그 덕을 싫어하여 그 명을 끊으시니 위신(僞辛, 고려 우왕.창왕)이 왕위를 도둑질한 지 16년 만에, 나와 두 세 대신이 왕씨의 후예를 구하여 그 선왕의 제사를 주관하게 하였으나 하늘에 들어도(聽理) 하늘이 재앙을 그쳐주지 않아, 백성에게 알려도 백성의 마음은 돌아오지 않고, 많은 사람은 배반하였고 친척이 떠나 종사(宗祀)가 끊어지게 되니, 하늘의 명이 덕이 있는 이에게 돌아가고, 인심이 어진 사람을 생각하게 하니, 경이 지극히 정성스런 지혜로 천명과 인사의 기미를 살펴서 문하좌시중 배극렴과 문하우시중 조준 등 대신과, 맨 먼저 대의를 창도하여 위험과 의혹을 정하지 못한 사이에 결단을 내려 기미가 있을 무렵에 계책을 정하여 성심으로 나를 추대하여 우리 집을 변화시키고 교화해서 나라를 만들고, 나의 드러나지 않는 덕을 보필하여 유광을 발하게 하였고, 큰 운을 붙잡고 대업을 창성하게 하였도다. 왕위에 오른 처음에 시장에는 가게를 바꾸지 않았고 웃으면서 이야기하는 사이에 국가를 태산처럼 튼튼하게 하였으니, 그 공이 더 없이 성대하다는 데에 의심하는 사람이 없었도다. 가히 정이[궁중 儀物(의물)]에 새겨놓은 그대의 공적은 사라지는 일이

---

24 鼎彝不泯(정이불민): 정이는 종묘에 비치한 솥이다. 공훈자 사적을 여기에 새겨, 이제의 공을 영원히 잊지 않겠다는 뜻이다.

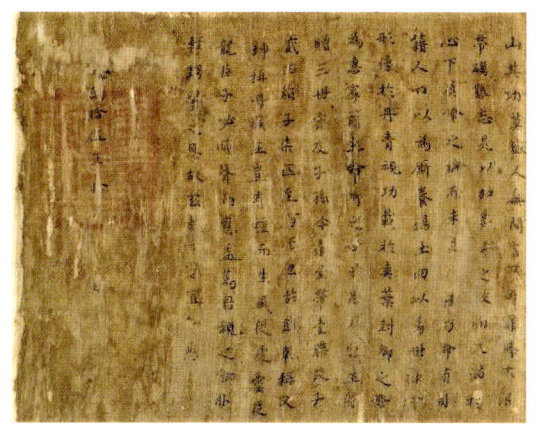
이제 개국공신교서. 고려국왕의 직인 날인.

없이 계속 놓여 있을 것이고, 황하가 허리띠처럼 가늘어 지고 태산이 숫돌처럼 닳아 없어질 때까지 잊지 못할 것이다.

(4)

是以加爵命之數, 而不滿於心, 下獎諭之綸 而未足於懷. 乃命有
시이가작명지수 이불만어심 하장유지륜 이미족어회 내명유

司, 籍人口以爲厮養, 錫土田以爲世祿, 繪形像於丹靑, 視功載於
사 적인구이위시양 사토전이위세록 회형상어단청, 시공재어

奕葉, 封卿之母爲惠寧翁主, 命卿之婦爲慶順宮主, 爵贈三世宥及
혁엽 봉경지모위혜령옹주 명경지부위경순궁주 작증삼세유금

子孫. 今遣金帶壹腰, 段子貳匹 絹子柒匹, 至可領也. 於戲 乾稱父,
자손 금견금대일요 단자이필 견자칠필 지가영야 오호! 건칭부,

坤稱母, 候王豈有種而生. 風從虎雲從龍, 臣子必同聲而應, 益篤君
곤칭모 후왕기유종이생 풍종호운종용 신자필동성이응, 익독군

親之念, 毋輕甥舅之恩, 故兹敎示, 想宜知悉. 洪武二十五年 十月 日
친지념 무경생구지은 고자교시, 상의지실. 홍무 25년 시월 일

太祖御諱敎書

純忠佐命開國壹等功臣興安君兼義興親軍衛節制使知書筵事李濟

王若曰自古王者之革命膺于天順于人而已時必有偉人間生焉之輔翼知湯武作於上伊呂應於下整頓乾坤扶持日月其英風烈烈輝映千古有不可掩者矣卿稟性淑均乘心謹恪寡欽以善其心持正以守其節佩義方之訓長無絲綺之習慶鍾積善之餘家傳萬石之風彩孝於其親而宗族順春秋之富而老成存謙恪之心凜凜風彩可以破奸雄膽㗴㗴議論可以扶社稷之計忠之氣與年俱高其可謂命世而生者也逮至辛禑位十有六年于玆謀危宗社以墜天命大臣首倡義擧卿與有仁心懷干祀之誠戴天而知天不厭以義首發於創大業卿贊乃斷乃果不易肆我開定策之間至誠而不幾微之聞措末稱禍天厭以玆其德可紀其功可謂崇勤不辭于朝廷發於中襃寵門右侍中趙浚波濤鼎沸之狀扶顚持危之方之際赤心推戴家無閒言可謂㷞㷞以振叛難於宗祀以加於命之數而不满於心下獎論之論

微人之纖鏦
國泰山其功莫盛
晦人無閒言可謂

丙末足於懷乃命有司籍人口以爲廩養錫土田以爲世祿繪形像於丹青視功載於彛葉封卿之母爲惠寧翁主辟贈三世宥及永世今遣金帶壹腰段子貳匹絹子柒匹至可領也於戲乾稱父坤稱母侯王豈有種而生風從虎雲從龍臣子必同聲而應益篤君親之念無輕勿男之恩故玆敎示想宜知悉

洪武貳拾伍年拾月 日
禮紀四千三百十年丁巳四月
　　　　　　 日謹堅

흥안군 이제(李濟)개국공신 교서비

  이러므로 작위를 자주 증가해도 나의 마음에 만족스럽지 않고 표창하는 윤음(綸音)을 내리지만 나의 마음에 흡족하지 않도다. 이제 담당관리에게 명하여 일정한 인구를 떼어주어 천한 일을 하게 하고 토전을 내려주어 대대로 녹봉을 삼게 하여 영정을 단청으로 그리고 공적을 실어 대대로 보이도록 하며, 경의 어머니를 혜령옹주로 봉하고 경의 처는 경순궁주로 삼으며 3대까지 관작을 추증하고 죄에 대한 용서는 자손에게까지 이르게 하노라. 그리고 지금 금대(金帶) 1요(腰), 단자(緞子) 2필(匹), 견자(絹子) 7필(匹)을 보내니 받도록 하라. 아! 하늘과 땅은 모든 사람의 부모라고 하는데 왕후(王侯)가 어찌 씨가 있어 태어나랴. 바람은 범을 쫓고 구름은 용을 따르니 신자가 같은 소리로 응하여 군친의 생각을 더욱 돈독히 하고 장인과 사위와의 은정을 가볍게 여기지 말라. 그래서 이에 교서하니 마땅히 모두 알았을 줄 여긴다. 홍무 25년 10월 일 태조 이성계

                  _ 고려국왕인(高麗國王印)을 날인했다.

7. 임금이 내린 치제문(致祭文)과 졸기(卒記)

- 세종대왕은 고 병조판서 이발(李潑)에게 치제하였다.

평간공 이발(李潑, 1372~1426)은 매운당 이조년의 증손이며 경무공 이제(李濟)의 동생이다. 일반적으로 제문이란 사망한 사람의 제사를 지낼 때 쓰는 글이며 축문과 제문으로 구별되고 이는 내용상에 차이가 있다. 축문은 자손들이 조상 또는 토지신에게 제수를 올리니 정성과 함께 받으라는 뜻의 간결한 내용을 쓰는데 비하여 제문은 사자를 추모하는 성격이 짙은 긴 문장으로 쓰이는 글이다. 치제문은 왕이 고위의 관원이 죽은 뒤 신하를 보내어 제사 등을 치루도록 하고 이때 치제문을 함께 써서 보냈다.

7-1 세종대왕이 병조판서 이발에게 내린 치제문 전문

致祭于卒 兵曹判書李潑. 其祭文曰:
치제우졸 병조판서이발. 기제문왈;

循良之臣, 實爲難得, 弔恤之禮, 固有常規. 惟卿 性行貞諒, 識見
순량지신 실위난득 조휼지례 고유상규 유경 성행정량 식견

精通. 爰自妙齡, 歷揚華聯. 當時已有老成之器, 蔚爲縉紳儕輩之
정통 원자묘령 역양화련 당시이유노성지기 위위진신제배지

所稱. 肆我聖祖加奬擢之恩, 昭考篤褒嘉之眷. 出入中外, 咸有聲績.
소칭 사아성조가장탁지은 소고독포가지권 출입중외 함유성적

逮及寡躬, 亦惟圖任舊人, 授之兵政, 倚以爲重. 云胡不幸, 奄及長
체급과궁 역유도임구인 수지병정 의이위중 운호불행 엄급장

逝, 卿之初遘疾也, 遣醫賜藥, 以爲年未及哀, 尙冀其旋愈而復用也.
서 경지초구질야 견의사약 이위연미급애 상기기선유이복용야

豈意沈綿轉劇, 以至訃音之忽及哉, 輟 朝三日, 良用爲悼. 旣令
기의침면전극 이지부음지홀급재 철 조삼일 양용위도 기영

攸司, 議德贈謚, 今遣禮官, 聊致薄奠. 於戲, 事上以忠,
유사　의덕증시 금견례관　료치부존 오호　사상이충

卿已全於終始; 接下以禮, 予豈間於幽明.
경이전어종시　접하이례　여기간어유명

죽은 병조판서 이발에게 치제했는데, 그 제문에,

"순량한 신하는 진실로 얻기가 어려우며, 조휼의 예는 진실로 일정한 규정이 있도다. 오로지 경은 성행이 정량하고, 식견이 정통하였도다. 묘령[25]으로부터 화련[26]에 역임되어, 당시에 이미 노성의 기국이 있어 널리 진신 제배의 칭도한 바가 되었도다. 우리 성조께서 권장 발탁하는 은혜를 내리시고 소고께서 포창 가상하는 권애를 더하여, 중앙과 지방에 출입하면서 모두 성명과 공적이 있었도다.

내 몸에 와서도 또한 구인을 임명하여, 병정을 맡겨 의지함이 컸는데 어찌 불행하게도 문득 장서하게 되었는가? 경이 처음 병을 얻었을 때 의원을 보내고 약을 내리면서 아직 쇠경에 이를 나이가 아니어서 낫는 즉시 오히려 다시 쓰기로 하였는데, 어찌 병이 오래 끌고 더 심해져, 부음이 졸지에 이르게 될 줄 생각했으랴. 조회를 3일 동안 폐하여 진실로 애도를 표하노라. 이미 유사로 하여금 덕을 평의하여 시호를 내리게 하고, 지금 예관을 보내어 박한 제전을 내리노라. 아아! 임금을 충성으로 섬겨 경은 이미 시종을 온전히 하였는데 신하를 예로 접대하는 것을 내가 어찌 유명에 간격을 두리오?" 하였다.

_ 세종실록 35권 세종 9년 2월 19일 정축 3번 째 기사 1427년

25　묘령(妙齡): 20세 전 후(여자의 스물 안팎의 꽃다운 나이).

26　화련(華聯): 고귀한 벼슬자리.

7-2 전 병조판서 이발 졸기

前兵曹判書李潑卒. 潑, 星州人, 高麗文烈公兆年之曾孫. 以蔭補別將, 戊辰, 拜長興庫使, 累遷司憲糾正. 考功佐郞, 內府卿, 兼司憲中丞. 丁丑, 拜左軍僉節制使. 己卯, 出爲尙州牧使. 癸未, 入爲工曹典書, 歷刑禮曹典書, 出牧原州. 丁亥, 拜兵曹參議. 戊子, 判安邊都護府使. 庚寅, 入爲同副代言. 辛卯, 陞中軍同知摠制, 移尹漢城府, 出爲忠淸道都觀察使. 甲午, 豊海道都節察使, 尋改都觀察使. 乙未, 還尹漢城. 丙申, 以恭安府尹, 赴京賀定. 丁酉, 拜工曹參判. 戊戌, 戶曹參判, 出爲咸吉道都觀察使. 己亥, 慶尙道都觀察使. 庚子, 入爲刑曹參判. 辛丑, 擢刑曹判書. 壬寅, 太宗升遐, 以告訃使赴京, 及還, 拜左軍都摠制.

_ 세종실록 34권, 세종 8년 12월 20일 기묘 4번째 기사 1426년

전 병조판서인 이발이 졸하였다. 발은 성주인이며 고려조 문열공 조년의 손자이다. 음직으로 별장에 보직되었고 무진년에 장흥고사를 제수받고, 여러 번 옮겨 사헌규정, 고공좌랑, 내부경 겸 사헌중승을 거쳐 정축년에 좌군첨절제사에 임명되었으며, 기묘년에 나가서 상주목사가 되었고, 계미년에는 돌아와서 공조전서가 되었다.

형조.예조의 전서를 거쳐, 나가서 원주목가가 되었고 정해년에는 병조참의를 역임했다. 무자년에는 판안변도호부사, 경인년에는 들어와서 동부대언, 신묘년에는 중군동지총제로 승진되고 한성부윤으로 옮겼다. 나가서 충청도 도관찰사가 되었고 을미년에는 한성부윤으로 다시 돌아왔고, 병신년에는 공안부윤으로 북경에 가서 정조하례(正朝賀禮)를 하였다. 정유년에 공조참판을 역임하고, 무술년에 호조참판이 되었고, 나가서 함

길도 도관찰사, 기해년에는 경상도 관찰사가 되었다. 경자년에 들어와서 형조참판이 되었고 신축년에 뽑혀서 형조판서가 되었다. 임인년에 태종이 승하하자 부고사로서 북경에 갔었고, 돌아와서 좌군 도총제를 제수받았다.

宣德丙午, 以謝恩使又赴京, 拜兵曹判書, 至是卒, 年五十五. 訃聞, (輟) 朝三日, 遣中使致弔. 潑居官處事不苟. 諡簡平, 平易不訾簡, 執事有制平. 子二: 湑, 潤.

선덕 병오년에 사은사로서 북경에 다녀와서 병조판서를 제수받고 이때에 이르러 졸하니, 나이 55세였다. 부음이 위에 알려지자 3일 동안 조회를 정지하고 중사를 보내어 조상하였다. 발(潑)은 벼슬에 있으면서 일을 처리하는 것이 구차하지 않았다. 시호를 간평이라 하였으니, 평이(平易)하고 허물이 없는 것을 간(簡)이라 하고, 일을 하는데 제도(制度)가 있는 것을 평(平)이라 한다. 아들 둘이 있으니 유(湑)와 윤(潤)이다.

_ 조선왕조실록

7-3 중추원사 이견기 졸기

이견기[27]는 성주이씨 세계 6세이며 부(父)는 동지총제(同知摠制) 수(穗)이고, 문열공 조년의 현손이다. (위 이견기 사은사 표문 참조)

中樞院使 李堅基卒. 輟朝二日, 賜棺槨及賻紙一百卷. 堅基, 星州
중추원사 이견기졸 철조이일 사관곽급부지일백권 견기 성주

---

27 우왕 10년 1384년~단종 3년 1455년.

人也, 文科出身, 世宗, 文宗器任之, 歷吏. 戶曹判書, 陞議政府參
인야 문과출신 세종 문종기임지 역리 호조판서 승의정부참

贊, 以病遷中樞院使, 退居麻田, 年七十二. 謚安成, 寬裕和平安,
찬 이병천중추원사 퇴거마전 연칠십이 시안성 관유화평안

惇厖淳固成.
돈방순고성

_ 단종실록 13권(단종 3년)

중추원사 이건기가 졸하니, 2일 동안 철조(輟朝)[28]하고 관곽과 부의로 종이 1백 권을 주었다. 이건기는 성주(星州, 성주이씨)사람으로 문과 출신인데, 세종. 문종이 그릇으로 여겨서 임용하여 이조판서. 호조판서를 역임하고 의정부참찬에 승진하였으나, 병으로 중추원사에 옮기어 은퇴하여 마전에 살았는데, 나이 72세였다. 시호는 안성(安成)이니, 관유(寬裕)[29]하고 화평한 것을 안이라 하고, 돈방(惇厖)[30]하고 순고한 것을 성이라 한다.

---

[28] 나라의 슬픈 일이나 재앙이 있을 때 근신하는 의미에서 나라의 조회를 정지하는 일.
[29] 마음이 너그럽고 넉넉함.
[30] 인정이 두터움.

제6부

유허비명, 신도비명,
고려사: 열전

앞서 제4부~제5부까지는 선조들의 시(詩)와 사(辭) 표문(表文)을 비롯하여 상전사와 불윤비답 등을 인용하였다. 그리고 외부자료로는 문신 목은 이색과 가정 이곡, 익재 이제현이 이 쓴 부(賦)와 상소문 등을 썼고, 조선 태조가 내린 개국공신교서와 세종대왕이 사(賜)한 치제문과 졸기 등을 문장의 형식별로 분류하여 편집하였다.

제6부는 전장에서 수용하지 못한 중시조공 유허비명과 신도비명 문열공 신도비명, 이인복의 고려사:열전 등 4점을 선택하여 싣게 되는데 신도비명은 앞서 편집(編輯)한 문열공의 고려사:열전과 묘지명 등에 기록된 내용이나 관직 등이 각각의 비문마다 중복 기록된 부분이 많음을 발견하게 된다. 신도비문은 특히 장문으로 쓰여지며 당사자의 관직, 공적, 가계역사를 포괄적으로 기록하게 되므로 당연한 현상이다. 비문을 찬한 후대 학자들의 다양한 문체를 경험하고 선조의 행적과 덕행을 빠짐없이 기록하고자 노력한 찬자의 정성을 존중하고 각각 독립된 문장으로 이해하기 바랄 뿐이다. 유허비명은 물론 신도비명의 명문(銘文)은 실로 명문장들이므로 지나치지 않고 숙독완미(熟讀玩味)할 것을 권한다.

농서군공 휘 장경 유허비명은 공조참판 도은공 교인(教寅, 1802~1882)이 지었다. 형재 이직의 16대 손으로 1828년 생원시에 급제하고 1845년 등제했다. 문장에 뛰어났으며 1856년 병조참지에 이어 1859년 사간원대사간을 역임하고 1875년 가선대부공조참판(嘉善大夫工曹參判)에 올랐다. 1882년 8월 81세에 별세하였다.

배는 정부인(貞夫人) 인천조씨(仁川趙氏)이며 슬하에 2남 1녀를 두었고 장남 우(鍝)는 문과에 급제하여 홍문관 교리를 지냈으며 2남 설(卨)은 음직으로 혜민원주사(惠民院主事)를 지냈고 사위는 은진(恩津)인 현감 송병두(宋秉斗)이다.

1. 농서군공(隴西郡公) 휘 장경 유허비명(遺墟碑銘)

농서군공 휘 장경 유허비와 비각   소재지: 경북 성주군 성주읍 경산리 108 봉산재

농서군공 유허비명   －참판(參判) 교인(敎寅)

  우리 이씨의 성주로서 관향을 삼는 자들은 대개 신라 말엽으로부터 시작하였으니, 비조(鼻祖)의 휘는 극신(克臣)이신데, 스스로 고려에 편안하게 보내려고 경산에서 너그럽고 넉넉하게 은둔하셨으니, 경산은 즉 성주의 옛 이름이다. 여러 대를 쌓아 내려오다가 11세를 전하여 와서 농서군공이신 휘 장경(長庚)에 이르러 다섯 아들을 두셨으니 나란히 대각(臺閣)의 중추(中樞)로 빛났으나, 공께서는 더욱 스스로 겸손하며 충성한 신의와 행동

으로서 크게 향인들의 공경하며 감복하는 바가 되셨다.

 지금 공께서 가신지가 자못 6백 년인 쯤에 성주부의 이민(里民)들이 깨끗한 희생과 단술과 제기를 정돈하여 세동(歲冬)마다 옛 유허지의 토담에서 강신주를 올리니 이것은 진실로 기왕의 제첩(諸牒)에 드물게 들어보는 것이다. 토담에서 서쪽으로 가히 수십 보 쯤 되는 거리에 빈관(賓館)이 있으니, 이것은 공의 다섯째 아들인 문열공 휘 조년(兆年)께서 거처하던 장소인 백화헌(百花軒)이다. 전면의 현판이 비뚤어지지 않았고 글자의 획수도 오히려 위대한데 높다랗게 벽에 걸려 있으나 후손된 자가 지금 무엇으로서 다시 은거하던 곳을 운영하며 세업(世業)을 이어받아 지킬 수가 없으니 매우 가히 슬프고 휑할 뿐이다. 제종(諸宗)들의 선조를 사모함이 독실한 자가 재산을 모아 비석을 다듬어 유허지에 세우며 불초(不肖)에게 부탁하여 저명한 말을 하여 그것으로써 추원(追遠)하는 뜻을 넓히라고 하였다.

 아! 공의 덕은 샘과 같이 깊고 능과 같이 두터워서 더욱 오래되어도 잊지 않음은 일반의 범부도 모두 그러하거든 하물며 공의 후손으로서 공의 유허지를 지나가는 자가 어찌 감히 슬퍼하고 방황하며 덕의 아름다움을 만분의 일이라도 추모할 바를 생각하지 않을 소냐.

 공의 현손인 문경공 휘 직(稷)께서 자손에 훈계한 시구에 말씀하셨기를 "시조인 농서군공께서는 공손과 검소함이 하늘로부터 받음을 연유하셨고, 노년에 벼슬을 파하고 사가에 게시니 의관하고 앉아서도 게을리하지 않으셨네." 라고 하셨으니, 이것은 즉 공께서 덕을 심으신 기지(基地)이며 세상에 전할 터전이다. 그렇다면 공의 유허지는 다만 단장(壇場)이나 천석(泉石)의 사이에만 있는 것이 아니고 역시 오직 '공손하고 검소할 뿐' 이라고 말씀하셨으니, 후일의 사람들은 오히려 이것을 볼지어다.

 잇따라 명(銘)으로서 명하여 말하노라.

비석은 가히 닳더라도 가히 문채가 없어지지 않는 것은,

옥에 쌓인 빛이요.

화초는 가히 병들지라도 가히 사라지지 않은 것은,

영지뿌리의 향기이네.

편안한 집을 넓혀서 빛을 함축함이어!

저 봉두의 남쪽에 비롯하였네.

저 온공의 의상에 수를 놓음이어!

패옥의 소리가 전파되어 더욱 길어지누나.

면면히 후손들이 치열하게 번창함이어!

백화의 향기가 그 당(堂)에 가득하네.

산초와 계수나무를 드림이 엄숙하고 장함이어!

유풍과 성덕 향리에서 보겠네.

옛 유허지에 올라가서 서리를 밟음이어!

천억 년을 드리워 내려간들 어찌 가히 잊으랴!

_ 후손 참판(參判) 교인(敎寅) 삼가 글 지음

2. 농서군공(隴西郡公) 휘 장경(長庚) 신도비명

농서군공 신도비명　　　　　　－경영관 당성 홍직필(외손)

　농서군공 이선생의 무덤은 성주읍 서쪽 2십리 오현(梧峴)에 있다. 오리 북쪽에 용봉산이 있고 산 밑에 안산사(安山祠)가 있으니 곧 선생의 봉사소(奉祀所)이다. 공은 휘가 장경이시고 상조는 휘가 극신이시다. 신라의 경상으로서 고려조에 종노릇하기가 어그러지자 서인으로 폐하여 경산에 유

페시켜 자손들도 드디어 경산사람이 되었다. 여러 번 전승하여 이름자 영(瑩), 이름자 효삼(孝參), 이름자 돈문(敦文), 이름자 득희(得禧)에 이르렀으니 곧 공의 고조부 증조부 조부 선고이시다. 공의 순박하고 후덕하심은 자질이 되고, 공손하고 검소하심은 천성을 이루었다. 위엄과 중후하심이 넘치어 고을과 마을이 삼가하고 두려워하는 바가 되었다. 조정에 벼슬하는 사람의 행동거지가 당위성을 잃었다면 모두 말하기를 우리 공에게 그것을 알리어 뜻에 불가함이 없는지를 알아보자고 했다. 진실성이 없고 과실이 있다면 공은 반드시 글을 보내어 절절히 질책했다. 고려조는 백성들에게 덕망이 높은 사람은 호장(戶長)이라 호칭해서 공에게 감당케 했다. 정사에 번거롭거나 가혹함이 없었으므로 명망이 넓게 퍼져 고을 사람들이 부모처럼 친애하여 베풀지 아니해도 복종하고 무슨 일이든 믿었다. 늙으셔서 집에 거처하실 때에도 늘 경산부(京山府) 관리들의 시위소리(갈도성)가 들리면 반드시 걸상에서 내려와 엎드렸다가 소리가 들리지 않은 연후에 일어나 앉으셨으니 그가 늘 살아가며 공경하고 두려워한 것이 이와 같았도다.

처음에 국자직학이신 윤신지(尹莘摯)의 사위 강양군(江陽君) 이약(李若)의 딸로서 공에게 시집을 보내려고 말하기를 '장경(長庚)에게는 순후한 덕망과 순박한 행신이 있으니 후세에 반드시 창성할 것이다.' 라고 하시었다. 이(李)씨는 이미 좁지 않은 가문으로 시집왔다. 두량하고 다스림이 바르고 공손하여 공께서 가정을 다스리는 교육을 증험(證驗)하게 되었을 뿐이지만 역시 한 가지를 보면 열 가지를 알 수 있는 것이다.

처음 성주의 선돌뫼[禪石山]에 묻히셨으나 광능(光陵, 세조)의 태봉 때문에 오리의 임좌로 이장하고 부인은 밑에 붙여 묻었다. 안산에 사당을 세울 필요성은 그곳이 무덤에서 가깝기 때문이었을 것이다.

진영(眞影)은 선석산의 옛 사당으로부터 이곳으로 옮겨 봉안하고 공의 다섯 아드님이신 밀직사사 백년(百年)과 참지정사 천년(千年)과 시중 성산군 만년(萬年)과 문과의 억년(億年)과 정당문학 문열공 조년(兆年)과 후손에 미치어는 평양윤 인기(麟起)와 요양성참지정사 승경(承慶)과 시중 경원공 포(褒)와 성산군 원구(元具)와 홍안부원군 문충공 인복(仁復)과 광평부원군 인임(仁任)과 성산부원군 인민(仁敏)과 대제학 문충공 도은 숭인(崇仁)과 영의정 문경공 직(稷)과 홍안군 경무공 제(濟)와 한성판윤 사후(師厚)와 강원도 관찰사 욱(稶)과 공조판서 정헌공 광적(光迪)을 배향하고 또 현감 이조판서 고은 지활(智活), 장령 중 이조판서 문경공 일재 항(恒)과 이조좌랑 동곡 조(晁)를 추가 배향했으니 도합 22분이다.

초자(肖子)와 현손들의 제향이 오밀조밀한 무덤으로 고향땅에 향기롭고 인정과 윤리가 아우러져 진실로 화목한지라 자못 전례가 없는 광고(曠古) 거룩한 의전인 것이다. 여러 공 가운데 혹 인류에 떳떳한 위업을 남기기도 하셨고, 혹 나라를 빛낸 문장도 있었으며 어떤 분은 세속을 떠나 고도(高蹈) 산속 바위틈에서 경전을 안고 이치를 연구했고, 어떤 분은 세속을 떠나 돌아오지 않고 장주(長住)하며 생을 마쳐 충성을 다했고, 어떤 분은 효도와 우애를 돈독히 행하여 신명(神明)을 감동케 했고 어떤 분은 급격한 시류에서 용퇴하여 머지않아 돌아가셨으니 모두 가히 영원하리라.

밀직 백년공의 아드님은 평양윤 인기이며 참정 천년공의 아드님으로 맏이 여경(餘慶)은 오재(五宰)이며 둘째는 요양성 참정 승경이고, 시중 만년공의 아드님 의인은 문과이고 태수는 낭장이며 태보는 성산군이고, 태무는 판서이고 문열공 조년의 아드님은 시중이신 경원공(敬元公) 포(褒)이시다.

원구의 호는 가정으로 평양윤 인기가 낳았고, 덕봉은 판서로 의인의 소출(所出)이며, 대방(大芳) 부령과 원봉(元鳳)부정은 낭장 태수가 낳았으며, 득방(得芳)은 예조판서로 태보가 낳았고, 치생(穉生) 도사와 계생(季生) 낭장과 연생(衍生) 소윤은 태무의 소출이다. 경원공 포의 아들 인복(仁復)은 호가 초은이고, 인임(仁任)은 호가 승암이고, 인미(仁美)는 판서요, 인립(仁立)은 밀직대제학이고, 인달(仁達)은 주부(主簿)이고, 막내 인민(仁敏)은 곧 성산부원군이다. 가정(稼亭) 원구공의 두 아들은 맏이가 도은 숭인(崇仁)이고, 다음이 숭문(崇文) 판서이고, 덕봉(德逢)의 세 아들은 도분 총제와, 사분과, 승분이며 대분(大芬)의 두 아들은 성(晟) 소감과, 장(獎) 목사이고, 대방(大芳) 부령과 원봉(元鳳) 부정은 낭장(郎將)의 아들이고, 예조판서 득방(得芳)의 외아들은 비(棐)로서 이조판서이고, 도사(都事)공의 두 아들은 존지(存智)와 존례(存禮)는 판서였고, 계생(季生)의 두 아들은 영모(令謨)와 군모(君模)이고, 소윤 연생(衍生)공의 외 아들은 설(洩) 검교(檢校)이시다. 낭장 향(鬺), 총랑 용(容), 대호군 환(瓛), 좌랑 민(珉), 판윤 일(鎰), 판윤 은(闇), 부윤 윤(倫), 해(該)와 경무공 제(濟), 흥안부원군 병판 시(諡), 평간공 발(潑)과 문경공 직(稷)과 총제공 수(穗)와 승지 이(移)와 봉례 갈(秸)과 첨지충추부사 아(莪)는 경원공 포의 후손들이다. 비(棐)의 아들은 고은(孤隱)공과 참판 지원(智源)이고, 손자 문현(文賢)은 현감이고, 문수(文粹)는 군수, 문미(文美)는 정랑이고, 문통(文通)도 정랑이었으며, 문현(文賢)의 아들 지번(之蕃)은 군수이고 호는 송계(松溪)였다. 문수(文粹)의 4세손 경일(景一)은 호가 설암(雪巖)이고 문미(文美)의 4세손 응시(應時)는 호가 돈와(遯窩)인데 근심없이 초야에 묻혀 학행이 세상에 드러났다. 5세손 헌(巘)은 호가 운산(雲山)이다. 일(鎰)의 아들 종림(從林)은 감사이고, 4세손 명(溟)은 호가 금천(金川)이었다. 포은공의 8세손 중형(重亨)은 호가 이요당(二樂堂)인데 돈독한 뜻으로 학문에 힘썼으니 연원이 나름대로 있었다. 향(鬺)의 5세손

문흥(文興)은 호가 나암(羅庵)이고 벼슬이 대사성이었다. 학직을 맡은 16년동안 인재를 길러 유림에서 그를 유종(儒宗)으로 했고, 7세손 구(構)는 한림(翰林)인데 기묘사화의 명현이었다. 환(瓛)의 5세손 홍국(興國)은 호가 노헌(老軒)이며 효도와 우애로서 저명하다. 종림(從林)의 7세손 축(軸)은 호가 가악(佳岳)인데 난세를 당하여 애쓴 보람이 밝게 드러났다. 홍안군(興安君)의 아들 윤(潤)은 현감으로 집에 있을 때는 효우를 했고 관에서는 청렴했다. 현손 붕(鵬)은 사마(司馬)로서 효우천성(孝友天性)인지라 유림의 사표이었으며, 창(昌)은 서윤(庶尹)이고 막내는 동곡(桐谷)이었다. 5세손 유함(惟諴)은 군수였으며, 유열(惟悅)은 생원으로 호가 오재(梧齋)인데 절의(節義)로 이름이 세상에 드러났다. 하생(賀生)의 호는 매월당(梅月堂)인데 돈독히 배우고 힘껏 행하여 효성이 신명에 통하였다. 평간공의 아들 유(洧)는 증 이조판서이고 손자 주(湊)는 증 좌참찬이고 자건(自堅)은 호조판서로 기묘사화의 명현이며, 자건(自健)은 형판(刑判)이고, 자상(自商)은 병판(兵判), 자영(自英)은 주부, 자화(自華)는 예조판서였다. 그의 증손은 일재(一齋) 항(恒)이고 그의 현손 광후(光後)는 호가 매헌(梅軒)인데 학문과 효우로서 저명했고, 창후(昌後)는 호가 죽헌(竹軒)인데 나라가 흔들릴 즈음에 의병을 일으켜 공을 세웠고, 그의 6세손 성익(星益)은 호가 구암(龜庵)으로 진사이었고, 그의 8세손은 부윤(府尹) 사후(師厚)와 동지중추부사 사원(師元)과 참판 사순(師純)이고, 밑으로 교리 함녕(咸寧)이고, 성원위(星原尉) 장절공 정녕(正寧)은 절개와 훈업으로 유명하다. 첨지(僉知) 계녕(繼寧)과 경전(敬全)이고, 소윤 계현(繼賢), 헌납(獻納) 계화(繼和), 군수 계분(繼芬), 돈영부사 계창(繼昌), 군수 윤창(胤昌), 이판(吏判) 공숙공 집(諿), 대사헌 의(誼)는 원묘(院廟)를 창건하여 선조의 아름다운 덕을 잘 선양했다. 도정(都正)공은 전(詮)이요, 사마(司馬)공은 석(碩)이요, 아들 증(贈) 이조판서 두(杜)는 한적하고 마음 편케 숨어서 살아 근심이 없었으니 문정무민(聞靖无悶) 적선한 집안의 후손인지라 반드시 누릴 경사였으리! 문경공의 아들과 손자 증손 현손에 이르러, 손자는 교리공이고 호가 눌재(訥齋)인 충건(忠楗)과 호가 묵재(默齋)인 문건(文楗)공은 아울러 기묘사화의 명현이시다. 증 호조판서 창세(昌世)는 어버이께 효도하고 일가들께 돈실하여 세상의 규범이 되었으니, 그의 5세손 직장(直長) 산립(山立)과 좌랑 옥립(玉立)과 진사 범(範)은 수명과 덕망이 융성하고 흡족하여 교육이 진흥하였다. 관찰사인 호 지강(芝江)공은 욱(稶)이고, 부제학 언충(彦忠)은 그의 6세손이고, 예참(禮叅) 준구(俊耉)는 그의 8세손이고, 정헌(靖憲) 광적(光迪)공, 호 은암(隱庵)공 수(穗), 사헌(司憲) 호가 학암(鶴庵) 응협(應協)공은 그의 10세와 11세손이다. 대제학공 견기(堅基)는 총제공 수(穗)의 아드님으로 호는 남정(楠亭)이다. 증 좌찬성 조(調)는 6세손이다. 세마(洗馬)공으로 호가 퇴휴당(退休堂)인 성석(聖錫)은 7세손이고, 참봉 영(英)은 호가 남악(南岳)으로 8세손이고, 형참(刑叅) 지선(祇先)공은 호가 일치(一癡)로 9세손이다. 증 참판 식(埴)은 호가 안명재(安明齋)인데 지극히 좋은 행실이 학문을 깊이 파는 것이었고 그는 12세손이다. 나머지는 다 쓰지 못하노라. 아! 군자는 선을 행하되 보상을 구하려는 마음을 갖지 아니한다. 그러나 많고 적고, 멀고 가깝고 간에 류(類)대로 받는 것은 천리(天理)의 필연적인 소치(所致)이다. 대저 인의(仁義)와 충신(忠信)이 마음에서 떠나지 않고 남들보다 이루어 미친[推及] 것은 모두 성사 되었으니 의당히 어찌 보답을 바라랴! 보수를 바라서 선을 행하는 것은 비록 의에 합당한 점이 있을지라도 오히려 이(利)를 위하는 것이다. 선(善)을 좋아하지만 하는 바가 없으면서 하는 것이 바른 덕(德)이라 할 것이다. 이것을 몸으로 닦으면 그 덕은 곧 진덕(眞德)이요 그것을 가문에서 닦으면 그 덕은 곧 여덕(餘德)이며 그것을 고을에서 닦으면 그 덕은 곧 장덕(長德)이고 그것을 나라에서 닦으면 그 덕은 풍덕(豊德)이니 이것이 이른바 전덕(全德)이라 하는 것인데 전덕은 후한 사람에게 돌아온다. 그러므로 전덕으로써 그의 이름을 세상에 드러내서 밝힌 것이다. 농서군공께서는 몸소 모두를 실천하셨지만 자랑하지 아니했고, 남들에게 사랑[仁]을 베풀었지만 뽐내지 아니하셨으니 그 축척된 바가 오래된지라 잠겼던 덕(德)과 그윽이 숨은 빛이 자손들에게 크게 발(發)하리라. 진(陳)씨의 삼군(三君)이 같이 총애를 받았고 왕(王)씨의 6세가 아울러 높은 이름을 더 높였던 일도 이만 못하리라. 이(李)씨의 선(善)은 밝도다! 일월과 같아 가히 가리지[掩] 못하겠으니 아! 거룩하도다. 공의 본지백세(本支百世)에 나라를 들먹거린 문묵(文墨)과 훈공들[勳閥]이 역시 선생으로부터 나왔다고 하지 않을 사람이 드무니 옛날의 인현들이 후손들에게 내린 모범이란 것도 이보다 지극한 것은 있지 아니했다. 선을 영위하는 이치는 조화(造化)와 더불어 감응하고 수작(酬酢)하는 것이 마치 숨 쉬고 북을 치면 울리는 것과 같으며 이는 하늘이 도를 들어냈다고 할 만한 것이다. 전(傳)에 말하기를 '덕이 있으면 즐겁고 즐거우면 구존(久存)한다.' 라 했고, 시전에는 말하기를 '음악은 바로 군자와 국가의 기틀이며 아름다운 덕이 있는 것이다.' 했으므로 덕이 두터워야 빛을 남겼다는 것이 어찌 지나친 점이 있다 하리오! 경향 각지의 많은 후손들이 이에 무덤길에 유덕을 적은 비석을 세우려고 도모하여 공의 19세손 종영(鍾英)이가 그 일을 맡아 직필(直弼)에게 신도비문[麗性之文]을 쓰라고 부탁했다.

    외손(外孫)벌인지라 노환에도 감히 사양치 못하여 이에 그가 선(善)을 행하신 은택과 덕(德)을 창성케 한 보람을 서술해서 그를 위하여 명(銘)을 하고,

그 후손들에게 힘쓰도록 새겨 말하노니;

顯允李公 左海偉人(현윤이공 좌해위인)

문무에 현달하신 이공께서는 나라의 위인일세,

抱樸守約 厥德乃眞(포박수약 궐덕내진)

질박함 안으시고 검약을 지켰으니 그 덕이 참덕이었네.

崇本踐實 庶幾化醇(숭본천실 서기화순)

근본을 존중하고 진실만 행하시니 만물이 교화되어 순박했도다.

禮以素貴 疏布犧尊(예이소귀 소포희준)

예의도 소박해야 귀하다 하오며 허름한 옷으로 제단에 오르셨네.

白賁无咎 以觀人文(백분무구 이관인문)

아름다운 치장 없어도 꾸지람 없으시니 사람과 문물을 하나같이 아끼셨네.

施政于家 孝悌爲仁(시정우가 효제위인)

집안에서 정사를 베푸시니 효성과 우애가 인(仁)으로 되었도다.

本立道生 威吉反身(본립도생 위길반신)

근본이 섰사오니 도(道)가 절로 생겨나 위험도 길(吉)이 되어 당신께 돌아왔네.

無所爲爲 用以全神(무소위위 용이전신)

신통도 하였도다. 하는 바 없어도 저절로 되어가니 하신 일 온전하고

流光煌煌 百世裕昆(유광황황 백세유곤)

내리신 빛이 휘황찬란하니 백세의 후손들이 유복도 하오리다.

烝烝雲仍 赫赫簪紳(증증운잉 혁혁잠신)

들끓는 자손들에 크고도 많은 벼슬아치일세.

彌彰積善 餘慶沄沄(미창적선 여경운운)

적선하심 두루두루 밝혔사오니 남은 경사 돌아 흘러 영원하리라.

百川渾浩 活水有源(백천혼호 활수유원)

백천이 섞이어 광대하게 흐르니 활달한 물줄기 근원이 있었고야.

千枝繁茂 喬木晦根(천지번무 교목회근)

천 갈래 가지가 무성할수록 교목은 뿌리를 깊이 감추나니.

㫤侑安祠 維二十孫(철유안사 유이십손)
강신주 넉넉한 안산사에는 이십여 후손들이 이어졌도다.
式穀繩武 名實不湮(식각승무 명실불인)
착한 후손들이 발꿈치 이으니 명실공히 하나도 빠짐이 없네.
歷選往牒 尟與擬倫(역선왕엽 선여의륜)
옛 족보 두루두루 들추어 봐도 행륜을 비길 가문 아주 적도다.
有屹四尺 梧山之原(유흘사척 오산지원)
우뚝한 넉자 비는 오치(梧峙)의 언덕일세.
碩媛配德 同此玄窀(석원배덕 동차현둔)
어진 부인은 전덕(全德)님 배필이라 여기 같이 그윽히 묻히셨네.
公靈布濩 耿光若新(공령포호 경광약신)
공의 영우(靈雨)가 사방으로 퍼지니 맑은 빛과 광채가 새로우리라
擒辭記蹟 昭揭貞珉(금사기적 소게정민)
말씀을 사로잡아 사적(事蹟)을 썼나니 비석에 소상히 게재되었네.
過者必式 永視無垠(과자필식 영시무은)
길손도 반드시 경배하오리니 영원히 보아도 그지없으리.

彌甥[1]祭酒[2]兼經筵官 唐城 洪直弼 謹識
(미생 좨주 겸 경영관 당성 홍직필 근지)

---

1 彌甥(미생): 먼 생질. 외손.
2 祭酒(좨주): 고려 시대 국자감. 성균관의 종 3품(조선 시대 성균관의 정 3품 벼슬).

농서군공 신도비(안산서원 앞)
경북 성주군 벽진면 자산 3길 366-31

3. 문열공(文烈公) 휘 조년(兆年) 신도비명(神道碑銘)

고려 성근익찬경절공신. 삼중대광 정당문학 겸 예문관 대제학
추봉 성산후. 시 문열공 매운당 이선생 신도비명

-안동 김영한(외손)

오래되었구나. 동방의 풍속이 더렵혀졌음이 신라와 고려가 서로 왕위를 물려주자 불교를 으뜸으로 여기고 유학을 천시하여 무식하게 된지가 천 여 년에 교화가 날로 해이하고 망기(網紀)도 날로 문란하여 캄캄하여 보이지 아니하고 운수가 꽉 막힘이 날마다 하루가 지날수록 더욱 심하여지자, 이에 회헌(晦軒)이신 안문선공이 계시어 슬픈 듯이 사도(斯道)로서 자신의 임무로 삼고서 국학을 중수하여 새롭게 하고 유교를 인도하여 밝히고 옛 풍속의 오염된 것을 씻어내니 사방에서 발을 솟구쳐 우러러 보았

으며 이때에 또한 육군자(六君子)라는 분이 계시어 그 분의 문하에서 배출되어 학문을 강론하고 도를 밝혀 정치와 교화를 도와서 모자람을 채웠으니 매운당이신 이선생 같은 분도 즉 그 가운데 한 분이었다.

선생께서는 그가 배운 바를 밑천으로 고려왕실에 충성을 다하고 바른 말씀과 곧은 행실이 밝게 청사(靑史)에 빛나고 있었으나 옹졸한 선비나 소재(小才)한 선비들이야 어찌 그 분이 완전한 덕과 일체가 됨을 알 수 있으랴. 퇴계 선생께서 그분을 일러 "고려 오백년 역사에 제1인자"라고 하셨으니, 이 말씀은 가히 한마디 말로써 그분의 평가를 대신할 수 있으리라. 대저 선생의 휘는 조년(兆年)이요, 자는 원로(元老)이며, 자호는 매운당(梅雲堂)이시다. 성산(星山)의 종족(宗族)은 신라의 재신(宰臣)이셨던 휘 극신(克臣)으로서 상조(上祖)를 삼으며, 고조의 휘는 효삼(孝參)이요, 증조의 휘는 돈문(敦文)이며, 조의 휘는 득희(得禧)요, 고의 휘는 장경(長庚)이신데, 좌시중(左侍中)과 농서군공(隴西郡公)에 봉하여 지셨으며, 비는 합주군부인(陜州郡夫人)인 이씨(李氏)이시니, 강양군(江陽君)인 약(若)의 따님이시다. 원종(元宗) 10년인 기사(己巳, 1269)에 선생이 태어나셨으며, 나이 17세에 회헌(晦軒)에게 수학하였으며 얼마 되지 아니하여 향공진사(鄕貢進士)로서 급제에 올라 안남서기에 임명 되셨고, 여러 번 옮겨 비서랑(秘書郎)에 이르렀고, 충렬왕 31년(1305)에 충렬왕을 따라서 원나라에 들어갈 때에 간신인 왕유소(王惟紹)와 송방영(宋邦英) 등이 왕의 부자를 헐뜯고 이간시키니 여러 사람들은 모두 두 마음을 품었으나 선생만은 마음을 굳게 정하여 다른 마음이 없이 나아감과 물러감을 오직 삼가하였다. 그런데도 죄도 없이 추방되어 배척된 10여 년에 충숙왕이 참소를 당하여 원나라에 머물고 있으니 심왕(瀋王)인 고(暠)가 속으로 자기분수 이외의 욕망을 품고서 좌우에서 반복(反覆)을 많이 하자 선생께서 분(憤)이 나서 원나라에 가서 중서성에 글을 바쳐 왕의 정직함을 하소연 하였더니, 왕이 환국하게 되어서는 감찰장령(監察掌令)에 제수 되었다가 전리총랑(典理摠郎)으로 전보되어 관동지방을 위로하여 안심하게 하였으며, 잠시 후에 불러서 판전교시사(判典校寺事)에 배임되고 군부판서(軍簿判書)를 추가하게 되었다.

조적(曹頔)의 난에 충혜왕이 부름을 받아 연경에 이르게 되자 선생께서 따라가게 되었다. 처음 충혜왕이 원에서 숙위(宿衛)하였더니 원나라의 승상인 백안이 그 무례한 행동을 미워하여 이에 이르자 왕으로 하여금 조적의 무리들에 대한 변명을 하게 하자 선생은 화가 치미는 것을 견딜 수가 없어 익재 이제현에게 말하기를 "내가 직접 승상(丞相)과 면담하면 그의 뜻을 가히 돌이키겠으나 칼과 창을 쥐고 지키는 자가 숲과 같아 문앞에서 부르짖을 길이 없으니 그가 성남으로 사냥을 나가는 것을 기다렸다가 내가 마땅히 길가에서 상서(上書)를 올리고 머리를 말발굽에 부수어서라도 우리 임금의 결백을 밝히리라" 하고는 밤에 일어나 목욕을 하고, 첫닭이 우는 소리를 듣고 떠났는데 백안이 때마침 패망하였으므로 상서를 올리지 못하였다.

그러나 소문을 들은 자들은 송연한 듯이 "담이 몸보다 큰 사람은 이공이다"라고 말하였다. 충혜왕이 왕위를 물려받고 환국하여 공훈이 기록되었고 정당문학(政堂文學)과 겸하여 예문관(藝文館) 대제학(大提學)을 제수받았으며, 성산군(星山君)에 봉해지셨다.

선생이 왕께서 간신과 소인을 친근히 지내며 송강(松崗)에서 활로 참새를 쏘아서 잡은 것을 보고는 지름길로 나아가 꿇어앉아서 말하기를 "전하께서는 어둡게 숨어서 사시던 때를 잊었습니까? 지금 어찌 조그마한 위엄을 빌려 색(色)을 낚고, 백성의 재화를 빼앗으니 백성들이 삶을 즐기지 못하고 있습니다. 신은 화가 조석 간에 있을까 두렵습니다. 이것을 애휼하지 않고 오직 조그마한 즐거움을 이에 구경하십니까? 전하께서 노신의 말을 들으시어 현인을 벼슬에 나아가게 하고 간사한 자를 물리쳐서 정성을 가다듬어 치적(治績)을 도모하신다면 노신은 비록 죽더라도 지하에서 눈을 감을 수 있겠습니다." 라고 하셨다. 선생께서 매일 들어가서 왕을 알현하니 왕이 신발 소리만 듣고 말하기를 "이는 이조년이 오는구나." 라고 하고는 좌우의 사람을 물러가게 하고 용모를 가다듬고 기다리셨다. 처음에 장사꾼인 임신(林信)이 딸이 있었으니 단양대군(丹陽大君)의 노비가 되었다. 왕이 보고서 총애하여 임신의 벼슬을 대호군(大護軍)에 임명하자, 임신이 임금의 총애를 믿고서 기륜(奇倫)을 구타하였는데 왕이 임신 편을 들어 기륜의 집을 헐어버렸다. 선생이 아울러 그 일도 간하자 왕이 몹시 성을 내며 받아들이지 않았다.

　선생은 물러나서 탄식하며 말하기를 "이미 능히 그 아름다움을 순하게 못하였고 때마침 족히 그 악행만 더 하였으니 임금을 사랑하는 도가 아니로다." 하고는 드디어 필마로 고향 산천으로 돌아와서 인간의 일을 사귀지 않았다. 후일에 선생의 종자(從子)인 연경(延慶)이 들어가서 왕을 뵈오니, 왕이 말씀하기를 "너의 공(公)이 나를 욕보였으니 어떠하오?" 라고 하시자 연경이 "늙어 노망하였습니다." 라고 대답하자 왕이 기뻐하며 선생에게 곡식과 비단을 하사하고 시종훈일등(侍從勳一等)에 책봉하였으니 성근익찬경절공신(誠勤翊贊勁節功臣)이라고 하며, 인(因)하여 벽상(壁上)에 도형(圖形)을 그려 넣었으며, 그의 부모와 처자에게 벼슬을 내리고 토전과 노비도 하사하였다. 계미(癸未) 1343년 5월 기사(己巳)일에 선생께서 돌아가시자 왕이 소문을 듣고 말씀하시기를, "시종일관으로 한결같은 충절로 나의 몸을 끼고서 보필하였으니 그 공이 막대하여, 하수가 띠만큼 되고 태산이 숫돌만큼 닳도록 잊지 않으리라."라고 하시고는 시호 문열(文烈)을 추증하셨다. 공민왕에 이르러 후작(侯爵)으로 승진하여 봉하였으며, 충혜왕의 묘정에 배향되셨다. 우리의 명종조(明宗朝)에는 연봉산(延鳳山) 아래에서 제사를 모시게 되었으며 전후로 조정에서의 포장(襃獎)함과 선비들의 숭봉(崇奉)함이 지극하고도 극진하여 더 이상 더 할 수가 없었다.

배는 초계군부인(草溪郡夫人)에 봉해진 정씨(鄭氏)이시니 감찰대부(監察大夫)이셨던 윤의(允宜)의 따님이다.

1남을 낳았으니, 포(褒)이며 벼슬은 도첨의 평리(都僉議評理)요 시호는 경원공(敬元公)이다.

손남(孫男)이 6인이니,

인복(仁復)은 홍안부원군(興安府院君)이니 시호 문충공(文忠公)이고

인임(仁任)은 광평부원군(廣平府院君)이니 시호 문숙공(文肅公)이고

인미(仁美)는 예의판서(禮儀判書)이었고,

인립(仁立)은 대제학(大提學)이었으며,

인달(仁達)은 주부(主簿)이며,

인민(仁敏)은 성산부원군(星山府院君)이었다.

인복의 아들은 2명이니, 향(響)은 낭장(郞將)이요, 용(容)은 총랑(摠郞)이며, 인임의 아들도 2인이니, 환(瓛)은 대호군(大護軍)이요, 민(珉)은 좌랑(佐郞)이며, 인미의 아들은 4인이니, 일(鎰)과 은(誾)은 모두 판윤(判尹)이요, 검(儉)은 부윤(府尹)이며, 그리고 해(該)이다.

인립(仁立)의 아들은 2인이니, 제(濟)는 흥안부원군(興安府院君)이요 시호는 경무공(景武公)이며, 발(潑)은 병조판서(兵曹判書)이니 시호는 평간공(平簡公)이고, 인달(仁達)은 후사가 없으며,

인민(仁敏)의 아들은 5인이니,

직(稷)은 영의정(領議政)이고, 시호는 문경공(文景公)이요,

수(穗)는 총제(總制)였고, 이(移)는 승지(承旨)였으며,

갈(秸)은 봉례(奉禮)요, 아(我)는 첨추(僉樞)이다.

선생의 옷과 신발을 소장한 묘소가 성주목의 남쪽 부동(釜洞) 임좌(壬坐) 원에 있으며, 익재(益齋, 이제현)께서 그 묘지(墓誌)를 지으시고, 송성담(宋性潭)께서 그 묘표를 기록하심이 빛나고 빛나 해나 별과 같았으나, 신도비를 현각하여 세움이 없고, 묘의(墓儀)도 구비하지 못하였더니 사손(嗣孫)인 종열(宗烈)이 제종들과 합모(合謨)하여, 호문(鎬文)과 영순(英淳)과 더불어 그 일을 주관(主管)하고, 종탁(鍾鐸)과 진화(鎭華)와 봉기(鳳基) 제군들을 개입(介入)하여 영한(甯漢)에게 신도비문을 지어달라고 하였다.

영한은 문장력이 없어서 감히 감당할 수 없었다. 그러나 선생에게 외후손이 되어 감히 끝내 사양할 수 없기에 사론(史論)에 근본하고 가장(家狀)을 참고하여 우(右)와 같이 서차(序次)하였다.

아! 선생께서는 몸집이 짧고 왜소하면서도 정신이 사나웠고, 신채(身采)

매국정(梅菊亭)

가 수려하게 뛰어나 기국(器局)도 있고 지절(志節)도 있었으며, 강직하고 개결(介潔)하고 방정(方正)하여 악을 미워하기를 원수와 같이 하셨으니, 대개 하늘이 부여함을 얻었기에 그러하였으리라. 가령 그 지극한 정성과 큰 의로움은 평탄함과 위엄함이 일치하여 사람들은 감히 말하지 못하더라도 나는 홀로 말하셨으며, 사람들은 감히 행하지 못하여도 나는 홀로 행하시면서 "직(直)"의 한 글자로써 문간(門間)위에 붙여두고서 진퇴(進退)하는 사이에 너그럽게 여유가 있었던 것은 학문의 힘을 진실로 가히 속일 수가 없나니, 퇴계 선생의 정평이 그렇지 않았던가.

-명(銘)하여 말하노라;

성산이 정기를 길러 철인을 내렸네,
  회헌(晦軒)문하의 높은 제자요, 고려 시대의 충신이셨네.
  말고삐를 잡고 따라서 매진하고 경전에 배불러도 신고(辛苦)를 겪었으며, 하늘을 보좌하고 해를 목욕시켜 공이 선비 중에 으뜸이셨네.
  4조(四朝)를 섬기니 황발(黃髮)이 되었고 지극한 충성이 정성스러웠네. 곧으시구려 화살과 같았고 홀로 임금의 마음에 거슬리는 직간을 하셨네. 상서(尙書)의 신발소리는 궁에까지 사무쳐서 용모를 정제하고, 기다리고 앉아서 공경하기를 신과 같이 하시었네.
  왕실이 타는 듯하여 불꽃의 섶 속에

경내 매운당 이조년 신도비

놓였으니,

  백성의 뜻이 해산하여 망망히 아득하여 끝이 없었네.
  저 동강(東崗)을 돌아보소서 손을 움츠리고, 뒤로 물러나시어
  나의 관(冠)을 이미 걸어두고 나의 수레도 이미 걸어 매었네.
  이미 현명하고 또한 냉철하여 천세토록 짝할 이가 없었으며,
  그분의 사적(事蹟)은 더욱 오래 될수록 그분의 이름은 더욱 새롭네.
  우러러 높은 산같이 바라보니 한결같이 어찌나 높으셨고,
  붓을 날려 비문을 기재하여 푸른 옥돌에 게양(揭揚)하노라.
  저옹집서(著雍執徐) 무진(戊辰)년 요하(蕘夏) 월 하한(下澣)에
  외 후손인 통정대부(通政大夫) 전 비서원승(秘書院丞)이었던
  안동(安東) 김영한(金甯漢)은 삼가지음.

4. 문충공(文忠公) 이인복 고려사: 열전

이인복(李仁復)은 자가 극례(克禮)로 성산군 이조년의 손자이다. 날 때부터 생긴 보습이 빼어났으며 조금 자라니 행동거지가 마치 노숙한 사람 같았다. 열심히 공부하고 글을 잘 짓자 이조년이 항상 등을 어루만지면서 "우리 가문을 크게 일으킬 사람은 바로 너로다."라고 격려했다. 충숙왕 때 열아홉 살로 과거에 급제한 후 복주사록(福州司錄)이 되었다가 춘추공봉(春秋供奉)으로 뽑혀 보임되었으며 충혜왕 때는 기거사인(起居舍人)으로 임명되었다. 또 원나라의 제과(制科)에 급제해 대영로(大寧路) 금주판관(錦州判官)으로 임명되었다가 귀국해서는 기거주(起居注)로 승진했다.

충목왕이 즉위하자, 이인복이 제과에 급제해 명망이 높았으므로 네 차

례 전임시켜 우부대언(右副代言)으로 삼았다가 밀직제학(密直提學)으로 승진시켰고 서연(書筵)³에 나아가 강의하도록 하였다. 이인복의 용모가 엄숙한데다 말투가 간략 신중하였으므로 왕은 늘 주변 사람들에게 "이공을 보면 나도 모르게 두려운 마음이 든다."고 말하곤 했다. 거듭 승진해 삼사좌사(三司左使)가 되자 원나라에서는 정동행성도사(征東行省都事)로 임명하였다.

공민왕 초에 조일신(趙日新)⁴이 변란을 일으켜 경향 각처를 호령하자 조정의 신하들이 두려운 나머지 입을 다물고 한마디도 하지 않았다. 왕이 몰래 이인복을 불러 "사태가 이미 이렇게 되어버렸으니 어찌하면 좋겠는가?" 하고 묻자 다음과 같이 대답했다. "반란을 일으킨 신하는 마땅히 정해진 형벌을 받아야 합니다. 더구나 현재 원나라가 엄연히 법령을 밝히고 있는 터에 미적거리다가는 누가 전하께 미칠까 걱정입니다."

이에 왕은 조일신을 죽이기로 결심했다. 왕은 평소에 이인복을 중히 여겼는데 그의 단호한 대답을 들은 이후 더욱 중히 여겨 정당문학(政堂文學) 겸 감찰대부(監察大夫)로 임명하고 곧이어 성산군(星山君)으로 봉했다. 원나라에서도 그를 정동성원외랑(征東省員外郎)에 임명하였다.

원나라에서 조서를 내려 고려조정이 기씨(奇氏)를 죽인 것과 고려군이 국경을 침범한 죄를 용서한다고 알려왔다. 이에 사은사를 보내게 되었는데 왕은 이인복이 사리를 알고 절의를 지키는 사람이라고 판단해 그를 사신으로 임명했다. 그러나 이인복의 숙부인 평장사(平章事) 이승경(李承慶)은 왕에게 "저는 이인복을 간사한 자라고 생각합니다."라며 깎아내렸다. 왕이 그렇게 말한 이유를 묻자 "이인복은 평소 배운 것이 경세제민(經世濟民)

---

3 고려 시대 때 임금이나 세자(世子)가 경사(經史, 경서와 사기)를 강론하던 자리.
4 역신(逆臣), 고려 후기 찬성사(贊成事)를 지냈으며 공민왕 1년(1352) 9월 정천기, 최화상, 장승량 등과 함께 반란을 일으킨 주모자이다.

의 방법인데도 주상께 한 번도 건의한 일이 없기 때문입니다."라고 말했다. 이인복은 상서좌복야(尙書左僕射)·어사대부(御史大夫)로 옮기게 되자, 이색에게 이렇게 말하기도 했다. "나는 적임이 아닌데도 헌대(憲臺)를 여러 차례 관할하면서 아직까지 한 번도 기강을 진작시킨 적이 없소. 내 생각에는 사소한 일로 주상께 아뢰어 번거롭게 할 필요가 없을 것 같고, 또 큰일은 조정에서 처리할 터이니 중간에서 불필요하게 간섭을 해서는 안 된다고 생각하오."

참지중서정사(參知中書政事)로 옮긴 후 판개성부사(判開城府事) 첨의평리(僉議評理)를 역임했으며, 찬성사(贊成事)로 승진하여 단성좌리공신(端誠佐理功臣)의 칭호를 받았다.

왕이 이인복을 원나라에 보내 복위를 승인해준 것에 대해 사의를 표하게 했는데 마침 보루테무르[孛羅帖木兒]가 군사를 이끌고 연경으로 들어가 승상을 축출하고 그 자리를 대신하고 있었다. 조정에 들어가 알현하는 자리에서 이인복의 간명한 말씨와 중후한 용모가 보르테무르의 눈길을 끌었다. 이인복이 물러나와 수행원들에게 "가서 만나도 두려워할 만한 인물이 아니라 하더니 바로 그 사람에 어울리는 말이다"라고 하였다. 왕의 건의로 원나라가 그를 봉의대부(奉議大夫), 정동행 중서성 좌우사낭중(征東行中書省左右司郎中)으로 임명했으나 신돈의 뜻에 거슬려 파직되면서 흥안부원군으로 봉해졌다가 얼마 후 판삼사사(判三司事)가 되었다. 왕이 문수회를 크게 열고는 양부(兩府)를 거느리고 예불에 참석했는데 이인복과 이색만은 부처에 절할 때마다 밖으로 나가 절을 하지 않았다. 22년(1373) 검교시중(檢校侍中)으로 있을 때 부친상을 당했는데 경산에 있었기 때문에 왕이 판전교시사 임박(林樸)을 보내어 조문하였다. 이듬해에 등에 종기가 나자, 회복하지 못할 것이라 판단하고는 의관을 갖추어 입고 북쪽으로 향하여 이마를

초은 이인복 고려사 이미지

조아리고 왕에게 하직하는 것처럼 하였다. 임종때 동생 이인임이 염불을 권하였더니 "내 평소 부처를 믿지 않았는데 지금 와서 스스로를 속일 수 없다."고 하며 약을 올려도 물리쳤다. 또 이인임에게 다음과 같이 일렀다. "재상이 죽었을 때 관청에서 장례를 치러주는 것은 나라의 두터운 은혜이다. 그러나 나는 평소에 티끌만한 보답도 못했으므로 죽어도 부끄러움이 남아 있을 것이니 나를 위해 사양하라."

말이 끝나자 몸에 조복을 입히게 하고 죽으니 향년 예순 일곱이었다. 왕은 깊이 애도하며 육식을 끊고 사자를 보내어 제사를 지내고 예를 갖춰 장례를 치르게 했으며 문충(文忠)이라는 시호를 내렸다. 이인복은 강직하여 절개가 있고 남이 선행을 했다는 말을 들으면 비록 그것이 하찮더라도 반드시 기뻐하였다. 한 가지 일이라도 적절치 않으면 반드시 얼굴에 노기를 띠었으나 말로 표현하지 않았으므로 사람들은 그를 두고 어눌하다고 하였다. 그러나 스스로는 "나는 성품이 조급하고 편협한지라 행여 실

언할까봐 늘 말을 참는 것이다."라고 말하곤 했다. 그가 지은 글은 말이 엄격하고 뜻이 오묘했으며 문장을 얽어 만들 때는 크게 고심했다. 또 사실을 서술하거나 사물을 읊은 글에는 악행을 짓거나 풍자하는 내용이 대부분이었다. 민지(閔漬)가 지었던 편년강목(編年綱目)을 중수했으며 충렬왕실록, 충선왕실록, 충숙왕실록 및 고금록(古今錄), 금경록(金鏡錄) 등을 수찬하였다.

이인복이 왕에게 "신돈(辛旽)은 올바른 사람이 아니므로 뒷날 반드시 변이 생길 것이니 그를 멀리하소서."라고 은밀히 아뢰었으나 그 말을 귀담아 듣지 않았다가 신돈이 처형당한 후에야 왕은 그의 선견지명에 탄복하였다. 이인복은 동생 이인임의 사람됨을 싫어하여, "나라와 집안을 패망시킬 자는 필시 두 동생일 게다." 했는데 과연 그 말대로 되었다. 그의 손자 이존성도 이인임의 역모에 연좌되어 죽었다. 우왕 원년(1375)에 충정왕의 묘정에 배향되었고 아들로는 이향(李嚮)·이용(李容)이 있다.

제7부

정난(靖難)과 사화(士禍)

1. 정난과 사화에 얽힌 선비들의 수난사

정난(靖難)이란 나라가 처한 위급한 병란(兵亂)이나 위태로운 재난(災難) 등을 가라앉혀서 평안함을 목적으로 취한 행위다.

그리고 사화(士禍)는 정치적으로 집권적 위치에 있는 세력(훈신척신)들이 신진사류(新進士類)들로부터, "권력을 사적인 치부에 남용을 한다"는 강한 비판을 받음으로써, 사림(士林)들에게 비참하게 보복을 단행하여 화를 입힌 사건으로써, 피해를 당한 사림의 입장에서 쓰인 말이다. 사화는 정치적으로 사상, 감정 및 향사와 관련한 문제들로 반목을 가진 자들에 의해 각각 파벌형성이 되어, 대립과 논쟁 관계에서 발전하여 파쟁을 일으킴으로써 정치 기강도 문란해졌다.

정난과 사화는 결국은 정치권력을 장악하기 위한 수단으로 쓰였으며, 집권세력의 변천과 더불어 반복적으로 새로운 사화가 발생했고, 패자는 반드시 비참하게 화를 당하는 악순환을 불러일으켰다.

조선은 개국 이래 유교를 국교(國敎)로 삼아 유학을 장려하였으므로 선비사회가 활기차게 성장했다. 대표적인 당파는 세조의 정권찬탈에 적극 가담하여 부귀와 지위를 얻은 훈구파(勳舊派)와 이에 반대하여 불사이군의 명분으로 절의를 지킨 절의파(節義派)와, 찬탈을 비판하며 기회를 잡아 조정 진출을 꾀하려는 사림파(士林派), 영남파(嶺南派), 청담파(淸談派) 등이 있다.

전장(前章)에서 보았듯이 우리 선조들의 역사기록 중에는 정난과 사화로 인하여 유배를 가거나 연좌되어 관직을 삭탈(削奪)당하고 목숨까지도 잃은 경우의 예가 수차례에 걸쳐 언급 되었다. 그러나 단문(短文)의 사건개요 만으로는 피해 당사자들이 마치 음모를 꾸미고 적극 가담하여 큰 잘못을 저지른 양 인식이 될 뿐 정상참작의 여지를 두지 않았다. 사화와 관련한 기록을 따라 집권세력들의 권력쟁취과정에서 희생양이 되었던 정직한 선비와 학자 무장들의 면면을 살피고 재인식을 하는데 주목해야 할 것이다. 전자에 잘못된 판단으로 억울한 누명을 쓰고 죽음을 당한 군신을 비롯, 옥살이와 유배생활로 인하여 고통을 겪은 수많은 사림들을 후대에 비로소 정의가 밝혀져 그들을 신원(伸寃)하고 지위를 복권시킨 예가 많기 때문이다. 단종을 비롯하여 왕자, 사육신, 조광조, 남이장군 등이 대표적인 사례다.

그러나 후대에 와서 피해자들 가슴에 맺힌 원한을 풀어주었다는 정치적 배려가 그들을 원상(原狀)으로 회복시킬 기능은 아니기에 안타까울 뿐이다. 사화와 관련하여 선조들이 입은 피해를 사건별로 정리하면 아래와 같다.

선조들이 피해를 당한 정난. 사화별 기록순서

정난·사화	재위(왕)	집권	주요과정 및 결과	피해자	형 벌
(1)계유정난 1453년	단종 1년	수양대군	수양대군의 정권장악	김종서. 황보인. 성삼문. 이지활, 이지원	*사사[1] *사형[2] 벼슬사직
(2)남이옥사 1468년 정해	예종 즉위	예종	구공신(강희맹, 한명회, 유자광)에 의해 신공신 참변	남이, 강순, 조경치, 이중순 유(洧). 주(湊)	사형 유배
(3)무오사화 1498년	연산 4년	연산군	훈구파 유자광과 이극돈, 신진사류들을 제거한 사건	김종직 제자 김일손 등	부관참시 *거열형[3]
(4)갑자사화 1504년	연산 10년	연산군	임사홍의 밀고로 연산군 생모 윤씨 폐위에 가담한 훈구파 대규모 숙청	성종의 후궁 안양, 봉안군 김굉필 등 10명 한명회 등 8명 이자견. 이자화	사사 사사 사형 부관참시 유배

정난·사화	재위(왕)	집권	주요과정 및 결과	피해자	형벌
(5)기묘사화 1519년	중종 14년	중종	훈구파 제거 사림파 조광조 등용. 훈구파 남곤 김전 조광조 제거 음모	조광조 김정, 김준, 한충 등 충건, 문건, 이구	유배, 사사 사사 사형, 자결 파직, 유배
(6)을사사화 1545년	명종 즉위	명종	왕실 외척인 대윤, 소윤의 왕위계승권 대립. 사림인 대윤파 대거숙청.	윤임, 유관 종친 계림군 이휘, 이덕응 이문건, 이염	파직사형 효수, 장형 사형, 장형 유배, 파직

* 성주이씨 피해자는 밑줄(underline)표시

1-1 계유정난(癸酉靖難)

－피해자 고은 이지활, 대은 이지원

계유정난은 1453년 조선 6대 단종(端宗) 1년, 계유년(癸酉年)에 수양대군이 정권장악을 위해 경쟁세력(반대파)를 없앤 사건이다. 단종의 어머니 세자빈 권씨는 홍위(弘暐, 단종)를 낳은 지 3일 만에 죽었다. 단종은 세종의 후궁인 혜빈양씨가 양육을 했으며 1448년에 세손(世孫)에 책봉되었다. 세종은 어린 세손인 단종(당시 8세)을 무척 아꼈다. 세종은 세자(世子) 향(문종)이 오래 살지 못할 것을 알고 있었으므로 성삼문, 박팽년 등의 집현전 학자들을 은밀히 불러 세손의 앞날을 부탁했다.

1450년 세종이 죽고 문종(文宗)은 조선 제5대왕으로 즉위하였으나, 문종은 건강이 좋지 않아 세종이 예상했던 대로 즉위 2년 3개월 만에 어린 세자 단종을 부탁한다는 고명을 남기고 병사하였다.

---

1 사사(賜死): 극형에 처할 죄인을 대우하는 뜻으로 임금이 독약을 내려 자결하게 함.
2 사형(死刑): 수형자의 생명을 참형, 교수형 등으로 끊는 형벌.
3 거열형(車裂刑): 죽은 자나 생명이 있는 자의 목과 사지를 5거(伍車)에 매달고 찢어 토막내는 형벌.

단종은 12세 때 왕위에 올랐으나 수렴청정을 할 만한 대왕대비나 왕비도 없었다. 자연히 모든 정치권력은 황보인, 김종서 등에 집중되므로 세종의 아들(소헌왕후 심씨 적자)들인 수양대군, 안평대군, 임영대군, 광평대군, 금성대군, 평원대군, 영응대군 등이 왕권을 위협하게 된다. 수양대군은 어린 왕을 보필한다는 이유로 1453년 10월 정난을 일으켰다. 김종서, 황보인 등이 셋째인 안평대군 주위에 모여들자 경계를 하다가 수하인 한명회의 계책으로 "이들이 안평대군을 추대하여 종사를 위태롭게 하였다"는 죄명을 씌워 김종서와 황보인을 죽였다. 수양대군은 영의정에 올라 왕권을 차지하고 거사에 참여한 대신들은 '정난공신'에 봉하고 동생 안평대군과 우직(안평 아들)을 강화도로 유배시킨 후 안평은 사사시키고 우직은 진도에 유폐시켰다. 1454년 1월 단종은 왕비를 맞았다. 이듬해 수양대군이 왕의 측근인 동생 금성대군과 종친, 궁인, 신하들을 죄인으로 몰아 유배시키자, 단종은 신변의 위험을 느끼고 왕위를 내놓고 상왕으로 물러나게 된다. 그 후 1456년 6월 상왕인 단종 복위사건이 일어나자 수양은 성삼문, 박팽년, 이개, 하위지, 유성원 등 집현전학사들과 무관 유응부 등을 사형시켰으며, 단종도 노산군으로 강등하여 영월에 유배시켰다. 1457년 9월 유배되었던 동생 금성대군이 단종 복위를 계획하다 발각이 되자 죽이고, 단종의 유모(혜빈양씨, 세종의 후궁)도 그의 자식들과 함께 유배 후 교수형에 처했다. 단종은 서인으로 강봉시킨 후 그해 10월에 사사되었는데 이때 단종의 나이는 17세의 어린 나이였다. 단종은 조선의 역대 국왕 중 적장손으로 태어나 가장 정통성을 갖추고 왕위에 오른 경우이기 때문에 우리 선조들이 더욱 안타까운 마음이었을 것이다.

성주이씨 중시조 세계 6세인 고은(孤隱) 이지활(李智活)은 단종 손위(遜位, 임금 자리를 내놓음)시에 벼슬을 버리고 거창 박유산에 은둔하고 망월시를 지어

매일 북을 향해 통곡을 하였으며, 단종의 승하소식을 듣고는 상심하여 생을 마쳤다. 또한 동생 대은(大隱) 이지원(李智源)도 단종 손위 시에 벼슬을 내놓고 연봉산하에 거처하다 단종이 승하했다는 소식을 듣고 시 한수를 쓰고 울분을 참지 못해 병이 나서 식음을 전폐하다 생을 마감했다.

단종은 1681년(숙종 7) 노산대군(魯山大君)으로 추봉되었으며 1698년에 단종(端宗)으로 복위되었다. 단종을 위해 충절을 지킨 신하들은 높은 평가를 받았다. 비록 노산대군은 지위가 환원되고 왕위를 복위하였다고는 하지만 비참히 잃은 아까운 생은 아무도 보상 할 수가 없는 것이다.

1-2 남이(南怡) 옥사사건

−피해자 이중순, 이숙순, 이유

조선 제6대 단종(端宗, 1453) 1년에 발발한 계유정난 때에 한명회, 신숙주 등은 세조의 즉위를 도와 정난공신(靖難功臣)이 되었다.

세조 말년에 북방에서는 이시애가 난을 일으켜 세조는 어려움에 처하게 된다. 이때 병마도총사인 구성군(龜城君) 이준, 병마부총사 조석문, 진북장군 강순, 좌대장 어유소, 우대장 남이 등이 나서 이시애의 난을 평정한다. 난이 평정된 후 이들은 적개공신(敵愾功臣)으로 책봉되었다. 또한 서자(庶子) 출신인 유자광은 고변과 음해, 모사에 능한 인물로서 이 일로 빛을 보는 계기가 되었는데, 세조가 이시애의 난을 쉽게 진압하지 못하고 곤경에 처하게 되자 그는 난의 진압계획을 올려 세조의 환심을 산 뒤 전장에 투입되었고 보란 듯이 공을 세웠다. 세조의 신임을 받고 벼슬을 하게 된다. 반면 이시애는 한명회와 신숙주를 반역의 동조자로 엮기 위해 지목을 함으로써, 세조는 이런 상황에서 믿을 사람은 종친뿐이라는 생각으로 이들

(한명회 등)에게 관군을 맡길 수 없어 구성군 이준, 남이 등을 정벌군에 임명하고 한명회는 가택연금을, 신숙주는 구속을 시킨 상태였다. 이시애의 난으로 인하여 젊은 신 공신들의 출현은 구 공신들의 권위를 떨어뜨려 갈등을 불러 일으켰다.

이에 더하여 1467년 9월, 요동의 여진족들이 소요를 일으키자 명나라는 조선에 지원군을 요청하였고, 세조는 강순, 남이, 어유소 등을 출전시켜 여진을 진압하였다. 세조는 젊은 공신들을 무척 아끼고 신뢰를 하였으므로 이 공로로, 강순은 영의정을, 조석문은 좌의정에, 남이는 병조판서에 제수하였다. 이 때 남이의 나이는 26세였다.

그러나 세조가 세상을 떠나고 1468년 예종이 즉위하자 구공신들은 신공신들이 왕실세력을 확장시키는 것을 견제하고 나섰다. 신공신의 구성군(세종의 손자)과 남이(태종 이방원의 외손)는 왕실의 종친이지만 구성군은 정치에는 관심이 없는 반면 남이는 야심이 커 두 사람은 어울리는 성격이 아니었다. 예종은 평소에 세조로부터 자기보다 남이가 관심과 사랑을 많이 받는 것을 못 마땅히 여겨왔다.

남이를 미워하는 구공신 일파들은 남이의 세력들을 제거하려는 음모를 꾸미고 기회를 노리고 있었다. 이윽고 한명회(韓明澮, 예종의 장인)는 예종 즉위를 기해 지중추부사 한계희를 통해 "남이는 병조판서로 있기에는 부적합하다."고 했고 예종은 곧바로 남이를 겸사복장(兼司僕將)으로 강등 발령했다. 예종즉위 한 달 후에 병조참지(兵曹參知)인 유자광이 "남이가 역모를 꾸미고 있다."고 고해바쳤다.

남이가 궁궐에서 숙직을 하던 중 혜성이 나타나는 것을 보고 "혜성이 나타남은 묵은 것을 없애고 새 것을 나타나게 하려는 징조다."라고 하며 남이가 군사를 일으켜 궁궐을 습격하여 반란을 일으킬 것처럼 과장되게 고해바친 것이다. 예종은 주요 종친들과 대신들이 지켜보는 가운데 남이를 심문했으나 남이는 역모사실을 부인했다. 예종은 남이로부터 별다른 혐의를 발견하지 못하자 유자광을 불러 대질을 함으로서 유자광이 고변자라는 것을 안 남이는 머리로 땅을 치며 "유자광이 나를 모함한 것이다."라고 부르짖었으나 소용이 없었다.

곧 이어 남이 계열의 무장들에 대한 수사가 확대되었으며, 참형된 사람의 부자(父子)는 모두 사형으로 연좌하라는 임금(예종)의 명이 하달되었다. 남이 옥사사건으로 남이, 강순과 남이의 심복인 조영달, 이지정, 조숙 등 삼십여 명의 무인 관료가 사형당하고 가솔들이 유배조치를 당하거나 변방에서 종군 또는 노비로 전락하는 피해를 입었다.

上問承政院及 申叔舟, 韓明澮, 朴元亨曰: "趙穎達, 李之楨者,
상문승정원급 신숙주 한명회 박원형왈: 조영달 이지정자

南怡腹心也. 怡雖不言, 欲臨時語之, 是亦黨也. 處斬如何? 凡事干
남이복심야 이수불언 욕임시어지 시역당야 처참여하 범사간

人罪狀, 分其輕重以啓." 叔舟等分揀啓之, 下旨于義禁府曰: (中略)
인죄상 분기경중이계 숙주등분간계지 하지우의금부왈: (중략)

_ 예종실록 1권, 즉위년 10월 28일 2번째 기사 일부분 발췌

임금이 승정원과 신숙주·한명회·박원형에게 묻기를, "조영달, 이지정은 남이의 심복인데 남이가 비록 말하지 아니 하였을지라도 때에 인하여 말하려고 하였으니 이들도 당류(黨類)이다. 처참(處斬)함이 어떻겠는가? 무릇 일에 관련된 사람의 죄상을 그 경중을 가려 계달하라." 하였다. 신숙주 등이 분간하여 계달하니, 의금부에서 전지를 내리기를… (중략)

그러나 이 사건은 임진왜란 이후,「남이가 실제로 역모를 했다는 증거는 없으며. 남이의 옥사사건은 유자광의 모함으로 이루어진 옥사다, 패기 넘치는 젊은 장군이 난도(亂刀)에 쓰러져간 "비극적인 영웅"이다.」라고 기술되어 추모하고 있다. 조선 중기, 무오, 갑자사화의 책임을 유자광에게 돌려 그를 극악한 간신으로 평가를 함으로써 남이의 옥사도 그가 날조했을 것으로 보는 것이다. 유자광은 남이장군이 1467년 여진족을 물리치고 쓴 시중에서 한 글자를 바꾸어 "未得國"[4]으로 조작하여 임금의 자리를 탐하는 것으로 고해바쳐 역모로 모는데 악용을 하였다는 것이다.

- 남이장군 시

白頭山石磨刀盡, 豆滿江水飮馬無,
백두산석마도진 두만강수음마무

男兒二十未平國, 後世誰稱大丈夫.
남아이십미평국 후세수칭대장부

백두산의 돌은 칼을 갈아 닳게 하고,

두만강 물은 말에게 먹여 없애도다.

남자가 이십 세에 나라를 평안하게 못하면,

후세에 누가 대장부라 말하리오.

(男兒二十未平國을 ⇒ 未得國으로)

남이 사건으로 인하여 문열공 조년의 증손인 평간공 발(潑)의 친손 중순(부, 尹潤)이 남이 계열의 무인들로서 함께 어울렸다는 죄명으로 연루되어 피해를 입었으며 아우 숙순 등은 경상도 장기로 유배 또는 충군(充軍)되었다.[5]

---

4 미득국: 나라를 얻지 못하면.

평간공의 자 유(洧, 감찰, 이조참판)는 연좌되어 아들 주(湊, 의정부좌참찬)가 부친을 모시고 상주 함창으로 유배를 갔다. 예종 즉위년 1468년이므로 주(湊)의 아들 자견(自堅, 1454년생)은 당시 15세의 미성년자로 조부와 부모를 따라 내려갔을 것이다. 조선 23대 순조(純祖, 1818)에 이르러서야 남이의 후손인 우의정 남공철의 주청으로 강순과 함께 남이

남이의 시

는 관직이 복구되었다. 시호는 충무공이고 창녕의 구봉서원에 배향되었다. 결국 정권야욕을 가진 간신배들의 모함으로 인해 젊은 무장들이 역모로 몰려 목숨을 잃은 것으로 귀결되지만, 일부에서는 아직도 논쟁이 그치지 않고 있다.

1-3 무오사화(戊午士禍)

무오사화는 1498년(연산군 4)에 김일손 등이 유자광에 의해 화를 입은 사건이다. 성종실록을 편찬할 때, 청렴한 신진사류(新進士類)인 사관 김일손(金馹孫)은 사초(史草, 시정을 적은 사기의 초고)를 올렸는데, 그 초안에 훈구파(勳舊派)의 잘못됨과 그릇된 행동을 지적했고, 스승인 김종직이 지은 조의제문(弔義帝文)[6]을 함께 써 올림으로써 훈구파인 유자광과 이극돈 등이 사감(私憾)을 가

---

5 족보로는 평간공 발의 아들 윤(潤)은 경무공 제(濟)에 출계하였다.
6 김종직이 세조의 왕위 찬탈행위를 초나라 의제(義帝)에 빗대어 풍자한 글이다. 즉 세조에게 죽임을 당한 단종을 항우에게 죽임을 당한 의제에 빗대어 묘사한 것이므로 훈

지고 문제를 삼은 것이다.

1-4 갑자사화(甲子士禍)

-피해자 이자견. 이자화

갑자사화는 1504년(연산군 10)에 발생했다. 무오사화는 훈구파에 의해 사림파가 크게 피해를 당한 사건이나, 갑자사화는 연산군이 훈구파까지 무자비하게 제거한 사건이다. 연산군의 생모 윤씨(尹氏)는 성종의 비(妃)로서 질투가 심하고 왕비로서의 체모를 지키지 못했다는 이유로 1479년에 폐비(廢妃)되고 다음 해에 사사(賜死)되었다. 부왕인 성종은 폐비 윤씨 사건을 100년 동안 거론하지 말라는 유명을 남겼기 때문에 어느 누구도 폐비사건을 연산군에게 말할 수가 없었다. 그러나 임사홍은 성종 때 사림파(士林派) 신관들에 의해 탄핵을 받고 귀양을 갔다 돌아온 경력이 있다. 임사홍은 이 사건을 연산이 알게 되면 생모인 윤씨 폐비에 앞장섰던 훈구세력(勳舊勢力)과 사림(士林)세력들 모두에게 화를 입힐 수 있을 것이라는 것을 알고 밀고를 하였다. 연산군은 평소 어머니 윤씨 폐비사건에 대해 의문을 가지고 있던 터에 임사홍의 밀고로 모든 사실을 자세히 알게 된 것이다. 이윽고 연산은 성종의 후궁들(엄숙의·정숙의)을 죽이고 그들의 아들인 안양군과 봉안군도 귀양을 보낸 후 사사했다. 그리고 윤씨 폐출을 주도한 할머니인 인수대비는 머리로 들이받아 부상을 입혀 죽게 했고 윤씨 폐비에 가담했던 세력들을 모두 찾아내어 치죄했다. 윤필상, 김굉필 등 10여명은 사형을 당하

구파는 사관들이 세조의 왕위찬탈을 비방한 것이라고 연산군에게 고해 버렸다. 이로 인해 이미 죽은 김종직은 부관참시를 당하고 김종직 문하의 많은 사림파의 선비들이 화를 당했다.

였고, 이미 죽은 한치형, 한명회 등 8명은 부관참시를 당하였다. 이 밖에도 많은 사람들이 화를 입었으며 이들 가족들에게도 연좌를 적용하여 귀양을 보냈다. 갑자사화는 왕을 중심으로 궁중의 세력이, 윤씨 폐비에 가담하고 방관한 훈구파와 사림세력의 행위에 대해 무자비한 보복을 단행한 사건이다. 그해(1506) 박원종[7] 등이 군사를 일으켜 연산군을 폐하고 강화도로 유배시켰으며 연산군은 그해 11월 31세로 생을 마쳤다.

대사간(大司諫) 이자견(李自堅)은 사화에 연루되어 연산군 10년(1504년 6월) 부친이 있는 상주 함창으로 유배되었다. 부친 자헌대부 주(湊)는 이듬해 7월 작고했으며, 자견은 1506년 9월 중종반정으로 풀려나 1508년 홍문관 부제학, 사간원 대사간, 경기도 관찰사 등을 역임하였고 1519년 호조판서를 추증받았다.

동생 이자화(李自華)는 교리(校理. 홍문관)때 폐비 윤씨 시호 및 능호 추승(雛僧)을 반대했다는 이유로 유배되었으며, 유배 후 1516년 좌승지 겸 참찬관, 1517년 한성좌윤, 대사헌. 한성우윤, 관찰사. 1518년 예조참판(禮曹參判) 등을 역임하였다.

1-5 기묘사화(己卯士禍)

－피해자 이충건, 이문건, 이구

기묘사화는 1519년(중종 14)에 일어난 사건이다.

중종(조선 제11대왕)은 연산군의 악정을 개혁하고 훈구파들의 세력확장을 우려하여 신진사림을 등용했다. 당시 훈구파는 유림의 4개 파 중 하나로

---

7 박원종(朴元宗)은 도총관으로 월산대군(성종의 친형) 부인의 동생이다.

문정공 조광조 초상

써, 정인지, 신숙주, 서거정, 강희맹 등 총신공신(寵臣功臣, 임금의 총애를 받는 공신)들은 높은 벼슬과 많은 녹전과 노비를 가진 대표적 지배계급이었다. 사림은 7대 세조 때 갈라진 유림의 4파 중 하나인 김종직 김숙자. 김굉필 정여창 조위, 김일손 등 영남인맥을 중심으로 구성된 파로써, 이전부터 정계에 뿌리를 내린 훈구파와는 대립관계에 놓여있었다. 정암(靜庵) 조광조(趙光祖)는 당시 사림학자들의 추앙을 받고 있었다. 조광조는 김굉필(金宏弼) 문하에서 수학한 도학자이다. 그는 중종의 신임을 받으면서 도학사상에 입각한 왕도정치를 구현하고자했다. 이는 성리학적 규범을 모든 백성에게 적용하여 유학적 도덕관의 실천을 몸에 배도록 하는 시도였다. 그리고 종래의 과거제도를 없애고 현량과(賢良科)[8]를 실시하여 인재를 천거해야 한다고 주장하였다. 중종은 훈구파의 반대에도 불구하고 1519년 현량과를 실시하기에 이른다. 이외에 조광조는 전통적인 인습과 구태의 제도를 개혁하고 유교사회의 질서를 수립하는데 매진하였고, 더하여 정국공신 삭훈을 실시했다. 그러나 이러한 당파적 급진개혁은 대신들의 지지를 받을 수가 없었고 중종도 도학자들의 지나친 도학적 언동에는 염증을 느끼고 있던 터였다. 또한 반정공신 위훈삭제사건(僞勳削除事件)[9]은 반격의 빌미를 제공하였다. 기회를 노린 훈구세력은 중

---

8 조선 중종 때 정암 조광조가 발의하여 시행된 시험제도로써, 학문과 덕행이 뛰어난 인재를 천거하여 대책(對策)만으로 시험한 제도.
9 중종 반정공신 중에는 자격이 없는 사람이 많으므로 공신의 3/4을 공신 호를 박탈시켜 훈적에서 삭제시킴.

심곡서원[10] 전경(수지구 심곡로 16-9)

종에게 조광조 일당이 붕당을 조직해 조정을 문란케 하고 있다고 탄핵을 하였다. 훈구세력은 조광조를 제거하기 위해 후궁을 이용하여 "온 나라의 인심이 모두 조광조에게 돌아갔다"하고 궁중에 있는 나뭇잎에 꿀을 발라 "주초위왕(走肖爲王)"이라는 조(趙)자의 파자를 쓰고 벌레가 그것을 갉아먹게 한 후 궁녀를 시켜 왕에게 바치도록 했다. 한편으로는 홍경주, 남곤, 김전 등은 밤중에 은밀히 임금을 만나 "조광조 일파가 붕당을 조성하여 중요한 자리를 독차지하고 임금을 속여 국정을 어지럽히므로 엄히 다스려야 한다"고 상소를 했다. 이 상소가 올라오자 임금은 조광조를 비롯하여 사림을 치죄하도록 한다. 한편 성균관 유생 일천여 명이 광화문에 모여 조광조의 무죄를 호소하였으나 받아들이지 않았다.

치죄결과 조광조는 능주(전남 화순)에 유배되었으며 훈구파인 김전, 남곤,

---

10 문정공(文正公) 정암 조광조 선생의 뜻을 받들어 1953년 (재)심곡학원을 설립하고 문정중학교를 개교하였다.(1964년 학교법인으로 조직을 변경하였으며, 학교 소재지는 용인시 수지구 포은대로 455번지이다.)

하마비(심곡서원 입구)

이유청 등이 영의정, 좌의정 우의정에 임명되자 곧 사림(조광조 등)은 유배지에서 사사되었다. 김정, 기준, 한충, 김식 등도 귀양갔다가 사형되거나 자결하였다. 기묘년에 일어났으므로 기묘사화라 하고 이때 희생된 조신들을 기묘명현이라고 한다. 성주이씨 세계 10세 충건(忠楗)은 사림계열의 조광조에게 학문을 배우고 1515년에 별시 문과에 급제하였고, 중종 14년 예조정랑(禮曹正郞) 겸(兼) 경연참찬관(經筵參贊官)에 올랐다. 동생 문건(文楗)도 조광조 문하로 중종 8년(1513)년 생원진사시에 응시하였다. 기묘사화로 조광조가 사약을 받고 화를 당하자 아무도 그의 죽음에 조문을 하지 못하였으나 충건 형제는 스승 조광조의 영전에 조문하고 장례에 참예하였다. 이 일로 인해 충건은 훈구세력의 남곤(南袞) 등으로부터 배척되어 파직당하였고 2년 후 안처겸(安處謙)[11]의 옥사에 연루되어 갖은 옥고를 치르다가 배소(配所)

---

11 안처겸(安處謙) 옥사: 조광조, 김식 등 신진사류를 천거한 충신은 이조판서를 지낸 안당(安瑭, 1461~1521)이다. 안당의 아들은 안처겸이다. 중종 16년(1521) 안처겸은 종친 이정숙(李正淑) 권전(權磌) 등과 함께, 기묘사화로 정권을 잡은 남곤(南袞) 심정(沈貞) 등이 사림을 해치고 정치를 문란케 한다고 이들을 제거하려는 모의를 하였다. 이때 그 자리에 함께했던 송사련이 고변(告變)을 하였는데 중종은 그것이 역모라 하여 관련자 색출을 지시한다. 안당의 집에서 모친상 때의 묘 관리인, 조문객 등을 기록한 100여명의 명단이 나왔는데 이 자료를 빙계로 아무 죄도 없는 당사자들을 잡아 잔혹한 고문으로 거짓자백을 받아내었다. 안당과 이정숙, 안처겸, 안처근, 권전, 이충건(李忠楗), 조광좌, 이약수, 김필 등 10여명이 처형되었다. 송사련은 그 공으로 당상관이 되어 30여 년간 득세했는데 친족관계로는 안당은 송사련의 이복 외삼촌뻘이어서

로 가던 중 청파역에서 사망하였다. 동생 문건(文楗)은 낙안에 9년간 유배되었다가 사면되었고, 중종 23년(1528) 별시 문과에 합격하여 승문원주서, 승정원박사, 사간원정언 등을 역임하고 후에 통정대부 승정원 우승지에 올랐다.

이구(李構)는 1519년 식년문과로 급제하고 검열이 되고 그해 기묘사화로 투옥되었으나 하루 후 석방되었다. 인종(1544)은 즉위와 더불어 곧 조광조를 비롯하여 기묘사화 때 피해를 입은 세력들을 신원(伸寃)하였다. 선조는 조광조가 주창한 현량과를 신설하였으며 조광조를 영의정으로 증직하고, 억울하게 죽은 사람들을 신원시켰으며 사림들에게 화를 입힌 남곤(南袞) 등의 관직을 추탈(追奪)하였다.

1-6 을사사화(乙巳士禍)

-피해자 문건 조카 이휘, 이염, 이덕응

을사사화는 1545년(명종 즉위)에 일어났으며 왕위 계승권으로 인한 갈등에서 시작되었는데 왕실 외척인 대윤 윤임과 소윤 윤원형의 대립관계에서 소윤이 대윤을 물리치고 정권을 장악한 사건이다.[12]

조선조 왕조국가의 왕위는 적장자 세습이었다. 중종 후반에 이르러 정통성을 가진 왕위 후보 계승자로는 인종과 명종이 해당되었으나 즉위한 인종이 일찍 승하하였다. 그런데 첫 정비인 단경왕후(端敬王后) 신씨는 아버

당시 혈연과 가문을 중시하는 유생들로부터 심한 비난을 받았다. 정치적 음모로 밝혀져 1566년(명종 21) 안당은 신원되었다.

12 대윤 윤임은 인종 어머니(장경왕후)의 오빠이고, 소윤 윤원형은 명종의 어머니 문정왕후의 동생이다.

지가 연산군 때 대신이었기 때문에 반정 직후 폐위되었고, 첫 계비인 장경왕후(章敬王后) 윤씨는 인종을 낳았지만 6일 만에 세상을 떠났다.

당시 중종은 두 번째 계비로 문정왕후(文定王后)[13]를 맞아 1534년 경원대군(후에 명종)을 출산하였다. 따라서 왕위 계승권자는 2명이 되었다.

인종의 모후는 세상을 떠났고 당시 정비는 문정왕후였으므로 자신의 아들 경원대군을 왕위에 올리려함은 자연스런 일이었다. 왕위계승이 임박하자 세자(인종)와 경원대군의 세력들은 하나의 왕위를 놓고 대립을 하게 된다. 이때 권신 김안로(金安老)는 세자인 인종을 보호한다는 명분으로 문정왕후 폐위를 시도하였지만 중도에 발각되어 사사(賜死)되었다.

그후 중종이 승하하자 인종이 즉위하였으나 건강이 악화하여 즉위 후 9개월 만에 서거하였다. 이어서 11세인 명종이 즉위하자 문정왕후는 수렴청정을 하게 되었다. 한번 위기를 겪은 왕후는 외척(동생)인 윤원로. 윤원형과 함께, 윤임(대윤) 일파인 영의정 유관, 이조판서 유인숙(柳仁淑) 등 배경을 이루는 사림들을 배제하기 위해 이들에게 원한을 가진 정순붕, 이기, 임백령, 허자 등을 심복으로 삼은 뒤, 이들 심복들로 하여금 "대윤 일파가 역모를 꾸미고 있다"고 무고(誣告)하게 하였다. 곧이어 대윤 일파가 무고를 당하자 문정왕후의 명을 받은 이기(李芑) 임백령 등은 즉시 윤임, 영의정 유관, 이조판서 유인숙 등 대윤파 3명을 역모로 몰아 파직시킨 후 귀양을 보내 사사하고 종친인 계림군과 윤임 일파로 몰려있던 사림(士林)들인 나숙, 나식, 이휘, 정희동, 박광우, 곽순, 이중열 등 10여 명을 처형하였다.

이문건의 장조카 이휘(李煇, 홍건의 자)는 택현설(擇賢說)을 언급한 것이 문제가 되었다. 인종이 후사 없이 승하하여 이미 인종의 이복동생인 명종의 왕

---

13 파평윤씨 윤지임 여.

위계승이 결정되었는데 휘가 "많은 왕자 중에서 어진 인물을 택하여 보위를 이어가야지 미리 정할 일이 아니다." 라고 주장했다는 것이다. 그리고 "봉성군(鳳城君) 희빈 홍씨 소생의 왕자가 어질다." 라는 말을 하였기 때문에 이는 윤임 일파의 사주를 받아 역모를 했다는 것이 요지다. 이휘가 체포되고 이덕응(李德應, 이휘의 6촌), 나식 등이 추국 당하고 종친인 계림군(桂林君)[14]까지 모두 역모로 몰아 죽이는 등 골육상잔(骨肉相殘)을 치루며 정권을 장악한 사건이 을사사화의 특징이다.

윤임 일파에 사림(士林)세력이 집중되어 있는 만큼 사림이라는 이유로 불행하게 참변을 당한 경우로써 묵재 이문건의 조카 이휘는 홍문관수찬으로 재임 중 효수를 당하는 화를 입었으며 이덕응(李德應, 군자감제조)은 장형을 견디지 못해 죽음을 당했다. 충건의 자 이엽(李燁, 이조정랑)은 파직되었다가 1547년에 경흥으로 유배되었다. 묵재 이문건은 중종 14년(1519) 기묘사화로 인해 유배되었다가 9년 후 해금되었지만 또다시 불어 닥친 윤임 일파에 대한 역모 무고사건에 연좌되어 장기간의 유배를 당하므로써 외척 간에 벌어진 을사사화를 끝내 피해가질 못했다. 이로 인해 성주로 유배되고 공신록이 삭제되었다. 묵재는 사지가 찢긴 조카의 시신을 각도에 노비를 시켜 회수하여 개성 남쪽의 언덕아래에 장사지냈다고 한다.

묵재가 쓴 을사사화 기록(일기)에 따르면,

> 휘는 인종의 후계문제에 대해 동료 간 함부로 입을 놀린 것 때문에 당한 것이지 당시의 소윤파의 모함대로 무슨 반역을 꾀했던 것은 아니다. 그런데도 당시에 집권세력들은 휘가 윤임의 사주를 받아 계획적으로 그런

---

14 성종의 형인 월산대군의 손자.

말을 퍼뜨려 여론을 탐문하려 한 것으로 몰아갔고 급기야 고문에 못 이겨 자백한 것을 근거로 극형에 처했다.

고 썼다.

묵재는 성주 옥산리에 있는 아전(衙前)[15] 배순의 집에서 23년 동안 귀양살이를 했다. 그는 이곳에서 손자 수봉을 얻었으나 6년 후엔 외아들 온을 잃는 슬픔을 맞는다. 아들이 일찍 죽자 손자를 도맡아 키우며 병치레를 하는 손자가 오직 큰 인물로 성장하기를 바라며 이 때부터 양아록을 썼다. 선조 9년 이염(李熰)은 이조참의(吏曹參議) 춘추관사(春秋館事)를 추증받았으며, 이덕응은 1565년 이준경(李浚慶)[16] 등의 정청(廷請)으로 신원되었다. 계림군(월산대군 손)도 모략으로 희생된 것임이 밝혀져 신원되었다.

2. 설화 및 효행, 탐방

2-1 형제애(兄弟愛)에 관한 설화

이 설화는 고려사: 열전(권 121-18)이나 신증동국여지승람(新增東國輿地勝覽)[17]에도 쓰여 전해지고 있으나 모두 주인공들의 이름은 기록하지 않았다.

---

15 서리(胥吏)라고도 하며 중앙과 지방관아에 속하며 말단의 행정 실무에 종사하는 하급 관리를 뜻한다.
16 영의정 1499~1572.
17 세종 때의 신찬 팔도지리서를 대본으로 성종 12년 50권을 발행하였고 17년에 증산. 수정본 35권을 다시 간행,연산군 5년에 개수하여 중종 25년(1530)에 이행, 이자견 등이 신증동국여지승람으로 간행하였다.

성주이씨 가승에 고려 공민왕 시절 이곳에 살고 있던 고려 말기의 문신 이조년과 형 이억년의 이야기라고 기록하고 있다. 이 미담으로 주인공인 유수공 이억년은 표창을 받았다고 한다.

성주이씨 농서군공 자제 5형제는 남다르게 우애가 깊었으며, 명문가의 자제들로서 어려서부터 인성 교육과 심오한 학문을 수학한 학자들이었다. 비정상적인 부를 추구하거나 부정한 재화의 취득은 옳지 않다는 건전한 사고가 일상화되어 그런 행동이 오히려 자연스러운 것으로 여겨진다.

―신증동국여지승람의 기록―

高麗恭愍王 時有民兄弟偕行, 弟得黃金二錠 以其一與兄, 至津同舟
고려공민왕 시유민형제해행 제득황금이정 이기일여형 지진동주

而濟, 弟忽投金於水 兄怪而問之, 答曰: 吾平日愛兄篤 今而分金 忽
이제 제홀투금어수 형괴이문지 답왈; 오평일애형독 금이분금 홀

萌忌兄之心, 此乃不祥之物 不若投諸江而忘之. 兄曰: 汝之言誠是矣.
맹기형지심 차내불상지물 불약투제강이망지   형왈;여지언성시의

亦投金於水. 時同舟者 皆愚民, 故無有問其姓名邑里云.」
역투금어수. 시동주자 개우민 고무유문기성명읍리운.

고려 공민왕 시절에 어떤 형제가 함께 길을 가다가, 동생이 황금 두 덩이를 주워 한 덩이를 형에게 주었다. 나루(양천강)[18]에 이르러 같이 배를 타고 강을 건너가던 중 동생이 갑자기 금덩이를 물에 던져버렸다. 형이 이상하게 여겨 그 까닭을 물었다. 동생이 말하기를 "제가 평소 형님을 깊이 사랑하였는데 이제 금덩이를 드리고 보니 문득 형을 꺼려하는 마음이 솟아났습니다. 따라서 이것은 상서롭지 못한 물건이라 차라리 강물에 던져

---

18 지금의 서울시 강서구 가양동에 있는 공암나루(이조년 형제 투금탄 이야기 안내판이 있는 곳).

투금탄 이야기

버리고 잊어버리려고 그랬습니다." 하니 형도 "너의 말이 정말 옳다." 하고 역시 금덩이를 물에 던져버렸다. 그 배에 동승했던 사람들은 모두 우매한 백성들이라 두 사람의 이름과 사는 곳을 묻는 자가 없었다고 한다.

형님인 유수공 억년은 1266년생으로 동생인 조년보다 3살 연상이다. 당시 개성유수를 마치고, 벼슬을 사양하면서 십 년 세월의 무상함을 시로 짓고 귀향길에 오를 때로 추정한다. 동생이 사랑하는 형님을 배웅하러 양천나루에서 나룻배를 타고 함께 한강을 건너가는 장면을 그릴 수가 있다. 그러나 역사서 기록대로 고려 공민왕 재위(1351~1374)시라면 두 형제의 나이와 일치하지 않는데, 고려 충렬왕(재위 1274~1308) 때의 일로써 기록상의 착오일 수도 있다.

2-2 형재 이직의 효행과 태조 이성계의 감동실화

-함흥차사(咸興差使)를 자청 하다.-

2차 왕자의 난(방간의 난)으로 또 한 차례의 골육상쟁에 울화가 치민 태조 이성계는 함흥으로 가서 돌아오지 않는다.

우리는 어느 목적지를 가서 되돌아오지 못하는 경우를 "함흥차사"란 말에 빗댄다. 태종 방원은 자식 된 도리로 여러 유종공신(有終功臣)을 함흥에 보내어 태조의 환궁을 종용해 보지만 모두 허사였다. 야사에는 태조가 차사로 가는 신하들을 모두 목을 베었다 하여 차사로 선임되는 것은 목숨을 내어놓는 일이었다고 한다.

결국 형제선생께서 자청하여 동북에 가셨고, 태조는 적지 아니 반기며 귤(橘)을 대접하였는데 공은 이를 드시지 아니하고 도포 소매에 품어 간직하니, 태조가 그 까닭을 물은즉 "귀한 과실을 하사하셨으니 가져다 자손들과 함께 먹으려 합니다." 라고 답하시고 엎드려 눈물을 흘리시니, 태조는 이 말씀에 감화(感化)되어 풍양궁(豊壤宮)으로 환궁을 결심하였고, 조정은 후일 성석린을 보내 태조의 환궁을 실행케 하였다 한다.
당시 태조가 성석린에게 이르기를, "내가 이미 환궁을 결정했다."고 말함. (실록 태종 1년)

태조(이성계)는 강비(신덕왕후)가 세상을 떠났고 태종(정안대군 방원)에 의해 강비가 낳은 방번과 방석이 죽임을 당했으며 강비의 소생인 경순궁주(慶順宮主)도 남편인 흥안군 이제(李濟)[19]가 죽자 비구니가 되었으므로 지난날을 생각하면 울분이 치솟아 한양을 떠나 고향 함흥으로 간 것이다. 태종은 그동안 여러 사신들을 함흥에 보내 태상왕이 한양으로 돌아오기를 청했으나 간 사람마다 살아 돌아오지 못했다.
한편 태종(이방원)은 경순궁주가 출가한 곳은 정업원인 청룡사로, 숭유억불정책을 펴 사찰들을 폐쇄할 때 부왕의 우려와는 다르게 청룡사는 예외로 하였다.

---

19 이제(李濟): 제4부 경무공 이제 기사참조.

2-3 부조묘(不祧廟) 탐방

부조묘란 불천위(不遷位)제사의 대상이 되는 신주를 둔 사당이다.

본래 4대가 넘는 조상의 신주는 사당에서 꺼내 땅에 묻어야 하지만 나라에서 공훈을 인정한 인물의 신위는 왕의 허락으로 사당에서 옮기지 않는 특별한 지위가 되는 것이다. 이를 불천지위(不遷之位)라 하며 5대 봉사가 지난 뒤에도 사당에서 기제사를 지내는 것이다.

성주이씨 문경공 이직, 경무공 이제는 임금이 부조묘를 사하고 제사를 지내도록 허락하였다.

2-3-1 문경공 이직 부조묘(경기도 고양시 덕양구 선유동 254-2)

문경공은 세종 8년 영의정을 사임한 후 좌의정으로 옮겨 우의정 황희와 정사를 이끌었다. 세종 9년에는 좌의정을 사임하고 빈번한 외국사신들의 접대를 맡았다. 세종 13년(1431) 8월, 70세에 고종하였으며 조정은 3일간 조례를 폐하고 국비로 경기도 여주읍 북성산(北城山)에 장례하였으며 부조묘와 사방 5리의 토전을 하사하였다. 그 후 예종 원년(1469) 세종 영릉이 헌인릉에서 여주 북성산으로 천릉(遷陵)하게 되자 문경공 묘역은 경기도

고양시 선유동 문경공 묘(配 祔左)

부조묘 위치(정 중앙 가옥 뒤쪽)

1989년 11월 개축 준공한 문경공 이직 부조묘 전경

고양시 선유동으로 이장을 하게 되었고 다시 국가로부터 사방 5리에 걸친 토전 및 부조묘를 하사 받았다. 어명으로 건립한 당초의 부조묘는 퇴락하여 보수유지가 어려워 문경공 문중은 영정과 신주를 모실 수 없어 최근에 출입문과 숭모전을 새로 개축하고 담장을 설치하였다.

새로 단장한 부조묘 전면에는 숭모전(崇慕殿) 현판을 달았고 사당내 좌벽 상단에 "형재이직선생부조묘(亨齋李稷先生不祧廟)"의 편액을 걸었다. 성산부원군 영의정 휘 문경공 영정과 위패는 중앙에 존치하였으며, 부조묘의 취지를 준수하여 문경공의 기일과 배(配) 마한국대부인(馬韓國大夫人) 양천허씨 기일에 매년 2회(음력 8월 7일과 1월 29일)기제사를 올린다.

형재 이직선생부조묘 현판 문경공 이직선생 영정과 신주

2-3-2 경무공 이제 부조묘(경남 산청군 단성면 남사리 339-1)

경무공 이제는 문열공 이조년의 증손이며, 공양왕 4년(1392) 이성계를 추대하여 조선개국에 공을 세워 개국 일등공신에 책록되었으며 태조로부터 "개국공신교서"를 받았다.

경무공은 왕위 계승권을 둘러싸고 발생한 제1차 왕자의 난으로 인해 이방원에게 목숨을 잃었으며 그동안의 모든 벼슬과 국록을 박탈당했다. 세종 3년에 그 원이 풀리게 되어 시호 경무(景武)를 사(賜)하였고 태조 묘정에 배향되는 영광을 얻었다.(서울 종로구 묘동 종묘 공신당 위패 봉안)

경무공 이제의 부조묘는 세종 3년(1421) 당초에는 용인 대하촌 경무공 사패지 부마궁(駙馬宮)에 건립했었으나 후에 전라남도 광주 도촌(陶村)으로 옮겼다가 후손들의 중의를 모아 1935년 경남 산청군 단성면 남사리 예담촌으로 이건해 오늘에 이르고 있다. 예담촌에는 영화 촬영지 부부회화나무가 있는 유서 깊은 성주이씨고가(星州李氏古家)를 비롯하여 경무공 이제 부조묘(不祧廟)와 이제 개국공신교서비, 이제 영모재(永慕齋), 이윤현 사효재

경무공 부조묘

및 사효재 향나무, 이윤현 효자비 등 성주이씨 관련 귀중한 유적들이 산재해 있다.

　순조대왕은 이제 부조묘 기제사에 제문을 내리다.

　순조대왕(純祖大王, 재위 1800년~1834)은 재위 12년째인 1812년, 광주목사 홍양묵(洪養默)을 사신으로 보내 경무공의 부조묘에 제사를 지내게 하고 제문(祭文)을 내렸다.

　사진은 그 증제문을 쓴 것이며 편액(扁額)으로 제작하여 경무공 부조묘 중앙 출입구 위에 비치하고 있다.

　　贈祭文: 國王遣臣, 光州牧使洪養默, 諭祭于, 開國一等功臣
　　증제문　국왕견신　광주목사홍양묵　유제우　개국일등공신

　　興安君 景武公李濟之靈, 勝國華閥, 聖祖賢甥, 材兼文武,
　　홍안군　경무공이제지령　승국화벌　성조현생　재겸문무

제7부 정난과 사화 · 469

志勤忠貞, 偉哉若人, 應時挺生, 飛龍在天, 景運昭明, 湯武伊呂,
지근충정 위재약인 응시정생 비룡재천 경운소명 탕무이려

風雲利亨, 迺左迺右, 以幹以禎, 天人順應, 區宇廓淸, 扶翊鴻猷,
풍운이형 내좌내우 이간이정 천인순응 구우곽청 부익홍유

勳嵬德宏, 盤泰永奠, 帶礪垂盟, 丕視功載, 享于廟庭, 舊甲重回,
훈외덕굉 반태영전 대려수맹 비시공재 향우묘정 구갑중회

七壬之齡, 九重曠感, 緬憶英靈, 囊謁仙寢, 又馳予侐, 一瓣馨香,
칠임지령 구중광감 면억영령 낭알선침 우치여괵 일판형향

百世恩榮, 不昧者存, 尙歆予情. 純祖 壬申 十一月 二十日.
백세은영 불매자존 상흠여정. 순조 임신 십일월이십일

　국왕이 신(臣) 광주목사 홍양묵을 보내 개국일등공신 흥안군 경무공 이제의 영전에 유제하오니, 고려의 빛나는 문벌이요 성조의 어진 사위로 재능은 문무를 겸했고 지절은 충정에 근실했다. 위대하신 이 분이여! 시대에 부응하여 걸출하게 났으니, 비룡이 하늘을 날자 크나큰 운수가 소명했다. 탕왕 무왕에 이윤 여상처럼 풍운을 만나 이롭고 형통하니, 이에 좌우에서 보필하며 주관하고 기획했다. 하늘과 사람이 순응하여 세계가 널리

경무공 이제 재실 영모재(永慕齋)

경무공 후손들이 살던 집 예담촌 이씨고가(李氏古家)

다섯 분의 현조 위패를 모신 경덕사(위)와 사당내부(아래)

깨끗해지니, 대업계책 받들어 공훈 높이 덕이 컸다. 태산과 반석처럼 나라 길이 안정되어 군신 사이 대려 맹약 드리우니, 공로 크게 현창하여 조정에 배향했다. 예전 갑자(甲子) 돌아와 일곱 번째 임신년 맞았으니, 구중대궐 감회 깊어 아득히 영령을 추상한다. 지난 번 선침에 참배했고 이에 다시 나의 술잔을 보내어 한 조각 향불 피워 백세은(百世恩) 기리오니, 불매한 혼령은 바라건대 나의 정을 흠향하소서. 순조(임신년) 1812년 11월 20일

(지제교 홍기섭 제진)

또한 경무공의 부조묘 외에 인근(경남 산청군 신안면 중촌갈전로 303번길)에는 경무공 사당인 경덕사(景德祠)를 비롯 안곡영당, 안곡서원, 경지당 등이 있다. 경덕사에는 농서군공 장경, 문열공 조년, 경원공 포, 모은공 인립, 경무공 제 등 다섯 분의 직계 현조(顯祖)의 위패가 있고, 안곡영당에는 농서군공, 문열공, 경원공, 경무공의 영정을 모셨다.

안곡영당(농서군공, 문열공, 경원공, 경무공 영정을 모시고 배향)

2-4 성주이씨 이빈(李斌), 효자정려(孝子旌閭)를 받다.

효자정문(孝子旌門)

정문(旌門)은 국가에서, 효자나 열녀가 사는 마을의 입구나 집 앞에, 먼 곳에서도 볼 수 있도록 깃발(旌, 정)과 함께 세우던 홍색의 문이다. 세운 목적은 나라에 충성하고 부모를 공경하며 효도하는 풍속을 권장하기 위한 것이며, 신라 때부터 정문·정려를 세웠으며 고려 태조가 삼국을 통일한 후 공신을 표창하면서 사당 앞에 정문을 지어 그 공을 치하한 기록이 있다. 조선조에 들어서는 윤리의 근본은 효(孝)로써 극진한 정성으로 부모를 봉양한 자손에게 임금이 효자 정려(국가에서 주는 표창)를 내려 효심을 치하했다.

경기도 용인시 수지구 성복동 284번지에는 철종 임금이 성주이씨 이빈(李斌)의 효행을 표창한 명정(命旌) 현판과 효자각이 있다

孝子 通德郞 李斌之閭 上之五年 甲寅 十一月日 命旌
효자 통덕랑 이빈지려 상지오년 갑인 십일월일 명정

효자인 통덕랑 이빈의 이문(里門)이다.

철종(哲宗) 5년 갑인 11월 모일에 위와 같이 정려(旌閭)를 명함.

"조선 제25대 철종(재위 1849. 6~1863. 12) 5년 갑인(1854) 11월 모일자로, 임금은 효자 이빈에게 통덕랑[20] 품계를 부여하고 정려를 내리노라."

효자 통덕랑 이빈(李斌, 1678년~1752)은 성주이씨 세계 15세이고 대사간(大司諫), 경기감사(京畿監司) 등을 역임한 호조판서 이자건(李自堅)의 7대손이다.

---

[20] 조선 시대 정 5품 상계(上階)의 명칭.

통덕랑 이빈 명정려(命旌閭) 현판

효자이빈 정려문

부(父)는 통덕랑(通德郞) 기만(起晩, 1645년~1690)이며 아들의 남다른 효심과 정성에도 불구하고 46세로 생을 마쳤다. 이빈은 허약한 부모에게 근심과 걱정을 끼쳐드리지 않고 가까이 모시기 위해 벼슬도 하지 않고 오직 부친의 건강을 위해 각처의 명의를 찾아다니며 온갖 노력을 다하니, 많은 사람들이 그를 효자라 칭송하였다.

효자 이빈의 세계도

1세	2세	3세	4세	5세	6세	7세	8세	9세	10세	11세	12세	13세	14세	15세
長庚	兆年	포襃	仁立	발潑	유洧	주湊	자견	구久	희정	부溥	광원	방芳	성만成晩 (가선대부)	재욱 再郁
													기만起晩 (통덕랑)	⊙ 빈斌
													시만時晩 (절충장군)	①식栻 ②기杞 ③집檝

제7부 정난과 사화 • 475

다음은 수지(水枝) 향토문화 답사기 책의 기록을 인용한 것이다.

　어느날 이빈의 부친께서는 지극한 정성도 보람 없이 자리에 누우시더니 백약이 무효하고 점점 위중해가기만 했다. 이럴 때 보통 사람들은 늙은 사람들이 병들고 죽는 것이 천명이겠거니 했을 것이나 선생은 그렇지 않고 자신의 부족함으로 알고 먹고 자는 것을 잊으셨다. 이때가 엄동설한인데 선생의 부친은 별안간 참외가 먹고 싶다는 것이었다. 겨울에 참외가 있을 리가 없었다. 그러나 이빈 선생은 겨울에 참외를 찾으시는 아버지의 말씀을 노망든 사람의 헛소리로 생각하지 않고 구해드리지 못함을 한탄하면서 천지신명의 도움이라도 받아 참외 얻기를 가묘(家廟)에 빌었다. 어느날 아침 일어나니 눈이 무릎까지 차도록 왔다. 눈을 쓸려고 마당으로 내려선 선생은 깜짝 놀라지 않을 수가 없었다. 마당 복판에 참외밭의 넝쿨처럼 싱싱한 줄기에 노란 참외가 여러 개 달려있는 것이었다. 이를 보고 하늘에 수없이 감사하고 아버지께 드렸음은 물론이다. 또 한 번은 엄동설한에 잉어가 먹고 싶다는 것이었다. 그러나 선생은 잉어를 빨리 구해 아버지를 드리지 못함을 한스러워 했다. 어느 날 밤새도록 아버지 병구완에 잠도 제대로 못자고 푸석한 얼굴에 정신도 차릴 겸 세수나 하려고 냇가로 나갔다. 그러나 냇물은 꽁꽁 얼어붙어 있었다. 그래서 돌을 찾아 얼음을 깨기 시작했다. 한참 후 구멍을 뚫고 세수를 하려는데 난데없이 물속에서 잉어 한마리가 뛰어올라 펄떡이고 있었다. 아버지께서 찾으시던 잉어였던 것이다. 지성이면 감천이라 했던가, 잉어를 들고 집으로 달려와 달여서 아버지께 드리니 약이 되었던지 병을 떨쳐버리고 일어나셨다고 한다. 이러한 선생의 효행이 원근에 알려져 있었는데 마침 암행어사가 민심을 살피기 위해 다니다 이 소문을 듣고 적어 임금에게 올리니 임금(당시 철종)께서 기뻐하시며 벼슬을 내리고 효자각을 세우도록 한 것이다.

_ 수지 향토문화 답사기 2005.7 이석순 저, 연인M&B

나라에서 효자에게 "효자정려 정표"를 내림으로써, 표창을 받는 일은 선비들의 집안으로서는 가문의 영예이며 정표자들의 사례는 많은 사람들을 감동시키고 유교적 인간상을 정립하는데 커다란 영향을 미쳤다. 위의 향토문화기록에서 아버지에 대한 아들의 눈물겨운 효행을 읽을 수가 있다. 이빈의 효심은 남달리 지극하여 부친의 건강증진에 도움이 될 만한 식품이나 약재를 구해 올렸을 것으로 추측할 수 있다. 위의 「향토문화 답사기」에 나타난 두 가지에 국한된 효행뿐이겠는가, 병약한 부모를 보살피기 위해 한시도 곁을 떠나지 않고 병수발을 한 아들의 지극한 효심을 나라에서 인정하고 은전(恩典)을 베푼 대표적인 사례다.

2-5 효자 이윤현의 효심과 사효재(思孝齋)

경북 산청군 남사면 지리산대로 20번 국도변(예담촌 입구)에 기와지붕으로 지은 아담한 효자각이 있다. 근접하여 홍살사이로 보이는 비석을 촬영할 수 있다. "孝子通德郎 李胤玄之閭(효자 통덕랑 이윤현지려)"

효자 이윤현 세계도

1세	2세	3세	4세	5세	6세	7세	8세	9세	10세	11세	12세	13세	14세
長庚	兆年	表褎	仁立	濟濟	尹潤	숙순	세검	壽樹	하생	규규	영국 莘國	윤현 胤玄	선훤

통덕랑 이윤현 정려문   통덕랑 이윤현 효자비

사효재의 향나무

영모당 이윤현의 효심을 기리기 위해 건립한 사효재(思孝齋)

이윤현의 호는 영모당(永慕堂)이며 현종 11년(1670) 단성(丹城)에서 출생하였다. 성주이씨 중시조 세계 13세이며 부는 영국(苓國)이다.

사료(대동보 및 현지 안내문)에 근거한 이윤현의 효행.

숙종 13년(1681), 나라에는 천연두 전염병이 만연하여 이윤현은 아버지와 함께 피접(避接, 앓는 사람이 다른 곳에 옮겨 요양)하고 있었다. 어느 날 밤에 산적들이 피접장소에 침입하여 부친을 흉기로 치려고 하자 그는 아버지를 보호하기 위해 아버지 대신 나를 죽이라고 애걸하면서 맨손으로 막아내려 하였다. 그러나 17세의 어린 나이에 흉기를 든 화적(火賊)을 제어하지 못하고 큰 상처를 입고 말았다. 이로 인해 병이 악화되어 8년 만인 숙종 20년(1694)에 25세의 나이로 세상을 떠났다.

공의 사후 사림의 건의를 받아들여 임금이 효행을 칭찬하고 정문을 세우게 하였다.

남사 예담촌에는 이윤현의 효심을 기리기 위해 건립한 사효재(思孝齋)가 있으며 당국은 "사효재의 향나무"라는 기념비문을 사효재 옆 동측건물 앞에 자리한 수령 520여 년인 향나무 앞에 세웠다.

2-6 탐방(경기도 김포 "성주이씨 문열공파 김포 문중")

2-6-1 입향조의 추모 역사비를 세우다.

성주이씨 문열공 이조년의 손자인 밀직사사 인립(仁立)은 슬하에 두 형제를 두었다. 장자 평간공 발(潑)과 차남 경무공 제(濟)이다.

평간공 발의 증손, 호조판서 자견은 삼형제를 두었는데. 장자는 구(久)이고 차남은 우(友)이며 삼남은 후(後)이다.

차남 우는 창신교위충무위 부사직(副司直)을 지냈으며 부친의 출생지인 용인 수지에서 김포로 이전하여 세거(世居)했으며 슬하에 아들 유정(維程)과 사정(嗣程)을 두었다.

유정의 아들은 자(字)가 남기(南紀)인 한(漢)이다. 김포 검단에서 만년을 지내며 특용작물인 삼베를 재배해 의복재료로 쓰게 하여 국가 경제발전에 이바지함은 물론 이곳을 유서 깊은 지역으로의 위상을 높였다. 그러나 현대에 들어 검단지역은 주택개발 사업으로 인해 급속히 도시화가 진행되고 있어 후손들은 선영은 물론 유허지 보존 및 관리에 고민이 생겼다. 자칫 방관하면 조상의 세거지가 흔적도 없이 사라지고 후세들의 숭모정신은 점차 단절로 이어질 것을 우려한 때문이다. 김포문중은 입향조의 고택이 있던 자리를 고수해 "역사적인 유적지"로 정착시키기 위해 건물의 표시 고택호 추모비(역사비)를 세우고 가묘(家廟)을 지어 향사와 교육의 장으로 이용하기로 한 것이다. 추모비를 찬하고 세운 이는 중시조 세계 22세

검단 마전리 고택호 추모비

손인 호걸(豪傑) 이종백(李鍾百) 회장이다. 그는 성균관 제33대 부관장, 성지 유물유적발굴 검단위원장, 검단지역학구별 유림교화 선도위원장 등을 역임하고 현재 인천시 서구 검단 유림지회장과 성주이씨 문열공파 김포문중 회장직을 맡고 있다.

추모 역사비문의 요지는, 성주이씨 김포문중 입향조 고택호(古宅號) 역사비임을 쓰고, 자(字) 남기 휘 이한(李漢, 참봉)선조가 초년부터 만년에 이르기까지 기거한 곳이 삼바지란 구지 지역명칭임을 적었다. 증조부 자견(自堅)의 가풍을 전승하여 사림의 신분으로 철학을 도학하다 용인시 수지읍 성복동에서 김포군 검단면 마전리로 낙향한 것과, 또한 마전리 명칭도 이한선조의 의복용 삼베를 재배한 근원에서 마을 이름이 나왔다는 유래를 적었다. 이어서 투금탄의 일화를 적어 윗대 선조님의 가문을 빛낸 공적을 찬양하고 후손들을 위한 만대의 교육의 장(場)이 될 것을 희망하는 뜻

농서군공 신위(취재시 개함)

시조공 및 농서군공을 비롯 84신위 안치

을 밝히고 고택 재 복원 및 준공을 맞이하여 2012. 5. 17. 이 글을 썼다. 고 했다.

추모 역사비 옆에 준공한 건물 4층에 특별한 공간인 사당(祠堂)이 있다. 여느 종가에서도 이렇게 방대한 신위를 모시는 곳은 없을 것이다. 건물 벽면을 차지한 넓은 공간에 경상공 휘 순유 시조공을 비롯, 농서군공 휘 장경의 신주와 조상님들의 배위(配位)와 함께 84분의 신위를 모셨다. 경기,서울 일원 거주 후손들의 관향(성주) 원거리 향사 참례에 어려움을 해소하기 위한 대안으로도 제시하고 있다.

2-6-2 정조대왕의 어고(御考)

사당 3층에는 정조대왕의 어고(2점)를 비롯하여 해설문, 종훈 등 다수의 저작물들을 상설 전시하여 종중은 물론 각계의 뜻있는 내방객들의 방문에 대응하며 교육의 공간으로 활용하고 있다.

세계 17세손 장후(章垕, 1753~1815)는 성주이씨(문열공파) 김포문중이 입향조로 모시는 남기 이한(李漢)선조의 6대손이고 부(父)는 형(逈)이다. 1789년 사마시에 합격하고 1795년(정조 19) 과거 문과에 급제하였다. 응시자 표시란에 자필로 기재한 바와 같이 늦은 나이인 43세에 과거에 응시하고 당년 급제했음을 알 수 있다.

(어고) 사진은 과거시험 답안지로써 이장후(李章垕)가 지어 올린 부(賦)이고 확대 사진은 본문의 우측 하단 응시자 인적사항이다.

進士 臣 李章垕 年四十三 本星州 居金浦 父幼學 逈.
진사 신 이장후 연사십삼 본성주 거김포 부유학 형
진사 신하 이장후는 나이는 43세이며 본관은 성주이고 사는 곳은 김포이며 부는 형(逈)임.

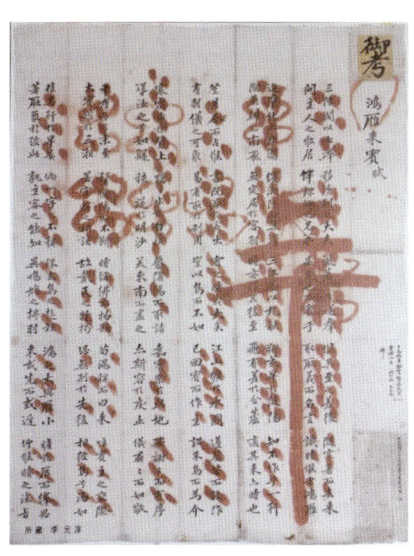
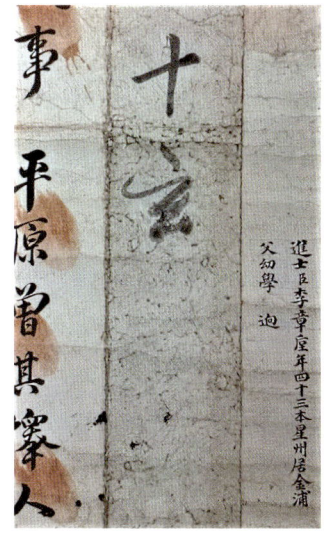

정조대왕 어고

성주이씨(문열공파) 김포문중 입향조 이한 세계도

1세	2세	3세	4세	5세	6세	7세	8세	9세	10세	11세	12세	13세	14세	15세	16세	17세	18세
長庚	兆年	褒襃	仁立	發潑	攸洧	湊	자견	우友	攸정	漢	영진	鐸鐸	인호	대년	형逈	장후	희온
																문후	희염

응시자는 일반적으로 부, 조부, 증조부의 이름, 관직을 기록하나 장후는 부유학 형(父幼學 逈)으로 부의 이름만 썼으며 아버지는 벼슬하지 않은 유생(儒生)임을 적은 것이다.

어고(御考)란 임금이 과거시험 등의 답안을 보고 직접 헤아려 따지는 것으로 조선 제22대 정조대왕(재위 1776년~1800)은 위의 사진과 같이 붉은 색으로 표시를 해가며 채점을 하였다. 시험 결과는 보통 9등급 또는 12등급으로 나뉘었는데 이장후는 2하(二下, 붉은색 큰 글씨)등급을 받아 급제하였다. 등급의 예시(1상. 중. 하/2상. 중. 하/3상. 중. 하/4상. 중. 하)

위의 어고는 부(賦)[21]의 형식이다. 어고의 원본을 보면 응시자 인적사항이 백지로 가림(Blind) 처리 되었다가 채점 후에 개봉한 흔적이 있다. 답안지는 채점 후 급제자에게 돌려준 것이다.

---

[21] 한문체의 하나로 글귀 끝에 운을 달고 대를 맞추어 짓는 글이다. 과문(科文)에서는 여섯 글자로 한 글귀를 만들어 짓는 글이다.(소장자 이원순/취재 이상록/ 탐방 동행 평간공 문중 이석근 감사)

2-7 탐방: 성주이씨 총제공파 여구(汝懼) 준(竴)공 용인 종중

(경기도 용인특례시 기흥구 중동 710-3)

1. 용인(龍仁)은 예로부터 작은 고을이었으나 왕도(王都)와 인접하여 남북으로 통하는 길에서는 한 축을 담당하고 있었다. 지형은 얕은 구릉지(丘陵地)인 해발 3~4백m 혹은 4~6백m의 산과 들로 이루어져, 산천(山川)이 수려하고 경관이 좋은 지역이다.

신라(新羅) 말 풍수설(風水說)의 대가인 도선국사(道詵國師.호 옥룡자 827~898년)가 용인 땅의 형세를 금계포란형(金鷄抱卵形, 금 닭이 알을 품고 있는 형세)이라 하여, 용인 전역에 산재한 나즈막한 산들이 후손에게 장차 좋은 일이 많이 생기게 된다는 묏자리나 집터로는 최고의 길지로 알려져 왔다. 또한 생거진천(生居鎭川) 사거용인(死居龍仁)[22]이라는 속설이 오래전부터 전파되어 실제로 우리나라 명문 세가들의 무덤이 곳곳에 터를 잡고 있는데 그 이유는 풍수지리학의 영향도 있지만 산 높이가 적당하고 완만한 경사를 이루는 지형으로 인해 주거지는 물론 조상의 묘를 재해로부터 지킬 수 있는 조건 등

---

[22] 생거진천(生居鎭川) 사거용인(死居龍仁)은 살아서는 진천 땅이 좋고 죽어서는 용인 땅이라는 뜻이다. 구전 내용 중 하나는,『진천군에 사는 허생원의 딸이 용인으로 시집가서 아들을 낳았는데 불행히도 남편이 세상을 떠났다. 아울러 시어머니까지 돌아가셨다. 그 후 허생원의 딸은 진천으로 개가(改嫁)하였고 또 아들을 낳아 큰아들은 용인에, 작은아들은 진천에서 살게 되었다. 용인에 사는 큰아들은 진천으로 개가한 어머니를 모시고자 했으나 진천의 작은아들이 극구 반대하여 큰아들은 관아(官衙)에 소송을 냈다. 관아에서는 이렇게 판결했다. "너희 어머니가 살아 계실 동안에는 진천(鎭川)에 의부(義父)가 있으니 그곳에서 살고, 죽은 후에는 용인(龍仁)에 모시도록 하라."』하는 설화다. 충북 진천은 필요에 따라 자치단체의 농, 특산물 등의 홍보용으로 "생거진천" 용어를 사용하나 용인에서는 수도권 인구의 대표적인 주거지가 되어 "사거용인"의 용어를 사용하지 않는다.

을 갖춰 명당으로 꼽기 때문이다. 현재 용인시는 인구가 1백 8만 9천 여명이 거주하는 특례시로 발전하였고, 지속적으로 많은 인구 유입이 예상되는 지역이다. 따라서 수도권 주요 도시로서의 기능이나 지리적 특성으로 인해 토지 개발 및 집합 건물 등 조성에 관한 정책은 엄격할 수밖에 없으며, 특히 용인시 3개 구(區) 중 기흥구(器興區)는 빠른 도시화의 영향을 받는 중심 지역이어서 상대적으로 상응하는 많은 규제가 따름은 물론이다.

이러한 도시 환경에 "도심(都心) 속의 한옥(韓屋)"으로 불리는 현대식 빌딩과 전통 가옥이 공존하는 분위기를 연출한 포란형(抱卵形)의 가족(家族) 묘원이 자리매김하고 있어 세간의 관심을 끌고 있다.

이 묘원(墓園)은 성주이씨 총제공(摠制公) 휘 수(穗) 선조님의 8대손이신 여구(汝懼) 준(竴. 世系 13世)字 선조님을 모시는 용인 종중이 정성과 심혈을 기울여 자연 본래의 지형을 이용하여 친환경 설계로 조성한 가족 묘원이다.

2. 도심 가족 묘원 탐방, 취재를 위해 "성주이씨 총제공파 여구 준(竴)공 용인 종중" 회장님과 현지 방문 약속을 하였다. 이태섭(李泰燮) 회장님은 준(竴) 선조님의 12대손으로 세화정밀(주) 공장장과 신우전기(주) 이사(理事)로 재직하고 계신 국가 전문 기술인이시다.

회장님께서는 서두(序頭)에 용인 가족 묘원을 조성하여 총제공 수 선조님의 8대손이신 준(竴)字 선조님과 직계 자손들을 이곳 가족 묘원에 함께 모시게 된 이유와 경위를 말씀하셨다. 그리고 3년 여에 걸친 묘지 조성 역사(役事)와 관련한 애로사항 및 재실(齋室) 건축, 시비(詩碑) 제작 등의 과정을 원고도 없이 조목조목 설명하시고 현장 안내를 하셨다.

특히 재실 옆에 수립(竪立)한 고려 시대의 유명한 정형 시조인 문열공 이조년 선조님의 '다정가'와 문경공 이직 선조님의 '오로시'의 시비들은 비신(碑身)에는 시를 각(刻)하고, 크게 제작한 비대(碑臺)에는 작자(作者)의 약력과 행장을 전면과 후면(음기)에 기록함으로써 후손들은 물론 일반 시민 등 방문객들로 하여금 뜻을 이해하기 쉽도록 배려 하였음을 언급하셨다.

3. 취재 요약

성주이씨 총제공파 여구 준 용인 종중 간이 세계도

1	2	3	4	5	6	7	8	9	10	11	12	13	14	15	16	17	18(世)
장경 長庚	조년 兆年	포 襃	인민 仁敏	수穗	견기 堅基	주 紬	윤동 尹童	복정복정 福禎	사흠 思欽	양 讓	응진 應進	지준 祗蹲	지선 祇先	은면 / 빈	보문 / 보한 / 보춘 / 보명 / 보현	연행 衍 / 항術 / 래徠 / 수修 / 복復 / 서徐 / 경蕢 / 윤胤	가우 嘉遇 / 덕우 德遇 / 상우·광우 / 원우 元遇 / 항우 恒遇 / 제우 濟遇 / 시우 時遇 / 유적 有迪 / 동우 凍遇
농서군공	문열공	경원공	대제학공	총제공	안성공	장흥고부사	이조참판	증이조판서	계공랑	장사랑	통훈사대복부정	승선 承先					

성주이씨 시조(始祖)는 신라 재상공(宰相公) 순유(純由)이시고 중시조는 농서군공(隴西郡公) 장경(長庚)이시며, 2世는 문열공(文烈公) 조년(兆年)이시고, 3世는 경원공(敬元公) 포(襃)이시며 4世는 대제학공(大提學公) 인민(仁敏)이시다. 대제학공의 아들은 호가 정재(貞齋)이신 동지총제공(同知摠制公) 수(穗) 이시고, 영의정을 지내신 문경공(文景公) 직(稷)의 아우가 되신다. 동지총제공은 정헌대부(正憲大夫) 의정부좌참찬(議政府左參贊) 겸(兼) 판이조사(判吏曹事)를 추증 받으셨으며, 배(配)는 정부인(貞夫人) 남양홍씨이시고 평리(評理) 홍상재(洪尙載)의 여(女)이시다.

장자(長子)는 견기(堅基.1384~1455)이시며 자(字)는 필휴(匹休)이시고 호는 남정(楠亭)이시다. 1419년 세종(世宗) 1년에 증광시(增廣試) 동진사(同進士) 23위로 급제하시고 우정언(右正言), 지평(持平), 동부승지(同副承旨), 우승지(右承旨), 좌승지(左承旨) 등을 역임하셨다. 세종, 문종에 이어 단종 때에도 중용, 예문관 대제학(藝文館大提學), 이조판서(吏曹判書), 호조판서(戶曹判書) 등에 제수(除授)되셨으며 1453년 건강을 이유로 사직을 청했으나 임금이 전교하기를 "호조지사(戶曹之事) 가재가조치(可在家措置) 불종(不從)"[23]하여 다시 중추원사(中樞院使.정2품)에 보임(補任)되셨다. 당대에 가장 신임받은 유능한 문신임을 알 수 있다.

시호(諡號)는 안성(安成)을 받으셨다. (본서 P381,391,415 안성공 기사 참조)

준(蹲) 선조님은 안성공(安成公)의 7대손으로 가정(嘉靖) 을축생(乙丑生, 1565년. 명종 20년)이시고 기축년(1589년) 12월 5일 25세의 꽃다운 나이에 돌아가셨다. 배(配)는 나주정씨(羅州丁氏)이시며 슬하에 두 아들을 두셨는데 장자는 지선(祗先.1584년~1645년)이시고 차남은 승선(承先.1586~?)이시다. 지선공은 1606년 사마시 합격, 1615년 과거 명경과(明經科)에 급제하시어 부호군, 공조참의, 형조참의 등을 역임하셨으며 밀양 군수 재임 시 중시조 농서군공의 묘비문을 쓴 문장가[24]이시다.

총제공파 여구 준(蹲) 용인 종중이 준字 선조님을 상위(上位)에 모시고 직

---

23 단종(端宗)임금은 "호조(戶曹)의 일은 가히 집에서도 조치할 수 있다. 하고 사직원을 재가하지 아니하였다." -단종실록 7권. 호조판서 이견기 상장사직(上狀辭職)

24 농서군공 묘에는 1496년 8세손 대사헌 의(誼)가 최초로 묘갈(墓碣)을 세웠으나 풍상에 비문이 마모되어 1644년 지선공이 묘비문을 새로 찬하여 세웠고, 300여 년이 경과하니 비문이 박락(剝落)하여 1960년에 후손 종필(鍾弼)공이 다시 썼는데 지선공이 찬(撰)한 묘비문 원본을 그대로 인용(引用)하였음을 후기(後記)에 적고 새로 수비(竪碑)하여 오늘에 이르고 있다. 지선 찬 농서군공 묘비문 원본은 일본 경도대학(京都大學)이 소장하고 있다.

계 자손들의 묘를 용인 가족 묘원으로 이장하여 대규모의 묘역을 조성하게 된 이유는, 첫째 1997년도에 용인 동백지구 택지 개발로 인하여 조상님의 묘역이 있는 선산이 수용되었고 주위의 수용되지 아니한 선산에도 조상님의 묘소가 산재해 있어 선영 수호 문제 및 토지 수용에 따른 묘지 이전의 필요성 등 긴박한 상황에 처한 때문이었다. 이런 큰 과업을 걱정하던 중 용인 종중 임원회의에서는 1957년도에 이병기 외 1인의 명의로 득한 바 있는 가족 묘원 허가서(당시 용인 군청 허가 면적:9,752㎡/2,950평)를 활용하기로 결의, 허가 서류를 갖추어 묘원 조성 공사를 진행하였고 분산된 묘지들을 모두 이곳으로 모시게 된 것이다.

둘째로는 IT 시대에 젊은 세대들의 자기 중심적 사고로 숭조 정신이 점차 쇠퇴하는 현실을 타개하고 통합된 향사(享祀)를 통한 후손들의 적극적인 참여 의식 제고(提高)를 위해서는 접근성이 편리한 수도권에 존치해야 하기 때문이었다. 또한, 가족 묘원에는 미래 세대를 대비(對備)한 충분한 공간이 필요했으며 급변하는 도시화에 대응, 나무숲을 조성하여 녹지율을 높이고 명문 대가의 천년지대계(千年之大計)를 지향하는 비전을 제시함으로써 후손들로 하여금 안정감을 심어주는 계기를 마련한 것이다. 이러한 다양성이 요구되는 업무 진행 과정에는 무수한 난관과 많은 인력의 수고가 배어있었음을 짐작하게 했다.

지자체와는 상호 신뢰를 바탕으로 제도권 내에서 환경친화적인 조화를 구축함으로써 공존의 새로운 역사를 쓰게 된 것이며, 바로 인접한 종합 병원도 종중이 "대학병원(大學病院) 유치"를 조건으로 부지를 제공한 것은 사회적 책임을 다한 종중의 결단으로 추앙받을 일로써, 총제공과 여구준(蕷)공 용인 종중 임원, 가족 구성원들의 충효(忠孝) 사상과 애향정신(愛鄕精神)을 글로써는 충분히 설명할 수 없는 부분이다.

후손들의 활약상도 뛰어나 정(政), 관계(官界)를 비롯하여 경제계(經濟界), 학계(學界), 의료계(醫療界)에도 걸출한 인물들을 많이 배출했다. 정계 이병희(李秉禧: 전 국회의원)[25], 관계 이병록(李秉祿: 외교관), 경제계 이병성(李秉星: 주식회사 世化그룹 창설 7개 회사, 용인 상공회의소 7선 회장, 대한 상공회의소 감사, 수원 YMCA 이사장 역임, 현 경기도 종친회장), 학계 이병근(李秉根: 서울대 국문학과 교수, 현 서울대 명예교수), 이형섭(李亨燮: 한양대 영문학과 교수, 박사), 이인섭(李仁燮: 수원여고 등 교장 역임), 의료계 이준섭(李俊燮: 치의학 전문의) 등이 대표적인 인물이며 그 외에도 공, 사기업의 대표 또는 중역을 역임한 인사들이 많이 계신다. 이러한 명현들의 견고하고 다양한 인적 네트워크는 종중의 단합된 의지를 도출하는 멘토 역할 혹은 에너지원이 되었고 향후 종중의 미래 지향적인 향사, 의례 및 위토 관리 정책을 수립하는데 있어서도 크게 영향을 미칠 것이며 여타 종중의 본보기가 될 것이다.

용인 가족 묘원 입구 표지(標識)를 따라 포장 도로로 올라가면 질서 정연하게 안장(安葬)된 유택(幽宅)들이 자리하고 있어 엄숙 경건함이 느껴지지만 정상에서 바라본 풍경은 전체적으로 포란형이 주는 평온하고 포근한 아름다운 형상이어서 가족 묘원 초입에 자리한 아늑한 한옥 재실에 이르면 우선 시선을 멈추게 한다. 대로(大路) 건너 저 멀리 빌딩 숲과 낮은 산들은 굽이굽이 펼쳐져 대조를 이루며 위용을 나타내고 있다.

불식지보(不食之報)는 조상님의 음덕(蔭德)으로 자손이 부귀를 누리며 잘 되는 보응(報應)이다. 숭조상문(崇祖尙門)은 조상을 우러러 공경하고 문중을

---

[25] 이병희(李秉禧,1926~1997): 육군 대령 예편. 대한민국 국회의원 7선 의원, 국회 운영위원장, 정무담당 무임소장관, 한일 의원연맹 간사장, 성주이씨 대종회 회장 등을 역임. 저서 「중국과 장총통」이 있음. 수원시 유지들이 공의 공적을 기려 만석 공원에 동상 수립.

위하는 것으로, 후손들(용인 종중)이 한 뜻으로 조상님을 잘 모시기 때문에 복을 받는 것이 아닐까 하는 생각이 든다. 천혜(天惠)의 아름다운 풍광을 품은 용인 가족 묘원 탐방을 마친다.

바쁜 시간 할애해 주신 성주이씨 총제공파 여구 준(蹲)공 용인 종중 이태섭 회장님과 이병한 고문님, 이병돈 전임 회장님, 그리고 임원님들과 이재석 총무님께 감사드린다.(탐방 동행 이석근/ 취재 이상록/사진 제공 이태섭)

포란형(抱卵形)의 지형이란?
(좌) 전체적으로 포란형의 형세(노란선)를 이루고, 용인 가족 묘원은 아래 쪽에 위치해 독립된 포란형을 유지하고 있다. (흰색선. 위성사진).
(우) 용인시 수지구 상현동 소재 정암 조광조(趙光祖) 선생 묘로 용인시의 대표적인 포란형의 단독 묘역 중 하나다. 산 이름 매봉의 최고봉은 235.6m이다.

"성주이씨 총제공파 여구 준(準)공 용인 종중" 재실 전경

시비(문열공 매운당 이조년 선생 "다정가" "성주이씨 유래비" 형재 이직 선생 "오로시")
*용인 가족 묘원 입구 표지는 대로변 초입에 위치

묘원 최 상단 중앙 성주이씨 준(濬)字 선조 묘역. 유좌묘향(酉坐卯向)으로
서쪽을 등진 동향 자리이다.(右는 근접 사진)

상부 능선에서 본 포란형의 가족 묘원과 재실의 위치
(재실과 후면의 계단식 묘좌(墓坐)는 남향이다)

| 글을 마치며 |

책 말미에 독자 여러분께 감사의 글과 함께 양해의 말씀을 드릴 수 있는 기회가 주어져 다행으로 생각합니다. 본 서는 선조님들께서 창작하신 장편의 시문을 포함하여 가계역사를 다룬 서적으로써 평어체(平語體)의 형식을 기본으로 하여 글을 썼기 때문에 윗분들에 대해 경어(敬語)를 쓰지 아니한 부분에 있어서는 송구스러울 뿐입니다. 그러나 문장을 단축하여 서적의 부피를 절감할 수 있는 장점이 있고, 일반적으로 인문, 교양서적을 비롯하여 문학작품과 역사물들도 대부분 평어체를 쓰는 경향이므로 이를 따른 것일 뿐 다른 의미를 부여하지는 않습니다. 아울러 모든 선조님들의 행적을 세심히 살펴 모두 수용하지 못하여 소외된 분들이 많은 점에 대해서도 안타까운 심정임을 밝힙니다.

서적의 참고 자료나 사진 등을 인용함에 있어서도 제약을 받는 부분이 있음을 아래에 적었으므로 타산지석으로 삼기를 바랍니다. 일례(一例)로 세계 17세 경산 이한진 선조님이 쓰신 "전예경산전팔쌍절첩(篆隷京山篆八雙絕帖)"은 당대(唐代)의 백거이, 위응물, 소식 등이 지은 당시(唐詩)들을 전서와 예서로 써서 서첩을 만든 것으로 분량도 많고 대단한 예술성을 지닌 보물입니다. 이는 보물 1681호로써 "공공누리 제2유형(상업목적 제한)"으로 구분되어 이번 출판에 적용하지 못한 점은 아쉬움으로 남습니다. 이외에도 많은 자료들이 저작권법에 저촉되어 제외되었으며 일부는 도표와 그림을 직접 그래서 게재하는 경우가 있어 상당한 어려움을 겪기도 했습니다.

    책 표제에 문열공 이조년 선조님의 명(名)을 써서 가계역사의 중추인물로 추앙한 것은 역사적 사실이 증명하므로 가능한 것이었고, 자랑스런 일입니다. 또한 유능하신 선조님들과 후손들이 함께 이룩한 공적으로 인해 나라에 끼친 영향이 지대하므로 명가 성주이씨는 더욱 빛을 발하게 된 것으로써 모든 분들께 존경의 뜻을 표하는 바입니다.

    본 저서의 내용이나 문맥상에 부족한 부분이 반드시 있을 것입니다. 그리고 교정과정에서 간과한 오자, 탈자도 지적해주시면 기꺼이 수용, 시정할 것이며 독자, 지식인 여러분의 조언과 질책을 감수하겠습니다.

    끝으로 문열공 선조님의 자작 암송시가 있음을 상기하며 고시조 "다정가"나 한시 "백화헌"처럼 널리 전파되기를 소망합니다. 문열공께서 충숙왕 17년, 62세에 사헌장령, 전리총랑으로 재임 시 관동존무사*(關東存撫使)로 지방에 임시 존무하는 길에 "함창 쾌재정"에 올라 읊으신 자작시입니다. 본서 150페이지에 있으나 자칫 주목하지 않으면 지나치기 쉬워 정독하지 못한 분들을 위해 말미에 다시 게재하고 원고를 마치겠습니다. 대단히 감사합니다.

* 존무사 : 재난, 변란시 백성들을 위무하기 위해 지방에 파견하는 임시벼슬

－ 매운당 이조년 등(登) 쾌재정(快哉亭) 자작 암송시－

老我年今六十二(노아년금육십이)	내 나이 이제 예순 둘,
因思往事意茫然(인사왕사의망연)	지난 일 생각하니 아득하여라.
少年才藝期無敵(소년재예기무적)	어린 시절 재예는 무적을 기약했고,
皓首功名亦獨賢(호수공명역독현)	늘그막의 명 또한 홀로 뛰어났어라.
光陰滾滾繩難繫(광음곤곤승난계)	광음은 곤곤히 흘러 끈으로 맬 수 없고,
雲路悠悠馬不前(운로유유마불전)	구름길 유유한데 말은 앞으로 나가지 않네.
往事盡抛塵世事(왕사진포진세사)	지난 일 티끌 세상사 모두 던져버리고,
蓬萊頂上伴群仙(봉래정상반군선)	봉래산 마루 위에 신선들과 벗하리라.

고려(高麗)의 관제(官制)

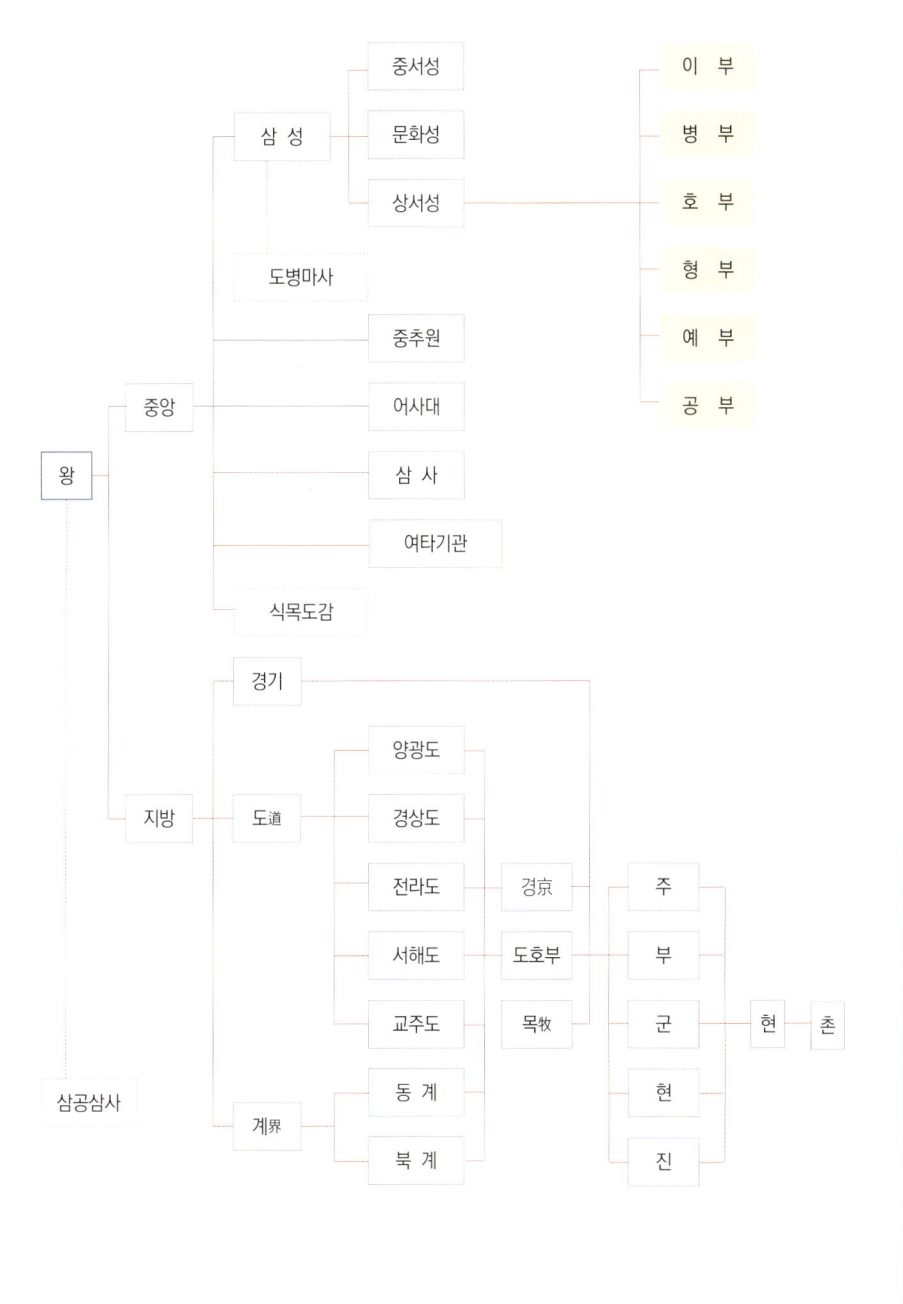

부 록

응골방 시(詩)부문 원문

文烈公 李兆年 著 鷹鶻方
문열공 이조년 저 응골방
(소장처: 국립중앙도서관)

이조년 저 응골방은 고려 후기에 제작되었으며 모두 24장 48면으로 쓰였다. 응골방은 매[鷹]를 기르며 길들이는 방법 등을 쓴 기술서이다.

책의 내용으로는 논형체(論形體)를 비롯하여 먹이, 기르며 길들이기, 교습과 훈련, 약을 조제하는 방법 등을 소상히 설명하였고, 이어서 매를 주제로 하여 시와 부를 지었다.

말미에는 매의 교습서 내용과는 다른 면천거 한진사장(沔川居韓進士狀)이 붙어있다. (제4부 "작품의 세계" 문열공 저서 매사육서 참조)

이 부록은 응골방에서 매에 관한 기술내용은 제외하고 시(詩)와 부(賦) 부분만을 분리하여 인용하였으므로 시편(詩篇)에 대한 참고용으로 별첨한 것이다. (응골방 총 48면 중 표지 포함하여 10면)

응골방
표지

응색편
(鷹色篇)

鷹色篇 論形體

凡鷹體大者頭欲小其圓如盃嘴欲小體小者頭亦小大 高麗朱文烈北甲樣
雄狹頭平如削眼眶圓大而內深胃堂寬廣腰下
腋下臆濶筋麁腥徑者為佳 一說 腥長細為佳未知
就是

論觜啄

凡有青黃二觜 俗呼 時運觜瘦長而青者為佳大
寅西鉤小廣此用實大而短曲者皆性頑

1. 응부(鷹賦)

惟茲禽之化育　資金方之摶氣
實鍾山之所生　擅火德之炎精

· 약내
(若乃)

· 역유
(亦有)

· 혹부
(或復)

약부
(若夫)

2. 응체 작시

生必雙 二周飢鴻 膵白枕蘆 雖弱倚火 弱
雖若羹 骨朶蒼 胖殊每多 雄弱倚山 弱
犬弱鵓援 若雛弱山房 蜜多居弱 調之實體 挺必弓 宣又華 巧
人弓剝援 野羅弓角巧
迎以善以取熟 糠頂溫暖 近上合枸 靜之使必 穀不火帝
寬以批宕 肉不傑乳
隨弱至乏 飢肥腸疫 望終秀宵 志在馳逐 鷹體作詩
小藏雪肉 仍和雉熟

3. 방응시

大鷹形之小 厥形上寬大 下尖尾尾禮 定
項長大目圓 高唇溫痩長 曾寬佈名垂羽
拍羽羅餅 小鷹形之大 尾具含蘆笑 目圓肉捷
翠禧而廣 項禧目大圓 嘴子撗痩長 坐子如鵲
深形佈萄荖尾
三鷹雄大小同 放鷹詩 十月鷹出籠 下轢顧
隱撏 鷹麵瘦如風 古名雋説 就解使了埜 爲擲羊
一遠 鷹瓜利如錐 令君人頂賓 弓術弓弓岁

4. 양응시

養鷹詩

取其向背性　不可使长飽　飢多力不足　乘飢便
宋立飢能时　可使长飢　飽不肯人起　击飽順
得拉擊　仍似爪翅功　聖明敦英雄　鄙語不可豪
墊雉　与人坐收之　兵衛不如斯　吾嘗读獵師
養鷹抱枕邪　少年妹丢裡　探雛
兩資擊鮮力　日z晡不息　好蓊
網黄口　宿鴇下鞲时　追遁上卓表　飲啄免己盈
弓餘力　趙急不充肠　狡免自囻小　安能芳羽翼

5. 화응시

6. 영응시

7. 가상응 절구

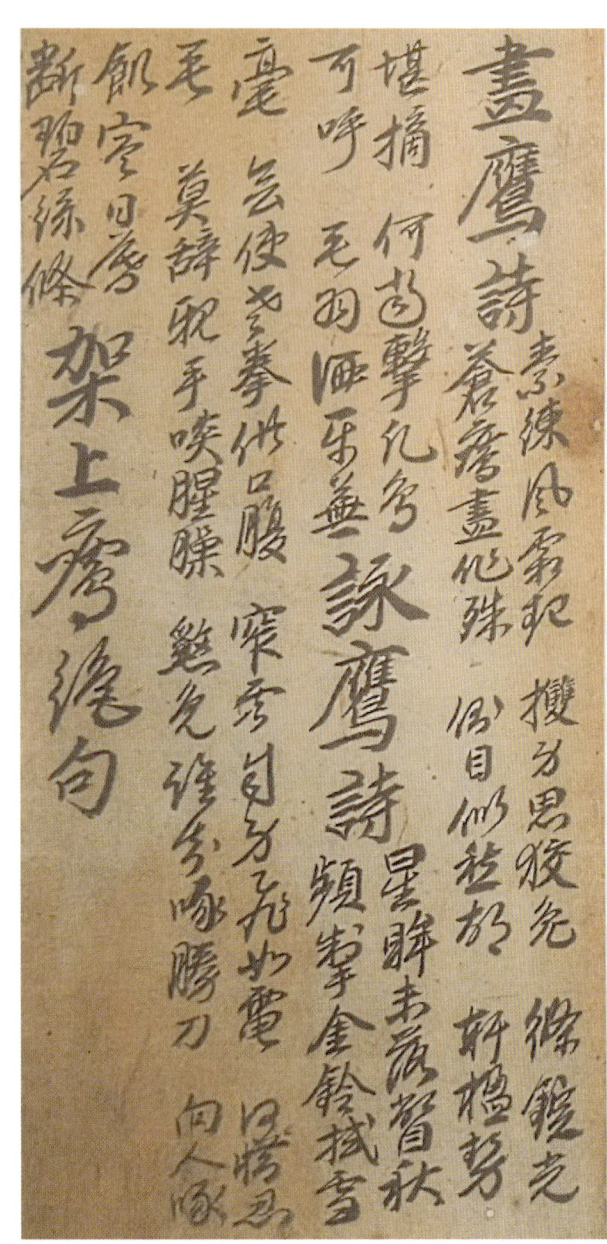

시부 끝

참고문헌

문헌

제 목	자 료
성주이씨 대동보	
위대한 조상	2015. 6. 10. 성주이씨 농서장학회 간
문숙공 이인임 숭모집	2015. 5. 30. 광평군종회 간
응골방 원문(이조년 저)	국립중앙디지털도서관소장
교주국역 응골방	역자 고연(古然) 이원천 1994
성주이씨 삼현기념 원문	국립중앙디지털도서관소장
한국사 대계	전집. 도서출판 삼진사 간 1978. 3
고려사 열전	경인문화사 간
동국통감	
고려도경	서긍, 1989. 3. 16. 서해문집
신증동국여지승람	
고려왕조실록	박영규 1996 들녘
묵재 이문건의 문학과 예술세계	이상주 2015. 11. 다운샘
한국 민족문화 대백과	인터넷 인명, 주제별 부분조회
동문선	민족문화문고 간행회 1982. 7
청구풍아	김종직, 1998. 9 이희문화사
익재집	익재 이제현
일재집	일재 이항
흥안군 경무공 이제	전 경무공종회장 이문웅 저 2021. 7
고문 안산서원 세진록	국립중앙도서관(1928. 4. 20 이정상 외)
도은 이숭인론(그의 시세계를 중심으로)	단국대학교 동양학연구소(朴性奎)

취재

제목	소재지
봉산재 시비공원	경북 성주군 성주읍 경산리
오현재	경북 성주군 대가면 옥화리
안산서원	경북 성주군 벽진면
매국정	경북 고령군 운수면
누암	경북 고령군 다산면
세종대왕자태실	경북 성주군 월항면
정려각	용인시 수지읍 성복동
유허지, 추모비	인천광역시 서구 청마로
이윤탁 한글 영비각	서울 하계동
경무공 개국공신교서비, 영모재, 부조묘	경남 산청군 단성면
경무공 경덕사, 안곡영당	경남 산청군 신안면 중촌갈전로 303번길
사효재(思孝齋), 효자각	경남 산청군 단성면 남사리
국립 진주박물관	경남 진주시 남강로 626-35
문경공 이직 부조묘	경기도 고양시 덕양구
모은공 인립, 혜녕옹주 제단/평간공 묘비	용인시 처인구 모현읍
도통사 육군자 사당	충북 음성군
자헌대부 주(湊), 호조판서 자견 재실	여주시 능서면 오계리
총제공파 여구(汝懼) 준(濬)공 용인 가족 묘원	용인 특례시 기흥구 중동 710-3

인용자료 및 사진출처

번호	제목	출처
1	원진묘지명	서예교본(서예문인화 간, 배경석 저)
2	김씨 묘지명 1장 및 양아록 1쪽	묵재 이문건의 문학세계 (2015.11. 이상주 편저, 도서출판 다운샘)
3	세종대왕자태실	저자 出寫.
	선석산 태봉	현지 성주군 관광 안내도판 사본.
4	도은집 표지 및 도은선생 시집서(詩集序)	본 저작물은 한국민족문화대백과사전이 작성하여 공공누리 제1유형으로 개방한 도은집,도은선생 시집서를 이용하였으며 한국학중앙연구원(Encykorea.aks.ac.kr)에서 무료로 다운로드 받을 수 있습니다. (원자료 소장처: 서울대학교 규장각).
5	농서군공 이장경, 문열공 이조년, 도은 이숭인 등의 영정(影幀)	성주이씨 안산영당과 오현재 유물전시관에 비치한 모사품 (종중 자료 및 파종회 DB file자료).
6	문열공 이조년 초상화 이모본의 변화	성주이씨 이상열 Blog.
7	모은공 밀직사사 인립 영정	성주이씨 모은공 경무공파 종회에서 선조 및 직계 손들의 인물 데이터를 합성해 컴퓨터 그래픽으로 출력한 최초의 영정사진.(모은공, 경무공종회 제공. 미공인)
8	경무공 이제 「개국공신교서비」	경남 산청군 남사예담촌 경무공종회 고문, 회장동행 취재, 저자 出寫.
9	경무공 이제 「개국공신교서/ 국보 324호」	성주이씨 경무공파 소장 DB file사본,
10	성주이씨 「삼현기년」	대정 9년(1920) 성주이씨 안산 세덕사 간. 국립중앙도서관소장 「관외 이용」 무료 다운로드.
11	익재 이제현 영정(影幀)	본 저작물은 「한국학중앙연구원」에서 작성하여 공공누리 제1유형으로 개방한 강진 구곡사 소장 익재 이제현 상을 이용하였으며, 저작물은 「한국민족문화대백과사전(Encykorea.aks.ac.kr)」에서 무료로 다운로드 받을 수 있습니다.
12	북원수회첩	본 저작물은 「국립중앙박물관」이 소장하고 있는 겸재 정선의 「북원수회첩」을 유물관리부에 신청하여 성주이씨 역사서 책자에 국한하여 사용처, 출처표시 조건으로 이용함. www.museum.go.kr에서 신청, 이용할 수 있습니다.
13	이채(李采) 초상	본 "조선 회화 필자미상 이채 초상"은 「국립중앙박물관」이 제작한 보물 제1483호 저작물로 공공누리 제1유형 출처 표시 조건에 따라 이용할 수 있습니다.

번호	제목	출처
14	근사록	「국립중앙박물관」이 소장하고 있는 본 저작물(원판 번호 410128과 410129)은 공공누리 제1유형으로 출처표시 조건에 따라 이용할 수 있습니다.
15	효종어필 7언시	「국립 진주박물관」이 창작한 〈효종어필 7언시〉-효종의 감정이 담긴 시 저작물은 공공누리 "출처표시+변경금지"조건에 따라 이용할 수 있습니다.
16	홍련	「국립중앙박물관」이 창작한 홍련(紅蓮)-선비들이 사랑한 꽃 저작물은 공공누리 "출처표시+변경금지"조건에 따라 이용할 수 있습니다. [현재(玄齋) 심사정(沈師正, 1707~1769)그림]
17	이조년 저서 응골방	「고문헌 응골방」이조년(고려) 찬(撰), 간사자(刊寫者) 미상, 간사년(刊寫年) 미상. 국립중앙디지털도서관 「관외 이용」
18	전횡 오백의사묘	네이버 브로그 「상하이 신의 이슬」 제공.
19	한역 「형재 이직선생 시집」	문경공 이직 저. 「성주이씨 문경공파종회」 발행인 이태섭 2014년 6월 17일 발행.
20	정암 조광조 초상	용인시 수지구 심곡로 16-9 「용인 심곡서원」 일반공개. 저자 出寫
21	투금탄 이야기 사진	서울특별시 강서구 가양동 공암나루 안내판.
22	이빈 효자정문 사진	성주이씨 효자정문 문중 자료
23	정조대왕 어고(御考)	성주이씨 문열공파 김포문중(소장자 이원순, 문중 자료).
24	서예 작품(이조년 백화헌 시. 이숭인 신청(新晴), 이직 계자손시 발초) 3점	(이조년 백화헌 시. 이숭인 신청(新晴), 이직 계자손시 발초) 3점 출처: 저자 작품
25	이조년 고려사 열전 권109-10외 이미지	열전 권109-10외 이미지: 경인문화사
26	형재 이직 부조묘	저자 출사